所謂「顯魅」，是指展現生命中神聖的導向；

所謂「和樂」，就是以和為樂。開解人生大惑之匙即弢藏其中。

顯魅與和樂

對生命意義的逆流探索（修訂本）

楊國榮 著

目錄

序一

朝「弘」道，夕死可矣！

敬書此語慰念英年早逝的在天之靈。

何杏楓約我為楊國榮再版的遺著寫篇導讀，欣然命筆，謹向讀者介紹我三度細閱此書的一些切身體驗。

此生有幸得遇不少英才而教育之，猶記一九八九年，國榮和杏楓同時修讀我開的「蘇辛詞」。我對學生的情侶關係向來並不敏感，但這兩個在導修課上踴躍發言的學生，讓我留下深刻的印象。他們時有精闢見解，但是思路和表達風格卻頗不相同，高山流水，剛柔相濟，又使我覺得他倆十分登對。「如切如磋，如琢如磨」的討論方式，更可作為愉快學習的範例。《顯魅與和樂：對生命意義的逆流探索》既是一本傳道之書，也是一本解惑之作，此書的行文，問題一個接一個，可謂先讀者之惑而惑，可是在預設不同立場的答案之後，又引到更深的問題。主客互動，如沐春風，循循善誘，引入勝地，正是當年課堂上「愉快辯論」的實踐。

畢業之後，他們結伴到加國進修。學成回港，他們又成了我在中大的同事。我分享了他們結婚、育兒的快樂，也為國榮斯人斯疾無從分憂而難過。斷斷續續從杏楓口中知道國榮在自知有限的歲月中無比堅毅地著作不輟，終於在他的喪禮收到這本遺著。不敢想像，如此體大思精厚近五百頁的巨著，竟是在與病魔作垂死之鬥的短短兩年之內完成。國榮英年早逝，當然是讓親識者切切哀痛的大大不幸，可是倘若沒有此一變故，二三十年之後也未必寫出如此平生絕學所粹的巨著，則於不幸之中或亦未嘗沒有可以差堪節哀告慰者。孔子曰：「朝聞道，夕死可矣。」何況，聞道之餘，還更遺愛人間，留下弘道之作呢？

國榮此書於我有特殊意義，在於曾經陪伴我度過兩次住醫院的日子。第一次在他逝世不久，我得了個不知讓什麼細菌感染的壞血病，兩度種菌都找不出元兇，還加上個輕度中風。我帶著國榮的書，在忐忑不安的心境中細味書中談靈魂、說死亡，頗有共鳴慰藉之感。尤其是書中第九章對怪力亂神的思辯論證，看他破解石頭戲論、參透苦罪懸迷，趣味盎然，頗有嘯傲於大化之中的悅樂。這是值得向讀者推薦的經驗。

第二次進醫院是做一個預知風險不高的外科手術，沒有太大的焦慮。仍是帶著國榮的書，倒是想趁住院的安靜，思考此書的核心思想。國榮在香港理工大學教通識，而我多年來參與設計文化和通識課程，對他關注的問題頗有同好，而讓我略感意外但又獲益良多的，是他在深入西方哲學堂奧、飽受西方倫理思想洗禮之後，卻將儒家倫理建立在堅實的思辯基礎之上。對於儒家思想，他獨具洞見，揭舉禮為依仁而致和的支點，在舉世滔滔禮崩樂壞之際，悃悃款款、不厭其煩、殷勤懇切地反覆解說。特別值

得欣賞的，是他把許多耳熟能詳、被說俗了說滑了的經典文字，通過西方同類課題的比較，精確的語意分析和日常生活的舉例，賦予歷久常新的意義，變成可解可感可用可行的道理。另外值得稱道的，是前文說過的討論問題的態度，客觀中立，可真做到了「毋意、毋必、毋固、毋我」，而其親切隨和，又真如其所願，預設有一天讓她的至愛女兒讀懂他的囑咐。

　　第三次親近國榮此書，是在承允寫作此序之後，將此書再讀一遍。開卷之前，我想著一個問題：此書出版之後，至今已經五年多，香港在這五年來的變化，比起之前的十多年都大，究竟這本寫於六七年前的書，能否對應這幾年來發生的問題呢？是的，就在此書的第七章，作者用了八十多頁的篇幅，反覆討論了個體主義和相對主義所造成的社會上各行其是的問題，正是於今尤烈，國榮開出了禮治的藥方，容或曲高和寡，但經過不厭求詳的正反設辯，實足以發人深省。到了第八章，則用了五十多頁的篇幅，分析了公義和多元平權主義的問題，切中當前社會的撕裂，都值得關心世局者斟酌損益。

　　莊子《養生主》始言人生有涯，而歸結曰：「指（旨）窮於為薪。火傳也，不知其盡也。」本書的作者，有涯之生固然已盡，而其情之所鍾，理之所析，倘有吉光片羽為讀者所取，則是薪盡火傳，無涯無盡。是所願也。

楊鍾基

前香港中文大學中國語言及文學系教授

二〇一六年二月二十四日

序二

楊國榮是我來香港中文大學任教最早認識的哲學人。當時（一九九一年）他是我任教的形上學科的助教。他為人活潑、爽朗、熱情、真誠，人稱「楊過」。再加上他樂於助人且富正義感，所以很多人都喜歡和他做朋友。

國榮於一九九〇年中大哲學系畢業獲學士學位，是崇基學院成績第一名的畢業生（Valedictorian），而何杏楓（後來成為他的太太）則是第二名。因為國榮除了哲學讀得好，他在其他方面也十分出色，例如他作曲、填詞都很出眾。

他和杏楓於一九九二年一塊兒去加拿大英屬哥倫比亞大學（University of British Columbia），他唸哲學科的博士學位，四年後回港，杏楓在香港中文大學中國語言及文學系任教，國榮則先後在香港中文大學哲學系、香港理工大學通識教育中心任教。他回港後，我們經常見面，並曾經和冼偉林定時討論實用倫理的問題，如墮胎、安樂死、同性戀等等。後來我們和國榮的恩師陳特教授討論倫理學，包括亞里士多德、休謨、萊布尼茨、康德及羅

爾斯等的著作及觀點。

再後來，國榮和我合編了一書：*New Essays in Applied Ethics: Animal Rights, Personhood and the Ethics of Killing.* (Palgrave MacMillan, 2007)。本書輯了他的 "Abortion and the Potential Person Argument"，是一篇很有深度的學術論文，我教學時常會提到這篇文章，並且鼓勵同學們去仔細閱讀。

國榮的倫理觀受基督教、儒家思想及西方哲學思想所影響，但往往有自己精闢的見解。《顯魅與和樂：對生命意義的逆流探索》既是一本哲學和倫理的書，也是一本很私人（personal）的書，他談及愛情、生死、人生意義，也流露出他對妻子、女兒的愛，以及面對死亡的無奈。

這本書的部分內容是國榮證實患絕症之前已有構思及手稿，但大部分的寫作卻是之後進行的。他當時身患重病，每天只可以花半小時去寫作。他憑著愚公移山的堅毅意志，最終於離世前完成此書。

國榮在世時，給認識他的人帶來無限的歡樂；他的離去令我們無比的哀傷。讀這本書可以給我彷彿感受到他的存在：他對道德的執著、情操之高尚，令人讚歎。對於從未認識楊國榮的讀者，如果你想品嚐一位有血有肉，情操極高的哲學人對倫理、人生、哲學等問題的討論，此書值得細味。

李翰林

香港中文大學哲學系教授

二〇一六年三月一日於香港中大哲學系

自序：當哲學人遇上死神

　　一個研究解惑之學的人，在不惑之年，遇上生死的大惑，寫了一本解惑的書。

　　我是一個從事哲學工作的人，不敢自稱哲學家，姑且自稱為「哲學人」。不論是學哲學還是做哲學工作，目的都是為了解惑。最初是為解自己的惑，漸漸地，也嘗試走出去，解解別人的惑。所有無助於解困的哲學思辯，於我而言都是無益的戲論。本書所討論的，都是些我以為最能惑人的問題。

　　我是誰？我生從何來？死往何去？宇宙有主宰嗎？我人生的幸福在哪裏？意義又在哪裏？何謂愛？何謂善？何謂惡？這些都是困惑了人類幾千年的問題。弔詭的是，這些問題越是困惑人，人們就越逃避它們。今時今日，沒有多少哲學家會願意寫一本書，題為《論人性》或者《論幸福》。這些問題太大了，誰敢奢言能提供答案呢？

　　如果沒有答案，那麼，就讓我們和我們的子孫，一代又一代的困惑下去好了；但是，我是真心相信，這些問題是有答案的。

　　然後，我患上了末期癌症。你可以想像，癌症是一個莫大的危機。一下子，生離死別的痛苦逼在眉睫，而我才剛到不惑之年。可憐，在確診之時，我的女兒才兩歲；然而，癌症也是一個強力的敦促。它告訴我，很多事情不能再拖了。如果你真相信，人生的種種大惑是有解的，你就要把這些解惑的想法寫下來。

　　於是，自二〇〇九年三月起，我每天起來，練過治癌氣功，就開始寫作。先從許多零碎的舊稿裏抽取有用的材料加以整理，然後就每天一千幾百字的寫。若是忘了形，會寫到二三千字，寫多了，我的身體就會懲罰我。到身體好些了，再寫。到二〇〇九年七月初，居然把書寫成了；同年十一月八日，完成二稿；經再三琢磨，直到二〇一〇年三月，終於把這本書給定稿了。定稿之日，不勝的唏噓和感恩。

　　人生的大惑是有解的。

　　所有的事情都是這樣。一個講法流行了，大家就跟著講，彷彿那是顛撲不破的真理。我們都慣於說：哲學的問題是沒有答案的。如果真的沒有答案，那麼所有的哲學思考和討論，豈不就是一場遊戲嗎？你可以用各種方法，把這個遊戲包裝得很高尚；然而，它依然是個遊戲。

　　不，哲學有更嚴肅的使命。它的使命是尋找答案，尋找答案是為了解惑。

　　在過去的二十年裏，我一步步地學習中西的思維藝術，努力將西人精確的邏輯思辯和中國人的陰陽思維糅合起來。二十年後，我驚覺用這個綜合的方法來處理人生、思考世界，原來可以發揮超乎想像的效用。邏輯思辯幫我釐清關鍵的推論細節，陰陽思維幫我了解事物之間的複雜互動。兩種方法相互為用，從前苦

思不得其解的問題，如今，至少於我自己而言，都豁然可解。要解人生之惑，鑰匙就體現在書名裏：顯魅與和樂。顯魅，就是把生命裏那個神聖的導向展現出來；和樂，就是以和為樂。人生和社會一切的價值、意義、福樂，全都緊扣一個和字而存有。

　　所有的事情都是這樣。一個講法流行了，大家就跟著講，彷彿那是顛撲不滅的真理。我們都慣於說：幸福是很主觀的；相信鬼神就是迷信，就是不科學；任何行為只要是當事人你情我願的，就與旁人無涉，他人無權干預也無權過問；我們活在新世代，舊傳統已經過時，只要你相信傳統，你就是守舊，而守舊就是落伍愚昧；有欲望就得滿足，否則就是壓抑，會害心理病；自由、民主和社會公義都是不可侵犯的價值；政府不應將任何價值強加諸它的人民；不論何時何地，只要你站在弱勢的一方為他們說話，為他們抗爭，你就是正義的。諸如此類。

　　真能把話說得這麼死嗎？世界真的一點灰色地帶都沒有嗎？說不定幸福也有一些客觀的標準呢；說不定我們可以很科學地相信鬼神呢；說不定兩個人你情我願的行為也會牽連第三者呢；說不定我們可以很傳統但又充滿創新精神呢；說不定放縱欲望一樣會害心理病呢；說不定在自由和公義之外還有其他社會價值，是同等重要或更重要的呢；說不定民主制度並不是人類智慧的盡頭，我們還可以構想比民主更美好的政制呢；說不定要政府不將任何價值強加於人民，根本就是一個美麗的謊言，事實上要做到這一點是既不可能也不可取的呢；說不定弱者也可以錯的呢。這些議題，一旦我們提出了，我們就不得不承認全都大有討論空間。不提出的話，大多數人就會不自覺地把上述的慣常想法照單全收。

　　人生和世界都是很複雜的事兒。要了解人生，而非曲解人生，首要的事情，是不要將人生強行簡化。複雜的事情，就還它一個複雜的原貌。這是陰陽思維給我其中一個最重要的啟示。但是，人的心力有限，無限複雜的事情，若不經過簡化，就全然不可解。因此，一切求知活動的秘密就在於，在可解的範圍內，盡量保留事情的複雜面貌。

　　而這也是我在本書嘗試做的工作。思考人生、社會、世界，不離思考人性。本書由一個複合的人性觀開始，漸次探討人生和社會裏種種重要的問題：幸福、愛情、人倫、意義、是非、人格修養、公義；此外，還有世界來源和死後生命的問題，不直接建立在人性論之上，但同樣困惑人心。而我也嘗試還這些問題一個複雜的原貌，避免讓一個簡單的口號、觀念、理論或信仰，支配了我對這些問題的處理。

　　我覺得，要說我和其他人有甚麼不同，那就在於我大半生都在質疑自己的見解，尋找自己觀念和論證裏的漏洞。我尋找自己的漏洞，遠比我尋找別人的漏洞熱心。無他，尋找別人的漏洞，你是在幫人尋求進步，然而人家還不一定領情。尋找自己的漏洞，就是求自身的進步，像是把錢放到自家的口袋，有說不出的安穩。這種尋找自身漏洞的活動，有時逼使我放棄自己的立場，但也有很多時候，是逼使我在持守原有立場之餘，吸納對立理論的好處。不論是你對我錯，還是我對你錯，都是罕有的。在絕大部分時候真相都是，你的含真量高些，或是我的含真量高些，你所含的真理在這裏這裏，我所含的真理在那兒那兒。是以我基本上已經失掉了喊口號的能力。而這決不是和稀泥的你對我也對，大家相安無事，而是要超越你對我錯或是我對你錯的粗疏，在能

力範圍裏繪製一幅最精準的真理地圖。

　　孔子說，述而不作。這是一個聖人的謙卑與智慧。談到人生和社會生活的道理，真能有那麼多的創新嗎？日光之下，真有那麼多新鮮的事情嗎？活在三千年前的人的需要，真和我們有那樣大的不同嗎？對於人生終極難題的解答，難道不是，又難道不該是歷久常新的嗎？

　　儘管如此，創新還是有可能的。因為前人總不能把話說盡。在歷史的長河裏，人類自然是有新發現的。而新發現又往往帶來更新的發現。像中國人向來很抗拒讚小孩，怕小孩變得驕傲。當今的幼兒教育發現，其實這是大錯特錯的；可是，從一些更根本的原則講，好像前人真早就把話都說對了：教育最重要的原則就是從小薰陶，不但是薰陶，還要是全方位的薰陶，而當中又以身教為最重要。這些主張，橫看豎看都看不出有甚麼破綻。

　　我的自我期許，大概就是述而作吧。述是一定的，幾千年的聖人傳統，不可能不為我們的求道活動奠定一個穩固的基礎。至於作，大約是把舊智慧和新經驗拼湊和合成新的東西，把舊智慧用新的方式表述以利今人了解，用新的論證來證明舊智慧，諸如此類的東西。例子如：我的人性論直承孟子而來，但我認為孟子的說法只有果核沒有果肉，就提出了一個複合人性模型來豐富它；又例如，我提出了一個仁、禮、和的三層架構，認為這架構能比較有機簡單地展示儒家價值體系的結構；又例如，我從儒家的禮治理想，結合現代社會的實況，提出了「賢治民有」的政治主張，還有一個合禮識、禮典、禮制、禮政和禮俗的禮治模型。再例如，我發現，孔子的非禮勿視勿聽勿言勿動，原來是一個潛意識的訓練課程，幫助我們解決不縱欲就禁欲，一禁欲就得心理

病的佛洛依德式難題；再例如，眼見今人熱昏了腦袋追求社會公義，我就到儒家的早期典籍裏找，居然給我發現儒家也有一套包含六條基本規律的公義論。小小新意，不足掛齒，內蘊莫非，前賢心事；此外，書中還有許多的小新意，我希望喜歡思考的朋友，能在這些小新意中，讀出一些趣味來。

　　人是很渺小的生物。誰都會犯錯而不自知，我自己當然不例外。我不敢保證這本書的立論都是顛撲不破的真理。但是我還是有信心，憑著二十年的反覆推敲、思量、論辯，特別是無數次的因應既有證據而修改自己的立場，本書所提供的觀點和論據都是有水準的，或者說，含真量應該不少。這不是狂妄。如果連這點自信都沒有，我為甚麼要在垂死的日子天天爬格子寫這本書呢？我當然仍不敢保證我的觀點全部正確無誤；但是，至少還有一點是我可以保證的：這本書每句說話都是出自肺腑。我不為私心而寫，不為成見而寫，不為意氣而寫。這些寫作心態，於一個生命危在旦夕的人來說，都不折不扣是徹底的虛妄。我想懇請我的讀者，和我一樣，放下私心成見和意氣來讀我的論點。如果我的讀者能在我書裏得到一點思想的啟迪和心靈的滋潤，那就是我病中拚命寫作的最佳回報。

　　這本書得以寫成，得感謝許多人。首先是內子何杏楓女士。沒有她的悉心照顧，我想在得病之初就已經捱不下去了。然後我還有一個很大的支援團隊，在我病中協助我處理各種不同的事務，包括了家母余麗華女士、家姊楊綺薇女士、家兄楊國輝和楊國強先生，以及舍妹楊綺清女士；岳丈何昌先生、岳母黃鎂英女士和小姨何杏森女士；金聖華老師和馮秋鑾師丈、陳雄根老師；亦師亦友的李翰林先生；香港理工大學通識教育中心的全體全

仁，特別是何冠環先生、John Babson先生、溫帶維先生、方子華先生、潘玉玲女士；出版界的姚永康先生、黎耀強先生；好友劉銘德和蔣綺華伉儷、黃偉健和戴靄慈伉儷、陳漢強先生、鄧偉森先生、林麗珊女士、余嘉慧女士、樊善標先生；學生梁機因、陳志強、羅嘉麗、文浩楷、鍾致為、黃毅、許珮瑜、陳綺雲、林凱嘉、葉創權和鄧慕嚴諸君，家傭簡內美女士；悉心治理我的陳德明醫生、鄭志堅醫生；替我設計氣功療程的鄭錦忠師父，和我的氣功指導導師麥福儀師兄。

　　謹以此書獻給先父楊玉槐先生、家母、內子，和小女靜得。

楊國榮

二〇一〇年三月二十八日

第一章

人算甚麼：二本四合的人性觀

一　探問人性

古往今來，無數的大賢大哲都在探問一個問題：人是甚麼？他們之所以要問這個問題，並不是為了鬧著玩，而是為了解開人生其中一個最重要的困惑。

很多人相信，著名的古希臘哲學家蘇格拉底（Socrates）實際上就是整個西方哲學甚至西方文明的奠基人。他曾經在一個神廟裏得到神諭，說他是世上最有智慧的人。他無法相信這個神諭，因為他一直以為自己是個徹底地無知的人。於是他努力地尋訪智者，以圖推翻這個神諭。結果他發現，所有號稱「智者」的人，其實都和他一樣無知，只是那些人自己不知道而已。最終，蘇格拉底只能承認神諭原來是正確的，因為他是唯一知道自己無知的人。

這個故事幾千年來為人津津樂道，原因是它揭示了許多重要的人生智慧。其中一個最明顯的訊息是：自知是一切知識之中最重要的。人若認得全世界，卻無視自己的生命，那有甚麼益處呢？[1] 在蘇格拉底得到神諭的廟門上方，刻著「自知」二字（know thyself）。這樣簡單的兩個字，和蘇格拉底的故事，同樣千古傳誦。

這個自知的主題，同樣見於東方的文明。孔子說：「知之為知之，不知為不知，是知也。」（《論語・為政》）老子說：「知

---

[1]　「人若賺得全世界，賠上自己的生命，有甚麼益處呢？」（〈馬太福音〉 16:26）

人者智，自知者明。」（《老子‧三十三章》）孔子和老子的說話，仔細分析起來，和蘇格拉底的故事，都有異曲同工之妙。

人是我們最重要的身分。不論我是誰，我都首先是個人。我可以不做哲學家，卻不可以不做人。我不做哲學家，也許可以做文學家或科學家；我不做人，我就甚麼也不是。我不可能因為放棄了人的身分，就成為一頭豬。我極其量只能成為一個像豬那樣生活的人，而那卻是極其可悲的。

所以我們不得不問：人是甚麼？在西方，最有名的答案恐怕莫過於阿里士多德（Aristotle）所說的：「人是理性的動物。」在近世，又有諸如「人是符號的動物」，或者「人是使用工具的動物」之類的答案，不一而足。

像上面的那些答案，我認為都是很有見地的。然而，就是有許多人來和他們抬槓。有人做過簡單的實驗，證明猴子也有推理的能力；有人努力教導猩猩使用符號；有人觀察野外的猩猩，發現牠們也會使用石頭和樹枝一類簡單的工具。然後他們說：瞧，誰說只有人類具有理性？誰說只有人類才會使用符號和工具？

這些抬槓的反駁給我們一個重要啟示：人性是極其複雜的東西，要把人性簡化為一個單一的特質，難免會掛一漏萬；所以，我想在前賢的基礎上，建立一個更為豐富而完備的複合模型，來說明人性的特質。

我將人性的基本構成分為六個要點，我稱之為「二本四合」。所謂「二本」，是指兩個本質；所謂「四合」，是指四對相反性格的綜合：

表一　二本四合的人性觀

二本	四合
價值的存有	秩序合無序的存有
文化的存有	感性合理性的存有
	群性合個性的存有
	靈性合物性的存有

二　價值的存有

人是價值的存有。這個體會，始於一件很小的事情。幾年前讀報章的體育版，知道中國著名跳水運動員伏明霞為了克服腿伸得不夠直的毛病，每天將雙腿擱在櫈子上，請母親坐到自己的膝蓋上，母親一邊坐，母女二人一邊哭。我讀到這個報導，很是感觸。我想，母女二人，為了女兒的肉體煎熬一起哭，這一定是凄涼極的事情了。這樣的艱苦而折騰，為甚麼她們要堅持？為甚麼她們會？為甚麼她們能？

於是我問自己，人的行為究竟是受著甚麼支配的？我立刻想到兩個學院內外流行的想法。第一，人的行為是受欲望支配的；第二，人的行為是受苦樂支配的。其中後者在學界尤其有名，出於著名效益主義者邊沁（J. Bentham）的名言：「自然界把人類置於兩大主人的支配之下，也就是痛苦和歡樂。唯有這兩個主人能夠指出我們應有的行為，並且決定我們實際的行為。」（轉引自麥克馬洪，2007，頁224）正是這裏的第二個答案，使我對伏明霞的故事大感興趣。人的行為若真的受到苦樂所支配，為甚麼

有人偏要走這樣的一條苦路？

　　欲望支配論者和苦樂支配論者都可以提供他們的解答。但是，不論這些解答在邏輯上如何自圓其說，假使它們不能切合人在做抉擇時的心路歷程，這些解答都只能是無用的虛構。所以我想暫時避開這些論者的解答，先來探討一下人在面對艱苦時的實際心路。

　　所有人一定都有過這樣的經驗。我們為自己訂立了一個目標，這個目標可以很遠大（如消除第三世界國家的貧困），也可以很卑微（如到樓下的辦館買罐汽水），反正這個目標就是會驅使我們將之實現。在這個實現的過程中，如果出現障礙，就會給我們帶來痛苦，並且多少會干擾我們原有的動機；比方說，我千辛萬苦在第三世界國家成立了機構展開扶貧活動，卻遭到當地的貪官無理干預；或者我剛出門要買汽水，卻發現升降機壞了。這些干擾對我來說，構成的阻力是可大可小的。如果貪官的權力有限，那麼除了討你厭之外，他並不能真正破壞你的扶貧工作，而這個阻力也就微不足道；可是，如果這些貪官隻手遮天，一而再的摧毀你的工作，你就不可能不感覺到遭受打擊了，結果你當然會感到痛苦；同理，同樣是出門時發現升降機壞了，如果你家住二樓，你多半會一笑置之；可是，要是你是住在四十樓，你很可能就會大呼掃興，雖然你大概還不會用痛苦來形容你這時的感受。

　　無論是痛苦還是掃興，這時候一件很關鍵的事情就會發生；更準確地說，你就會做一件很關鍵的事情。有趣的是，你做了這樣關鍵的一件事，但你卻往往做得很自然，自然到你彷彿甚麼都沒做過一樣：你會決定，在這些痛苦和掃興的情況下，究竟你原

有的目標還是否值得繼續追求下去。如果你家住四十樓，要到樓下的辦館買汽水，發現升降機壞了，你多半會抱怨自己倒霉，然後二話不說回到家裏，打開電冰箱看看有甚麼其他飲品。這時，你自己沒有留意；但是，你在電光火石之間已確定了，為了一罐汽水跑四十層的樓梯，那完全是不划算的事情。這個不划算，就是不值得。

同理，在你為了追求一個大型的目標而承受巨大的苦楚之時，這個值不值得的問題同樣是必然需要處理的。如果你天生是尼采（F. Nietzche）筆下的超人，勇氣可吞天下，也許會像家住二樓要買汽水的案例一樣，淡然一笑就往原有的目標跑去；可是，如果你不是超人，那麼你就會和所有人一樣，在關鍵的時刻問自己一個關鍵的問題：為了這個目標，承受這些痛苦、折騰和打擊，究竟值得不值得？我們可以想像，伏明霞一定問過這個問題。

問過問題之後，魔法就發生了。一個不知道值不值得受的苦，和一個不值得受的苦，分別也許不很大；但是，一個值得受的苦，和一個不知值不值得受的苦，卻是具有天淵之別。在不知值得與否之時，我們所不能承受的痛苦，到確認為值得之後，忽然就能承受了。為甚麼曾子病到快要死的時候仍要依禮易蕢？為甚麼文天祥能引頸成一快？為甚麼伏明霞能在哭聲之中堅持她的訓練？為甚麼「香港的女兒」謝婉雯能先嫁給患絕症的愛郎，後為對抗沙士疫症而捐軀？這些問題都只可能有一個答案：值得。為甚麼值得，那是另外一個問題了。

這個道理，在我患癌期間得到了第一手的經驗證明。在我痛得死去活來的時候，我也曾想過就此放棄；但是，當我一想到我對幼女還有未完的責任，就生出了無比的生存意志。我確定，

為了要增加自己的歲月，好陪伴和培育女兒的成長，多痛苦都是值得的。結果我總算捱過了那段艱難的日子。在這段期間，要是我的行為真的只由苦樂支配的話，我想我早就不在了。及後我觀察我身邊的病友，所得的印象還是一樣。一個癌病者要不要活下去，主要是看他能不能找到一個活著的理由。只要能找到，他就會義無反顧地為康復而奮鬥。至於奮鬥的過程有多痛苦，相對地並不是一個重要考慮；而且，總的來說，決心活下去的病友所受的苦，一點都不比那些沒決心的人少。

這樣，我們就能回頭檢討欲望支配論和苦樂支配論的缺失。這兩個理論不是沒有道理，它們也實在解釋了很多的人類行為。可是，這兩個理論都有一個缺點：它們提出來的答案並不是解釋人類行為的最終答案。

先說欲望支配論。無論人有多少時間是依從他們的欲望來生活，只要他真心覺得值得，他就會抵制自己的欲望，就會主動地和自己的欲望對著幹。沒錯，他們之所以覺得值得抵制自己的欲望，很多時是因為他們有另外一些（或許是）更強的欲望。譬如伏明霞甘心吃苦，可能是為了一個成為世界冠軍的欲望；可是，即使如此，值得與否的問題依然存在：為了這個實現機會渺茫之極的欲望，而放棄這一刻的舒適，值得嗎？覺得值得的，我們就會幹；覺得不值得的，我們就會拉倒。

更重要的是，我們抵制自己的欲望，也可能單單是因為我們認為那是不對的。比方我們在一商店裏，明明四下無人，可以順手牽羊。這時候，有些人會真的動手；有些人則會忍著不下手，因為他害怕給人抓著的恐懼，壓過了他關於「不會被抓著」的知性判斷；可是，有更多人就是不偷東西，因為他們明知偷東西是

不對的。這個單純的「不對」，就是一個價值。欲望支配論者可以回答說，這是因為人有做好事的欲望。好，這樣，欲望支配論者所說的欲望，其實就是我說的價值。我們的辯論已經成為言詞之爭，再沒有實質的意義了。

苦樂支配論的問題，和欲望支配論同出一轍。無論人有多少時候選擇趨樂避苦，只要他們覺得值得，他們就是能夠主動選擇承受痛苦。沒錯，他們之所以覺得值得承受當前的苦楚，很多時是為了迎接將來的快樂。譬如我承受病中的痛楚，就是為了享受陪伴女兒成長的快樂；但是，我們在這裏一樣會碰上先前所提出的問題：為了這個渺茫的快樂，而承受當下的非人痛苦，值得嗎？覺得值得的，我們就會幹；覺得不值得的，我們就會拉倒。

有時候，我們選擇承受痛苦的時候，並不是為了甚麼快樂，而是為了義不容辭。和欲望支配論者一樣，苦樂支配論者可以說，這時我們依然是為了快樂而作出如此的選擇。當文天祥捨身成仁的時候，他們會說，文天祥這樣做是為了不想投降之後受到良心的譴責；可是，這其實即是承認了，至少在某些情況下，快樂是價值的產物。不是因為一件事物使我快樂才有價值；相反，是因為我認為一件事物有價值，所以我才為了那件事物而快樂。

和欲望支配論及苦樂支配論相比，價值支配論有一個出人意表的優勢。它的優點在於，它沒有一口咬定，評價的最後根據是甚麼。有些人只了解欲望的價值，他們就會用自己的欲望來評價事物的標準；同理，有些人只了解快樂的價值（和痛苦的壞處），他們就會用苦樂來評價一切的事物。對於這些人來說，欲望論和苦樂支配論就會完全適用。然而，也有很多人經驗到，欲望和苦樂並不是我們評價事物的全部標準。為了把這些反例解釋

透，欲望支配論者把這些其他標準稱為「欲望」，苦樂支配論者將這些其他標準稱為「快樂」。這時，欲望支配論和苦樂支配論的名稱依然可以保住；可是，欲望或苦樂的內涵已經和我們日常所理解的意思有很大的出入了。

如果價值支配論成立的話，那麼我們就可以進一步推論說，人是自主自由的動物。為甚麼？因為所謂「價值」，並不是甚麼神秘的東西。價值不外是指導行為的標準，所以說人是價值的存有，就等於說，人是按某些標準來指導自己的行為的動物。我說欲望支配論和苦樂支配論不是人性論的根本，和這一點也有關係。有說人是以欲望滿足或趨樂避苦為唯一的價值的存有，就是說欲望或者趨樂避苦是指導行為的唯一標準。按我們的定義，即是說欲望滿足或趨樂避苦是唯一的價值；但事實上，人幾乎可以自由地採納任何的價值觀，並以之指導自己的行為。你說欲望滿足是唯一的價值，世上偏有人以禁欲為人生的最高指導；你說快樂為唯一的價值，世上偏有人以苦行為人生的最高目標。看來，人的自由自主，要比欲望支配論與苦樂支配論所承認的大得多。價值支配論的其中一個要旨，就是要說明這個自由。

我們剛剛說，價值是行為的指導：這是粗略的講法。按這個講法，連一隻狗也不缺少它自己的一套價值。人的價值本性之所能使他別於禽獸，是因為他的價值追求還有一個很獨特的地方：人會探問價值之真偽，一隻狗卻（看來）不會。當一隻狗的價值指導牠去吃一塊骨頭的時候，牠就去吃了。牠不會問：吃骨頭真的有價值嗎？人卻不然。他會反問自己的指導價值究竟是否正確，就像上面所有例子所說明的一樣。一旦我們認為這個價值不正確，我們就會取消這個價值的指導資格。很不幸地，取消原有

價值的資格有時候會顯得很困難；比方說，很多人想戒煙卻戒不掉，就是很常見的例子。這時候，價值與行為的關係又是怎麼一回事呢？

我在這裏提出一個答案。這個答案不一定完整，但相信能初步處理價值無法指導行為的問題；簡單地說，戒煙戒不掉，就是想以不吸煙為價值而不得。每個人都有過戒不掉壞習慣的經驗，我自己也不例外。我發現，當我忍不住重複自己的壞習慣時，毫無例外地，我都是對自己說：算啦，別忍得那麼辛苦了，就讓步一次吧。看見嗎？這時，我的指導價值忽然改動了。在立志戒除惡習之時，我的價值是永不重蹈覆轍；可是，在我破戒之時，我的價值忽然就換上了另一個，是不要忍得那麼辛苦。人生大部分的價值掙扎，皆是由此而起。

解決這種煩惱的方法，我們要到第七章才能詳細討論。現在，我們只要明白一點就夠了：價值的人性觀，解釋了因何世上會有所謂「道德的存在」。這個世界所以有道德，是因為世上有一種心靈，它除了有一個實然的觀念之外，還有一個應然的觀念。人就是這種心靈的主人（或者就是這個心靈自己），所以在人眼裏，世上不單有一個自然（實然）的秩序，也看見世界有一個道德（應然）的秩序；更重要的是，最終支配我們行為的，並非實然，而是我們（在每一個行動的當下）認為是應然的東西。

原則上，主宰我們的人生的，是我們的價值，即使我們有跌倒的時候。這是現代性善論的第一個要點。這個觀點，先天地將善和惡放在不平等的地位上。價值支配行為，並不立刻使人成為道德君子。我們可以用大錯特錯的價值來指導自己的行為，但是即使我的價值是錯誤的，我至少得誤以為它是正當的，它才能成

為我的價值。我可以誤以為殺人是正當的，然後以殺人為豪；卻不能明知殺人為錯誤的，而又以殺人為豪。更準確的說，我不能因為殺人是錯的，而以殺人為豪；簡言之，我的人生不可能以惡為目標。在人性裏，善高於惡，這一點已經得到初步的（哪怕只是形式上的）證明。

三　文化的存有

和價值的人性觀相似，引發我思考文化人性觀的，同樣是一件小事。幾年前，我看了法國著名導演杜魯福的作品《野孩子》。電影改編自一件真人真事。一七九八年，一群獵人在荒野發現了一個小孩。小孩在年幼時被棄置荒野，大難不死，在荒野過著野獸一般的生活。孩子被發現後，送到聾啞學校，不是讓他接受聾啞人士的教育，而是任他在那裏自生自滅。他過的依然是獸的生活。醫生伊達看不過眼，從政府那裏取得資助，把孩子收養到自己家裏，給孩子起名叫「維德」（Victor），展開了一個艱苦的計劃。他要教孩子過常人的生活：學會穿衣服、學會使用餐具、學習語言、學習使用各種工具。在電影的末段，孩子做了兩件讓伊達醫生大為震動的事情。

第一件：孩子學懂了反抗伊達醫生強加於他的無理懲罰；

第二件：孩子學懂了自己發明工具。

電影到這裏就完結了，彷彿伊達的計劃至此已經成功；事實上，不論我們認為成功與否，維德已有基本的是非觀念，又能進行創造性的活動，他的確不再是從前那隻人形的野獸了。

　　這個故事深深震動我，它讓我看見了很多傳統儒家觀念的真正意思。其中，最重要的一點是關於人禽之別。孟子說，「人之所以異於禽獸者幾希。」（《孟子‧離婁下》）這句說話，我們不能輕輕放過。這不是甚麼冷冰冰的理論命題，是有血有肉的深沉的存活焦慮。設想你在街上看見一隻狗不知所為地活著，覺得這樣真的很沒意思。然後你忽然想到，你的生命隨時可能就和這條狗一模一樣。這時，你感到一陣怖慄。如何不淪為一條狗，成為了一個非常逼切的問題。

　　這就是孟子的意思。有尊嚴地活著，和沒有尊嚴地活著，就造成了人生所有的分別。當伊達醫生看見維德在聾啞學院裏自生自滅的時候，他的反應是：「不，這不是人過的生活。我要把他帶回家，還他堂堂做個人。」這個家，不但指伊達醫生那個物理的家園，也指人類文化的家園。唯有如此，我們才能還維德一個機會，堂堂正正地做個人。因此，當孔子努力拯救周文化的時候，他同時也在拯救他那一代人的尊嚴。而這也正是孟子從孔子那裏繼承下來的精神。

　　我們在前面提到過卡西勒（E. Cassirer）有名的主張，說人是「符號的動物」。（Cassirer, 1992）得留意，卡西勒所指的符號，不但指一般常識理解的諸如語言文字之類的符號，而且還包括了宗教、神話、歷史、藝術和科學。這樣，卡西勒的主張實際上就是說，人是文化的動物。（戴華山，頁121）

　　卡西勒主張人是文化的存有。只要我們稍稍思考一下，我們的自我形象和生活方式之間的關係，這個主張就能得到有力的證明。

　　在大學唸書時，曾上過著名社會學家金耀基先生的課。金先生說了一句話：「嬰孩不是人。」我當時嚇了一跳，但很快就明

白話中別有深意。金先生的意思當然不是說，孩子不是生物學意義上的人；也不是說，孩子就不能享有作為人的權利，或者就不值得我們尊重。他的意思（按我的理解）是，單單是生物性的人性，並不是人性的全部。孩子要成為一個不折不扣的人，還要經過一個漫長的社會化的過程；所以，雖然從生物學的意義來說嬰孩的確已經是個人，但按我們中國人的老話講，我們還是得把他好好的「教養」，孩子才能「成人」。

再看我們的自我形象。如果有人問我我是誰，我大概會答：「我叫楊國榮，香港人，有一妻一女，從事哲學工作。」可是，沒有文化就沒有語言，我也就沒有名字；沒有文化，也就沒有社會，我也就不能以香港這個社會的一員自居；沒有文化，就沒有家庭，我就不會以妻女為親；沒有文化，就沒有哲學，我也不能從事哲學工作。因此，沒有文化，就沒有我；更準確的說，是沒有我所理解的我。

因此，文化把我徹底的變成另一種存有。在沒有文化之時，我們只是純然的獸；有了文化，我們才成為有身分，有歸屬，有家眷，有事業的人。只要我們仔細想想，生命之中許許多多我們所珍視的東西，實在都是文化的產物。

我們稱為「文化」的東西，荀子稱為「禮」。「禮」和「文化」的意義非常相似，只是比「文化」具有更強的道德意涵。荀子說：

> 人之所以為人者何已也？曰：以其有辨也。……故人之所以為人者，非特以其二足而無毛也，以其有辨也。夫禽獸有父子，而無父子之親，有牝牡而無男女之

別。故人道莫不有辨。辨莫大於分，分莫大於禮，禮莫
大於聖王。（《荀子·非相》）

這樣，荀子的看法和卡西勒如出一轍，同樣以人為文化的存
有；同時，因為禮義有道德的意思，因此它還結合了人是價值存
有的意思。

文化是歷史和社會的產物，所以它同時有一個歷史的向度和
一個社會的向度。說人是文化的存有，就是說人是歷史和社會的
存有；除此之外，文化還有一個符號的向度。在所有的文化創造
之中，語言文字符號的發明無疑具有最關鍵的意義。卡西勒將符
號和文化等同起來，有其複雜的理論背景和理由；但是，即使撇
開理論細節不談，我們也不難看出文化和符號的密切關係。

在人類社會生活中，符號可以說是無處不在。別的不說，許多
人一輩子為之而活的金錢，實即貨幣，就是符號。貨幣之為物，不
能吃，不能喝，完全是無用之物；然而，每張鈔票都代表著一定的
交易價值；換言之，每張鈔票都是一個符號，交易價值就是這個符
號的意義。一件無用之物，一旦附上交易價值的含義，就成了萬用
之物，可用以交換任何可以交換的東西，有時甚至用來交換不可交
換或不應交換的東西（如買賣愛情、學位之類）。

貨幣的例子固然夠厲害，但還不足以道盡符號在人類社會生
活的威力。想想你一天的生活裏有多少時間是不必借助符號的協
助來生活的，你會發現，答案是幾乎沒有。你一早換上一套畢挺
的制服或套裝準備上班去，這套制服或套裝就是一個符號。你找
工作之時出示的文憑，也是一個符號。你出門上班，坐升降機時
按的按鈕，坐公車時公車的路線編號，路上的交通燈、路牌，統

統都是符號；放工後，你到麵包店去買麵包，產品介紹牌依然擺脫不了符號。設想有一個人，完全不能了解任何符號的意義，也完全不具備任何使用符號的能力，這個人真是休想在我們的社會中活一天。

不單如此，沒有符號，當然也就沒有科學，沒有歷史，沒有宗教，沒有藝術；所以，雖然很難說沒有符號就沒有文化（有些人就嘗試論證說猩猩的群體也有文化），但是沒有了符號的文化，和我們現有文化的豐富性相比，真是一個零頭都夠不上。符號是文化的靈魂。正因為有了符號，我們才能進行各種高層的創造活動。我們可以訂立一個社會賴以運作的制度；可以進行精密的計算，設計出像鳥巢那樣的建築，或是神舟六號那樣的航天器；可以創作詩歌、音樂，編寫劇本。如果我們不能成為政治家、工程師和藝術家，我們至少可運用語言所盛載的概念，來籌劃自己的未來，我們才能有夢想、有抱負、有追求、有承擔。因為有了語言、符號和概念，我們就不再受困於實有的世界。在受困於實有之時，世界有甚麼，我們就只能接受甚麼。實有決定了我們生活行為裏的一切；然而，自從有了符號，我們就能擺脫實有的限制；換言之，是符號，或即文化，給我們自由。我們運用觀念，從虛無之中構作我們所想要的事物。這些虛空之中的構作，凌駕實有，指導行為，改變實有。這多少有點和上帝創造時所做的事情相似：說要有光，就有了光。正是因為人有文化，能以符號來思考以及指導生活，人的身上才有了上帝的形象。也因此，人方能配與天地並稱三才，參贊天地化育。這也正是所謂「人文化成」的意思。

好，符號是文化的靈魂。那又怎樣？

　　答案很清楚。那即是說，符號就是人類社會生活的靈魂。符號不但告訴你某物是甚麼，也告訴你應該做甚麼。你一看見升降機指示燈上那向下的箭咀，你就知道升降機正在下降；同理，一看見紅燈，你就知道自己要停車。如此，我們只要建立一套有效的符號系統，就能有效地協調人的行為，便利人的合作。這就是符號的魔法。正是出於這個原因，芬格萊特（H. Fingarette）宣稱，人是禮儀的存有。

> 我們人與世界上其他事物的最大分別就是，我們人類不把彼此當做物質對象來對待，不像動物甚至低等生物那樣驅使、威脅，強逼，乃至屠殺。我們透過「禮」的意象看到這些「禮儀」，由此認識到神聖化的禮儀顯然能夠被視為日常文明交際的一種有力的、強化的，並且是十分精緻的延伸。（Fingarette, 1972, p.11）

　　符號是具有魔法的。當別人問我是誰的時候，我第一個答案就是告訴他我的名字。這是可圈可點的。命名給我一個身分，講得玄一些，命名是存在的根據。因此，中國的成語說得好：名實相副。這個詞的意思是說，在名與實之間，若要說一個主副關係的話，固然可以說實主名副，但是反過來說名主實副同樣沒錯。名實相輔相成，二者的關係是很平等的。語言不單單是被動地反映思想，它同時也是思想（行為）的塑形者。依達醫生為要給維德一個身分，就必須給他起一個名字。這個名字既塑造維德的自我認同，也建立了別人對他的認同；相反，要剝掉一個人的尊嚴，一個有效的方法就是取消他的名字，而換上一個（例如）編

號，像集中營就是這樣對待裏面的囚徒。在我們的生活裏，也到處充斥著語言塑造思想行為乃至人性的例子；比方說，一個習於權利和權力語言的現代知識分子，和一個習於禮儀語言的傳統中國文人，在實際行為及思想方式上都有極大的分別。因為語言的巨大塑造能力，重視重建文化秩序的儒家必須提倡正名。不但正名，實際上也須匡正一切符號的使用，尤以社會生活之中的種種禮儀符號為然；所以，當子路批評孔子主張正名為迂腐的時候，孔子禁不住反駁說：「野哉由也。」（《論語・子路》）這個「野」字落得很準。野，就是沒有文化的意思。當子路以正名為迂腐的時候，他並沒有留意到符號在人類文化之中所起的關鍵作用，也因此，正正就是對文化生活的本質欠缺正確的理解；換言之，就是文化水平不夠。很不幸地，自從五四知識分子對禮教提出「禮教吃人」的指控以來，子路對正名的理解，就成為了中國社會裏橫跨精英與平民階層的共識。

　　總結起來，人是文化的存有這一點，有三個重要的意義。第一，文化存有必定是社會和歷史的存有。社會性和歷史性是人性的必然構成成分；第二，人是以虛馭實的動物，而其中尤以運用符號的能力最為關鍵；第三，我們從社會，也就是從前人手上，繼承了一套文化。這套文化，以及其中包含的豐富符號系統，造就了我們以虛馭實的能力。正如我們提過，以虛馭實的品質造就了人的自由。因此，人的自由既受群體生活的制約，又受群體創造的巨大能量所促進。自由既包括個體免於群體制約的自由，也包括因為主動配合社會秩序而產生的集體自由。

四　秩序合無序

　　人是秩序和無序的綜合，這一點是我在思考人性過程中的第一個發現。我對人性的思考，始於一個基點：人是生命體。從這個非常簡單的基點，我們就能推出一個非常關鍵的結論：人是秩序與無序的合體。

　　生命就是有序與無序之間的一個綜合體。沒有秩序就沒有生命，這是很清楚的，呼吸、消化、循環、新陳代謝，都是秩序。可是生物體和死物之間一個重要的分別卻在於，生物體的活動是複雜的，不能夠給予它一條機械的公式。死物的活動也不一定能用公式來描述，但是它們的活動至少是看來很公式化。你把食物吃到肚子裏，你的胃就會將它消化；你出生時是個嬰孩，慢慢的就會長大。這些都是秩序，但所有的生命又都不是純然的秩序。純然的秩序不是生命，而是機器。一百棵松樹，會長成一百個不同的樣子。有一百個人，也就有一百個不同的性格。這就是生命的無序。從這個眼光看，所有生命體都是秩序與無序的綜合。人人都會生氣，這是秩序；人人的脾氣都和別人有所不同，這是無序；我今天的脾氣也和自己昨天的脾氣有所不同，這是無序中的無序；但是，我的脾氣大概還是有一個屬於我自己的模式，這是無序中的秩序。

　　原則上，人和所有生物體都是秩序和無序的綜合；但是，人和其他生物體有幾點不同，使得這個秩序無序的綜合，對人類產生了相當特殊的意義。首先，人不但是秩序無序的綜合；同時，也是自覺到自己綜合了秩序和無序。一棵松樹不會感到自己生命裏的規律，也不會感到自己生長形態的與別不同。但是人卻有這個自覺。

這個自覺，使我們對生活裏的秩序和無序都有情感上的反應。秩序給我們安全感，卻也使我們不耐煩；無序給我們驚喜，但也使我們焦慮不安。因此，人不單是自覺綜合了秩序與無序的存有，同時也是主動地尋找、建立秩序，而又主動地製造無序的存有。於是，秩序既是人類的咒詛，也是人類的救贖。無序亦然。

所以，解得了秩序和無序關係之謎，就解得了生命之謎，也解得了許多人生與社會價值之謎。人的一生，人類的整個歷史，就在不斷的尋求秩序，卻又為所尋得或建立的秩序感到不安，想要打破秩序。人的本性同時驅使他追求秩序和無序。我們要建立制度，因為我們追求秩序；可是，一旦制度建立了，我們又討厭它，時常覺得它礙手礙腳，因為我們追求無序。

由此，我們立刻就看出中國傳統思想的智慧。中國人一向強調陰陽調和，動為陽，靜為陰。陽主變，陰主定。陰陽調和，即是要在變化與穩定之中尋得平衡。孤陰不生，獨陽不長。

儒家講仁，講天道。天道乃是生生不息的創生。創生主變，可是儒家又說，創生之中，千變萬化，其實理一。仁的本義是愛心。憑愛心去創生萬事萬物，建立社會，發明各種器物與典章制度，就是仁；可是，陰陽互攝，動靜相涵，動態的創生，必得成於靜態的秩序。秩序，就是禮。傳統儒家說周公制禮，制即製，是創造。創造是從無到有的過程。因為是從無到有，因此就不能單單是既定秩序的執行。因此，創造活動一般具有一定的不確定性，也就是說，具有一定的無序性；但是，創造也不是純然的無序。把一部電視的天線拔掉，電視屏幕上即顯示出無序的雜訊，你不能說你這就是創作了一段動畫；同理，聖人制禮，禮也是秩序。制禮就是無序和秩序的綜合。

我們說，秩序與無序是一個綜合體。然則在人性之中，這兩個成分有無主次之分呢？既說綜合，最好當然是沒有主次。但是若非得要說個主次不可的話，那麼，應該是秩序為先。此話何解？想像你要買一輛車就明白了。當你要買一輛車時，你可能有，也可能沒有一些很特別的要求；但是，無論你有甚麼特別的要求，有些要求是肯定的：這部車子一般的性能都必須有穩定的表現。你不可能選上一部這樣的車子：它的油門、剎車掣和方向盤都是時而有效時而失靈的。這個穩定性的要求就是秩序的需要。你可能也有一些來自無序本性的要求，譬如你可能會要求車上的音響要有一個隨機選曲的功能（恕我只想到這個例子）；但是，這個要求與上面的秩序要求相比，明顯是次要的；事實上，在人們生活裏，一切有意義的活動總得以秩序為先決條件。從最根本的意義上說，沒有了物理的定律，你就不可能進行任何肢體活動，也不能移動任何物件。從高一層的意義上講，我們日常生活的絕大部分活動，也是依附在一個人為的社會秩序之上。你能到超級市場，買到你想要吃的方便麵，是因為超級市場有自己的秩序。你能乘坐公車到你想到的地方去，是因為公車的行駛也有自己的秩序。你迷了路，向途人請教，終於找到你想要去的地方，這也是因為人事也有自己的秩序。

我們說，人是秩序和無序的合體。不單人如此，世界也是秩序和無序的合體。世界之為世界，必得有一個秩序；可是，世界要容得下生命，它也必須容得下無序。人意識到自己是生活在世界之中的存有，他必得要在世界之中尋得一個位置。人因為追求秩序，就有一尋求回歸大秩序的需要。所謂「回歸大秩序的需要」，是指人意識到自己是世界的一部分。因此，人不但需要在自己的生

命內部尋得一個秩序，在世界之中，他也必得尋找到一個屬於世界的秩序。他自己必得回到這個世界的秩序，才能回到世界裏，才能有所從屬。是以最個體主義的人，都必得回到某種比他大的秩序裏，方才尋找到他的價值。比方要逃離家庭的人，往往會進入一間公司，透過事業成就來證明自己的價值；又或者，一個顛覆一切的虛無主義者，都要藉著從屬於一個虛無主義陣營，方才找得到自己的位置。這間公司，或是虛無主義的陣營，就成了這些個體主義者或虛無主義者的大秩序。比較傳統的人，要回到大秩序裏，方法就比較容易理解：回歸家庭、國家、道統、宗教。

於是，個體主義是不可信的。個體不能獨立地尋找他的價值，而只能在秩序之中去尋找。他不但只能在秩序之中尋找他的價值，他甚至連自己的獨立性都要在秩序之中找。沒有了秩序，就沒有隨波逐流，也沒有特立獨行。秩序於人，是人類第一義的價值活動。因此，以新奇取勝的文明，也就成了一個沒有希望的文明，因為它不知滿足。結果它只能成為小白，（詳見書末附錄一「小白的樂樂棒」，頁438-439）在一個無止境的追求活動之中耗盡自己的心力，也耗盡人間的資源，最終走上絕路。個體主義只能是僵化的大秩序的修正，它不能是真理的核心。

五　感性合理性

人有情有理，這是眾所皆知的事實。情是感覺，包括肉體和心的感覺；理是道理。四合之中的第二個項目，即是感性與理性的綜合。

似乎又從啟蒙運動的時代起，我們開始覺得人的感覺是不可理喻的。於是，在理智與感覺之間，我們只有兩個選擇。要麼我們高舉理性的價值，讓理性折服感覺；要麼我們否定理性的價值，讓理性臣服於感覺。

所以，當康德（I. Kant）宣稱理性為一切道德的最終基礎之時，他就不得不否定感情在道德生活之中的地位。他說，一個人要是純粹出於喜歡助人而助人，這樣的行為就不具有任何道德上的價值。必得是為了道德的責任而助人，這樣的行為才算得上是真正的善行。（Kant, 1964, p.66）

和康德相反，休謨(D. Hume)選擇了以感覺為人類一切行為的依歸。他有句話說：理性不外是感情（passion）的奴隸。（Hume, 1978, p.415）想用理性來折服感情，簡直就是癡人說夢。

提出人性是感性和理性的綜合，就是要打破這個情理對峙的僵局。

按我從儒者老師那裏得來的理解，理情關係的解是：理是情之理順和延伸。理中有情，情中有理，而且在情佔據主導地位之餘，情與理又能彼此交融，並且達致某種平等與平衡。而這也正是我所說的感性合理性的意思。

讓我們由一個日常生活的例子說起。設想你在工作之中有些事情出了岔子。你的上司知道了，滿面怒容，向你大興問罪之師。你很耐性地對他解釋，說明事情出岔子不在你的控制範圍以內，不能怪罪於你。上司聽過你的解釋之後，明白了錯不在你，他的氣也就消了。這時你會說，還好，這個上司還算明理。如果你想說得文雅些，你會說，這個上司通情達理。

瞧，原來在我們的日常用語裏面，這個情和理早就結了親。

所謂「明理」，不但包括了達理，也包括了通情；事實上，如果我們想達於理，首先就得通於情。由此看來，中國人實在是和康德一樣重視理，又與休謨一樣重視情。這和中國的陰陽思想很有關係，後面我們會再談。

在這個例子裏，情的失敗就是理的失敗。老闆完全不聽屬下的理由，他聽到的事情就不完整，所以是理的失敗；但是，老闆拒絕聽下屬的解釋，幾乎就必定是出於對下屬的成見，這個成見一旦僵化，無堅不摧，竟可一直維持到死。而成見為何？它是既成之見，即觀感，又即見解，就是理。情偏理亦偏。

這個即情即理的成見一旦形成，它就可造成任何壞事，如「文革」，如宗教戰爭，諸如此類。

這個情通理達的主旨，有一層很深刻的意思。按我們的常識，情和理之所以不同，是因為理代表秩序，而情代表無序。如果情理不能調和，那就表示人的秩序無序性格就和感性理性一樣無從調和。四合裏有二者無從調解，就真想不害精神病都不行。情感是有其內在秩序的。順情不是盲目。順情是順情之全，盲目是順情之偏。一旦能順情而活，情感就內在和諧，而這個情感的世界也就成了一個井然有序的世界。這個情感世界的秩序，就是理。

所以，在西方人一直逼問「理既非情，則理如何推動行為」的二千多年間，中國人壓根兒想都沒想過這是個問題。如果感情能推動行為，那麼理智也就自然能推動行為。親親仁之實，敬長義之實。親與敬都有感情的成分。至於智呢？智就是知斯二者而弗去。（《孟子‧離婁上》）再細心分析，智就是具有恰當的感情（親親敬長），對這些感情有自覺的了解（知斯二者），並且持守之。感情是情（感情），了解是知（知性、理智），持守

是意（意志）。故此，在儒家思想裏，知情意融為一體，並沒有
「哪一個才是行為推動力」的問題。

這樣講，對中國人來說，情理根本沒有，也不能有衝突。這
個講法的好處，固然在於能有效解決道德原動力的問題；可是，
從壞處看，則中國人既然不承認有所謂情理之爭，那麼，中國哲
學對我們平日所體會的情理之爭，好像又難以提供解決之道。

事實不然。當孔子說「克己復禮」時，他已肯定人在道德
生活之中是有掙扎的，否則我們就無己可克，那麼，當我克己之
時，所克者究竟何事？答案是一個「偏」字。正如上面的例子說
明（雖非證明），錯誤來自偏頗的理解和觀感。而一旦情偏理亦
偏，並沒有順理即得其正的問題；所以，孔子說要除去「意、
必、固、我」（《論語・子罕》），就是要截除偏的源頭。

差若毫氂，繆以千里。我們萬不能小看這個情理分家與情理
相連之間的分別。就因為我們今日相信情理分家，所以我們只要
看見某事有了情感的參與，就認為該事並無道理可言；比方說，
很多人說，愛情是沒有道理好講的，因為愛情是情，故此愛中就
不能有理。但這其實是荒謬的。愛一個忠貞的戀人，肯定比愛一
個情場騙子合理。只因愛情無理的誤解流行，今日相信二者無分
高低的，居然大有人在；此外，今日流行的觀點認為，藝術是沒
道理的（因為美感沒道理）；甚至，善惡是沒道理的（因為好惡
沒道理），其繆亦同。守住理中有情此點，我們才能在這些事物
裏尋找出一個道理來。

在上面，我們說明了情和理都是人性的構成條件，而且二者
互相涵蓋，不可截然劃分。接下來的問題是，情與理二者，畢竟
有無主次的關係？我的看法是，若要在情理之中分個主次，就應

該是情為主，理為次。這個情主理次的意思，對於人生意義的思考，具有非常重要的啟示。

　　情與理，究竟何者為先，這是一個吸引了無數哲人的問題。如果我們說，理即通順的情，那麼，我們就可以說，情比理在人性之中就有優先性。不論通順與否，人即有情在。有情無理者為動物，有理無情者如電腦。人畢竟是動物（當然我們又不只是動物）而不是電腦。因此，人是感性（情）合理性（理）的存有，而以感性為根；但是，由是而推論說，理性是感情的奴僕（如休謨所言），卻又失諸太過。因為即使說情為理之根，理就是有指導情的作用。說情為理根，不是說理不能指導情，而是說，理對情的指導最終仍是情的自我指導；另一方面，理既根於情，那麼所謂「情理之衝突」，不過是情的內部衝突。跟從理性，即是情之衝突的化解，亦即和諧。

　　人生只有兩種：可戀的人生和無可戀的人生。生命要是無可戀，人生即毫無意義。人對世界有感情，給予我最終的活著的理由。《禮記‧樂記》說：「人生而靜」，「感於物而動」。雖說靜是本性，但是不感不動，則雖生猶死；所以，宋儒反對無情無欲，認為這樣人已淪為朽木死灰。

　　情先天地具有求通與求順的取向，所以人先天地需要和別人建立親和的關係。人一愛別人，就感到快樂。到他為愛人所背棄，並因而感受到痛苦之時，已經是後話了。人一恨別人，就感到不快。到他看見所恨之人遭逢不幸，在幸災樂禍之中感到快樂之時，也已經是後話了。因此，我們雖有愛有恨，但骨子裏，我們渴求的是愛而非恨。這也是現代性善論的一個重要根據。

六　群性合個性

接下來，談人性的第三個綜合，我稱之為「群性合個性」。

先說個性。所謂「個性」，至少有兩重意思。第一個意思是，每個人都是獨立的個體。這一點不難理解。你去找個人，打他一巴掌，他會痛，他旁邊的人不會。這就是人的獨立性。

有人說，死亡最能表明人的獨立性。死亡是徹徹底底的屬己之事。每個人都得面對死亡，沒有人能替別人死。就算我犯了死罪，找了別人頂替，將來我還是要自己死一次。這種誰也不能替代誰的現象，說明了人的獨立性。

死亡能表明人的獨立性當然不錯。但是能說明人的獨立性的事情可還多著呢。沒有人能替我呼吸，沒有人能替我打噴嚏；在我給人打時，別人不能代我承受肉體的痛楚；在我喪親時，別人不能代我承受心靈的打擊。常言道，「如人飲水，冷暖自知」；「同枱食飯，各自修行」。人生活在世上，很多事情，也許是所有事情，最後都是得自己親自面對。這就是我們生命的獨立性，亦即所謂「個性」。

個性還有第二層意思，是指人的獨特性。所謂「獨特」，是指每個人都有一些與別不同的地方。天下沒有兩個人是完全相同的。天下間沒有兩個長相完全相同的人（連雙生兒都不例外）；沒有兩個人的性格完全相同；沒有兩個人的想法完全相同；沒有兩個人能有完全一樣的經歷。這點似乎非常明顯，不必要特別解釋和論證。

人的獨立性和獨特性，對近世的價值思考有很大的影響。傳統社會比較著重人的共性（共性是群性的其中一層意思），因

此比較強調那些適用於所有人的人生指引；但是，隨著個性的解放，人類社會越來越強調諸如自由、權利、多元之類的價值。因為每個人都是獨立的個體，所以個人行為的後果該由個人來承擔，無須他人越俎代庖；因為每個人都是獨特的，所以社會不應該假設有一套人人合用的行為規範，並且用來指導人的生活。因此，我們不能禁止人按自己的意願選擇自己的生活方式，這一點就足以證明一般人所謂「自由」（也就是免受干預的自由）的價值。不但如此，我們還要塑造一個多元的社會環境，藉以給予人足夠多的選擇。對許多人來說，個體自由的增加，與社會的多元化發展，就是衡量一個社會是否進步的指標。

自由與多元，誠然就是進步的全部指標——假如人性就等同於個性的話；可是，人性之中除了有個性，還有無法擺脫也不可化約的群性。所謂「群性」，究竟又是甚麼意思？

你去找個人，打他一把掌，他會痛，他旁邊的人不會，這就說明了人的個性。現在，你來打他旁邊的人一巴掌。呃，和先前一樣，旁邊的人痛了，原先的人卻不會，這就是人的共性。因此，也同時是人的群性：每個人都感受到自己給人打時的疼痛，而非旁人給人打時的疼痛。

我們說，人的個性表現為人的獨特性；反過來說，人的共通性，當然就說明了人的群性。我們時常說，每個人都是獨特的。但是我們時常忘了，每個人都有些地方和別人是共通的。沒錯，我們沒有見過兩個一模一樣的人；可是反過來，我們也沒有見過兩個毫無相似之處的人。

人性有甚麼共通之處？這正是本章要回答的問題。隨便舉幾個例說，人人都需要食物，都需要安全感，都需要同伴，都需要

自尊。[2] 別小看人與人的相通之處。要是兩個人真的毫無相似之處，他們就不可能彼此了解，也因此，他們就不可能合作，也不可能共處，更不可能結成團隊。於是，群體生活也就不可能。共性是群性的基礎。

我們說明了群性的第一層意思。而群性的意思還有很多層，一層比一層有趣。

從我未出娘胎之時，我身邊的世界就在塑造我了。我母親吃甚麼，想甚麼，說甚麼，都會影響我將來的性格和氣稟。到我出了娘胎，群體對我的影響就更巨大了。我在前面說過，人是文化的產物；所以，我們每個人都是社會集體設計的成果。這不是說個人的選擇和氣質於一己的品質毫無影響作為，而是說，這些影響都只能在一個社會文化的背景下發揮作用。我們身上的大部分品質，從一個很基本的意義上講，都是從群體那裏學來的。我們的衣著、舉止（我的學生許珮瑜君，母親是泰國華僑。在婚宴上，大家都說，她母親的家人都有一種泰國人獨有的舉止），和我們聽的歌，說的話，等等，無不帶著自己的社會和時代的烙印。個人天生的氣質，和後天的選擇，都能調節這些東西影響個人的具體方式；但是，個人的貢獻也就只能停在這裏。天下間，並沒有赤裸裸的個人，有的只是在特定文化環境下成長的個人。人天生就是群性與個性的綜合體，只此一途，沒有別的可能。

而這還不是群性的唯一意思。我們去打一個人一巴掌，他旁

---

[2] 　　　在這裏，食物的需要來自我們的物性（詳見下節「靈性合物性」，頁56-59），安全感的需要來自我們的秩序性，同伴的需要來自我們的群性，自尊的需要來自我們的價值本性。

邊的人不會痛；但是試想想，如果旁邊的人是他的妻子，她一定非常心痛。即使是陌生人，眼巴巴看著我給這人一巴掌，也會於心不忍。這又是群性的另一層意思。

我們在上一節提到，人的感情決定了他先天地有與其他人（或事物）建立親和關係的需要。人生最悲慘之事，莫過於生無可戀。要有可戀，就得和這個世界建立關係。有情，有愛，有戀，人方能免於孤伶伶地生存。關係是第一義的人性需求。

這樣說來，我們不但在具有個性的同時具備群性，而且在二者之中，群性還佔據了主導的位置。我們不錯會追求獨立，但我追求的，卻永遠是在群體生活之中的獨立。一個人失去了獨立性，當然會渾身不自在，但至少在他生命之中，還有一個尋找可愛之人或可戀之事的可能；可是，人的群性得不到滿足，他就已經生無可戀了。群性比個性更為根本，此為明證。

這還不是我們說群性優先於個性的全部理由，另一個有趣的理由是，當我們要實現我們的個性時，群體永遠是我們無法擺脫的必然參照系統。我們對一切事物的認識，離不開事物和其背景對比。要是世上所有東西都是藍色的，那麼，藍色這個觀念，於我們就毫無意義了；同理，要實現我的個性，或者說要顯示出我們的獨特性，唯一的方法就是與別不同；但所謂「與別不同」，就是和我們的群體不同。因此，群性是實現個性的必要條件。

讓我用一個生活化的例子來說明這一點。時下很多人覺得，要表現出自己的個性，就得追上潮流。這個想法能夠受到那麼多人的接受，實在是極堪玩味的事情。我們先來想想看，甚麼是潮流？潮流不正是大家所追求的東西嗎？那麼，追上潮流正正完全是群性的表現而非個性的表現呀！可是，偏偏就是有人相信追上潮流就有個

性了，這正好說明，在我們追求個性的時候，群性依然在起作用。豈止是群性在起作用而已，我們簡直是把群性當做個性那樣追求。

　　所以有些強調個性的人，不但要追上潮流，還要走在潮流尖端；不但要走在潮流的尖端，而且要領導潮流、開創潮流。這些人總可以理直氣壯地說，他們在追求個性的實現了吧？

　　可以。我不是說我們不能追求個性。我只是說，當人追求個性時，他的群性就已經隱藏在裏面。

　　我們說，潮流就是大家所追求的東西，那麼，走在潮流尖端，就是追求大家所追求的東西，不過是追求得比其他人快而已；所以，當你走在時代尖端時，你追求的依然是群性，不但追求群性，而且是追求快人一步的群性。走在時代尖端的個性，並不是群性的否定，而恰恰是對群性的肯定，而且是搶先一步的肯定。

　　走在潮流尖端如此，帶領潮流亦然。如果不是為了我們身體裏那不可擺脫的群性，我們有甚麼理由要為帶領潮流而驕傲呢？所謂「帶領潮流」，就是我所做的最終成為大家所追求的東西。如果說走在時代尖端是對群性搶先一步的肯定，帶領潮流就是對群性搶先兩步的肯定。

　　個性之依存於群性，實在是有其深層的原因。前面說過，群體是我們在理解人之時所無法擺脫的參照系統。要實現個性，我們必須顯出自己的獨特性；但是，沒有群體的參照，獨特與否也就失去意義。依然以潮流為例，當你帶領潮流，穿上了一套時下最新款的衣裳，這時，你當然很與別不同。可是很快，當潮流傳開，人人都這樣穿的時候，你就不再與別不同了；更有趣的是，當每個都與別不同的時候，這個與別不同的本身，也沒有甚麼與別不同了。只要你見過雙胞胎，你就會明白我的意思。我們多數

人看見雙胞胎的時候，都會覺得有趣，因為雙胞胎（驟眼）看來一模一樣。我們慣見每個人都和其他人不同，這個與別不同本身就是一個常態。結果，在我們看見雙胞胎長得一模一樣時，反倒覺得一模一樣很與別不同了。

所以，當我們說要實現自己的個性時，就暗中承認了自己的群性。失去群體作為參照系統，就沒有所謂的「自我實現」，也沒有自我實現的需要。所有人本來都是獨特的，在你未曾想到要實現個性時，你就已經很獨特了。而在你實現了你的個性，你依然不過就是很獨特罷了，那有甚麼大不了？唯一大不了的事情只有這一件：在你未曾實現你的個性之前，世上並沒有一個和你一模一樣的人；可是，參照群體裏的其他人，同樣沒有人跟他們一模一樣；所以，這個獨特就不獨特了。到你實現了你的個性，例如做了一系列驚世駭俗之事，這時，你參照其他人，說：「他們不敢驚世駭俗，我敢。」這樣你才真的獨特了。對，你的驚世駭俗的確顯示了你的個性；但是，你的參照系統也同時證明了你的群性。

因此，最有個性的人，根本不在乎自己有沒有個性。不過記著，這些最有個性的人也並不缺乏群性。他一樣要和人合作，一樣需要關愛，一樣受到自己的文化背景所塑造。上面的分析，只是要說明一個有趣的弔詭：我們對個性的追求越是熱切，我們就越是脫不了自己身上的群性。我並不是要說，要是我不追求個性，我就可以和我身上的群性割斷關係；事實上，無論我追求甚麼，不追求甚麼，我仍然是群性和個性的綜合體，我仍然和群性與個性脫不了關係。

回頭說實現個性。今人喜歡說自我實現（self-realization），彷彿自我實現就是一件徹頭徹尾的屬己之事。但是不然，其理正

與上同。我為自己訂立目標，追求並實現自己的夢想，這就是自我實現；但是，這個自我實現本身就暗藏著我的群性；比方說，我的夢想是要成為偉大的足球員，必得是社會（即群體）裏有足球這項運動，方能有偉大球員的夢想。這不是說人為自己編織夢想之時只許因循，不容創新；但是，創新也得有個譜，這個譜就是群體生活的實況。我們可以設想一個人在未有商業活動的社會之中展開一些雛型的買賣事業，卻不能設想他在一個這樣的社會背景下構思出一間像微軟那樣的跨國公司，遑論將之付諸實踐以致馬到功成。人是文化的存有，文化給予我以虛馭實的能力，以致我能編織自己的夢想；但是，這也注定了，我的夢想必然受到我的文化背景所限制；事實上，沒有群體，沒有來自群體生活的文化，我就不成為我，就沒有所謂個性不個性，獨特不獨特；換言之，就沒有自我實現；更甚者，我們之所以那樣重視自我實現，無他，正是因為我們生活在一個重視自我實現的社會環境之中。一個在傳統鄉土社會長大的中國農民，聽我們侃侃而談自我實現的一套，會覺得我們都在胡說八道。骨子裏，在個性追求的背後，我們的群性依然在發揮作用。

　　所以，群性和個性的關係很微妙。要突顯個性，你可以減少——也不妨說，是壓抑——你身上的群性；例如，你可以拉開你和群體之間的距離，像隱士；或者你可以和群體敵對，像罪犯；但是，同樣是要突顯個性，你也可以加把勁發揮和實現你的群性，像聖人。只要你把群性實現到一個常人所不及的地步，你就非常具有個性。許多人批評聖人之教壓抑個性，這些人實在都並沒有認識何謂個性。

　　可悲的是，聖人並不是永遠都能受到景仰的。要具備景仰聖

人的能力，本身就要求那個時代具備相當高水準的心靈修養。在一個低水準的時代裏，當人人都在做著破壞社會的勾當之時，你不做，人家不但不感激你，還要厭惡你，甚至視你為怪物；換言之，如果你身上的群性超出一般人太多，人們就會覺得你不吃人間煙火，根本不屬於這個社會，彷彿你的群性還沒有達到合格的水平。我把這稱做「群性的弔詭」。

回頭說個性。前面提到，人的個性表現為個人經驗的不可取代性；但是，這個經驗的不可取代性，並沒有使人成為絕對與其他人割裂的個體。對，沒有人能替我承受病中的痛苦，也沒有人能替我承受喪親的哀傷；但是，我所愛的人，卻能安慰我的痛楚和哀傷。而有安慰的痛苦和哀傷，和沒有安慰的痛苦和哀傷，是兩件截然不同的事情；所以，個性不見得等同於祝福；相反，很多時候，個性正正是咒詛的源頭。而解咒的不是別的東西，正是我們的群性。這裏，又一次見到群性的優先性。

說群性優先，並不是說個性不重要；事實上，人很害怕與別人一模一樣。內地有一位有名的哲學家，和我同名同姓。我自己的書架上也有他的作品，看見他的名字時，時常有一種恐怖的感覺，覺得我的身分認同好像給割掉了一部分似的。單單名字就如此，要是看見有別人真的跟你處處一模一樣，那會是多可怕的事情。

因為這個群性合個性的特質，我們就不斷的追求和別人一樣，又不斷的追求和人不同。為了和人家一樣，我要擁有人家擁有的東西；為了與別不同，我要我擁有得比別人多，比別人好，比別人漂亮。諸如此類。到了自己真的處處優於別人，又要感慨無敵最寂寞，高處不勝寒。幸福難求，正由於此。

有出路嗎？放心，一定有。我們留待第六章（頁225-239）詳談。

七　靈性合物性

最後一個綜合，我稱它為「靈性和物性的綜合」。

人是動物，這一點最無爭議。因為我們是動物，所以我們就具有物性。所謂「物性」，兼具物質性與生物性兩個意思。物質構成了我們的身體，因此我們受到物理定律的限制。我們不能不生活在時空之中，不能逃離萬有引力，諸如此類；同時，我們又不能擺脫生物的定律。我們活著，就有生存的基本需要，例如溫飽；又如本能，像所謂的「飲食男女」；還有各種心理的規律、需要和欲望，例如需要被關懷，需要安全感，有從習慣而來的惰性，有貪求新鮮的欲望，等等。

物性最能顯出我們的有限。沒有生物能長生不死，因此我們的生命是有限的。沒有生物能無所不知，無所不能，無所不在。由於有各式各樣的欲望，以及身體上的軟弱，我們時時在責任面前退縮。諸如此類。

靈性就是突破人性有限的追求。因為有靈性，所以我們有超出自身有限生命的關懷。這個關懷，驅使我們做出許多很特別的事情來。這些事情也許很偉大，例如捨己救人；也許很可笑，例如求長生藥；也許很邪惡，例如征服世界。但是無論如何，這些事情都是出自我們的靈性。我們對生命的有限感到不安，所以我們朝不同的方向，試圖突破生命的限制。當我捨己為人的時候，我是在試圖實現一個比一己生命更大的價值。當我尋求長生藥的時候，我是在謀求取消一己生命在時間上的限制。而在我試圖征服世界時，我則是企圖突破自己權力的界限，將之推及無限。因為我們有靈性，所以我們會探討死後的世界；因為我們有靈性，

所以我們會尋求神；因為我們有靈性，所以我們會關心自己的後代，以及全人類後世的福祉。

在常識之中，靈性通常具有強烈的正面價值意涵。我們時常覺得，靈性一定是至善至美的東西，否則不配稱之為「靈性」。這個常識的理解，並不能準確捕捉靈性的全部意思。一個人信奉邪教，顯然也有靈性的追求在背後推動。因此，靈性所推動的行為，並不一定都是正當的。

雖說靈性不是美善的保證，但說靈性先天地尋求美善卻沒錯。人是價值的存有，當人想要突破肉體生命的限制時，他不是要尋求比肉體生命更大的惡，而是想要尋求比肉體生命更大的善。當我們的靈性推動我們做出惡事時，那並不是由於靈性的本性真以惡事為滿足，而是因我們誤以惡事為滿足靈性的途徑。以征服世界為例：征服的活動非但不能突破一己限制，反而是受困於這個限制的產物。人要征服世界，是為了要突破自己權力的界限；但是，當某人尋求以權力壓倒他人時，他早就將自己和他人對立起來。這個對立本身就成為一個界限，將他和他所要征服的對象，劃為兩個世界。這條界限，恰恰是征服的活動所永遠不能打破的。邪惡之無法真正滿足靈性，其理在此。

所以，靈性一方面不是善的保證，但另一方面，它的確先天地具備引領我們向善的能力。靈性要引導我們向善，唯一的條件就是要正確地運作。

靈性給我們的生命一個和物性很不同的向度。靈性所追求的，是無限的價值，也就是追求神聖。因為無限，因此無以名狀；因為無以名狀，所以不可思議。物性的追求卻不然。物性的世界是機械的，一切都是簡單的因果律。沒有崇高，沒有魔法。

我將這個物性的世界稱為「不外如是的世界」。

靈性與物性一方面互相制約，一方面卻也相輔相成。有些人沉迷在物質享受之中不能自拔，完全無法享受靈性的樂趣，這就是靈性受到物性制約的例子。僧人為了享受靈性上的滿足，不得不犧牲部分肉體的享受，這時就是靈性反過來制約物性；但是，靈性和物性也可以彼此支援。例如佛蘭克（V. Frankl）觀察到，在集中營的囚徒，要是能抓住一個高於個體生存的價值信念，他在集中營存活下來的機會就要比其他人大。這是靈性支援物性的最佳例子；反過來，強健的體魄也能支援我們對各種價值事業的追求。像我自己，要是過去二十年不是不停的奴役自己，今天也許就不必要在絕症的手下搶救自己的哲學思考成果。因為我沒有充分照顧自己的物性需要，結果不但肉體生命危在旦夕，連帶我的靈性事業也受到威脅。想乎此，真是不勝唏噓。

在靈與物之間，若要論先後，則以靈為先。物性是我們人生不得不面對的既定條件，靈性是在這些條件之上尋求創造與意義的力量。如果物性是麵粉，靈性就是麵包師傅；再者，世上沒有人願意把自己的生命還原為動物性的生命。看見一些除吃喝外無所事事的「二世祖」，我們不但不會羨慕，反而會看不起。這是靈性優先於物性的明證。

但是，這不等於說物性不重要。很多人以為，因為靈性是善的，所以物性就是惡。事實不然。人既生而為動物，善惡的判斷就不能不參考人的物性需要。我們都知道救傷扶危是善事，然而若非出於我們的物性需要，傷和危就根本沒有救助的必要；又如我們知道親情可貴，親子關係的起點正是性活動，而性活動則出於我們的物性。親情是物性的性欲與靈性的責任二者高度結合的

產物，沒有物性，就沒有所謂親情不親情。

　　所以，雖然我們說靈性原則上先於物性，然而在實踐上，二者卻是不可偏廢。人性的其餘三個綜合，亦可作如是觀。

八　人性之善惡與柔韌

　　接下來，談人性的善惡。將人性裏的二本與四合整合起來看，我們就有一個重大的發現：自孟子以來，人性是善是惡，一直是中國學術思想裏的重大課題；現在，從這個二本四合的模型看來，我們就能得出一個結論：人有善有惡固然不錯；然而，說到底，我們的善性要比我們的惡性更為根本。我們是價值的存有，我們的本性所追求的，是實現價值，而非摧毀價值。我們是文化的存有，我們的群性先於我們的個性。這些都促使我們成為合群的人，樂於成為別人的朋友而非別人的敵人。我們不是因為要與人為敵不成功，才與人為友；相反，是與人為友不成功，才與人為敵。我們的感性要求我們和別人，以及和世界建立親和的關係。我們的秩序本性先於我們的無序本性，所以我們以建設優於破壞。如果我們專事破壞，是因為我們不懂得怎樣建設；又或者，是因為我們認為（正確地或錯誤地）我們所作的破壞是建設的先決條件。我們的靈性先於物性，因此，我們總是嚮往高於純粹動物性的生活境界。要是我能充分發揮我的人性，就會努力追求活出一個有意義的人生，就會有不錯的文化修養，並且能了解和配合生活世界裏的種種不可避免的秩序，但又不流於刻板；此外，對人對物都有親愛之情，並努力把這些不同的情加以理順。合群但不失個性，既能

照顧一己的肉體和心理需要，又能追求高層的精神價值。對，有人性不等於十全十美，但我總不能單單因為實現了我的人性，就成了一個壞人。我們也許會活得一塌糊塗，但在本性的深處，一塌糊塗的生活，並非我們的人生目的；簡單地說，我們不是越有人性就越壞，而是越有人性就越好。這就是性善的真義。

如果我們都是性善的，那麼，應該沒有人沉淪罪海了。為甚麼我們還會看見那麼多人陷在罪裏不能自拔？為甚麼有些人，很甘心的生活在罪裏，根本沒有想過自拔？為甚麼有些人，壞事做盡，卻自以為德配天地？

答案很弔詭：是因為人性的柔韌。人性的柔韌，既是解決問題的萬應靈丹，又是造成人生一切問題的罪魁禍首。

像慢性青光眼。眼睛的感光細胞，慢慢在過高的眼壓之下壞死。患者漸漸喪失視力，但是因為大腦自己會適應這些逐漸減弱的視覺訊息，患者日常的生活完全不受影響，渾然對視力的損壞毫無知覺。直至有一天，視覺神經的壞死達到某個臨界點，患者就徹底的失明了。

在福善苦罪的問題上，柔韌也是這樣的一張兩面刃。

先從好處看。我們說，幸福是人性內部的平衡（詳見本書第二章，頁67-110）。我們在平衡秩序無序、感性理性、群性個性、靈性物性的基礎上，盡量發揮我們的文化本性和價值本性，這就是幸福了。完美的平衡往往是很難達致的。在我們盡了一切努力仍然無法達致理想的平衡時，我們心靈的柔韌就發揮作用了。

我們試舉一例說明。假定我現在的生活把我各方面的人性要求都平衡得很不錯了。很不幸，我忽然受了重傷，首當其衝地，我的物性需要馬上有所欠缺。很理所當然地，我會想辦法把傷患

治癒，這樣我的生活就回復平衡了；問題是，不是所有傷者都能康復的。這時，我有兩個選擇：第一，在傷患乃至殘疾煎熬的失衡狀態裏沉淪，一蹶不振；第二，多尋求靈性上的滿足，以補償物性需要的不滿足。如果我選的是第二條路，超乎常識的想像地，我幾乎肯定可以尋得一個新的平衡，並且從此依然幸福快樂地生活。這是心理學界已經確認的事實。大部分人有意外殘疾之後一段時間，其心靈的快樂的滿足都能回復到事故前的水平。生活中其他重大不幸事故亦然。

　　從好的一方面講，人性的柔韌給人克服一切痛苦與不幸的能力；所以，從集中營裏死裏逃生的人說：「對。人可以適應一切。但別問我們是怎樣辦到的。」（Frankl, 1984, p.36）一個人一夜之間失去了雙腿，當然是天大的打擊；然而，過了一段日子後，這個人的快樂度，絲毫不比四肢健全的人低。這就是人性柔韌的威力。柔韌是幸福生活不可少的條件。如果說，美好的人生就是完美地平衡的人生，那麼，真正美好的人生是不可能的。沒有人能把自己人性裏的各方面都照顧得妥妥貼貼，以達致完美的平衡。如果我們對人性的失衡沒有絲毫的適應力，那麼，任憑我們是蓋世英才，我們的人生都是沒有希望的。一旦我們有了這個適應力，我們就能無視生命裏的失衡而安於失衡。

　　但是，安於失衡既是人的出路，也是人的陷阱。安於失衡，可以使人對自己生命的失衡渾無所覺。男人第一次嫖妓，也許會覺得不好意思。嫖到第一百次時，不但不再不好意思，他根本就覺得不嫖的人都是怪胎。安於失衡，也是平衡的一種；然而，安於失衡畢竟不及安於平衡。當我們所安的失衡引導我們往失衡的方向一直走下去，我們的生命就會有越來越多或顯或隱的不滿

足。這些不滿足累積到超過了某個臨界點，安於失衡的平衡術就不再管用，我們的生活的整個平衡會一下子瓦解。這時，我們就會受到極大的打擊。

在心理分析理論裏，有所謂的「自衛機制」；比方說，我出於自己的野心，一直想在事業上更上層樓。因為這個緣故，我漸漸的在工作家庭之間失去了平衡，把妻子和孩子都忽略了。當我發現家裏出現一些小問題時，我可能會問自己：「咦，是不是有甚麼不對勁了？」懂得這樣問，已算很不錯了；但是，懂得問不過是一個起點，要是我看不穿自己防衛機制所玩的把戲，這個問題結果依然是白問：我很快就會對自己說：「唏，都是小問題嘛，一家人有些小問題不是很平常嗎？」「唏，別大驚小怪啦，那不就是老妻一貫的怪脾氣嗎？」到問題越生越多，自衛的理由就越是層出不窮：「我這樣努力工作，到頭來不就是為了這頭家嗎？他們不了解，不是我的錯呀？」「女人都是不講理的，我忍了她這麼久，不是仁至義盡了嗎？」這些說話，夠熟悉了沒有？而當這些熟悉的話頭派上用場之際，也正是我生活的平衡瀕臨瓦解之時。

如果我們同意關於人性柔韌功能的分析，那麼我們就能解答許多個人、家庭和社會生活裏令人困惑的問題。

倫理學裏有一個很重要的問題：究竟在我們的道德生活裏，有沒有一些普世的價值，是可以放諸四海皆準的。認為有的觀點，稱為「普世主義」（universalism）；認為沒有的觀點，稱為「相對主義」（relativism）。相對主義者時常問：如果真有普世的道德價值，那麼為甚麼在不同社會裏會有不同的道德觀念？為甚麼在同一個社會的人，也一樣會有不同的道德觀念？

這裏不能對普世主義和相對主義之爭做一個完整的討論，那

是一篇博士論文都不能講透的問題；但是，我們至少可以嘗試解釋一下，要是道德價值有它一定的法則和規律，為甚麼它卻不能令所有人對它有相同的理解。

平衡是一個動態的觀念，我們不能為平衡尋找一條簡單的公式。我們小時候都玩過一個遊戲，把一支竹筷垂直放在指尖上，藉著指尖前後左右的移動，嘗試平衡竹筷不讓它跌下來。該怎樣移動指尖？我們能不能預先繪製一張指尖的移動路線圖？答案是不能。

生活的平衡也是一樣。在不同的條件下，平衡有不同的要求。二〇〇八年，四川發生大地震。一位軍人為了救災，錯過了自己的婚禮。沒有人說，這人為了工作，忽略了自己的家庭。大禹治水，三過家門而不入，成為千古美談。換了是為了一般的日常工作，而做出相同的事情，我們會說，那叫不分輕重，是瘋子才會做的事情。

又例如我們的身分角色，也會左右我們生活的平衡。例如一個未婚的人，和一個有妻兒的人，二人生活的平衡也一定非常的不同。

平衡的具體表現不但隨外在條件而改變，也隨個人的材質氣性而改變。假使我天生是一塊平治天下的材料（如大禹），我就注定了要在平衡事業與家庭的時候，要比常人投放多些心力在治天下的事業裏；相反，假使我是個育兒的奇才，我就沒有理由枉費心力，把力氣投放在建功立業之上，而該多投放氣力，把自己的孩子教養成材（如竇燕山）。當然，這不是說，治國奇才就不要好好和自己的孩子相處；也不是說，育兒奇才就可以不理天下事，但按材質的不同，每個人都應該尋找自己的平衡。

我們大部分人都不是奇才，但我們每個人都還是會有一些長處，一些短處；不同的長處和短處，就造成了每個人的平衡的

不同。

　　這就同時說明了道德的普世意義和相對性。從本質上講，平衡就是平衡，所有的平衡都有一個面面兼顧的意義，這是人人共同的。所有人都要找出自己的長處和短處，拔長補短；所有人都要把自己各方面的能力（不論強弱）適當配合，務求這些能力在配合之後能收相得益彰之效；再者，平衡不是平衡任何東西。我們無須在拯救與殺戮之間取得平衡。拯救是善，殺戮是惡。這是平衡的普世內涵。

　　可是，與此同時，因為外在條件以及氣性的分別，每個人又都有不同的平衡。我們不能說，只有治國奇才的平衡是好的，育兒奇才的平衡就不好；不能說天才的平衡就是好的，常人的平衡就是不好的；這樣，平衡又有一定程度的相對性：相對於每個人不同的客觀條件和材質氣性，平衡就有不同的具體表現。

　　每個人因應自己生活裏的客觀條件、身分角色、才性氣質，恰如其分地尋找自己的平衡。只要每個人都這樣做，即使做得馬馬虎虎過得去，天下就太平了；可是，因為兩個原因，這個美麗的圖景卻很難成真。

　　第一，我們時常分不清甚麼是普世的，甚麼是相對的。我們很容易以一己有限經驗所看見的平衡，誤當做是放諸四海皆準的通則。我們每個人都在尋找自己的平衡，一旦找到了（哪怕找到的只是馬馬虎虎的平衡），我們就會滿足於這個平衡。我們比較有條件了解的，就是我自己的平衡。對於別人的平衡，我們往往很難判斷。很不幸地，環境又不容許我們對別人的生活完全中止判斷；比方說，當一班童黨正在欺凌一個孩子的時候，我們不可能站在那兒說，我不了解童黨的平衡，也不了解孩子的平衡；所

以，我只能採中立的態度。人既是群性先於個性的存有，共同建立一套社會生活的規範，就是我們無可逃避的責任；但是，無論是任何規範，都不可能讓每個人都滿意。每個人都會（正確或不正確地）覺得，群體生活裏的某些規範，妨礙了他們尋找自己的平衡。而不論規範正確與否，規範的支持者都無法亮出一個壓倒性的理由，說明這個規範為甚麼能用於所有人。

第二，比上一點更糟的是，人性裏有一種柔韌性，把個人與個人的平衡之間的距離拉闊。我的最佳平衡本來就和你的最佳平衡有距離；可是，因為人性的柔韌緣故，我所安於的平衡，和我實際上所能達致的最佳平衡，可能又有一段距離。你所安於的平衡，和你的最佳平衡之間的關係也是如此。這樣一來，你我最佳平衡之間的距離，和你我各自和自己最佳平衡之間的距離相加，也許就使你我遙相分隔了。結果，你我要了解對方的平衡，都困難重重。

第三，除了上述一點之外，柔韌性還有一個更可怕的副作用。當我們不滿足，但又無視於自己的失衡，我們就會把矛頭指向我們身邊的人，或是指向社會。天下禍亂，由是而生，以致無窮。

第二章

幸不辱命：剛健和樂的幸福觀

一　父親的哀傷

兩年前（二〇〇八年）七月，腰痛不止。七月二十九日，醫生確診出那是末期腎癌。（二〇一〇年七月二十九日，本書作者因醫治無效，不幸於香港浸信會醫院辭世。——本書責任編輯註）我的身子軟了一軟，倒在椅背上，想：那我的女兒怎辦？她才兩歲。接下來，我想：真好，真公平，以前是我來悲歎別人的不幸，現在輪到我來承受別人的悲歎了。

跟著我對內子說：平生所學，用在今朝。我們給轉介到腫瘤科，見完這裏的醫生後再見中醫。接下來，身心俱疲回到家裏。在停車場的入口，內子嘆氣：「真像發了一場噩夢！」我答：「我的感覺恰恰相反：我剛剛才在夢幻裏轉醒過來。」

這是一段很特別的日子。再多的死亡教育也不能給我這樣的一個經驗：每天與死神同行。做死亡教育的人時常說，死亡是永遠潛藏在自身之內的可能性。不，這不是我說與死神同行的意思。我的意思是，我感覺到自己正在一分一分的死去。反覆的嘔吐，身體各種能力的減退，與日俱增的身心疲累，在在都告訴我，我正在經歷著的，是自己的身體逐漸瓦解。

心靈的痛楚同樣令人難堪。我一次去看醫生，回程時一直想著我那三歲的女兒。想到她很可能還未懂事就沒了父親，不禁舉目向上蒼泣告，反覆呼求：「我要活！」然而，呼求真的有用嗎？又一次，一個人躲在房間內聽中樂《漢宮秋月》，哀怨的調子讓我想到自己快要和妻女永別了，不禁蜷縮在床上抽泣；但是，不捨有用嗎？截至我寫這段文字的時候（二〇一〇年），我康復的前景依然不樂觀。

　　我的腰痛，很快就因為電療而得到紓緩。我因而借來了大概有九個月的行動自如的日子。回想腰痛最劇烈的日子，除了痛不欲生，真的就只有痛不欲生。腰椎像遭螺絲起子插入猛撬，整條右腿裏外如遭火燒電殛。於我而言，要我捱過這樣的痛楚，真是徹頭徹尾的天方夜譚；然而，我居然就是捱過來了。曾經身陷集中營，以提倡意義療法而廣受推崇的心理治療大師佛蘭克引述集中營囚徒的話說：「對。人可以適應一切。但別問我們是怎樣辦到的。」（Frankl, 1984, p.36）和這些囚徒一樣，我也不知道我自己是怎樣捱過來的，然而我就是捱過來了。這也許是因為，要捱過不能忍受的痛苦，我們需要的，不是一個方法，而是一個意志。而在意志背後支撐著的，是一個活下去的意義與理由。正是出於類似的體會，親陷集中營之刼的佛蘭克宣稱：「生命具有潛藏著的意義，即使是最悲慘的生命也不例外。」（Frankl, 1984, p.16）

　　我們都知道，集中營過的是非人生活。怎樣的非人生活？我們只要隨便指出幾個例子，就足以說明這一點。在入營的第一天，所有人都要在眾人面前脫光衣服，剃光身體所有毛髮。在那一刻，你會明白，你真的是徹底的一無所有了。你所剩下的，就只是一副沒有毛的軀體；其實，能入營已經很不錯了。在你入營的同時，和你同路的囚犯之中，大約有九成是直接送到了火葬場；不過，即使入了營，你也不知道你能保住性命多久。每隔若干時間，就會有一批人被點中，送往毒氣室。在營裏，你永遠不會吃飽；營裏的糧食，是每人每四天一塊五安士重的麵包。因為這樣的緣故，他們夢裏最常見的，就是食物：麵包和蛋糕，有時還會夢到香煙和暖水浴。在他們暗地裏談話的話題裏，依舊脫不了食物。他們的生活的主要內容，基本上就是做苦工：掘地、鋪鐵路。

　　你一定以為，這樣的人生，就毫無意義了。正如我自己也曾經以為，整天在床上呼痛，連飯都只能躺著吃的日子，一定就毫無意義了；但是，佛蘭克不同意。他觀察到，即使是惡劣如集中營的環境，只要你擁有一個屬於自己的精神價值領域，你就仍然能夠深化自己的精神生活，你就仍然有能力撐下去。這些精神發達的人，體質往往比一般人弱；然而，偏偏也就是他們，內心所受的傷害，反而較少；（Frankl, 1984, p.55）換言之，具有豐富精神生活的人，哪怕是關進了集中營，他們依然不會被痛苦所擊倒。而我呢，託賴說，馬馬虎虎也總算活到了今日。

二　苦從何來

　　要解釋苦，最好請教佛教。佛教可說是苦難學的專家。佛教的三法印就肯定了諸行皆苦，而四聖諦的第一諦也就是苦諦。按佛家的分析，人生有八苦：生、老、病、死、求不得、愛別離、怨憎會、五陰盛。八苦之中，以生苦和五陰盛苦最堪玩味。

　　先說五陰盛。五陰又名「五蘊」，包括：色（肉身）、受（感性）、想（思考）、行（行動之意念意志）、識（統一前四者的意識）。簡單地說，就是造成身心以及一切相關活動的條件。五陰不斷活動，製造無盡的需求，沒有一刻安靜。我們為了滿足五蘊的需求，焦灼勞累，是謂「五陰盛苦」。

　　很多人都試過因為學業或者工作的壓力而失眠。這是五陰盛苦一個很典型的實例。在你疲倦的時候，很需要靜下來休息；可是，你的身心偏偏不讓你靜下來：你的情感思緒不由自主地糾纏

在你的書本或工作之中，停留在高度活躍的亢奮狀態；你的意念蠢蠢欲動，欲有所為，但你的身體卻疲不能興；你的意識，在五蘊的爭持中，感受到了痛苦。

但是，你不必要等到失眠時才會受到這個所謂「五陰盛」的痛苦。人生而具備身體，這個身體本來就是無邊煩惱的根源。你幾個小時不吃東西肚子就會餓，肚子餓就會苦；即使在精壯的日子，身體還是不免偶爾出出毛病，疾病的折騰可大可小；小如不小心摔一交，痛入肺腑，大如身受血光之災，痛不欲生，都不是好玩的事兒。加上受想行識所帶來的種種痛苦，小如留級失戀，犯錯受責，大如生離死別，身敗名裂，等等，所謂「苦海無邊」，實非誇誇其談。

了解五陰盛苦之後，我們就能反過來了解生苦。凡人大都貪生怕死，故以死為苦，以生為樂。道教且以「修煉成仙，長生不老」為目標。可是佛家並不作如是觀。既然五陰是構成生命的條件，有生即必有五陰。故此，生命的本質即是五陰的牽引拉扯。生命充滿了各種的不得已和無奈，是謂「生苦」。

所以，按佛家的看法，不但死是苦，生亦是苦。整個人生就是一個兩難式：生亦難時死亦難。面對這個兩難，究竟出路在哪裏？

要是佛教只告訴我們生死兩難，而不告訴我們出路，那就不如沒有佛教。我們都知道「苦海無邊」下面還有一句：「回頭是岸」。這一回頭，就是人生的絕望和希望的轉折。在人生的無端痛哀之中，所謂「回頭」，究竟是怎麼一回事？就是要回溯痛苦的本源；所以，在四聖諦的苦諦底下緊接的，就是一個集諦。所謂「集諦」，就是說一切的苦厄實有一共通的源頭，佛家稱為

「無明」。無明，就是不了解世界和自身的實相。佛家以一切事物俱由因緣和合而生。是以世間一切事，緣聚則生，緣散則滅。世間並無永恒不變的事物，但世人往往不能如實地看待生命裏所遭遇的各種事物，強以無常為有常。結果是，在人生歷程之中，每逢變幻，往往不知所措，甚至肝腸寸斷。佛教給我們的建議是，還事物一個無常的實相，在擁有之時，已預見到失去之日。因此到了失去的一刻，依然能夠坦然看待。

驟眼看來，這個分析的適用範圍是很有限的。沒錯，我強以無常為有常；所以，當我擁有千萬家財時，我會以富裕為必然。一朝家財散盡，我就深受其苦；反過來說，如果我一早明白財富不過是夢幻泡影，我就不會為財富的損失所苦。甚至如面對生死大關，如果我早就看破生死，我同樣能夠不為死亡所動。

可是，難道所有痛苦真的都是看不透真相的產物嗎？設想你在做飯時切傷了指頭，指頭傳來一陣劇烈而尖銳的痛楚；然而，這跟我看不看破人生無常的實相，又有甚麼關係？

我們時常說，痛苦可分心靈和肉體的兩種。常識告訴我們，心靈的痛苦可以透過改變自己的心態來化解，但肉體痛苦卻不能。可是如果我們細心思考一下，偏又發覺並非如此。

佛教說，萬法唯心。有人怕辣，有人嗜辣。俗語說：「江西人不怕辣，四川人辣不怕，湖南人怕不辣。」從怕辣到不怕辣，乃至於怕不辣，不過是同一個味道，卻產生了南轅北轍的感受。可見重要的不是感官的經驗，而是我們對這個感官經驗的主觀反應。痛苦所帶來的折磨，除了來自痛覺之外，同時也來自我們要求消除痛覺的強烈欲望受到挫折所致。如果我們能平靜面對肉體的痛楚，那麼肉體對我們的折磨也會少一些。這是我在病中親身

感受到的。

　　我們初懂事的歲月，實在就是我們生命裏的流金歲月。這段日子，大部分人身體都還精壯，肉體免於痛苦，是我們身體的常態。我們會患病，但是我們不必學習和病痛相處。肉體的病反正過不多久，我們就要康復。在我們處於這樣一個舒服的人生階段時，自不然以之為恒常。我們之所以留戀青春，這顯然是其中一個最重要的原因。佛家教我們：肉體的痛楚，也是無常的表現，實即人生的一部分。如果不能消除，就得安然接受。

三　苦罪之謎

　　我們的時代，是個極力排拒痛苦的時代。我們都相信，快樂是應份的，痛苦是不正常的。甚至不妨說，就是一宗罪。佛蘭克引用韋祖珊（Weisskopf-Joelson）的說話，一矢中的地指出了這一點：

> 現今的精神衛生哲學強調人應該快樂，不快樂是個病徵，表示我們的適應力出了問題⋯⋯（現在的美國人）不只不快樂，還要為不快樂而感到羞恥。（Frankl, 1984, pp.136-137）

　　所以我們自小接受訓練，培養追求快樂的能力。我們相信財富是快樂之源，所以我們整個教育，都在教導我們怎樣創造財富；然而，就是沒有人告訴我們受苦的意義。

受苦有很多不同的意義。有些苦是有好處的。你病了，吃苦茶；苦茶很苦，但是吃過苦茶，病就會好。為著痊癒這一好處，吃苦就有了充分的理由，所以你就咬著牙吃了。

然而，一個花了二十年時間思考人生和道德的本質的父親，在孩子兩歲時就患上絕症，這也是完全無理的痛苦。人生有數不清的不合理的痛苦，所以說，人生是荒謬的。

面對人生的荒謬，我們有出路嗎？

二〇〇三年，內子有了身孕。孩子在母腹裏生長了五週，然後就停了下來。二〇〇二年，我們才失去了兩位恩師和一位父親；一轉眼，我們又失去了一個未成形的孩子。四次死別的密集打擊，使我不得不一而再的追問上帝，這些痛苦，有甚麼意義。

上帝沉默不語。

自從母腹中的孩子夭亡之後，我每天過著的，是行屍走肉的生活。一天，我行屍走肉似地回到大學，準備我行屍走肉的工作。忽然，上帝開腔了：「你很想知道你所受的苦有甚麼意義嗎？你所受的苦，確乎是毫無意義的；可是，唯其毫無意義，就是最大的意義。」

我一下子茅塞頓開。這看似自相矛盾的答案，不但沒有惹我生氣，反而激發了我生命裏的一次頓悟。從那一次的頓悟走來，已經是四年的光景。今日我對痛苦的了解，又和當時有了不同。在這四年之間，我究竟領會了些甚麼？

人生就是有痛苦的。你可以選擇不接受這個事實，但這個還是事實。如果你選擇接受這個事實，你就不會因為人生有痛苦而懷疑人生的意義；反之，如果你選擇不接受，你就會因為痛苦而否定人生的意義；換言之，痛苦有無意義，是一個選擇。這是第一點。

　　了解這一點，你的人生就有了驚天動地的改變。如果說痛苦有無意義是個選擇，那麼，痛苦的意義就是我們意志的產物。我們立志，要在痛苦中活出意義來，痛苦就有了意義，我們這多苦的人生同樣就有了意義。像上帝，說要有光，就有了光。怪不得聖經說，我們身上有上帝的形象；怪不得儒家說，人能參贊化育，與天地並稱三才。佛蘭克說，人在痛苦之中，不為甚麼地忍受痛苦，拒絕為痛苦所征服，人生就有意義。卡繆（A. Camus）說，反叛荒謬的人生，人生就有意義。（詳見本書第六章第三節，頁232-233）從儒耶二教到佛蘭克以至無神論的存在主義，在這一點上（雖然也僅只是在這一點上）居然緊密地彼此呼應。

　　人生有痛苦，這是痛苦的實然。還有一點，我稱為痛苦的應然：不是因為有痛苦，所以人生就沒有意義。恰恰相反，正是因為有痛苦，人生才有意義了。這是第二點。

　　你是球隊的前鋒。對方的後衛很出色，每次隊友傳球給你，對方的後衛都及時趕到來搶截。你東奔西跑的製造空位，得球後，疾進疾退，扭動蛇腰，努力要擺脫敵衛的糾纏；然而，敵衛彷彿都是一夫當關的大將，你就是闖不過他們。你很沮喪，抬頭向天抱怨了一句：「天哪，叫這些守衛讓開好不好？」天上立時打了一個雷。然後，奇跡發生了。隊友又一次傳球給你，可是落點不很準，正好落在你和敵衛中間，敵衛跑上來，不但沒有把球搶去，還補一腳把球傳給你。你有點訝異，但還是把球帶上去，敵衛微笑著站在那兒，沒有上來攔截。你心想機會到了，把球朝球門死角射去，守門員微笑站著，眼巴巴看著皮球直飛入網。

　　接下來的大半場賽事，完全是不可理喻的。你一接到皮球，敵衛就讓開；他們接到球，就把球交給你；你打門打得不準，敵

衛和守門員還會替你補中。賽事結束了，你那隊贏了二百比零；但是，這場球賽，有意義嗎？

如果你的人生就像這場球賽，你的人生又有意義嗎？

為甚麼這樣的球賽沒有意義呢？只有一個可能的解釋：困難、挫折是人生的意義的一部分。人類生來有挑戰困難，克服苦楚的自我期許。有些所謂的「二世祖」，生來就有享不完的榮華富貴，一生也就不停的只在享受榮華富貴。對於這一類的「二世祖」，我們只有看不起，沒有羨慕。而這些「二世祖」自己，也不見得真正快樂。

我駕著汽車，載著兩位病友明慧和美芬到氣功場學習治癌的氣功。明慧說，看見同齡的人健康快活地活著，她就感到無比的羨慕。我和她說了上述的故事，只是把足球換上了乒乓球。她驚嘆說，對呀，我怎麼想都沒想過？我報以一個勝利的微笑。

這樣，快樂（或者更準確說，幸福）不只就是滿足欲望，或者達成心願而已。幸福毋寧是展現生命的力量。而要展現生命的力量，痛苦是不可少的。克服的痛苦越大，展現的力量也越大。因此，一個絕頂聰明的年輕人學有所成，我們固然會為他欣喜；一個天資魯鈍的孩子苦學成才，我們更會給予加倍的敬意。

這就是我的頓悟的核心。當我們看得見痛苦的意義，要克服這個苦就容易。看不見痛苦的意義，要克服痛苦就困難。因此，克服不見意義的痛苦，比起克服可見意義之苦，更為有價值；所以，上帝藉我內心的聲音告訴我：唯其沒有意義，就是最大的意義。而這也是佛蘭克的勝利宣言：「不論在怎樣境況裏，人生永遠不會失卻意義。這個不受限制的人生意義，已經把受苦、貧乏和死亡包含在其中。」（Frankl, 1984, p.104）不為甚麼地忍受痛

苦折騰，就是意義的來源。他強調：困苦提供絕佳的機會，讓人在精神上成長，並自我超越。（Frankl, 1984, p.93）「淚水見證了人類最偉大的勇氣，也就是受苦的勇氣。」（Frankl, 1984, p.100）

　　就是在這個領悟的基礎上，我嘗試學習接納痛苦。我透過別人的不幸，領略喪女之痛。為了一個陌生孩子的夭亡而哀傷，於誰都沒有好處；然而，看見一個陌生孩子的夭亡，哀傷卻又是天經地義的事情。正如孟子所說的，乍見孺子將入於井，必有怵惕惻隱之情。正是在這個介乎有理與無理之間的哀傷裏，我經歷到一種很特殊的自由。

　　到我自己身患癌症，問題反而來得簡單。我的女兒才兩歲，她需要一個父親作為她成長歷程裏的心靈導師，所以我不能死。這就是我的價值。人是追求價值的動物，不是趨樂避苦的動物。為了趨樂避苦，我會一死了之。為了價值，我只能活下去。在我為別人的孩子而哀傷之時，在我為了活下去而承受肉體折磨的時候，我經歷到的依然是那種很特別的自由。

　　所謂的「不自由」，實在有很多重不同的含義。最普通的意思，當然是受到別人的威逼，要你做一些違背自己意願的事情。比方說，我要表達我對某些社會問題的看法，但是社會禁止我發表這樣的言論。這時，我們說，我的言論自由受到制限了。這種不受外力限制的自由，稱為「外在的自由」。

　　可是還有一種自由，我們稱為「內在的自由」。當保羅感嘆說，立志行善由得我，行出來由不得我的時候，保羅所感嘆的，正是欠缺了內在的自由。這時候，保羅所欠缺的內在自由，是甚麼一回事呢？

　　當社會拒絕給予我某類自由的時候，社會就是逼使我依從某種程式做事；比方說，在中國舊社會裏，年輕人的婚姻和戀愛就沒有自由，而必須遵從父母之命。這個父母之命，就是一個程式；可是，逼使我們按某個指定程式做事的，並不只有別人。最明顯的例子是癮君子。當癮君子的毒癮發作之時，毒癮會逼使他去吸毒。在毒癮發作之時服用毒品，也是一個程式。毒癮就是逼使癮君子根據這個程式行事。

　　可嘆的是，並非只有癮君子才有這樣的困局。佛家說，五陰盛苦；又說，欲火焚身，就是指我們身體和欲望有自己的程式。它們把這些程式不問情由地強加於我們，我們無法駕馭它們，只好乖乖聽話，並且為它們所苦。

　　由此引申，痛苦就是不自由的來源。痛苦也有自己的程式，它要我們逃避它。不但痛苦有自己的程式，連快樂也有，它要我們追隨它；所以，社會學家霍凱默強調，在我們享受悅樂之時，我們也會失去自由：「被取悅就是說『遵命』。」（Adorno and Horkheimer, 2000, p.15）

　　你當會問，這有甚麼問題？這樣的自由對我有何重要？當我的欲望得到滿足時，我自由不自由又有甚麼關係呢？

　　問題是，我的欲望對我不但不都有益，而且可能有害。那於我有害的事情，我不能永遠渾然不覺。這就像吸食毒品一樣。我每次想吸食毒品的時候，毒品就在身邊侍候。這樣，我就不會為毒癮所苦；可是，長久的吸食毒品，我的身體還是受到傷害；同理，如果我貪吃，而每次我的食欲一起之時，我都能大吃一頓，我就會癡肥，身體也會百病叢生；又如某人的色欲很強，那他的色欲驅使他到處留情。這種到處留情使他無法得到長久的愛情，

結果落得老來寂寞。

換言之，要人生幸福，並不是要滿足每一個當下的欲望，而是要為自己的人生訂立一個通盤的計劃，有春耕，也有秋收。在這個春耕秋收的人生規律裏，我們不免要和自己的某些欲望對著幹。今日有一個流行的論調，一提到節約，就大喊人欲受到壓抑，時常高呼要解放人的情欲，這實在是未能看透人生的三昧。

再說痛苦。痛苦既有自己的程式，那麼，痛苦就是自由的威脅。它不但是內在自由的威脅，同時也是外在自由的威脅。事實上，所有嘗試限制外在自由的行為，莫不透過痛苦的威脅來進行。劫匪透過傷害身體的威脅，逼使你交出你的財物，社會透過刑罰的痛苦，逼使你遵守法律。要是你不怕痛苦，你的自由就很難受到限制。要限制你的自由，最後一途，當然就是使用暴力（而非只是武力的威脅），直接瓦解你行動的力量，例如乾脆把你殺掉，或者至少把你綑起來；有趣的是，因為直接的暴力而失掉自由的人，在社會裏常常是少數。所謂「殺一儆百」，只要有少數人受害，大部分人就不敢造次。

這樣，征服不能忍受的痛苦，就是自由的最高表現。了解這一點，我們就能了解佛蘭克的宣言：

> 即使是在絕望的深淵裏，在無法扭轉的宿命裏，我們依然能為生命找到意義。因為正是在這樣的處境之中，我們找到了人性之中最巨大的潛能，能將苦悲轉化為勝利，將苦難轉化為成就。這是關鍵。（Frankl, 1984, p.135）

　　十年前，我第一次讀到這句說話，只能感受到一股無法了解的崇高力量；十年後，經歷過幾次讓我肝腸寸斷的痛苦，以致病中難言的身心煎熬，我真的明白當中的意義了。也正是因為這樣的體會，當我觀看電影《受難曲》之時，我最強烈感受到的，並不是耶穌受難過程裏所受痛苦的那分恐怖，也不是為了祂的痛苦而生起的同情甚至感激，而是敬意：為耶穌忍人所不能忍的強大意志自由而心生敬意。耶穌的受難是救贖，也是啟示。啟示者，是自由的真義。唯因我所受的苦毫無意義，而我在痛苦之中仍能堅持不被擊倒，不願放棄我對生命的熱情和信念，這就是我生命至今所成就過的最大意義。在我失去太太腹中的孩子之後，我寫了一首歌，在這裏，我想把歌詞最後幾句引一次：

> 懲罰是天公的試煉，沉溺是魔鬼的懷疑，
> 存活就是自願與黑暗共存，仍在伸手之處找到善意。
>
> 　　　　　　　　　　　　──《給子虛烏有的孩子》

　　這幾句歌詞，至今仍然是我心情的寫照。在光明裏看見光明，這是知識；在黑暗裏看見光明，就是信仰。如果在黑暗中，我們能不改對光明的信仰，我們生命就有不可奪去的意義。在過去一年半裏的每一天，我都在與死神同行。在這段日子裏，有痛楚、有疑惑、有傷心、有沮喪；然而，我就是一步步這樣走過來了。讓我一步步走下去，正是這個看見光明的堅持。

四　福善勝苦罪

談到這裏，有一點開始清楚了：幸福和痛苦並非勢不兩立之事；相反，幸福的人生裏，必定有追求，有挑戰，有挫折，有折騰，有成長。正如本書附錄一提及的小白的快樂，並不就是幸福。

正因如此，我們才能明白為甚麼我們身邊會有那麼多捨身救人的動人故事。我一直相信，從這些故事的主角自己的眼光看，他們的所為一點都不偉大。正如佛蘭克自己的經驗：

> 在病房工作的第四天，我給分派去當夜更。主診醫生跑來，請我去到另一個營中去當值，那裏有一些斑疹傷寒症的病人。沒有人願意過去，而朋友也很緊張地勸我不要去，我依然答允了。我知道，加入這個團隊隨時可以要了我的命。但是我知道，要是我真的死了，我至少還算死得有意思。……於我而言，這是很簡單的算術，而不是甚麼犧牲。（Frankl, 1984, p.69）

佛蘭克的故事說明了一個很重要的事實：無論是何種價值，只要我們是真心的嚮往它，我們就會為它付出代價。價值界定了我們的幸福，驅使我們奮鬥，支持我們克服痛苦。而在克服痛苦的過程中，我造就了我的幸福，實現了我的自由，實現了我的價值。

自由不是絕對的。並非說，要麼我完全是自由的，要麼我完全不自由；再用癮君子的例子說明：當我染上毒癮之時，我是不自由的，在我戒掉毒癮之後，我基本上（在拒絕毒品這一方面來說）就完全自由了。而戒除毒癮，卻是一個漸進的過程。

　　因此，自由是要修煉回來的。我們只能說，無論我們的背景如何，無論我們遭遇甚麼，我們都有修鍊自由的自由。我們不能說，無論任何情況，我們都是自由的。即使是癮君子，也有立志戒除毒癮的自由；但是，毒癮一日未除，他都未能得到全面的自由。

　　我們道德的自由也一樣。我有個學生 —— 鄭仲仁君，是位社工。一天，他問我：「究竟人是否真的像儒家所講的那樣自由？一個年輕人，要是從小沒有好的教養，甚至在成長過程中留下了許多傷痕，他真能當下立一個志，就成為道德君子嗎？」我答：「像這樣的年輕人，依然當下就具備立志向善的自由，但他卻不能有當下成聖的自由。所謂『放下屠刀，立地成佛』；所謂『我欲仁斯人至矣』，都是強調當下立志和頓悟之功的講法。這點非常重要，立志是一切改變的起點。一個向善的志向，實在也是純然至善的；但是，立志並不是一切。實際上，在現實生活裏，立志和頓悟之後，就必須接上漸修。所謂『頓漸雙修』，就是指此而言。」

　　這樣總結起來，人生實在就是一場奮鬥。這場奮鬥，始於兩個但是。第一，人生而有苦，但我們卻生而具備克勝痛苦的力量；第二，我們克勝苦難的力量、勇氣和自由都是有限的，但是，我們卻可以在修行的過程裏，無止境地提升我們的自由和勇氣。人生的奮鬥，就是要提升勇氣，克服痛苦。

　　這樣看來，人生痛苦的謎團，至少在大原則上是解開了。我們回頭看自己過往的生活，何嘗不是如此？比方說，我們小時候，一天到晚玩耍，真是不亦樂乎；可是，莫名其妙的，我們就給大人逼著拋下神仙似的生活，讀書上學，吃盡苦頭；然而，我

們從中學習得來的知識、技藝，乃至做人的道理，無一不提升我們的力量。當我們把這些力量應用到生活裏之時，我們就享受到豐足之樂。這時，讀書之苦的謎團，就解開了。

這樣，我們再從頭檢視善與罪、福與苦、自由與支配之間的關係時，就能得出一幅令人安慰的畫面。正如聖經所說的：「光照在黑暗裏，黑暗卻不能掩蔽它。」（〈約翰福音〉1:5）我們雖然有許多的不自由，但是我們卻恒常地具備重奪自由的自由；我們的世界雖然有很多痛苦，但是我們卻同時具備克勝痛苦的力量；我們有罪，但是我們卻始終是價值的動物，而不是罪的奴隸。除非我們自甘為奴。

大原則解開了，還有未解決的問題嗎？有。剩下來的問題在於，我們是否願意在這條背十架的路上，一直走下去。

五　人性需求

我們剛從反面討論過痛苦，現在讓我們從正面討論一下，幸福是甚麼？

從上面的討論，我們可以總結地說，積極地說 —— 幸福就是能力的彰顯，那麼，消極地說呢？我們可以相當有把握地假定，幸福就是人性需要得到了充分而周到的照顧。

這也正是為甚麼人性的討論來得那麼重要的原因。人是價值的存有，也是文化的存有。他是秩序合無序、感性合理性、群性合個性，也是靈性合物性的存有；所以，人要活得幸福，就要讓以上所有的人性特質都得到全面的照顧。

先由二本說起。因為人的價值和文化本性，他就需要活得有意義，又要活得有文化。因此，要活得幸福，首個要訣就是立志，立志活出一個有意義的人生；所以，孟子說：「尚志。」（《孟子‧盡心》）第二個要訣，是要活得有文化。像維德，要回到文化裏去，才能真正成人，才能擺脫獸的生活狀態。用孔子的話說，要學習過一種「文質彬彬」的生活。（《論語‧雍也》）價值與文化結合就是禮，所以孔子說：「不學禮，無以立。」（《論語‧季氏》）

要活得有文化，我們就得學習吸收前人文化的成果。和立志不同，文化的品質首先是從別人那裏學回來的；所以，儒家認為，在尊德性之外，還得要道問學。而在這個道問學的活動之中，儒家又特別強調讀書。（詳見書末附錄二「文化與讀書」，頁440-442）這二者都是使人成人的要素。我們說過，文化有符號的維度，透過文化的培育，我們就能得到虛馭的自由，擺脫純獸性的生存狀態；文化有社會的維度，透過文化的培育，我們就能潤澤自己的社會生活，也因而更有效地滿足自己的群性需求；文化有歷史的維度，透過文化的培育，我們就和古人連繫起來，也將後代和自己連繫起來，我們的生命因而具備了超越當下的意義。【3】

所謂「學習吸收前人的文化成果」，當然不是說我們就得盲目接受文化加諸我身上的一切。這一來，因為我們的價值本性逼使我們經常對我們的文化做反省；另一方面，也因為在文化與文

【3】　　儒家之所以重視喪禮，正是由於這個原因：「慎終追遠，民德歸厚矣。」（《論語‧學而》）

化互動的過程裏，我們不免要對不同文化裏的事物做取捨。

　　但是，反省文化不能淪為反文化。沒有了文化，我就甚麼也不是。就算我們的文化再爛，它總算是提供了人與人賴以合作的默契，也提供了人與人和平解決爭端的符號。不能善用這些資源，我們就只能用獸的方法來解決問題，也就是弱肉強食，我們就只能比前活得更悲慘。

　　是以我對上世紀西方的「反文化運動」（counter-culture movement）很不以為然。在上世紀六十年代，美國社會發生了激烈的變化：嬉皮文化興起，年輕人透過搖滾樂、吸毒，以及開放的性行為、墮胎、裸跑等激進手段，衝擊社會上的主流文化；此外，在校園裏，激進學生發起了校園民主運動、婦女解放運動、黑人民權運動、環境保護運動、同性戀運動等。這兩大潮流被羅斯札克（T. Roszak）合稱為「反文化運動」。時至今日，人們講求政治正確（political correctness）和多元文化（multi-culture），也是這個運動的延續。（趙梅，2000）

　　看得出，這是一個神魔混雜的運動。在不泯除兩性差異的基礎上，兩性平等當然是不可質疑的理想；可是，女權運動偏偏擺脫不了將男女等量齊觀的強烈傾向；此外，如種族平等、反戰、環保等，同樣無可懷疑；可是，這個運動同時又滲入了對家庭制度、傳統性倫理和毒品管制的挑戰，這又不免令社會許多人感到不安。時至今日，持續衝擊我們社會倫理價值的，依然是從反文化運動下來的種種訴求。

　　接下來，說四合。要全面地照顧人性的需要，我們就得平衡自己身上幾對彼此對立的要求。我們是秩序合無序的存有。因此，我們必須在生活和社會裏建立秩序，也得學習融入既成的秩序裏存

有；可是，與此同時，我們又得在秩序裏預留或製造空間，使我們的生活秩序不致流於機械刻板，還得在生活中尋求一定的創意；我們是感性合理性的存有，所以我們必須對人對物有情，且要尋求情感的內部調和；我們是群性合個性的存有，因此我們必須與人建立關係，融入群體，但又能不流於盲從跟風；最後，我們是靈性合物性的存有，因此我們必須既強化靈性，又保守身體。保守身體很重要，不談這一點，一切有關幸福與意義的討論都流於唱高調。要有兩手準備。人是靈性和物性的綜合，要談幸福，不能把物性略過不理。但是我們也不能把自身的需要等同於物性的需要。我的身體總是要朽壞的，不強化我們的靈性，那麼在老病之時（像今日的我），我們就走投無路了；所以，我們同時得突破物性，尋求超越生存與欲望滿足的價值。當我們能切實地為此八者而努力的時候，我們的人性就能得到充分的照顧，而我們也能享受到真正的幸福和自由。（關於自由部分，詳見本章第九節「平衡與和諧」，頁107-110）

六　價值、德樂、足樂

　　人的價值本性，鐵定了幸福不可能是一件唾手可得的事情。有價值，就有價值的掙扎。人不能活出自己所相信的價值，就有痛苦，我稱之為「罪苦」。保羅把這種掙扎描述得非常透徹。他的話，成了千古傳誦的名句：「我也知道，在我裏頭，就是我肉體之中，沒有良善。因為立志為善由得我，只是行出來由不得我。」（〈羅馬書〉7:18）「我真是苦啊，誰能救我脫離這取死的身體呢。」（〈羅馬書〉7:24）這句話，把罪苦的蒼涼表達得

淋漓盡致。

　　按基督教的觀點，解決罪苦的方法，不是要把罪去掉。對於不完美的人來說，要把罪完全去掉，不過是癡人說夢。要解決人生裏面的不完滿，唯一的方法是將自己的不完滿交給一個完滿的上帝。上帝是完滿的，也是無限的。正因為祂是無限的，所以祂能以其無限的完滿，來吞噬人間的一切不完滿，而不損祂的完滿。正如數學裏的無限，無論減去多少，依然是無限。

　　是不是交給祂就能了卻人生一切事呢？事情倒沒有這樣簡單。要真是這樣簡單，基督教就成了黑白不分、姑息養奸的宗教。基督教一方面為我們提供脫罪的途徑，一方面卻仍對我們提出嚴正的道德要求。這個主題，從舊約到新約不斷重現：「世人哪，耶和華已指示你何為善。祂向你所要的是甚麼呢。只要你行公義，好憐憫，存謙卑的心，與你的神同行。」（〈彌迦書〉6:8）「你們若順從肉體活著必要死，若靠著聖靈治死身體的惡行必要活著。」（〈羅馬書〉8:13）所以，即使我們把自己的一切缺陷交了給上帝，我們依然要努力行善。所不同者，只是在於，一旦我們把自己的缺陷交了給上帝，我們就無須因為軟弱失足而恐懼。「你們所受的不是奴僕的心，仍舊害怕。所受的乃是兒子的心，因此我們呼叫阿爸、父。」（〈羅馬書〉8:15）

　　對許多凡塵世間的眾生來說，基督教這樣的救贖之道，實在是多此一舉的。我們的罪來自我們有價值的標準。這一點連保羅都看見了：「只是非因律法，我就不知何為罪。非律法說，『不可起貪心。』我就不知何為貪心。然而罪趁著機會，就藉著誡命叫諸般的貪心在我裏頭發動。因為沒有律法罪是死的。」（〈羅馬書〉7:7-8）既然如此，罪就是因道德標準（律法）而有；按理，

這就表示，道德標準就是陷我於罪的元兇；同時，「罪的工價乃是死」，（〈羅馬書〉6:23）所以道德標準也就是置我於死的元兇。可不是嗎？

保羅說：「不是。」他很努力地解釋，置我們於死是我們的罪，而不是道德；可是，來到這裏，任憑保羅滿腹經綸，他也只落得一個有理說不清的下場：

> 我以前沒有律法是活著的，但是誡命來到，罪又活了，我就死了。那本來叫人活的誡命，反倒叫我死。因為罪趁著機會，就藉著誡命引誘我，並且殺了我。這樣看來，律法是聖潔的，誡命也是聖潔、公義、良善的。既然如此，那良善的是叫我死麼？斷乎不是！叫我死的乃是罪。但罪藉著那良善的叫我死，就顯出真是罪。叫罪因著誡命更顯出是惡極了。（〈羅馬書〉7:9-13，著重號為筆者所加）

這樣的說話，你聽得明白嗎？明明說好了：誡命來了，罪就活了，我就死了。那不是誡命殺死我是甚麼？後面又說，不是良善的誡命殺死我，而是罪把我殺死；然而，激活罪的，正是誡命呀。罪是幕前的兇徒，誡命是幕後的元兇。

所以眾生說，哪裏犯得著這樣曲折？既然是律法叫我們死，就廢掉律法好了。我們不要先有律法來定我們的罪，再請上帝來赦免我們；我們不要律法，只要我們不要律法，我們就活了。道德不過是社會的建構，是壓逼人的鬼東西。我們顛覆它，我們就重生了。

　　道德不過是社會建構，是壓逼人的鬼東西。這個講法自從解構主義興起至今，時髦到不得了；但是，時髦不等於新鮮。早在二千五百年前，柏拉圖《國家篇》裏的泰西馬克（Thrasymachus）就這樣嘲諷蘇格拉底：「你不知道，公義和正當實際上不過都是別人的好處——也就是強者和統治者的好處而已。這些標準是以人民的犧牲為代價，強加到人民身上的。」（343c）如果道德不過是壓逼人的鬼東西，那麼，最佳的選擇就是把道德消解掉。於是，在柏拉圖該著述二千五百年後，解構大師說：「結構要被取消、瓦解、沖散（desedimented）——所有的結構，語言學的、邏輯中心的、語音中心的……社會制度的、政治的、文化的，以及哲學的（最重要並最根本的）。」（Derrida, 1991, p.272）最重要的是瓦解哲學，倫理學也是哲學，所以當然要瓦解倫理學，也就是要瓦解所有嘗試建立道德知識的學問。沒有了道德的知識，當然也就沒有道德秩序。而當結構瓦解了，秩序蕩然無存，這世界就容不下律法了。大師的呼籲，掀起了半世紀的浪潮，席捲全世界。大家都來，很努力的顛覆他們世界裏的一切規範、秩序和建制。

　　然而，去掉了道德，去掉了價值，我們還能活嗎？

　　價值會帶來痛苦，不等於價值只帶來痛苦，更不等於所有痛苦都是價值帶來的。正如佛家所洞悉到的，人生不能沒有欲求，人世不能有求必應，是以人生本來就是充滿痛苦的。沒有價值的世界，依然是一個痛苦的世界；更重要的是，這是個沒有出路的痛苦世界。

　　一次和內子討論痛苦的問題，她感嘆地說：「如果不是價值，是甚麼支撐著我們走下去呢？是吃喝麼？是玩樂麼？」

　　這個提問震動了我的心。剔掉了價值之後，我的生命還剩下甚麼？不過是一個又一個的欲望而已。除了吃喝，除了玩樂，生命就不剩餘別的東西。再借佛家的字眼：除了五陰盛，還是五陰盛。這些東西有甚麼重要，值得我為之生為之死，為之而奮鬥？它們能夠給我一個大於我這五尺之軀的意義嗎？除了五陰盛苦，我的人生還能有別的東西嗎？

　　不能。剔除了價值，我就還原為一個實然的生命，沒有了應然的面向。我活著，不為甚麼地很偶然地活著，既不該死，也不該活。這種人，我們稱為「行屍走肉」。沒有人能忍受這種行屍走肉的生活。這種行屍走肉的痛苦，是價值闕如的苦，是空虛的苦，謂之「空苦」。

　　所以，大師的追隨者們，紅塵裏聰明的眾生，一方面將社會上既有的價值定性為虛假的建制；一方面相信他們自己的價值倒是顛撲不滅的，孜孜於為他們自己的價值奮鬥，每天在社會上推出新鮮的抗爭運動，樂此不疲。

　　現在我們回頭看，保羅的話忽然變得可解了。為甚麼律法既成全了害死我們的罪，卻又同時是叫我活的生命之源？理由是，價值給我們生命以意義和動力；然而，一旦有了價值，我們也就有了背叛價值的可能。而背叛價值，比起未有價值之前的痛苦，又是更深的咒詛。我們用價值來治療空苦，卻往往因為無力實現這價值，而陷入罪苦之中。

　　這樣，我們的出路在哪裏？基督教的出路，我們說過了。我們要做的，是信仰一個無限的完滿者，這個完滿者能抵銷人間一切的不完滿，而不傷其完滿。對基督徒來說，要信仰這個完滿者，必須對自己的不完滿（包括道德上的不完滿）有深切的體會；所以，

在聖經上，認罪悔改和歸信上帝，基本上成了同義詞。認清你的缺
陷，承認它，並全情投入完滿者的世界裏，這就是罪苦與空苦的出
路。離開罪，實現美德，人就快樂了，我稱之為「德樂」；離開空
虛，尋得豐足，人就快樂了，我稱之為「足樂」。

除了基督教的出路，還有儒家的出路。很多人覺得，基督教
和儒家是風馬牛不相及的兩件事，事實不然。基督教和儒家，對
於來自價值世界的足樂，體會之深，可說是不相上下。不但體會
一樣深，連情調都一模一樣。耶穌說，喝了我這生命的水，就永
遠不渴。（〈約翰福音〉4:13-14）宋代大儒朱熹有一首著名的
七絕：「半畝方塘一鑑開，天光雲影共徘徊。問渠那得清如許，
為有源頭活水來。」（《觀書有感》）一個堅實的價值信念是活
水，給我們的生命以源源不絕的補給，保持我們心靈的滋潤和清
明，是謂「足樂」。

同樣是接上源頭活水，儒家和基督教有一個微妙但重要的
分別。基督教由我們的罪講起。罪是我們接上源頭活水之間的障
礙，要接上活水，我們必須先處理好這個罪。從這一點講，基督
教的足樂之道，是一個反面的入路。儒家的入路是一個正面的入
路，不由罪講起，卻由仁講起。孔子講的，是要我們用心在這個
價值之上，也就是「志於仁」。（《論語‧里仁》）不但要志於
仁，而且要純化這個心志，以至於「無終食之間違仁，造次必於
是，顛沛必於是。」（《論語‧里仁》）

儒家是個很有趣的傳統。就我所知，世界上很少重要的思想
體系像儒家那樣強調專注在人生裏正向的力量。儒家很少談惡，
不是因為儒家不知道世上有惡，卻是因為，雖然人間有惡，最好
的處理方法不是直接處理惡，而是潛心向善。

　　這個態度肯定是有問題的，正如很多批評者指出，儒家對人的罪性沒有充分的了解。這個批評當然有它的道理，但是這不等於說儒家就沒有自己的道理。用心於惡，我們的心就給污染了。幾年前，我在一個電視節目裏，聽到一位著名的廣告創作人談宣傳的竅門；其中一個竅門是：可能的話，不要說「不要」，而是說「要」。比方宣傳孝道，不要叫你的觀眾不要忤逆，要叫你的觀眾多體恤親心。因為你每次叫觀眾不要忤逆，觀眾在潛意識裏就給提醒一次，忤逆是一個選擇，哪怕它是個不正當的選擇。更好的做法，是讓觀眾浸淫在親情的世界裏，壓根兒失去了想像忤逆的能力。這和今日流行的所謂「正向思維」，基本上是同一個意思；所以，孔子說：「攻乎異端，斯害也已。」「人而不仁，疾之已甚，亂也。」（《論語‧為政》、《論語‧泰伯》）當你全情投入，浸淫在這個善念的世界裏時，魔法就發生了，你渾然忘我，樂不可支，像孔子自述時所說的：「發憤忘食，樂以忘憂，不知老之將至。」（《論語‧述而》）

　　問題當然是，如果我很想浸淫在這個善念的世界裏，偏偏就是由不得我，我的腦袋裏一天到晚充斥著惡念，這時我該怎麼辦？我想這時，我還是會想找基督和佛祖談談天，上上課。

　　要給幸福下一個簡單的定義是很危險的，因為那很難免會掛一漏萬；但是，討論了這麼久，我們大概也該對幸福有一些了解。我們就來一個簡單而不完整的總結：

　　第一，幸福與其說是一種感覺，毋寧更是一種能力。幸福不就是躺在高床軟枕上被動地享福而已。幸福假定了奮鬥，假定了我們充分發揮人性裏的種種潛能，同時也照顧我們人性裏種種的需要。

　　第二，幸福和價值密不可分。所以幸福的人生和有意義的人生是很難區分的。

　　第三，何謂幸福和有意義的人生？雖然頗有因人而異的成分，但是也不至於漫無邊際，任由人任意界定。因為幸福與價值的基礎在人性，人性在充滿變數之餘，依然有其共通的品質。

　　幸福是一種能力。這是一個非常重要的發現。因為幸福是能力；所以，你的能力在哪裏，你的幸福就在那裏。從積極的方面講，我們要好好發揮自己的才能；從消極的方面講，我們也不必為了能力的減退（這是人生必有之事），就以為幸福從此與我們絕緣。早陣子，病友明惠向我訴苦，說病後覺得自己仿如廢人，為此非常的難過。我答：「不。你的能力在哪裏，你的幸福就在那裏。就像幾個禮拜之前，我的腰痛得連起床都有困難。一天家中無人，天卻忽然下起大雨。我掙扎著起來，忍著疼痛，用一分鐘關一隻窗的速度，把家中所有窗戶都關上。折騰之後，我躺回床上，對自己說：瞧，這就是我的幸福。」明惠說：「你真這樣想嗎？厲害！」我非常得意地笑了。

　　由幸福和能力的關係做起點，我們不但可以說幸福和價值密不可分，而且還可以說，幸福和自由密不可分。在下一節，我們會提到，自由即自得，自得即是充分展現身心的力量，以及人性的內部和諧。從這一點看，自由和幸福好像幾乎是同一件事情；所以，我時常覺得，幸福、自由和意義，三者根本就是等同的。下面，我們馬上來探討一下，自由是一件怎樣的寶貝。

七　自由之善

> 生命誠可貴，愛情價更高。
>
> 若為自由故，二者皆可拋。（裴多菲《自由與愛情》）

　　自從啟蒙運動以來，西方人一直以自由為人性的核心。從這個觀念做起點，發展出支配西方幾百年的自由主義，不但以自由為人生一切價值的來源；同時，也以自由為社會及道德生活中的至高價值；然則，自由是甚麼？

　　「自由」一詞，由「自」與「由」二字構成。「自」當然是指自己。至於「由」，《形音義大字典》釋義曰：「原因曰由。」故自由者，自因也。一個行為，若是由己而出，乃稱「自由」，這是最基本的意思；但是，「自由」一詞又復有「自得」之義。[4] 故「自由」兼具「自主自決」以及「自得」二義。

　　自主之義與自得之義，初步分析起來，頗近於今人所謂「外在與內在的自由」的區分；比方說，今日的自由主義者，一般都以外在的自由為自由的全部意義。按這個觀點，只要我沒有受到外力的制約，我的行為就是自主自發的，我因此也就自由了。而這也就是自由主義者最關心的課題：怎樣把每個人受到的外力約束減到最少；所以，自由主義者主張限制政府的權力，儘量減少政府對人民行動自由的干預；進而言之，為了減少政府對人民的

---

[4]　《形音義大字典》引《孟子·公孫丑上》曰：「故由然與之偕而不自失焉」。

干預，政府必須要對道德問題保持中立。（Rawls, 1996）

這個對於自由的理解，在今日大行其道；但是，這個理解有一個很明顯的缺點：我們很難區分甚麼是外力的干預，甚麼不是外力的干預。當然，在某些情況底下，有無外力干預是很確定的。比方我想把頭髮留長，但校規不容許，校方的禁令當然就是一股外力；但是，假定現在強逼我就範的力量不是外人，而是我自己的身體，那又該不該算是外力呢？例如我很想起來工作，但我的疾病使我虛弱得無法起床，這疾病又該算是外力還是我自己的一部分？假使我的疾病是因外物而起（如細菌），那我們還可以比較輕易解釋說，疾病是外力；可是，要是疾病是我自己的身體內置的程式使然（例如基因病），那又該如何說？從我身體而來的力量（不管我喜歡與否），究竟應該當做自主還是不自主？

由這一點進一步引申，我們會發現外在自由觀念衍生出的種種更嚴重的問題。如果我們說，自由主義者從未主張患上基因病無損人的自由（理論上，這是否講得通？依然是個問題），那麼，自由主義者所捍衛的另外一些自由，就令他們頭痛得多。

比方說欲望。假定我現在很想看一齣色情電影，原因無他，無非就是滿足我的性欲，而我果然就看了。絕大部分的自由主義者都會說，這時，我是自由的；可是，我們都知道，性欲的發動是受荷爾蒙的分泌影響的。這樣，問題馬上來了：為甚麼基因驅使我躺在床上算是外力干預，荷爾蒙驅使我看色情電影就不算外力干預？

你可能會答：「那是因為當基因驅使我躺在床上的時候，我不想躺在床上；但當荷爾蒙驅使我看色情電影的時候，我的確

就想看色情電影了。」很好，但這變成了個人主觀意願的問題，而與外力干預與否無關了。你等於是說：「自由不是免於外力干預，而是按主觀意願行事。」那是一個新的定義了。我們在下面還會談到這個新的定義的得失。

回頭看免於干預的定義。假使我們用這個定義來了解自由，我們就始終無法把基因病和性欲的支配區分開來。如果身體支配我的行為不算是外力，那麼，基因和荷爾蒙就同樣不威脅我的自由；如果身體支配我的行為算是外力干預，那麼，臥病在床和看色情電影就同樣不自由。

我們再考慮另一個例子。假定我不單是想做一件事，而根本就是上了癮，比方是煙癮、酒癮、毒癮，或者是上網成癮之類。上癮最重要的特徵，是基本上失去了拒絕某事物的能力。上癮是典型的不自由。

然而，與上述身體支配的例子一樣，我們同樣很難確定，上癮是不是外力的干預；換言之，我們很難確定，在上癮時，我們所失卻的自由，真能用外在自由的觀念來解釋。你當然可以說，是毒品使我上癮，這個毒品當然就是外力；但是，一經這樣解釋，干預我自由的外力就多到無處不在了。我看見一個廣告，這個廣告牽動我的消費欲望，這個廣告也可以說是一個干預的外力。

我不是說，廣告不能也不應當做外力。事實上，中國幾個重要的哲學傳統都會說，廣告的確就具有侵蝕觀眾自由的潛在魔力。問題是自由主義者從來沒有這樣主張（我認為這正是他們的盲點所在）。廣告是言論的一種，因此受到言論自由的保護。一旦我們承認廣告（以及其他形式的言論）是威脅自由的外力，那麼，所謂「免於外力干預的自由」，就要求社會對其成員的言

論，作出廣泛的干預，這正是自由主義者不願意見到的。

　　更糟的是，不但言論具有干預侵蝕自由的潛在魔力。幾乎所有的行為，都具有相同的性質。一個時裝潮流，也可以牽動我跟隨這個潮流的欲望。一件新的影音產品，陳列在商店的門前，同樣可以牽動我購買的欲望，諸如此類。如果我們無法確定這些算不算外力，基於上面提及的理由，我們也無法確定我們社會是否應該容許各種潮流事業甚至商舖櫥窗的存在。

　　那麼，我們有沒有一個更佳的選擇？我認為是有的；不過，在我介紹我比較認同的自由觀之前，我們先來回頭處理一個上面觸及過的自由觀，就是用我的主觀意願，來界定我的自由。簡單地說，如果所做的事是我所想做的，我就是自由的。回到上面的例子：不管荷爾蒙的驅使算不算外力，反正我想看色情片，而我又看了，我就是自由的。

　　這個定義的困難，並不比以外力干預來界定自由來得小。首先，按這個定義，上癮就不能算是失卻自由。一個染上了毒癮的癮君子，當然就很想吸毒；換言之，按這個定義，只要他真的吸了，他就是自由的了。不但如此，癮君子的毒癮越深，他就越想吸毒。因此，當他吸毒的時候，他也就越自由。

　　這個定義的另一個困難是，人的欲望本來就時常互相衝突。再用癮君子做例子。癮君子很想吸毒，但他可能也想得到健康。在他滿足吸毒的欲望之時，他同時就在妨礙自己滿足想得健康的欲望。這樣，他應該算是自由還是不自由？

　　順著這一點引申，我們還可以提出一個更為有趣的難題。假定癮君子很想吸毒，並且他也沒有其他和吸毒衝突的欲望了（比方說，連健康都不想要），那麼，他應該就比一個想吸毒

也想健康的人自由了。這不是很怪的結論嗎？還有比這更怪的呢——假定這個癮君子受到家人鼓勵，決定要戒毒了。就在決定戒毒的一刻，癮君子失掉了他的自由。本來他很想吸毒，而他也實在也吸了，所以他是自由的。從決心戒毒的一刻開始，他就可憐了。要麼在很想吸毒的時候，他卻不能吸，要麼他想戒毒卻戒不掉。無論如何，他都是不自由。這些鼓勵癮君子戒毒的家人，其實是誘使癮君子陷入不自由深淵的罪魁。

　　現在再讓我們假定，癮君子經過一翻折騰之後，終於還是鬥不過自己的毒癮，從此再也不想戒毒了。這時，按定義，他就得救了，他終於恢復了自己的自由。這些都是用一己意欲來界定自由的奇怪結果。稍後，我要提出我對自由的看法。嚴格來說，這個看法並不要推翻不受外力干預的自由，也不要推翻從心所欲的自由，而是要在承認這兩種自由的同時，為自由加入更豐富的內涵。

　　最後，一個反對以從心所欲為自由的例子是所謂的「洗腦」。有些極權國家，用盡一切可能的方法，控制人民的思想。諷刺的是，在號稱「自由」的社會，「洗腦」活動同樣無日無之。任何人一進入傳媒，就能策動這些「洗腦」活動（成功與否是另一回事）。因此，與極權社會相比，「洗腦」活動更五花八門，更無孔不入。在自由社會裏，任何形式的「洗腦」活動，只要不由政府策動，就能在資訊自由的掩護下進行。自由主義不但無法與之抗衡，還得乖乖為它們護航。

　　要解決這些難題，我們可以回到「自由」一詞最原初的意思那裏尋找提示。我們說，自由即自決，又即自得。人要自由，在自決與自得二者之中，缺一不可。

　　所謂「自決」，當然是指自己決定自己的行為或生活。很

好，問題是：這個所謂的「自己」，究竟是誰？

這個自己，無論是甚麼，首先當然是一個人。這個人有甚麼特徵，自由就應該具有相應的特徵。除非你不相信人有人性，否則，不論是免於外力的自由，抑或是從心所欲的自由，都不配稱為人的自由。一隻狗也可以免於外力干預，也可以從心所欲；但是，我們不會覺得，我們因為擁有了一隻狗所能享受的自由，我們就很有尊嚴了（記著，自由主義者強調，是自由給我們尊嚴）。

再來問一次我們的問題：自由就是自己決定自己的行為或生活，這個自己是誰？我們說，首先，這個自己，是一個人。這就意味深長了。要自由，不是單單要做我想的事情，還要想些人做的事；不但要免於外力的（過分）干預，還要善用這個空間來做一些人做的事。

接著，說自得。自得就是「由由然而無自失焉」，（《孟子‧公孫丑上》）也就是滿足和不迷失自我。因此，在中國文化裏的自由，不是那種茫然無依的自由，而是一種因為了解自己的角色、使命和抱負，故而清晰自己人生的方向和使命，並且兼具德樂與足樂的自由。這種自由的具體內容，和自決的自由一樣，必待我們對人性有充分的了解，才能決定。總的來說，也就是二本四合裏所講的各種性格的實現。於是焉，價值、幸福和自由就成為了三而一，一而三的東西。

「天命之謂性。」（《中庸》）人身上有天賦的人性，實現這個本性是上天給我們的使命。能不辱及這個使命，人生就有價值，人就得到自由和幸福；所以，本章的正標題名為「幸不辱命」。

八　以虛馭實

　　我們說，人是價值的存有，又是文化的存有。自由的實現，必須從這兩個根本做起。人的價值本性和文化本性合起來，有一個重要的結果，我稱之為「以虛馭實」；人，是以虛馭實的存有。

　　正是這個以虛馭實的品質，造就了人的自由。自由必先有選擇，選擇必先在實然的世界外，另外構想一個（或多個）或然的世界，然後決定我是否要採取行動，嘗試實現這個或然的世界。實然（也就是一切所謂的「現實條件」）的世界沒有所謂「自由」。一顆石頭沒有自由，因為它純然生活在一個實然的世界裏面。它是如此這般地躺著，就是如此這般地躺著。它不會在躺著之餘，探索另一個可能的世界。人卻不然。一個潦倒的書生，很可能夢想有一天在科舉裏高中；一個寂寂無聞的球手，很可能會夢想一天成為世界冠軍。這些夢想，全部都不是實然世界的一部分，充其量只能算是一個或然；但是，人就是有能力構想這些或然的事物。我們不但能構想這些實然以外的或然，我們還會在這些或然的事物之中，選擇其中一些來指導我們的生活，尋求打破實然的框框，改造實然。實然為實，或然、夢想為虛，是所謂「以虛馭實」，這就給予我們超過所有死物和許多（或全部）其他生物的自由。

　　這個所謂「以虛馭實」的品質，和人的價值和文化本性，究竟有何關係？

　　價值，就是人用以指導自己生活的理念。這樣說來，我們可以很初步的說，如果人真能忠於自己的價值生活，他就實現了自己的自由。

但是，我們馬上必須補充說，忠於自己的價值也可以很不自由。正如從心所欲不能保證自由，遵從自己的價值也不能保證自由。遵從自己的價值是自由的必要條件，而非充分條件。正如我們說，要是我的欲望是給人洗腦的產物，那麼，單靠從心所欲就不足以實現我的自由；同理，要是我的價值也是給人「洗腦」的產物，那麼單靠遵從我的價值同樣不足以實現我的自由。

我們可以用以虛馭實的觀念來闡明這個道理。價值本來代表著應然（虛），但是價值一旦受到某個權威所採納，[5] 就形成一個實然（實），我稱之為「實然的價值」；比方說，我們應該誠實，這當然是應然；但是，我的社會或者我自己，相信人應該誠實，這個相信就是事實；換言之，就是實然。這樣一來，假定我死抱誠實的價值不放，連該說謊的時候也不說謊，這樣還是不夠以虛馭實，也就是不夠自由；又或者，假使我鐵定了相信某個主義（不管它是共產主義、自由主義、解構主義，還是儒家、基督教）是至高無上的價值，不論發生甚麼事，看見甚麼新的證據，我都拒絕檢討這個主義，我的價值同樣就失去了其虛馭的特徵。

但是，既說是以虛馭實，我們就不能只有虛而沒有實。正如跑馬一樣，我們不能只要騎師，不要駿馬；所以，真能駕馭實的虛，應該是一個虛中涵實的虛。正如一個好的騎師，必須與他的坐騎達致某種融合（所謂「人馬合一」）。這樣虛實相互為用，才是自由。

---

[5]　　這個權威可以是政府，可以是同儕，可以是社會上的意見領袖，也可以是社會大眾；甚至，在某個很特殊的意義下，我自己也就是一個權威。而對許多人來說，這個自己，正正是最難擺脫的權威。

　　這馬上帶出了文化本性的重要。人的文化本性，是人以虛馭實的實質根據，因為文化正正具備了上述虛中涵實的特質。想像一下《野孩子》裏的維德。（詳見本書第一章第三節「文化的存有」，頁33）在他學習人類的文化之前，他當然也會餓肚子；餓肚子的時候也會想要吃東西。餓肚子是現實（實），吃東西是願望（虛）。這個願望驅使維德去尋找食物，改變餓肚子的現實。在一個很簡單的意義上，這就是維德生活之中以虛馭實的成分。因此，即使是重回人類社會之前的維德，也不能說生活在純然的實然世界之中（在這個意義上說，不少動物或許也多少具有這個以虛馭實的品質）；但是，這個以虛馭實的品質，在維德身上，極其量只能具有一個很粗的雛型（動物亦然）。

　　與維德相比，一個在文化薰陶底下成長的人，其以虛馭實的能力，又要遠遠巨大得多。我在本書第一章第三節裏提到，以虛馭實的能力和語言及符號的運用有不可分割的關係，（見頁36-39）但此話何解？

　　我們上面談到，在野外的維德，一樣可以有想吃的欲望，這個欲望在某意義上也構成了一個虛；但是，這就是維德所擁有的虛的極限。但是我們的虛就廣泛得多了。想像你是一個建築師，要設計一座世上最環保的大廈。單單是這個「最環保的大廈」的念頭，就是維德永遠不能想像的。環保的觀念來自我們對地球生態環境的了解，這些了解有賴於大量的科學研究。科學研究必須借助數學，而數學知識的開發，又得借助數學符號的應用。從數學到科學，從科學到日常生活或社會生活，我們又必須引入大量其他的符號：各門科學裏豐富的語彙，便利了專家之間的交流，因此便利了學科知識的開發。把這些學科知識應用到日常生活之

中，就形成了像「環保」這一類人所共知的語言。

因此，語言實在就是連結人類的利器。打個比喻：如果我們每個人的腦袋是一部電腦，語言就是連結這些小電腦的電線，把所有這些小電腦連起來形成一部超級的大電腦。我們說文化是一個符號系統，這樣，文化就是這個電腦連線網絡的全體。

文化是人的集體創造。因此，文化同時代表了人的自由和群性；換句話說，它就是群體自由的體現。因為文化是集體的創造，因此它的深度、廣度和豐富性，都不是個人的創作所能比擬的。人要擴大自己的自由，最好方法就是在文化所盛載的集體智慧上面去進行創造。文化的繼承，和個體的創造性，並不是不相容的東西。因此，一個能有效地繼承本國與他國文化遺產的人，比起一個不能如此做的人，就要自由得多。我們在第一章第三節（見頁39）提到，人的自由既受群體生活的制約，又受群體創造的巨大能量所促進。這點很重要。不知自何時起，也許是從啟蒙運動開始吧，人類開始將社會、文化、風俗都看成自由的敵人。[6] 從自由主義興起以來，這個觀點在西方更是日益普遍。在二十世紀六十年代，西方社會甚至掀起了反文化運動，影響力至今不衰。而類似的心態，在民國以來，同樣支配了中國人的心靈，至今已經足有一個世紀之久。

近年有人將文化視為自由的敵人，這並不是毫無道理的。

---

[6]　　按麥克馬洪的觀察，啟蒙運動時期的文人一般認為，「野蠻習俗」和奴役、戰爭、偏見、不公和錯誤信念一樣，都是幸福的重要障礙。（麥克馬洪，2007，頁 221-222）究竟在啟蒙知識分子眼中有多少習俗能稱得上不野蠻，這一點我們姑且不予深究。無論如何，最遲自啟蒙運動開始，西方知識分子對習俗的存在價值就提出了大力的質疑。

我們在上一節說過，文化將我們由獸變為人。可是不同的社會有不同的文化，不同的文化自然就把我們變成不同的人。我們是怎樣的人，很大程度是由我們的文化決定的。荀子說：「干、越、夷、貉之子，生而同聲，長而異俗，教使之然也。」（《荀子·勸學》）正是這個意思。從這個角度看，文化好像的確是限制了我們的自由。

但是這並不是事實的全部。它只是事實的一部分，而且是很小的部分。

首先，我們要注意，如果說人是文化的產物，那麼，反過來說，文化何嘗不是人的產物？古禮康（C. Kluckhon）和凱利（W. H. Kelly）這樣定義文化：

> 歷史裏為生活而創造出來的一切設計。這一切設計，有些是顯明的，有些是隱含的。有些是合理的，有些是反理的，也有些是非理的。這些設計在任何時候都是人的行為之潛在指導。(Kluckhon and Kelly, 1945, p.97)

這裏，我們特別要留意的是「設計」二字。文化生於人類的設計，然後反過來，人又受到文化的塑造。

這樣說起來，文化就成了人類自我塑造的中介物。人是文化的產物，而文化又出於人的設計，那麼，人就是他自己設計的產物。這一點極其重要，因為揭示了人類自由的本質。人與獸不同，他不是生來是甚麼就是甚麼。他生而為某種東西，這當然是人無法略過不理的基本人性材料；但是，在這個基礎上，他就是能把自己設計成另一樣東西。所以當告子說「生之謂性」的時候，

孟子就反對說，這等於是把人之性和牛之性等同起來。（《孟子‧告子上》）牛是不懂得設計自己的品質的，牠生來是甚麼，牠一輩子就是甚麼。但是我們懂得，不但懂得，而且確實這樣做了，並且這樣做少說也有幾萬年了。在這裏，我們看見了人的自由。

我們說，人是自己設計的產物。這裏所指的自己，並不是指個別的自己，而是指整個共同生活的社會整體。這是人的集體自由；但是，集體的自由和個體的自由之間有一個張力。如果我要在集體中實踐我的自由，我首先就得融入群體，然後才能參與這個集體的創造活動。一旦參加了這個集體的創造活動，我就能大大的促進我的自由。若不是從我的社會那裏繼承了大套文化質素和技能，我的自由就永遠只能限於吃喝拉睡一類動物性的自由。我不可能享受言論自由、思想自由、結社自由、宗教自由、新聞自由、學術自由，也不能享有任何政治、文化、教育的權利。不要說這些，我連品嚐不同國家美食的自由都沒有，因為沒有文化，就沒有中國菜，也沒有法國菜；事實上，根本就沒有美食。我面前地上有一塊爛肉，我可以選擇吃還是不吃，這就是我僅有的自由。[7] 沒有文化，人自我塑造的力量是很小的；相反，一旦學懂了一套文化，個人就能從他所從屬的社會和歷史傳統那裏，把無數前人所集結的巨大創造力，一下子據為己有；可是，要融入群體，我又得先放下我的部分個體自由。最起碼的，我首

---

[7]　柏林（I. Berlin）曾將自由分為消極自由和積極自由（Berlin, 1969）。粗略地講，消極自由就是免於干預的自由，而積極自由則指實際上具備實現個人或團隊的心願的能力和條件。由上面的分析可見，今人一般視為消極自由的，其實大部分都還是積極自由。

先得願意學習一套文化；再者，透過融入社會，我可以大大加強我和別人合作的能力，從而給與我更大的空間，去編織和實現我的夢想；但是，在合作的過程中，我也不免要放下一些自己的執持；換言之，我就不能事事隨心所欲，卻必須受到社會的制約。因此，個體和群體的自由，就有一種猶如太極圖裏那種陰陽互相制約，但又互相涵攝，並且相輔相成的關係。

於是，每一個人和他的文化傳統之間的關係，就非常複雜而微妙。人生而為一個人，其實並不是生而為人那麼簡單，同時也有教養成人的意思；所以，當我們指著一個人說「他是一個人」的時候，這個人已經是一個具有文化品質的人了。從這一點看，人的文化很大程度上界定了他的身分。一個中國人不能離開中國文化來了解他自己，正如美國人不能離開美國文化來了解他自己。在這一點上，人的身分，甚至特性，都是被決定的。文化不但使我們成為人，而且使我成為某種特定的人。當我說我是一個人的時候，我就同時在宣示我的共性和殊性。例如當我說自己是中國人時，我就在宣示我有被稱之為「中國人」的特質，包括了在我身上所承傳的中國文化特質。這個特質是中國人所共有的，所以稱為「共性」；但是，這個特質有別於美國人、英國人或其他文化群體的特質，所以說這是「殊性」。

不管是共性抑或殊性，我從文化而來的特性，就使我們真正進入社會。對於人來說，沒有社會生活，就相當於沒有生活。沒錯，為此我就受到了社會制約，好像減少了我的自由；可是，進入了社會之後，我們也為自己開拓了更寬闊的創造空間，從而也促進了我的自由。我們不妨說：文化給我們自由，但也同時支配了我們到底能擁有怎麼樣的自由。

九　平衡與和諧

接下來，說四合和自由的關係。四合，是指四個綜合：秩序合無序、感性合理性、群性合個性、靈性合物性。這四個綜合和自由的討論給我們一個共通的提示：自由是一種平衡。

自由即平衡的道理，可以用踩鋼索來說明。在踩鋼索的時候，只要特技人能保持平衡，他就能在鋼索上進退自如，這就是自由。一旦他失去平衡，他就成了自由落體（free-falling object）。自由落體一詞，充滿了黑色幽默，因為自由落體事實上是徹底地不自由的。地心吸力全面地掌控了落體的運動軌跡，落體除了墮落之外，根本別無選擇。這種注定墮落的自由找誰要？

以此觀四合和自由的關係，其理亦同。四合裏的每一對組合，都是一對相反的力量，把我們往相反的方向拉。情況就有如鋼索上的特技人，不是從左邊掉下去，就是從右邊掉下去。只有好好的平衡這對相反的拉力，我們才能把自己維持在那個進退自如的自由狀態。

我們前面說過，自由必須從自決和自得兩個方面一起講。從自決的角度講，這個自己是包括了四合裏四對相反性質的綜合。單單出於秩序性格而忽略無序性格的行為，不能算是出自完整的「自己」，因此不能算是自由；反過來說，忽略秩序而偏於無序，也不能說是自由。以此論其餘三個綜合，其理亦同。從自得的角度講，自得含有滿足的意思。要是我偏於滿足四組相反性質任何一端而忽略另外一端，那也算不上是全面的滿足，因而也不是真正自由。故此，不論出於自決或自得的考慮，我們必須要全面平衡照顧四合的要求，才能得到自由。

先說秩序和無序。今人常常以為，生活裏一有規矩，人就不自由了。但是事實不然。人是秩序合無序的存有，自由是秩序與無序的綜合。

我們說，自由就是自得。自得的生活是不能沒有規矩的，正因為生活裏有規矩，我們做事才能得心應手。這些使我們做事得心應手的，既有自然的規矩，也有人為的規矩；比方說，水能解渴，這就是一個規矩；所以，我渴的時候，我就知道要喝水，而且喝過之後，我果然就不渴了；此外，如飢則食，寒則衣，都是同樣的道理。在我們吃、喝、穿的過程裏，我們甚至不會想到秩序的重要；但是，我們的確就是在應用這些秩序了。

人為的秩序也一樣。你在超級市場裏的貨架上找到你喜歡的餅乾，然後你把餅乾拿到收銀處，付了款，接著回家高興地吃起來。你沒有想到，這件簡單的事背後有一大套秩序在支撐著。你知道超級市場有一定的營業時間，你知道超級市場大概有些甚麼貨品，你在進入超級市場的時候，負責人不會無緣無故把你趕出來，諸如此類。有了這些可知的規矩，你才能得心應手地買到你想要的餅乾。

反過來說，全然的秩序同樣不是自由。機器的活動就是全然的秩序。而沒有人覺得像機器那樣生活是自由的，也沒有人享受那種生活。這一點是現代人最認同的，不贅。

再說感性和理性的平衡。從最根本的意義講，情理並非二事。情與理的平衡，實即情的平衡；但是，從一個不那麼根本的意義來說，特別提出情理的平衡，依然有一個重要的意義。我們說，情之通順即是理；但是，除了聖人之外，我們的情總或多或少有些不通不順的地方。因此，當我要平衡自己的感情之時，那

些未曾理通理順的情，就落入我實際的可感之情之外。這些感外之情，在我經驗之中，就呈現為情外之理。因此，在平衡我自己的感情之時，若不能兼顧這些情外之理，我就沒有真正全面平衡和照顧自己的感情。

接下來，說群性和個性。單純的群性，就是完全的盲從眾見。人云亦云，隨波逐流，這樣的生活當然談不上甚麼自由，也不會有甚麼所謂的「自得」。只有個性，完全去掉群性，同樣談不上自由。只要想想單獨一人流落孤島的生活，我們就能明白，群性於自由自得的重要。而我們得注意，流落孤島的生活，還不是最無群性的生活，因為能「流落孤島」，就暗示我們曾經在人類社會裏生活過，因此也已早受到群性的洗禮。最能代表沒有群性生活的人，不是魯賓遜，而是維德。維德過著的，完全是未經群性洗禮的生活，也就是野獸的生活。沒有群性，我們就還原為獸。我們不很肯定，在魯賓遜和維德之間，究竟誰比誰快樂些；但是，我們卻相當有把握，徹底去掉了群性的維德，不會比魯賓遜自由；而有趣的是，他也不見得比魯賓遜更有個性。

最後，說靈性和物性。我們說，靈性就是超越動物生命基本需要的價值。這一點很重要，因為沒有了這一類的價值，人生就毫無希望。我們都有生的本能，這是我們的物性；但是，我們除了有求生的本能之外，還有充分的自覺，以致我們同時預知自己必有死亡的一日。沒有了超越求生本能的價值，人生就成了一場必敗的事業：生存是我們活著唯一的目的，但死亡卻是我們活著的必然的結局。要打破這個困局，唯一的方法就是在尋找一個生存以外的意義。

但是，這個靈性價值的重要，並不表示我們就得完全忽略掉

我們的物性。我們的物性是一個很頑強的事實。不論我們願意與
否，一日我們還活在我們的軀體之中，我們還是動物，儘管我們
是具有靈性的動物。我們就是會餓肚子，會口渴，身體受到破壞
時，我們就是會痛楚。我們萬萬不能說，只要管好靈性就好了，
身體不妨糟蹋。雖說如此，靈性畢竟先於物性；理由是，不論我
們怎樣照顧好我們的身體，它最終還是有壞死的一天。在身體無
可挽回地壞死之時，唯一能拯救我們的，依然是我們的靈性。

　　所以，當我們說自由是平衡的時候，我們並不是說，凡事
都要給它來一個五五開。如果誠如我在上一章所言，秩序先於無
序，感性先於理性，群性先於個性，靈性先於物性，那麼，平衡
最終還是得有個主次。我們不可能為平衡定出一條機械的公式。
怎樣才算真正的平衡，最終還得留待讀者自己體會。

第三章

方死方生：靈魂續存的死亡觀

一　為甚麼放眼身後

在這一章開始之前，我必須警告我的讀者，看完這一章之後，你可能會變得很迷信。

有關死後生命的題目，從來具有一種吸引人的魔力。我們要麼不相信死後生命，要麼一旦相信之後，我們就很容易甚麼妖魔鬼怪牛鬼蛇神都照信無誤。你一定會說，不，我不會那麼沒腦，放心。對不起，我還是不放心。我認識太多人，迷信到不得了，每次向我硬銷他的牛鬼蛇神之前，都先補一句：我不是迷信……

死後生命牽涉到信仰領域裏的事情。信仰的確就不完全是理性的。因此，如果你相信死後有生命，而不問有何證據，我也不會反對；但是，要是有人來告訴你，他能和你已故的太爺溝通，你還是得找個方法，確定他是否神棍。死後生命的問題之所以麻煩，就是因為這個世界神棍太多。

可是反過來說，不能因為神棍太多，我們就一口咬定說，只要是談論死後生命的，就都是神棍。我們稍後會提到穆迪（R. Moody）的劃時代作品《死後生命》（*Life after Life*）。出版前，他把原稿給著名死亡心理學家庫柏羅絲（E. Kübler-Ross）看，庫柏羅絲笑著對他說：「你等著賠上一世英名吧。」（林耕新，2003，頁7）是的，一世英名都押上，為甚麼？

既然討論這個問題這樣吃力不討好，我們為甚麼還要談？因為我們就是很難避開關心這個問題。想像以下這樣的一個處境：

1.你在家裏玩電玩，打破了得分的紀錄。電視熒屏上顯示一

個版面，讓你輸入你的名字，記下你的得分。不巧這時停電了，你的光榮紀錄全給抹掉了。掃興嗎？

2.電力恢復了，你看熒屏上又出現剛才的版面。原來遊戲機裏面有記憶恢復系統。你的光榮紀錄因此失而復得，你高興嗎？

3.你參加一個區際乒乓球公開賽，很辛苦在決賽裏打敗對手。正等待領獎的時候，大會告訴你，你在參賽時虛報資料，要取消你的資格。你的冠軍銜頭取消了，你會感到晴天霹靂嗎？

4.你正要回家的時候，大會告訴你，你的資料雖然有誤，但明顯不屬蓄意虛報，錯誤的也不是關鍵的資料，因此恢復你的冠軍資格，你高興嗎？

處境1和處境3相當於死亡；處境2和處境4相當於死後生命。

教授「生與死」課程多年，每年總碰上一些學生很堅決地告我，他們覺得人一死就一了百了。死後有沒有生命，對他們來說完全不是問題。我覺得這個心態很難了解，以致我很懷疑，這些同學究竟是說真的，還是在嘴硬。

在日常生活裏，時常有這樣的經驗，很努力做某件事，卻完全沒有結果。這時，我們難免感到有些徒勞。我們不一定會因此全然否定自己所做的一切，說這一切毫無意義；譬如，我們會對自己說：「不要氣餒，意義不在結果而在過程嘛。」這一類的說話，不是沒有道理，我自己也時常說；但是，它無法取消另一個事實：如果事情有結果，那就更好了。只有一種情況下，我會不希望我所做的事情有後果：當我做了壞事，害怕受到懲罰的時候，我就會希望我的所作所為沒有後果；否則，哪怕只是打電玩這樣的小事，你的努力成果給取消掉，難免都有點掃興。

而死亡要是真的一了百了，同樣難免令人有些不暢快。死亡

就是取消你一生的努力。無論你一生做過甚麼，等待你的，最終依然是同一個結局 —— 就是你，整個兒的你，徹徹底底的，永永遠遠的消失。《紅樓夢》裏的兩句話：「古今將相在何方，荒塚一堆草沒了。」就是說這個人生終極命運的蒼涼。對，面對人生難免一死這個事實，我們可以學習灑脫些。但即使是最灑脫的人，也不必否認，如果死後真有生命，那是一件可喜的事情。正如蜜運中的男女，不論如何灑脫，總不能不說，戀情開花結果是一件可喜之事。當然，如果你一生壞事做盡，害怕死後的審判，那又另當別論。

那麼，死後有生命嗎？

沒有人清楚知道死後的生命是如何的。我也不清楚知道，要是我告訴你我很清楚，我就在騙你；但是，有多人，有很多或有趣或可怕的經驗，也許照見了一些死後世界的面貌。我們現在就來，借助這些人的經驗，踏上這個死後生命探索之旅。

二　肉體、靈魂和科學

關於我們和我們的身體之間的關係，現代主流的觀點認為，人不過就是一團血肉。隨著死亡的來臨，肉體瓦解，人就煙消雲散。讓我稱這個觀點為肉體的生命觀。這個所謂「主流」，和我們生活裏面碰到的其他主流觀點，有一個很重要的分別。一般的所謂「主流觀點」之所以成為主流，是因為它得到大多數人認同。但是與此大相逕庭的，肉體生命觀之所以成為主流，卻是出於我們的集體偽裝。幾年前聽到一個講法，在許多現代社會，相

信靈魂（或類似的東西）在肉體分離之後仍然存在的，其實佔了大多數。為此，我在這幾年教授「生與死」課程時，都不忘在課堂裏做一個簡單的調查，看看班上同學相信與不相信的比率。結果發現，不同班別裏，相信與不信的比率相當穩定，大約都是七三之比。

這當然是不很科學的調查，但這個結果和較為嚴格的調查結果是相當一致的。例如美國蓋洛普民意調查（Gallup poll）就發現，「只有百分之七的美國人不相信遙距感應、預知（deja vu）、[8] 鬼魂、前生，以及其他超自然的事物。」（Begley, 2007, p.56）[9] 這些數字表明了一個重要的事實：對於靈魂的信念，在我們的現代社會裏，受到了很大的壓抑。原因很簡單，因為我們覺得靈魂的觀念不科學。我們要相信靈魂的話，信在骨子裏就算了，等閒是不會說出口的。

然而，相信靈魂是不是就等於不科學呢？那得看你怎樣理解科學了。如果科學指的是現在流行的科學理論的觀點，那麼，相信靈魂當然是不科學的；但是，這樣一來，每一個新的科學理

---

[8]　　deja vu，法文，西方神秘學術語，意思是似曾相似的感覺或經驗。那是指某些人或物，明明在記憶是從未見過的，或某些事情從未參與或經歷過，但是一經見到或經驗時，卻覺得非常熟悉，卻似曾認識或經歷過。—— 本書責任編輯註

[9]　　我們也許沒有意識到，「超自然」其實是一個不清不楚的觀念。貝格莉說，超自然的事物就是那些不能用物理或生物學理論來解釋的事物（Begley, 2007, p. 56）；但是，誰會保證（比方說）鬼魂一定是非物理的存有呢？說不定就如德謨拉克利特所主張的，靈魂其實也是原子，不過是構成物質的原子精緻些呢；再說，所謂「自然」，就是自己如此的意思，那麼，假定真有上帝的話，上帝就是最自然的存有，誰還能比自有永有的上帝配稱自己如此呢？不過，既然大家都這樣用自然和超自然兩個詞語，我也只好從俗。

論在當時都是不科學的；又或者，科學是那些能用當時科學圈子流行的概念來解釋的東西，那麼，相信靈魂也自然不科學的；可是，這樣一來，每一個新的觀念都是不科學的。

　　我們能否為科學提出一個更合理的定義呢？我在這裏提出一個簡單的定義，不一定很嚴格，卻應該能捕捉科學知識的一些重要的特質：科學就是透過經驗的整理，用以發現世界（和其中的事物）的律則，那麼，靈魂的信念科學與否，就只在乎它是否能得到經驗的有效支持。

三　唯物論、唯心論和二元論

　　在哲學史上，有所謂「心與物」的問題，爭持數千年，在哲學界依然沒有得到共識。【10】心與物的關係，最具代表性的觀點，包括有唯心論、唯物論和二元論三個觀點。（除此之外，還有很多其他重要的觀點；但可以說，這些觀點都是從這三個基本的觀點衍生出來的。）

【10】　這一點並不稀奇，在哲學界，沒有多少問題能得到共識。我常常覺得，這正是哲學時常給人予無用的感覺的原因。當人們因為哲學問題沒有答案而斷定哲學無用的時候，哲學家通常都會回答說，哲學的用處並不在提供答案。他們會說，這個提出問題，並且不停反思的過程，本身就是有價值的。我認為這樣的答案是蒼白的。當一個凡夫俗子來到一個哲學家面前，問他死後要往何處去，哲學家答，這個問題是不可能有答案的；可是，我可以和你一起討論，這個討論是有自足價值的。這時候，這個凡夫俗子一定覺得很失望。而哲學之所以不能提供答案，又似乎和西人以哲學始於懷疑有關。於我來說，這個懷疑的傳統是有必要修正的。

這三個觀點的具體內容是甚麼呢？唯物論的基本論點是，只有物質才是真實的。我們一般所謂「心靈」，最終也還是物質。這個觀點最通俗的演繹就是，心靈現象不過是大腦活動的產物。離開大腦，就沒有所謂的「心靈」。正如心理學家平克（S.Pinker）所斷言的：人類的「意識並不在一團迷霧似的靈魂裏，並且像使用PDA一樣使用著我們的腦袋。意識就是大腦的活動。」他強調，這不只是一個可能的理論，而是神經科學家的共識。（Pinker, 2007, p.40）

平克解釋道，科學家之所以相信心靈或意識就是大腦的活動，不是因為他們想拿機械主義來掃別人的興，而是因為他們累積了大量證據。以下是平克所羅列的例子：

　　　　利用磁力共振（Functional MRI），認知神經科學家能夠從腦部的血液流通裏解讀出人的思想。他們能夠辨認出，這個人究竟是在想一張臉還是一個地方；又或者，這個人眼前的圖畫裏的，究竟是一隻瓶子還是一隻鞋。

　　　　此外，我們還能透過物理條件來左右人的意識。在腦科手術中，電殛大腦能使人產生幻覺，幻覺的內容可以是在房間裏聽歌，或者是童年時的一個生日派對。這些幻覺和真實的經驗完全無法分辨。化學藥物如百憂解（Prozac）和LSD，都能深刻地改變人的所思、所感和所見。把大腦從腦胼胝體（corpus callosum）位置切開左右兩半（用以治療癲癇症），會造成一顆頭顱裏的兩個意識，好像靈魂也可以用刀切開做兩半一樣。

　　　　再者，當大腦的生理活動中止之時，照我們的所

知，意識就消失了。聯絡死人靈魂的嘗試（這在一個世紀
之前是很認真的科學研究題目），結果發現是廉價的魔術
玩意。瀕死經驗並不是靈魂離體的見證，而是眼睛和大腦
缺氧的徵狀。（作者按：這兩個題目都很重要，我們稍後
要詳談。）在九月的時候，有一群瑞士的神經科學家報
告說，只要電殛大腦裏視覺和觸覺交接的區域，就能任
意啟動和中止瀕死經驗。（Pinker, 2007, p.40）

很能打動人，是不是？

必得承認平克的部分論證的確不無說服力，但說服力之為
物，並不是要麼完全有，要麼完全沒有。如果一個論證具有一定
的說服力，但卻不能抵銷相反論證的力量，我們仍只能對它的結
論存疑。

我們先來看一看，這些論證的說服力到了何種程度。上面的
實驗結果，真能證明心靈活動和大腦活動是同一件事情嗎？

我們先來想一想，假如人在身體之外真的還有一個靈魂，這
個身體和靈魂之間應該有一個怎樣的關係？最接近常識的答案，
是身體緊密地與心靈互動著（此即心靈哲學裏的互動說）。在身
體的一方，這個與心靈互動的任務，又很可能集中在身體的某個
區域。由今日的醫學常識推斷，肩負這個互動職責的區域，當然
是我們的大腦。

平克指出了四個主要的現象，用來反對靈魂存在。第一個是
在大腦活動之中解讀出心靈的活動，第二個是透過刺激大腦來製
造心靈經驗；可是，這兩個現象和互動說完全沒有衝突。既然我
們主張靈魂透過大腦和身體互動，那麼，透過大腦解讀心靈活動

和誘發心靈活動根本是天經地義的事情。以為這樣就能證明沒有靈魂，真是天大的誤會。

平克引用的第三個現象，是透過切割大腦就能將意識也一分為二。這個現象比頭兩個現象有意思得多了。如果一個人只有一個靈魂，而靈魂又是意識的主體，那麼，大腦一分為二就不應該造成意識的分割；可是現在，我們的確就是能這樣分割意識，可見世間並沒有獨立於大腦之外的心靈實體。

這個論證聽起來很有逼力，但它還是有一個重要的漏洞：即使我們承認靈魂是意識的主體，我們也不必要假定，切割意識就等於切割靈魂。我們不必也不能排除這樣的一個可能性：一個靈魂可以同時擔當多於一個意識的主體；事實上，到我們討論瀕死經驗的時候，我們就會看到其中一個案例，在瀕死的時候經驗到，他同時具有兩個意識（見本章個案十，頁145）的案主。因此，雖然想起來有點怪怪的，但是有關現象並沒有真正為靈魂的存在關上大門。

最後一個「現象」，按平克的描述，是大腦一旦停止生理活動，意識就會消失，這才是所有爭論的焦點所在；但是，大腦停止生理活動之後，意識真的就此消失嗎？與死人溝通真的全都是騙局嗎？瀕死經驗真的無關於死後那個所謂「超越」的領域嗎？我們很快就會回來探討這些問題。

唯心論和唯物論相反，認為只有心靈才是真實的。這個觀點，在某些宗教（如印度教）裏得到反映，但是在大部分現代社會裏，這個觀點都沒有得到多少人接受。最後一個是心物二元論，它認為，心和物都是真實的。這個觀點，今日很少人講，但很多人骨子裏仍然相信。我班上的大部分學生就是這一類人，他們相信自己是住在肉體裏的心靈。他們不但相信心靈和肉體同樣

真實，還相信死後心靈可以離開肉體繼續存在。

　　在以下的篇幅裏，我想探討一下心物二元論的可信性，以及死後生命的可能性，還有死後世界的可能樣貌。

四　死後生命的故事

　　究竟死後的我還是否存在？若是存在，又會是怎麼一個樣子？很多人認為這是不可能得知的事情；可是，我個人卻認為，我們多多少少是可以知道的。我要講幾個故事，以說明我的想法。

（一）顯靈與通靈

　　我有一個學生，相信靈魂能在死後存在。我問他有甚麼理由，他說，要是死後沒有靈魂，哪來那麼多的鬼故事？

　　這個答案真是天真透了。很多人講的，難道就等於是事實嗎？

　　可是，這個天真的答案背後，又有一個我們很容易忽略的道理：假如古往今來的鬼故事都是虛構的，那當然不足為據；但是，為甚麼我們能那麼肯定，所有這些故事都是假的？如果這些故事之中有一個是真的，那麼靈魂在死後續存就是事實。

　　問題是，我們有理由相信自古所有的鬼故事都是杜撰的嗎？

個案一　南亞海嘯

　　讓我們隨便舉個例子。二〇〇四年十二月，南亞發生大規模海嘯，導致二十多萬人遇難。事後災區有不少有關鬧鬼的報導。其中一個是這樣的：在泰國的PP島，是度假天堂，在海嘯時有大

量遊客遇難。一位木匠說，他在海嘯後不時遇到鬼魂向他顯靈。一天晚上，他聽見有外國人叫他加入他們的派對，但當他環顧四週，卻發現身邊根本沒有人；另一報導則說，一位二十八歲的泰國女子威拉蓬，在出席姊夫的葬禮之後，忽然說起英語來：「我的名字是米高‧韋奇，我沒有惡意，我想獲得協助。我是南斯拉夫人，十二月二十四日與兩名朋友到達布吉，我們在巴東海灘住宿，我們的屍體仍然埋於酒店瓦礫下，拯救人員找不到我們。」而威拉蓬根本不懂英語。（〈泰婦〉，2005）

像這樣的報導，在不同的時代，不同的文化裏時有所聞。古人聽了，大概會不假思索地相信這是死者顯靈。而我們聽了，大概會不假思索地拒絕或假裝拒絕相信。相信和拒絕容或有異，而不假思索則同屬一致。

像上面的報導，我們很難確定真假；但是，我們還是要面對上面那個問題：要是它是真的呢？我們可以用許多理由把這些故事都否定，例如說那大概是出於幻覺，又或者是當事人說謊等；但是，我們還是有上面那個疑問：要是那不是幻覺呢？要是當事人沒有說謊呢？奇怪的是，當我們說當事人有幻覺的時候，我們往往說得胸有成竹，而且無需證據。這是很不科學的態度。

回頭說，我們又是否可以肯定這些故事都是真實的顯靈事件呢？我們不能說很確定；但是，要將這些故事全部簡單解釋為幻覺也虛構，實際上相當困難。在威拉蓬的故事裏，有大量的目擊者，或很難設想這些目擊者的說謊動機，但很可惜報章並沒有跟進有關的報導。如果事後真能在威拉蓬所講的地點發現米高‧韋奇的屍體，那麼，這個故事的可信性就更高了。

然而，有沒有一些比較完整的故事呢？答案是有的。我們先

說一個古舊一些的故事。

個案二　康利案

這個故事發生在美國杜比克市（Dubuque）。一八九一年二月十一日，《哈勞德報》（*Herald Newspaper*）報導，在伊奧尼亞（Ionia）有一位名叫米高·康利（Michael Conley）的農夫，在探訪杜比克市期間身亡，死時身穿灰色襯衣。驗屍官驗屍時，為康利換上了乾淨的黑色外衣、白襯衣和拖鞋，把他的舊衣服丟了在停屍房。屍體接著由康利的兒子送回家。

回家後，兒子把父親的死訊告訴他的姊姊。姊姊聽見父親的死訊，失去知覺足足有幾個小時。醒來時，她告訴兄弟說：父親身穿白色的襯衣和拖鞋，告訴她他口袋裏有一卷鈔票，用一條從她的紅色裙子上撕下來的布條綁著，袋口縫上，要她們去把鈔票找回來。他們於是聯絡驗屍官，取回父親的衣服，並在裏面找到父親所說的鈔票。（Griffin, 1997, p.213）

這個故事很有趣，因為通靈的事情得到了客觀證據的支持。當事人號稱由亡靈身上得到的資訊，得到客觀事實核證，可信性應該是較高的了。

可是，這個故事發生在一八九一年，很難確定報導是否可信，也不知道哈勞德報是一份怎樣的報章。因此，這個故事有趣是夠有趣了，是否可信還是很難確定。

可是，最近我在發現頻道（Discovery Channel）看到幾個有趣的個案。下面是其中一個比較有代表性的個案。[11]

---

[11]　　香港發現頻道，〈兇案通靈〉，2007 年 8 月 12 日。

個案三　杭特案

一九八三年二月十二日，女子積奇蓮‧普爾（原名「積奇蓮‧杭特」）在倫敦中央以西十七英里的小鎮盧斯里遭到性侵犯並被殺害。靈媒克莉絲汀‧荷洛漢宣稱，死者向她顯靈，提供有關案件的資料。

警官湯尼‧貝特斯是到達兇案現場的第一人，正在調查案件。荷洛漢找到他，說死者名叫「杭特」，第一條資料就正中了紅心。她提供了大量有關杭特朋友圈子的資料；最後，她用遙寫的技巧，寫下了兇手的名字，叫「普奇」（Pokie）。普奇原名「安東尼‧魯克」，普奇是他的暱稱。魯克是杭特男友的朋友，與杭特相熟。荷洛漢叫警方注意一件毛衣，可以用來做證物，而警方也在魯克的垃圾桶裏找到一件毛衣，毛衣上有杭特毛衣的纖維。可惜這件證物依然沒有將魯克繩之於法，因為魯克與杭特相熟，曾接觸杭特不足為奇，不足以證明他就是兇手。最終，案件不了了之，調查小組解散。

一九九九年，杭特再次向靈媒顯靈，但沒有告訴荷洛漢顯靈的目的。與此同時，警方再次調查此案。因為引進了DNA化驗的技術，警方現在能夠化驗在犯罪現場收集到的體液樣本，以及在杭特指甲裏留下的皮膚樣本。最終，在靈媒指出兇手身分之後十七年，法庭終於證實了她的口供，並將魯克定罪。

回頭說第一個到達兇案現場的警官貝特斯。為了靈媒的口供，他感到非常困惑，因為他一直不相信靈界的事物。案件結束後，他自己再翻查靈媒的口供，核對警方的紀錄，發現她的證供裏足有一百二十條和事實相符，包括大量有關杭特的個人資料和現場的狀況，以及杭特與兇手的相識過程等。

　　這件案件之所以有重要的參考價值，是因為通常反駁顯靈事件的理由，在這裏都不能成立。第一，這是一件全城都知道的兇殺案，警方也有詳細的紀錄，真實性不成疑問，不可能由好事者杜撰；第二，靈媒能在警方破案之前的十七年就指出真兇的名字，並提供大量與案件相關的資料，這就表示顯靈既非幻覺，資料的準繩度也不可能用巧合來解釋；【12】第三，案件牽涉到許多懷疑論者（貝特斯只是其中一個）。因此，這個故事不可能是那些本就相信死後生命的人，為了自圓其說而主觀投射的報導。

　　如果杜撰、巧合和主觀投射都不能解釋這個故事的細節，那麼我們還有甚麼選擇？一定非得結論說，是亡靈在工作不可嗎？我們倒不用這麼快就下定論，可以先考慮一下其他的可能性。

　　第一個可能性：也許靈媒在撒謊。她一早就知道了案件的詳情。所謂「一早知道詳情」，不能單單是目擊案件發生的經過，她必須非常熟悉死者，才能知道她日常的社交生活；問題是，要是如此，在警方調查杭特的社交生活時，就不可能不發現這一點。

　　第二個可能性：這樣，靈媒要知道案件的細節，唯一的可能性，就是她和魯克是同謀。他們一手炮製這個案件，好讓靈媒聲名大噪；但是，如果你是魯克，你會願意當個殺人犯，來幫另一個人成名嗎？再者，如果這是魯克的動機，他就應該在警方找到毛衣的時候和盤托出。等十七年後警方破案，這樣的計劃不是太

【12】　　這裏，我們必須處理一個可能的疑點：節目只說靈媒提供了一百二十項準確的資料，沒有說明她在多少條資料中命中了一百二十條；所以，準確來說，命中率是多少，我們還不知道；可是，憑常識推斷，命中率一定非常高。因為這時靈媒正是在向警方落口供，她不可能向警方提供二萬條資料，讓她隨機地猜對其中一百條。

冒險了嗎？

第三個可能性：這個可能性比起頭兩個可能性有趣得多，值得詳細討論。也許靈媒所提供的資料，並不是來自亡靈，而是來自她的遙距感知。靈媒沒有接觸到杭特的亡靈，她只是遙距感知到案件的細節，告知警方而已。這個解釋不是不可能，但它依然有兩個重要的缺憾。

首先，遙距感知在常識裏的可信性，並不比顯靈的可信性高。按常識，二者都是超自然的現象，而超自然現象都是（比較自然現象）不可信的。[13] 因此，我們用一個（常識以為）不可信的解釋來取代另一個（同樣是常識以為）不可信的解釋，在論證上得不到任何優勢。

第二，同樣是偏離常識的解釋，顯靈比遙距感知更能解釋靈媒的報導。如果靈媒是透過遙距感應，靈媒應該看見兇案現場的情況；又或者是看見杭特生前的言行，而非杭特向她顯靈，告訴她有關案件的情況。

遙距感知的解釋不但有重要的缺陷，更重要的是，它對我們原來的結論根本沒有構成真正的威脅。我們原先的目的，是要用顯靈來證明靈魂的存在。表面看，要是我們用遙距感知來解釋，我們在邏輯上好像的確無須假定靈魂的存在。因此，就排除了我們原有的結論；但是，弔詭的是，一旦遙距感知的講法成立，實

---

[13] 當我這樣説的時候，我不是假定常識一定正確，而是尊重常識，以常識為思考的起點。當常識足夠解釋事物的時候，便沒有必要挑戰常識。但在它不足夠解釋事物的時候，我們就要修正常識；事實上，我在本書裏做的，大部分就是修正常識的工作。

際卻又間接支持了靈魂的存在。這一點，且容我仔細解釋一下。

　　記得一開始，我們就談到唯心論、唯物論和二元論嗎？基本上，今日有關靈魂的爭論，主要是唯心／二元論和唯物論之爭。唯物論的觀點，是說一切事物都是由物質構成。因此，在這個世界發生的事件，都是物質的事件。這樣，我們才能排除靈魂的存在。

　　可是，當我們說能夠遙距感知的時候，我們實際就是承認了，有些事件不是物質的事件。我們不用眼睛（物質）看，但是我們卻切切實實的看見了；不用耳朵聽，卻切切實實的聽見了。這不是獨立於物質以外的心靈事件是甚麼？如果有獨立於物質之外的心靈事件，那麼，有獨立於物質以外的心靈，也至少應該是很有可能的事。

　　假如我們的目的只是想知道死後有無靈魂，我們的討論就可以停在這裏；但是，我們關心的，不單是死後有無靈魂，也關心死後往何處去；所以，我們就要進一步探索死後世界的面貌。世界的各大宗教，對這個問題有很多不同的看法，基本上可以分為兩大類：死後有天堂和地獄，以及輪迴。要探討這兩個觀點的可信性，我們可以再看看兩類型的現象：第一類是瀕死經驗，第二類是轉生記憶。

（二）瀕死經驗

　　一九七五年，身兼醫生與哲學家兩重身分的雷蒙·穆迪發表了《死後生命》一書，訪問了一百五十位曾經有過瀕死經驗的人士；從此，瀕死經驗引來不少研究者的注意。在穆迪之後，許多有關瀕死經驗的著作相繼出版。其中比較著名的，有

林格（K. Ring）、羅林斯（M. Rawlings）和艾華特（P. M. H. Atwater）等人的作品。其中，艾華特自己還有過三次瀕死經驗。

穆迪在他的劃時代作品裏，列出了和瀕死經驗相關的十五個主要現象。在這十五個現象裏有幾個特別值得我們注意：

1.當事人有靈魂出竅的經驗；並且

2.往往能夠準確報導在他瀕死期間在其他地方發生的事情；

3.當事人表示，在瀕死之時，他們會高速回顧一生的經歷和所作所為；

4.當事人描述，死後的世界是一個平靜詳和的世界；而且

5.在那裏會看見一個神聖光體；還會

6.在那裏和已故的人士重逢。[14]

為甚麼說這些現象特別值得注意呢？主要原因有兩個：第一，這裏其中一些現象，為死後生命提供了進一步的論據；第二，這些現象，為死後世界的面貌，提供了可資參考的線索。

從表面證據看來，上述的現象強烈地暗示人在死後會去到一個很美麗的地方，以另一種方式繼續存在。那個世界有多美好呢？我沒有見過，由我來描述這個世界一定就是使這個世界失色多了，只好在這些當事人的自述中抽一段出來和大家分享：

---

[14]　穆迪所列舉現象還包括：1.當事人在死後世界所體驗到的事物超乎言語所能表達；2.當事人知道自己死了；3.當事人穿過漆黑的隧道；4.當事人來到一個臨界點，一旦越過就不能回頭；5.復生；6.當事人對所見之事深信不疑，但在告訴別人之時受到懷疑並因此感到氣餒；7.對人生的意義有更深入的思考；8.從此不怕死。

在光的懷抱裏，我依然可以觸摸到我自己的形體；可是，我同時又感到自己也是光，與祂同在。透過光體，我感到自己膨脹到方圓數里那麼大面積，然後又縮回原來的大小；此刻，我已成為一團兩三吋寬的蛋形能量。這種感覺比我一生中的任何時候都要美好。我好像沐浴在至愛與寬恕之中，在祂的光輝庇護之下，感到無比的溫馨。祂讓我有一種漂泊四海後落葉歸根的感覺。我覺得或許在我降生到現實世界之前，我就曾到過這裏。（Ring and Valarino, 2001, pp.17-18）

穆迪自己沒有馬上作結論，指人死後真會去到那個美麗的世界。他只是強調，瀕死經驗可能為我們揭示了一個全新的現象，要解釋它，我們既有的理論很可能是不夠用的。（Moody, 2001, p.161）他指的既有理論是甚麼？他沒有說明。而當這本書在二〇〇一年再版的時候，穆迪就不再吞吞吐吐了。他在再版後記肯定地宣稱，雖然他仍然未能為死後生命提供鐵證；但是，瀕死經驗研究和他自己的另外一些研究，已經朝向破解死後生命之謎，邁出了重要的一步。（Moody, 2001, p.171）

這個立場，也就是幾乎所有瀕死經驗研究者的立場。問題是，死後生命遠遠不是今日一般的科學家所能同意的。因此，無可避免地，這個立場招來了大量的反駁。

其中，最重要的反駁有兩個。第一個，我稱為「大腦反應論」。這個理論宣稱，所謂的「瀕死經驗」，主要都是垂死時由大腦的化學活動或其他活動造成的；譬如說，有一種神經科藥物，名叫「克他命」（ketamine）。這種藥物：

> 能夠複製所有瀕死經驗的內容，從飛越漆黑隧道
> 直達光明，到自以為已死、看見靈體、與神遙距溝通、
> 視覺與聽覺的幻像、靈魂出竅、神秘狀態、平靜安詳、有
> 時或會有可怕的經驗……（Jansen, 1996, p.269）[15]

　　如果克他命不夠解釋的話，一元論者還有一大堆的化學現象待用，例如腦內啡肽的分泌、腦部缺氧，又或是腦內顳葉的癲癇活動等等。（趙翠慧，2003，頁33-35）

　　另一個反駁，我稱為「心理反應論」。心理反應論認為，瀕死經驗是人類心理活動的產物；比方說，穿越隧道的經驗，很可能是出生時穿越產道的經驗的再現。（Jansen, 1996, p.272）而安詳的感覺，則是人在瀕死時因為承受極端痛苦而產生防衛機制。

　　這些理論各有缺點。超越派的瀕死經驗研究者不厭其煩的指出，上述的大腦活動和瀕死經驗之間有一些明顯而重要的差異；另一方面，在瀕死時的所謂「防衛機制」，似乎也和進化論有衝突：如果人在瀕死的時候感到愉悅，豈不削弱了人的求生本能嗎？但是，這些都不是大腦反應論和心理反應論的致命缺點。

　　這些理論的致命缺點有兩個。第一，不論我們講的是大腦反應還是心理反應，如果我們持唯物論的觀點，就不得不說，這些都是大腦的活動；問題不是當時腦裏有甚麼化學物質，而是大腦有甚麼活動。把克他命澆到一個木乃伊的腦袋裏，並不能使木

----

[15]　　少數瀕死經驗者會看見地獄般的可怕景象，下詳。

乃伊看見光或者感到自己飄浮在身體的上方；可是，人在經歷瀕死經驗的時候，腦波是平的，也就是大腦根本沒有活動。（趙翠慧，2003，頁23）

另一個致命傷是，不論是大腦反應論抑或心理反應論，事實上都不能解釋瀕死經驗的所有現象。而不能解釋的部分，恰恰是瀕死經驗之中最能證明死後生命的部分。

讓我們再用顯靈做例子說明這一點。若要證明死後生命，顯靈現象最有力的證據，並不是當事人所看見的靈體影象有多清晰，或者看見靈體的時候感覺有多奇異和強烈。顯靈現象所能夠提供最強證據，是靈體向當事人提供了他不可能透過其他途徑知道的資料，正如像上面的杭特案那樣。如果靈媒不能提供死者和兇手的資料，她的一切主觀經驗都無法證明她確曾與亡靈接觸；同理，要證明瀕死經驗者真的脫離了他們的肉體，最好的證據並不是他們的感覺有多真實，或者他們看見世界有多美好。最好的證據是：他們能夠提供其他途徑所不能提供的資訊。

這正是大腦反應論和心理反應論都不能解釋的事情。大腦反應論和心理反應論可以解釋安詳的感覺，可以解釋看見光體，可以解釋單純的靈魂出竅經驗（感覺自己浮在半空，看見自己的身體），甚至可以解釋當事人何以能知道瀕死之際醫生急救的情況；（Jansen, 1996, p.270）但卻無法解釋這些人何以能在出竅期間，採集到其他地方的事實材料。我們來看看幾個這樣的例子。

個案四　祖恩的頻死經驗

穆迪報告過這樣一個個案：一個女病人祖恩正在急症室內接受急救。這時候，祖恩看見她的小舅正在醫院大堂和一個工作的

拍檔談話。拍檔問小舅他在這裏做甚麼，他答：「我本來要公幹的，但是祖恩看來快要見閻羅王去了，我還是留在這裏送她的終比較好。」幾天之後，祖恩醒來了，對小舅說：「下次我去見閻羅王的時候，你自己去公幹好了。我會沒事的。」穆迪打趣說，小舅聽了這話，嚇得面色慘白，「似乎自己也經歷了一次瀕死經驗。」

個案五　穆迪的經歷

這是穆迪自己的親身經歷。他在急症室搶救一位老婦，期間吩咐一位護士到另一個房間拿藥物。藥物用小玻璃瓶裝著，瓶頸很窄，可以在頸的位置扭開。開的時候，應該用紙墊著，避免弄傷手指。護士回來的時候，瓶子已經打開了，方便穆迪使用。

老婦醒來的時候，甜甜的看著護士說：「小妮子，我看見你在那邊房間做的事情。你這樣可會弄傷自己喔。」護士嚇了一大跳。護士後來說，因為情急的緣故，她在扭開瓶子的時候，沒有用紙墊著手指。（Moody, 1996, p.36）

類似的個案，隨便翻開一本瀕死經驗研究的著作，都可以找得到許多許多。這些個案，該作何解釋？

和顯靈一樣，最有可能的解釋不外乎兩個：第一，靈魂確實可以離開身體活動；第二，遙距感知。上一節有關顯靈現象的討論，在這裏可以原原本本的重複一次。如果靈魂可離開身體活動，那麼，身體的瓦解就不能威脅靈魂的存在；另一方面，如果遙距感知是可能的，那麼，心靈就無需依賴物質來活動，這對死後生命也是一個間接的支持。

（三）天堂與地獄

假使我們都同意，死後真有生命，那麼接下來要問的問題就是：死往何去？死後的世界是一個怎樣的世界？

早期的瀕死經驗研究，大都將死後的世界描寫得非常美好，正如上面由林格所引述的例子一樣。也正因如此，這些學者主張，他們的研究最重大的價值，是告知我們死亡並不可怕。不但不可怕，而且非常美妙。（Ring and Valarino, 2001, p.25）

我得承認，我一向相當怕死，所以當我看到林格的總結時，我也感到相當振奮；可是，與此同時，我也感到納悶：要是死亡真的那麼美妙，我們為甚麼還要那麼辛苦地活下去？

這時，一條新資料引起我的注意：隨著瀕死經驗研究的規模逐漸擴大，研究者注意到，瀕死經驗不一定都是美好的；相反，有些瀕死經驗實際上是相當可怕的，以下是其中一個這樣的個案：

個案六　地獄的入口

我進到一個黝黑的地方，有紅色的蛇纏著在我身上，甩掉一條，另一條就又繞過來，十分可怕！後來我被拉到地上，其他爬行的東西圍過來，有一些看起來像紅色的果醬，我大叫，但無人理我，我看到身邊有不少人，有人嘶叫著，整個地方是暗紅色的又有濃霧瀰漫，我看不清楚，但我並沒有看到火焰，也沒有看到魔鬼，只有一些爬行物。……我確信那是地獄的入口。（羅林斯，1991，頁90）

這一類瀕死經驗，往往被稱為「地獄式的瀕死經驗」。而前面提到的美好瀕死經驗，被稱為「天堂式的瀕死經驗」。這一來，真是有趣極了：我們從小聽牧師講，死後有天堂有地獄，現在第一次

得到經驗的證明了；所以，我們得時刻警醒，好好地做好自己在人間的本分。或者如果你相信傳統教會那一套，我們就得趕快信耶穌，好等自己死後能進入天堂。而這也就是羅林斯的結論。

我自己是基督徒，情感上，我歡迎羅林斯的結論；但是，事實卻不容許我簡單地接受他的見解。下面是另一個地獄式瀕死經驗的例子。

個案七　看見耶穌

有隻手碰上了我的手，我回頭，看看這股平靜幸福的力量究竟從何而來……我看見耶穌 —— 我說的是，我們到處從畫像中看見的耶穌。我真想留在祂身邊，留在這裏，永不離開。

我給帶到一個井的旁邊……祂把我從幸福一邊帶到痛苦的一邊。我不想看，祂卻硬要我看。那裏的人黑黝黝，渾身是汗，給鎖鏈鎖著。而我被逼要從旁走過，回到井旁。……祂又引我走，但要我一個人走過去，祂只是看著。有別的人跟著我走，還越過我，在我前面替我踏平地上沙石或殘骸（像是蛇之類的東西）。我不要看，但是我知道這裏漆黑一片。我知道，要是我選擇為了那些美好而寧靜的感覺而留下，我反倒只能承受這痛苦，因為祂不想我留下。

我俯身往井裏看，這個像耶穌的年輕人……把手放在我背上。井裏有三個孩子大叫：「媽，媽，媽，我們需要你，請你回來我們身邊。」（Greyson and Bush, 1996, p.224）

像個案七這樣的瀕死經驗，很難用簡單的天堂地獄觀念來解釋。如果地獄式的瀕死經驗就是看見地獄，而地獄就是魔鬼掌管的世界，那麼個案七裏的女士，就不應該在那裏看見那位好像是

耶穌的人物，除非魔鬼大膽到冒充耶穌。這類的瀕死經驗，逼使我更深入思考死後世界的問題。那我們該怎樣思考呢？我這裏先賣個關子；接下來，我們看看有關轉生記憶的一些研究。這些研究，可以為我們提供有關死後生命進一步思考的材料。

（四）轉生記憶

天堂地獄和投胎轉世是兩個最廣泛流傳的他生觀。瀕死經驗讓我們窺見了天堂和地獄，轉世記憶則讓我們窺見了輪迴的奧秘。

索甲仁波切在其名著《西藏生死書》裏記述了幾個很有趣的輪迴故事。以下是其中一個。

個案八　福樓多的前生記憶

在英國諾福克，有一位老人家，名叫「亞瑟・福樓多」（Arthur Flowerdew）。他從十二歲開始就常常在腦海裏看見一個被沙漠圍繞的大城市。有一次，老人偶然從電視看到一個有關約旦佩特拉古城的紀錄片，訝然發現這就是一直縈繞他的腦海的古城。事件傳出之後，引起了英國廣播公司的興趣，派員陪同福樓多到佩特拉考察。

啟程之前，一位佩特拉權威研究專家訪問了福樓多，發現福樓多對佩特拉的認識非常深入精確，完全達到了專家級的程度。

為了驗證福樓多的前生記憶，在出發前，攝製隊請福樓多挑選一些記憶中的景象作為驗證的參考。福樓多列舉了以下兩件：

1. 市郊一塊奇形怪狀的火山形岩石；以及

2. 一棟考古學家很熟悉但用途不明的建築物。

結果，在核對資料的時候：

　　1. 考古學家想不出有那塊岩石，但最終證實那塊岩石的確就位於福樓多所指出的地方；

　　2. 福樓多輕易地指出那座建築物的用途，那是一個哨兵站。進入佩特拉城之後，他連地圖都不必看，就直走到哨兵房，還重演當時哨兵報到的儀節。

　　福樓多記憶的準確度，逼使考古學家結論說，這無論如何不能是一個騙局。（索甲仁波切，1996，頁115-116）

　　如果個案八因為細節太少，使我們無法遽下結論，那麼，個案九的論證力量就應該清楚些了。

個案九　輪迴

　　這個故事，來自史提芬遜（I. Stevenson）的權威輪迴現象研究。一個孩子，名叫「依瑪德・艾拉華」，一九五八年生於黎巴嫩一個名為「可納耶」（Kornayel）的村落。自兩歲開始，他就開始述說據稱屬於他前生的故事。研究員根據孩子所透露的資料，幾經追查，最終結論是：他的前生名叫「伊博拉謙・寶漢斯」。追查的過程頗有些曲折，請大家耐心看看。

　　伊博拉謙在一九四九年去世，死於肺結核。他生前是個花花公子，沒結婚但有一個情人，名叫「謝美拉」（這是研究人員為她起的偽名，因為在研究進行之時，謝美拉還在世，必須掩飾她的身分）。伊博拉謙生前喜歡打獵，曾經加入法軍，所以懂得法文。他和母親同住，家裏還有一個叔父薩林，姊妹胡達，和三個兄弟；當中，和傅阿德感情最好。他還有一個堂兄弟，名叫「薩依德・寶漢斯」，兩人家居距離只有三百呎。他和薩依德的感情也很好，可是在他自己死於結核病之前六年，薩依德因為小型貨

車意外死去。這件事對伊博拉謙的打擊很大。

伊博拉謙自己也出過車禍。他駕駛一輛巴士，下車時巴士滑下了斜坡，弄傷了車上的乘客。

伊博拉謙最後的日子是在療養院中度過的，患的是肺結核。在他離院回家後兩天，他就一命嗚呼了。在這兩天，他的睡床設在窗邊，好讓他能和朋友談話，而朋友又不用冒感染的危險進入房間；最後，還得補充一下他生前的政治立場：他一直是津布拉特黨的支持者。

伊博拉謙的故事就說到這裏。我們換個題外話，講講他的姊妹。他姊妹和他感情很好，在他死後三個月，姊妹生了個孩子，名叫施禮文。大家都相信施禮文是薩依德再世，他硬是把媽媽叫作姊妹，為幾個茄子和馬鈴薯起名字，名字就和薩依德的孩子一樣，又天生害怕貨車和繃帶。把他帶到薩依德的故鄉，他能自己找到薩依德的家，他講得出薩依德死前所經歷的事情的細節。

回頭說孩子依瑪德。以上所說的，都是研究員史提芬遜在出發尋找依瑪德的前生之前記下的。這個時候，研究員和依瑪德的家人甚至還不知道，他們要找的人是伊博拉謙。在他們出發之前，他們只知道依瑪德自稱前生的家鄉位於克里比，而家族姓氏為寶漢斯。

在依瑪德兩歲的時候，碰見了一個來自克里比的人，他就跑上前去，搖那人的手。那人問依瑪德：「怎麼啦？你認得我嗎？」依瑪德答：「是呀，我和你是街坊。」

依瑪德的家族是雅斯柏基黨的支持者，一次當家人提起雅斯柏基黨人巴舒‧艾拉華的時候，依瑪德罵道：「去你的巴舒‧艾拉華。」依瑪德自稱認識津布拉特黨的國會議員基瑪‧津布拉

特，一次一位女士在他家中錯誤報導基瑪・津布拉特的死訊，依瑪德很生氣地要趕走她。

可是，這些對依瑪德來說都不是最重要的。在他的回憶裏面，最重要的莫過於一個名為「謝美拉」的女子。他生平第一個清楚地講出來的詞語就是謝美拉的名字。三歲半時，他睡在母親旁邊，央求母親「像謝美拉那樣待他」—— 天曉得那是甚麼意思。

依瑪德從小就不愛跟同齡的孩子玩。真要和同齡的孩子玩耍時，他老是擺出一副大人的姿態；此外，他口味也跟孩子不一樣，兩歲就愛喝濃茶和咖啡。在學校裏，依瑪德表現得很早熟，法文超班。在他妹妹出生之時，他叫媽媽給妹妹起名叫「胡達」，剛好和伊博拉謙的姊妹同名。

依瑪德從小就喜歡打獵，說他記得自己前生有一支雙筒獵槍和一支來福槍。他很害怕巴士和貨車，一見巴士和貨車就躲起來。後來，他跟別人提起兩個故事：一個是關於一輛貨車把人撞傷；另一個則有關一輛巴士滑倒，雖然他自己不在車上，卻有人因意外而喪命（留心，在伊博拉謙的經歷中，是貨車意外害死了堂弟，巴士意外則沒有人死亡）。最後，家人斷定，依瑪德的前生應該名叫瑪莫德・寶漢斯的人再生（這人其實是伊博拉謙的叔父）。

一九六四年，研究員史提芬遜陪同依瑪德的家人到克里比（伊博拉謙的家鄉）去查證這個輪迴的推斷。首先，大出研究隊伍意外，瑪莫德根本就好端端的活著。到研究隊伍發現薩依德死於貨車意外，他們開始推斷，也許依瑪德其實是薩依德的再生；可是，他們又一次失望了，因為伊博拉謙的外甥施禮文早把這個銜頭給領了。（記得那個給茄子起名字的孩子嗎？）

經過一番尋找，研究隊伍終於找到了伊博拉謙。史提芬遜對

比依瑪德對其前生記憶的描述和伊博拉謙的生平資料，在五十七
個記憶項目之中，有五十一個得到證實，其中包括：

　　1. 一系列親友的名字；

　　2. 他有一隻綿羊、一隻山羊，這隻山羊又生了一隻小山羊；

　　3. 他有一隻棕色的狗；

　　4. 他曾經為了救自己的狗而打過另一隻狗；

　　5. 除了擁有一部巴士，他還有一部拖石頭的貨車和一部轎車；

　　6. 他家門前有一個斜坡；

　　7. 他家裏有兩口井，其中一口是乾涸的；

　　8. 他家裏有條圓頂的通道通往閣樓，裏面放著汽車用的工具；

　　9. 他家裏的爐是燒油的（當時研究員故意誤導依瑪德，問他
記不記得他家裏有一個柴爐）；

　　10. 在他死時，他家人正在興建一個種植櫻桃樹和蘋果樹的園
子；

　　11. 他在家裏繫著他的狗兒的位置；

　　12. 他在肺病期間睡床的位置；

　　13. 他在肺病期間隔著窗口和朋友談話；

　　14. 姊妹的名字叫「胡達」；

　　15. 認得伊博拉謙的照片中的模樣就是自己；

　　16. 他死前最後的一句話：「胡達，把傅阿德（伊博拉謙的
兄弟）叫來」；

　　17. 認得叔父瑪莫德當年的照片，不認得他現在（一九六四
年）的模樣。

　　在克里比，依瑪德在路上問准瑪莫德，跑去和一個路人說
話。後來，證實那人是伊博拉謙在法軍時的同袍。一九七〇年，

依瑪德重遊克里比，傅阿德把伊博拉謙的來福槍借給他用，他說想要取回這支槍，因為槍是他自己買的；此外，依瑪德從小就說要去看謝美拉，還說娶她為妻。他說，他本來是要和謝美拉結婚的；可是，家人因為謝美拉是敵對的政治背景而反對，還撕掉了他們的結婚證書。（Griffin, 1997, pp.186-192）

這個故事長篇大論，讀者不一定能馬上掌握故事的主要特徵。我們這就來總結一下。

首先，孩子依瑪德開始講述轉生記憶的時候才兩歲，不可能偽裝；第二，研究隊伍尋找孩子前生的身分，最後的答案與先前預期的並不相同。這一點反映出研究隊伍的認真。他們並不是先有結論，然後不惜一切代價地穿鑿附會也要證明自己的結論；第三，在詢問孩子的時候，研究人員不但沒有引導孩子說出他們心中想要的答案，反而故意誤導孩子（研究人員指伊博拉謙家裏有一個柴爐，實際上那是個油爐），但孩子仍能正確說出伊博拉謙生前的事情；第四，孩子不但能提供大量準確的前生資料，而且其行徑也和其前生的身分高度吻合，例如說要娶謝美拉、害怕貨車、和前生的相識打招呼、罵敵對的政黨、法文超班等等；第五，最妙的是，孩子恰恰就是認得伊博拉謙應該認得東西，而沒有超過那個限度，例如只認得年輕叔父照片的形象，而非叔父現時的模樣。

這樣的研究結果，強烈地暗示輪迴真有其事；但是，輪迴倒不是唯一可能的結論。另一個可能的解釋是靈魂附體：也許伊博拉謙的靈魂，在依瑪德很小的時候就附上了他的身體。由於我們不能排除這個可能，有關的研究就無法百分百的證明人死後果真會輪迴轉世。甚至，也許附在依瑪德身上的靈體，根本不是伊博

拉謙本人，而是比鬼魂更具力量的其他靈體。【16】因此，比較肯定的結論是靈界事物的存在，而非輪迴。

當然，這樣說不是要排除輪迴的可能性。事實上，與另外兩個解釋相比，輪迴始終是個比較直截了當的解釋。因此，從這一類的研究成果看來，輪迴真有其事的可能性，看來還是不小的。

（五）生來死往

生從何來，死往何去？

從瀕死經驗和轉生記憶的研究看來，似乎天堂地獄和輪迴很可能都真有其事，那麼，天堂和地獄是甚麼？輪迴又是怎麼一回事？更重要的是，天堂和地獄的理論，和輪迴的理論，不是彼此衝突的嗎？【17】怎可能都真有其事呢？

要探討天堂、地獄和輪迴的本質，困難比起論證他們的存在大得多了，就像要證明火星存在，比起準確描述火星上面的情況容易得多一樣。必須承認，就著這個問題，我們所能掌握的證據，似乎都只停留在很初階的階段：所以，我一開始就強調，如果我說知道生前死後的世界，我就在騙你；但是，在我們極有限的資源條件下，我還是想和大家一起做一些有意義的推斷。

有關這個問題，有兩位作者的作品特別有趣，能夠為我們提供大量有趣的思考材料。兩位都是我們前面提到過的，第一位

【16】　　鳴謝關啟文教授提醒我這一點。

【17】　　有趣的是，有學者指出，耶穌一再說施洗約翰就是舊約時代的先知以利亞（〈馬太福音〉11:10-14、17:10-13）很可能是承認了輪迴是可能的。(塔克，2008，頁239-240）若是這樣，則基督教就不一定排斥輪迴。

是艾華特，第二位是邁克・牛頓。艾華特是著名的瀕死經驗研究者，邁克・牛頓則是有名的轉生記憶研究者。結合二者的研究，可以給我們一個有關生前死後比較完整的畫像。

在本章第三節，我提到一個看見耶穌有分參與的地獄式瀕死經驗。（見本章個案七，頁135-136）這個個案使人（尤其是基督徒）有點費解。當時我賣了個關子，現在是時候解開這個謎了。

艾華特研究了大量地獄式的瀕死經驗，指出大部分這類經驗者都有潛藏的巨大罪咎感、恐懼、憤怒，或者期望受罰。（Atwater, 1996, p.234）有趣的是，這並不是說地獄式的瀕死經驗就揭示了地獄永久的懲罰；相反，艾華特說，這些人「最需要知道有人愛他們、生命可貴，而且萬事萬物的一切努力，最終都指向一個大目的。」（Atwater, 1996, p.235）

這個分析，似乎和許多地獄式瀕死經驗的內容頗為吻合。在羅林斯個案裏，也有一個從地獄式瀕死經驗翻出新生的例子：一個女孩因沮喪企圖自殺，瀕死時大叫：「他們，地獄來的魔鬼……他們不放走我。」復原後，女孩完全不記得當時看見的東西，但是幾年後，女孩當上了宣教士，而且「不再沮喪，聽說所到之處都帶來興奮。」（羅林斯，1991，頁84）另一個有趣的例子，原出自威爾琪（T. Welch）的《奧勒崗的奇跡》（Oregon's Amazing Miracle）。在這個例子中，威爾琪在瀕死時看見了火湖，正在恐懼之中，他看見了耶穌：「祂有著堅強、仁慈、憐憫的面容，安詳、不膽怯。」這時威爾琪告訴自己，只要耶穌能看一眼自己，他就得救了。「然而祂漸漸走離，好像根本不曾看到我，但是就在祂消失前，祂轉頭，剛好看到我，這就夠了！」（羅林斯，1991，頁78-79）

　　我們來仔細的看個案七，就會發現，這個當事人認為是地獄式的經驗，實在並沒有揭示一個無情而絕望的悲慘世界。沒錯，當事人看見了可怕的景象（黑黝黝的人、鐵鏈、蛇）；但是，她也提到，耶穌把手放在她的背上，並看著她，甚至有人為她在這個漆黑的世界裏開路。她在井裏看見了三個孩子，向她高叫他們需要她，不也正好呼應了艾華特的說法，地獄式的瀕死經驗是要向當事人證明，他們生命的重要嗎？

　　這樣說來，即使是地獄式的瀕死經驗，對當事人一樣具有非常積極的意義。問題是當事人看見了沒有。如果當事人看見當中的意義，就會非常感激，甚至將地獄式的經驗視為一件美妙的事情；反過來說，就算是典型的天堂式瀕死經驗，一樣有人感到抗拒和厭惡。（Atwater, 1992）她發現，愉悅和可怖的瀕死經驗，不管在時間上還是發展歷程上都不是人生的終點站；換言之，瀕死經驗既不代表生命的結束，也不表示生命的發展從此就進入了最後的定局。艾華特觀察到，事情並沒有像林格等人所相信的那樣簡單：自從有了瀕死經驗，人生就美好了。她反倒看見，好些嘗試過天堂式瀕死經驗的人，會變得自以為是，處處企圖駕馭別人；相反，也有些嘗試過地獄式瀕死經驗的人，生命得到正面的轉化。（Atwater, 2005）

　　那麼，整體來說，瀕死經驗有甚麼意義呢？這是幾乎所有超越派瀕死經驗研究者都同意的：瀕死經驗的意義和人生的目的一樣，都是為著每個人靈性的增長。所謂「靈性增長」，意思大約是指，了解人不是孤零零地活在這個世界之上。人與人在靈性最深之處，是彼此相連的。因此，除開彼此相愛，人生就別無意義。

　　我們說過，地獄不一定單純是懲罰。但那是否表示，我們一

生人，無論怎樣作惡多端，都無需承受惡果呢？那又不然。我們在本章第四節之三「天堂與地獄」中提到，很多瀕死的人會經歷一次整個生命歷程的回顧（見頁134-136）。在這個回顧裏，他們不但重溫自己一生的經歷，也要承擔自己罪行的惡果。下面是一個很生動的例子。

個案十　湯姆・索爾的故事

湯姆年輕時脾氣暴躁。他向我們解釋，有一天他的壞脾氣讓他惹上了大麻煩。他正開著他的改裝小卡車經過鎮上，有一名行人突然衝了出來，差一點撞上湯姆的車⋯⋯湯姆在盛怒之下罵了許多髒話，接著對此人拳打腳踢，直到對方不省人事。⋯⋯

許多年後，在瀕死經驗中，湯姆被迫重歷那次經驗⋯⋯他的一部分好像站在大樓頂上，俯瞰街區⋯⋯但湯姆的另一部分卻再一次地參與這實際的打鬥；[18]可是，這一次回顧人生時，他發現自己竟然換成了對方，而且身上捱了當初他打在對方身上的每一拳——總共是三十二拳—然後不省人事地倒在馬路上。（Ring and Valarino, 2001, p.212）

不過，這些當事人強調，這些回顧並不是懲罰，除非我們把懲罰和在痛苦和錯誤中學習看做同義詞。學習，這是人生的目的，也是我們在離開人世的關口要做的功課。這是人生回顧的目

---

[18]　　在本章第三節，我們曾經引用這個案例來說明一個靈魂可以主管兩個意識（見頁119-122）。在這裏，在湯姆的經驗裏，他同時是兩個意識的主人，一個意識離開了身體回顧自己的一生，另一個意識則進入了那個被自己毒打的人體內，經歷著自己一手造成的可怕痛楚。

的，更是神聖光體來迎接瀕死者的目的：

個案十一　正義與憐憫相伴

> 　　一位不具名的女士的分享。然而，當我重新體驗
> 我的人生時，完全沒有任何人審判我。沒有人指責我的
> 胡作非為或責怪我所犯的錯誤。只有瀰漫在四周的完全
> 的接納、徹底開放和最深沉的愛。（Ring and Valarino,
> 2001, p.223）

　　一位瀕死經驗者說，在她經歷自己對別人所做的一切時，她的感覺就像下了地獄一樣。另一位長期作奸犯科的囚犯說：「我做過的錯事，沒有任何一件可逃過這種可怕的夢魘。」林格和瓦拉麗娜評論說，這就是完美的正義。但與此同時，在神聖者全然的接納和寬恕裏，我們又看見「正義似乎總與憐憫相伴」（Ring and Valarino, 2001, p.221）。

　　如果說人生是為了學習，為了靈性的增長，那麼，對於這個學習的過程，我們能夠描述得仔細些嗎？以下我要借助邁克・牛頓的研究做一些推斷。

五　遙計他生

　　邁克・牛頓的研究，是以催眠的方法引發受測者的前生以及轉生過程的記憶。他宣稱（像許多催眠師所宣稱的一樣），催眠

師不能將受測者所不相信的東西強加於受測者。因此，如果受測者在催眠狀態下說出有關轉生過程的記憶，這些記憶應該就反映那個我們生來死往的世界面貌。

必須聲明，這個宣稱是超過研究者所能保證的。即使催眠者不能將自己的思意強加在受測者身上，我們仍然不能保證受測者所說的都是真相。因為假象也可以來自受測者自己的潛意識。

但是，我仍然將邁克·牛頓的研究當做有趣的參考。理由有兩個：第一，既然輪迴之說得到了某程度的實證支持，那麼，用催眠手法喚起轉生記憶就不必視為天方夜譚；第二，我們對生來死往的世界所知那樣少，現在既然有學者認真地探索這個世界，我們就不要錯過，仍可嘗試從中尋找有關該世界的蛛絲馬跡。

按邁克·牛頓訪談整理出來的結果，有關生來死往的世界，我們可以做以下的描述：

1. 每個人都在世上不停輪轉，目的是學習靈性上的增長；

2. 輪轉的地點不止地球一處；

3. 靈性越成熟，輪迴的需要越小；

4. 我們在靈界裏有靈伴，有導師（guide）。這些導師都是一些靈性相當成熟的靈魂。不論靈伴或是導師，都是我們走過一輩子又一輩子的伴侶。導師也往往是我們心靈深處的呼喚（inner voice）的來源；

5. 有兩類靈魂會在輪轉的過程裏遇上較大的困難。第一類是不能接受自己肉身死亡的靈魂，他們相當於我們平時所說的鬼魂；第二類是特別受到靈性困擾的靈魂，這一類靈魂在肉體生命之後，會受到隔離，在隔離期間，他們依然會得到導師的關懷；到他

們準備好的時候，就會再次輪迴，學習他們需要學習的功課；[19]

6.我們此生所遭逢的最重要事件（包括重大的不幸），都是我們在轉生時自己選擇的。這樣選擇的理由只有一個：我們認為這樣的事件對我們要學習的功課最有幫助。這個選擇，往往是和我們的靈伴和導師一起作出的；

7.人類歷史上的聖人，就是那些罕有地成熟的靈魂；

8.神存在。在靈界裏，我們能夠隱然經驗到與神的合一。越是成熟的靈魂，這個合一的體驗越深。（Newton, 2006）

這裏，邁克·牛頓筆下的靈界，有幾個重要的特點。

第一，它和佛教的觀念有大量暗合的地方。從一方面看，佛教並不主張人有靈魂，也不說人的輪迴是有目的的。這兩點都和邁克·牛頓描述的靈界有分別；但是，撇開這點不同，邁克·牛頓的輪迴觀就和佛教相當接近了。佛教說人在六道裏輪迴，並不永遠留在人間；說人一旦成佛就無需再受輪迴之苦；大乘佛教說菩薩是本該可以脫離輪迴但甘願留在世上開導眾生的聖者；作惡業者在輪迴之時仍得受惡報。這些觀點，都和上面的輪迴觀緊密呼應。

有趣的是，邁克·牛頓所揭示的靈界，可說是世界傳統大宗教的集大成；比方說，他的靈界是有至高神的。這一點，明顯和猶太—基督教的觀點密切呼應。按一些較成熟的受訪者的描述，這個神之所以要創造世界，是為了自我完成（self-fulfillment）和

---

[19]　　邁克·牛頓舉了一個很鮮明的例子：一個人生前侵犯了一個女子，隔離之後，選擇在下一生遭受侵犯，好了解遭到侵犯的感受。（Newton, 2006, pp. 12-13）

自我表達（express itself through us）。（Newton, 2006, p.199）
這一方面和基督教所講的，神為了彰顯榮耀而創造世界，在精神
上可以溝通；另一方面，也頗能與儒家講的「生生之謂道」相
合。當邁克·牛頓問受訪者，為甚麼神要容許世上有苦難，受訪
者的答案是一致的：為了促使人在努力奮鬥之中成長，祂必須
故意讓終極的平安顯得茫遠而遙不可及。邁克·牛頓結論說：
「我的工作叫我相信，我們活在一個刻意設計成不完美的世界之
中。」（Newton, 2006, pp.274-275）這不就是當約伯受苦的時
候，上帝給約伯的答案嗎？受訪者告訴邁克，連動物也有靈魂
（雖然牠們的心靈的能量較為簡單和斷裂），這一點和明儒所講
的草木皆有良知，在基本精神上也相合。儒家講民胞物與，相信
人與人緊密連繫；邁克·牛頓的受訪者也說，「成就不是為了自
私的理由來養育自我，而是容許自我和他人在生命之中連合。」
（Newton, 2006, p.179）佛家強調破執；邁克·牛頓的受訪者也指
出，靈界的導師因為了解到生命的短暫，他們都能對人生各種具體
的問題持一個比較抽離和不執著的態度。（Newton, 2006, p.183）

　　總而言之，邁克·牛頓所描述的靈界，一方面不等同於世界
上任何一個宗教；但是，另一方面卻集合了很多大宗教裏的重要
觀念。這一點非常有趣，說不定可以為各大宗教提供進一步對話
的空間。

　　有趣歸有趣，我依然覺得簡單的天堂和地獄於我來說最吸引，
理由有機會再談。無論如何，我尊重這些勇敢學者的研究工作。我
依然不敢說，我已經知道死後的世界是怎麼一回事；不過，有幾件
事情，我認為我們還是可以確定的。

　　第一，死後有生命。

　　第二，生命有高於生存、欲望滿足，或者享樂之類的目的。這個目的，你必得到死後才能比較充分地（但不一定是完全地）明白。

　　第三，不論人生的最終目的甚麼，這個目的在人生裏的最高體現，就是人與人相連之愛。

　　第四，世界有一個至善至高的存有，我們稱之為神。（神存在的論證詳見本書第九章「怪力亂神：神造人參的宇宙觀」，頁391-435）

　　確定了這幾點之後，我覺得人生的苦楚不再像以前那樣難受，死亡不再像以前那樣可怕，生命又比從前更顯得可愛，人（不論親疏）和世界也比從前可愛。這是很老套的話，但我還是要這樣說；事實上，人生真正需要的，也不外就是這些老套的東西。

　　畢竟，活著並不是為了趕時髦。

第四章

談情說愛：感動繫志的愛情觀

一　情書

二〇〇六年八月二十六日

女兒：

　　從我著手寫這一系列札記開始，我就知道，早晚要和你談一次愛情。我和你娘是一九八六年在香港中文大學哲學系的迎新日中認識的。雖然爹記不得日子，但是無論如何，我和你娘認識肯定已經滿二十年了。這倒是一個值得記念的年份。為此，我寫了一封情信給你娘。我想，與其和你抽象地談愛情，不如乾脆讓你看看這封情書。這樣，你透過爹娘的真實經驗，也許能對愛情有更真切的體會。我的話就說到這裏，下面是情書內文。

　　多久沒有給你寫情書了？二十年？至少有十八年吧？

　　余光中說，文學是心靈的超載。情書亦然。自從你我成為愛侶，我的心就安頓了。沒有了那個超載，情書真是無從寫起；可是，和你同行二十年了，難道不是時候來一個回顧，總結一下半生的愛情婚姻生活嗎？

　　二十年前的情信，肉麻但真摯。那時候，一拿起筆來，就是滿紙的激越與情癡。二十年後，我們的情書又是怎樣的呢？

　　我們的戀愛，說尋常，真是尋常到了極點。相識、熟絡、了解、戀愛、結婚、生孩子（這一步可真是險極了）。可是尋常到這個地步，倒也非比尋常。沒有離合，沒有第三者，連分手二字都沒有說過出口。在我們的戀愛裏，常有吵鬧，沒有波折。在追求你之前，我曾經心儀過好幾個女孩子，每次都吃閉門羹，我曾經以為，我這輩子的戀愛注定是要交白卷的。

　　沒想到，我要麼不戀愛，一戀愛就這樣美滿。你不但填滿了我的感情空白，還把它填得如一幅濃淡得宜的水墨畫。

　　這當然是我們的幸運，也是上蒼給我們的恩典。這世上不知多少愛侶，很真誠地愛，卻換來了一身的傷痕；可是，如果我們不怕給人譏笑我們自誇，我們不妨這樣想：假使我們不懂得珍惜，就是天賜給我們天大的福氣，也是徒然。我想，在這二十年來，我們一定做對了一些甚麼。

　　我是怎樣愛上你的呢？我記得，那時候，你是個架著眼鏡，不怎麼打扮的女孩子，臉上時常有一股孤獨而鬱悶的神色。你這副行當，老實說，真的不很吸引人；然而，大家同在一個班上，我覺得，也算是自己人了，也很樂意和你交個朋友。就是這一念之仁，造就了我人生最大的福氣。

　　交過朋友之後，我開始了解你了。你很喜歡一切和文字有關的事物，尤其是文學。你和我一樣，有些少年人空疏的理想。你很喜歡安靜，想過簡單的生活。你很好強，很想在學業和將來的事業都有出色的表現；然而，也因為你對自己的期望很高，你時常都對自己不滿意。你對愛情毫無期望，覺得一個人生活也很好。我開始明白你的孤獨和鬱悶是從何而來。而同時，我也覺得，你那不起眼的外表，其實是一個樸實心靈的特有顯現。

　　我當著你的面追求過兩個女孩子，碰了兩次鼻子的灰。在身邊男生只懂得陪我灌酒，勸我大丈夫拿得起放得下的時候，只有你能靜下來細聽我述說我的情感，用溫柔的心靈把我滿腔受傷的激情給承接了過去。和我剛烈的同性友情相比，這是一種截然不同的情誼，使我平生第一次感受到陰陽互補的奧妙。而我想，一定也是這患難中的扶持，為我們的感情播下了種子。

　　我們就是這樣，不知不覺地建立了一種彼此扶持的關

係。聖經說，一個人活著不好。是的，誰沒有軟弱的時候呢？在軟弱的時候，在身邊有一個人，怎能不好一些呢？在我們仍然各自追尋著自己空疏的夢想之時，我們渾然未覺，我們都已成了彼此身邊的這個人。

追求你，是我生命裏最折騰的其中一次經驗。除了至親的逝世，再沒有事情比起你的拒絕更傷害我了。和你相識之後一年，你開始成為我日思夜想的對象。這時，我還很堅定地認為，我沒有愛上你。對你的日思夜想，一定是相處時間太多的副作用。誰要愛上你這個孤獨而不起眼的女孩呢？是身邊一位異性的好友，和我再三分析之後，很嚴正地向我宣判，你愛上她了。弗洛姆很不喜歡「墮入愛河」這種講法，覺得這種講法抹掉了愛情生活中的自主與責任。可是在我的主觀經驗裏，我之愛上你，的確多少有一些不自主的成分──雖然我是弗洛姆的忠實支持者。

確定是愛上你之後，我們的路一點都不好走。我倆出身不同。很粗疏地區分的話，你可以說是來自中產的家庭。我卻是個徹頭徹尾的草根男生。我的言行，到了二十年後的今天，依然經常讓你覺得粗鄙，簡直就是俗不可耐。我從爹那兒遺傳了一副暴烈的性子，頗有些脾氣。這些缺點，你或清楚或模糊的都察覺到了。於是，你對我的求愛很感到猶豫。這使得你用了一年的時間來拒絕我。這一年，是我的煉獄。

然而，這一年的煉獄，對我，對我們的愛情，都具有重大的意義。你的拒絕使我曉得，愛情並不是手到拿來，理所當然的東西。你的拒絕摧毀我的狂傲，剝掉我對自己慣常生活方式的執著，使我明白我需要去掉自己的一半，才能把別人的一半納入我的生命來。你的拒絕使我的愛情歷久常新。

和你戀愛之後，我的人生進入了一個激情的高峰。然而

這個高峰是不可能持久的。高峰過後的十多年，我們有些甚麼呢？和所有愛侶一樣，我們吵架，我們和解。跟好些愛侶不同，我們從來不想也不說分手。我們只問一個問題：我們怎樣才能相處得好一些。這是我們共同的頭號目標。有了共同的頭號目標，凡事就可以商量。愛侶也不例外。

我們的愛情，最近進入了一個新的高峰。經過多年的渴望與努力，我們總算有了自己的小孩子。這個孩子把我們帶回了初戀的經驗裏。在初戀時，我們會因為想起愛侶而無緣無故的笑起來；現在，為了小孩子，我們也常常會這樣。初戀時，我們會瘋狂地為愛侶拍照；現在我們也為孩子瘋狂地拍照。在初戀時，我們覺得吵架是不可思議的；現在，我們看著天真爛漫的孩子，也無法想像有一天我們會為了孩子不聽話而大發雷霆。我知道這高峰也像初戀的高峰一樣會過去；然而，我怎能不為你所賜給我的兩個高峰而感激你呢？

誠然，高峰是會過去的。在高峰之後，在高峰與高峰之間，我們究竟有些甚麼呢？

雖然我好像不由自主的墮入了愛河，但是我沒有丟棄愛情的自由與責任；相反，自主和責任，是我二十年愛情和婚姻的最佳守護神。如果要我總結我二十年的愛情心得，我想我只會用四個字來形容：相知，相守。我們的相愛，始於互相了解。我一直覺得，這就是我們最重要的愛情秘訣。沒有了解，我們就各自愛慕著自己的幻象。至於相守，那是所有愛情的本質。愛一個人，卻不能堅定不移地守護他，那配不上稱為愛。這就是我在愛情裏的自主和責任。而我很驚訝，從這個角度看，我們的愛情，在二十年後，當激情退卻，原來是有增無減。

二十年後，我們的愛情增添了些甚麼？劉鎮偉在電影《天下無雙》裏借小霸王的口說，真正的愛情是你中有我，我

中有你。今日，我的身影、思想、言行，到處有你的印記。我原是個熱情、富愛心的市井流氓，經過二十年的薰陶，逐漸變得沉穩厚重。你贈我的第一張書籤，上面寫著「文質彬彬然後君子」，啟動了我的禮學思考，甚至於今天竟然成了我求學活動裏的核心關懷。你刺激了我的道德思考，反過來，我的思考成果又成了你的生活指導。你從我這兒，感染到一股生命的熱情，足以抵銷你的孤獨和鬱悶，從而助你從自疑裏掙脫出來，重拾生活的動力。

　　自從你懷了孩子之後，我們討論了很多有關教導孩子的事情。我驚訝於我們對於教導孩子的看法竟然如此相近。我知道，這是二十年相知相守的的成果，是愛情忠誠的最佳報酬。二十年的愛情路，我們沒有白走。上帝當年將你交給我，我今日膽敢向上帝說一句，幸不辱命；更重要的是，我得趁我們相識滿二十年的時刻，向你表達我的謝意。

二　問愛

　　依舊是元好問的名句：「問世間，情是何物？直教生死相許。」不過，我想把他的問句稍稍改動一下，變成以下的樣子：「問世間情是何物，此一時，直教生死相許；彼一時，直可拋入雲霄？」

　　我有一個學生，和女朋友分手的時候，死纏爛打的要挽救二人的關係。一年後，我再提起這個女生；他說，早把她忘掉了。這件事情令他覺得很奇怪，為甚麼一個曾經令他肝腸寸斷的女子，一年後可以變得這樣無足輕重？我啞口無言。

　　我們把時間往前推十五年。唸大學的時候，有個男生指著一位女同學說：「瞧，她在戀愛了。」女孩子戀愛我是知道的，但是我故作驚訝（我們那個時代，戀愛還是一件值得守秘密的大事），問：「是嗎？你怎知道？」他答：「當你看見一個女孩子忽然漂亮起來，你就知道她在戀愛了。」

　　戀愛於很多人來說，是一件極具魔力的事情。我沒有很認真地驗證我那個大學同學的理論正確與否。無論如何，一個人一旦談起戀愛來，他就跟從前不一樣了。當愛情臨到我們身上之時，它常常表現為一股颶風一樣的力量，把我們的生命連根拔起，我們只能隨風翻滾，不論是行為、思想抑或情感，一律變得顛三倒四。說來不好意思，我所說的這一切，其實就是我在大學時代戀愛經歷的寫照。那些日子，因為遭到（不同的）心上人拒絕，我曾經爛醉如泥，倒在校園草地上呼呼大睡；曾經像今日的流行歌手一樣捧結他；曾經掌擊長滿倒刺的樹榦，刺出如麻似的傷口。今日我為自己當日的癲狂而不好意思，可是當時，在我那個失戀的心靈裏，倒覺得唯有癲狂才是人之常情。

　　比起狂暴更糟糕的是，愛情好像有點來無蹤，去無影。有時，我們似乎是無緣無故的就愛上了一個人，一旦愛上了，且要為之生，為之死；有時，我們又可以把曾經熱愛的人忘掉，還要忘得一乾二淨。這就是我要改寫元好問名句的理由。在為之生，為之死的時候，一乾二淨是匪夷所思的；到一乾二淨之時，為之生，為之死是不可理喻的；最可怕的是，我在這兩個極端之間漂浮，居然好像是身不由己的一樣。

　　究竟愛情是甚麼？錢鍾書《圍城》裏的方鴻漸說，愛情是一種癲狂病。如此的話，我們就應該盡一切的努力逃避愛情。但現

實是，世上幾乎所有人都在尋找愛情，那麼，是我們都不懂愛情之害，以致身蹈火海；還是愛情裏面另有玄機，一旦參透，就能掌握美滿愛情的鑰匙？

三　迷戀愛情幼稚園

著名家庭婚姻治療師路芙（P.Love）把愛情分成四個階段。她說，當我們感受到愛情摧枯拉朽的力量時，我們不過是處在愛情的初階。她把這個階段稱為「迷戀」（infatuation）。我們可以打個比喻說，在這個階段的男女，不過是在上愛情的幼稚園；可是，為了吸引人建立更深厚的關係，這個神魂顛倒的階段是少不得的，正如我們在上小學之前要上幼稚園一樣。在幼稚園裏，我們不會啃康德的三個《批判》（即《純粹理性批判》、《實踐理性批判》和《判斷力批判》），也不會鑽研馬克思的《資本論》，我們在唱歌和遊戲裏學習，好為更高層的學習做準備。

同理，迷戀中的男女也是一樣。在這個階段的男女，一切愛情之中的甜蜜都是不費吹灰之力就能手到拿來。在這個階段，男女都會生活得格外的起勁，不用吃不用睡，精力充沛。這些神奇的表現，主要歸功於兩種荷爾蒙的作用：多巴胺（dopamine）和正腎上腺素（neropinephrine）。路芙解釋道：

> 大自然用這種極端的手段來將人們以愛情的名義拉在一起是有道理的。它需要一股強大的化學能量來抗衡扁桃體（amygdala，大腦的抑制中心）的作用。在這個時候，

後者會試著警告你：「笨蛋，你會受傷的。」

此所以我們常常說，熱戀中的人都是盲目的，看見浪子覺得浪漫，看見笨蛋視為純真。旁人的忠言，一概俗不可耐地逆耳。（Love, 2001, p.29）

把愛情的魔力還原為這樣的生化名詞，的確是夠倒人胃口的。可是路芙的說明，遠遠比她所用的枯燥生化名詞來得深刻。愛情使人神魂顛倒，原來是因為它打破了人與人之間的疆界。而這條疆界之所以存在，是出於生存的基本需要：我們要和人保持距離，好保護自己免受傷害。這就引出了兩個很重要的意思：第一，愛情是歷險；第二，愛情是高於生存的需要。從最基礎的化學物質活動開始，愛情就注定要我們為了一個高於生存的價值而歷險。我們寧可付上受傷的代價，也要成就這個價值。許多人說，愛情是自私的，再沒有比這更錯誤的說話了。要是他們上過愛情幼稚園的課，他們就不會說出這樣的話來。

四　愛情學苑

說過幼稚園裏的愛情，現在讓我們離開幼稚園，到柏拉圖的學苑（應該算是今天的大學吧）去，看看大學裏的愛情。在柏拉圖的《飲宴》（*Symposium*）中，蘇格拉底和一眾來賓就何謂愛情發表了一系列演說；其中，亞里士多芬尼（Aristophanes）所說的故事，最是廣為傳誦：起初，人類都有兩頭四手四足。那時候，這樣的人類因為太強了，以致於他們

驕傲得要挑戰天神。結果，人類受到天譴。宙斯把他們從中劈開，人類就成了今日的模樣。自此，人就得費盡氣力，在地上尋找自己的另一半。（189c-）

　　這個故事流傳之廣，使得有些人誤以為這就是柏拉圖的愛情觀。事實不然。在同一篇對話裏，柏拉圖借恩師蘇格拉底的口，說出了另一個不同的故事，訴說了他自己對於愛情的看法。蘇格拉底自述曾向一個名叫「戴奧迪瑪」（Diotima）的女士請教，問她愛是甚麼。戴奧迪瑪特別提到亞里士多芬尼的故事，指出這個故事並不可信。她說：

> 我知道有人說愛侶就是各自尋找自己另外一半的人。可是我說呀，蘇格拉底，愛並不尋找甚麼東西的一半，也不尋找甚麼東西的全部——除了至善之外。（205e）

　　這就是著名的「柏拉圖式愛情」。戴奧迪瑪也說了一個故事：愛的父親叫豐盛，母親叫需要。需要趁著豐盛喝醉酒的時候和他交合，就生了愛。愛遺傳了豐盛的勇氣、精力與才藝；可是，也同時遺傳了需要的貧乏與無依。（202e-203d）

　　因此，我們可以說，愛是一無所有與完滿自足的中間物。（204a）因為他是需要的孩子，所以對美善有所追求；因為他有豐盛的遺傳，因此他懂得追求美善。戴奧迪瑪說：這種對美與善的追求，就是愛。這樣的愛情，和我們日常所謂的「愛情」，簡直是風馬牛不相及。我們不要和人談戀愛，只要和善（The Good）談戀愛就好了。

　　柏拉圖也曾提到人與人的戀愛。戴奧迪瑪接著說：於是，愛情就是將美善透過自己的身體和心靈展現出來。（558b）肉體上場了。她說：人具備生育的能力。人的身體不能如神靈一樣不朽，於是以新的身體來取代朽壞的身體，就成了這副臭皮囊進入不朽的不二門徑；所以，肉體的生育活動是人類透過可朽壞的身軀通向不朽的途徑，也因此，人類的生育活動其實是相當高貴的活動。（206c）

　　問題是，單純為生育而生育的愛情，是最好的愛情嗎？戴奧迪瑪說：不。人除了身體具備生育的能力之外，心靈同樣具備生育的能力。人的心靈可以孕育智慧和美德。戴奧迪瑪說：和志同道合的朋友，在智慧和美德之中結盟，並且孕育美德，從事精神價值的探索與創造，比起生育強多了。（208e-212a）

　　這就引出了柏拉圖心目中最神聖的愛，也就是對美善本身的愛。戴奧迪瑪說：只要我們避免過早投入對個別肉體美的戀慕之中，我們就會發現，美是存在於很多不同事物之中的。因此，個別事物的美是微不足道的；此外，我們還會發現，心靈的美比肉體的美強多了。這樣，我們就會把渴求美的眼光，從個別的人或個別的團體解放出來，而掌握到美的真諦。一旦掌握到這個真諦，我們就「再也不會受到財寶、華衣，或者美麗的青少年所誘惑」。（211d）

　　柏拉圖式的愛情，高尚是夠高尚了；可是，它和我們平日所理解的愛情有甚麼關係呢？簡單地說，一點關係都沒有。那是僧侶和隱者的愛情，不是平凡夫妻的愛情。柏拉圖式的愛情，與其說是愛情，倒不如說是愛情的否定。

　　不過，柏拉圖對愛情的思考，是不是真的於凡夫俗子的愛情

毫無助益呢？那又不然。首先，所謂「柏拉圖式的愛情」，不論它有甚麼其他質素，其中一個重要的意思是，它是不受肉欲的吸引所限制的；事實上，所有最動人的愛情故事，必定有超越肉體吸引的成分。我們看見一對夫妻一生恩愛到白頭，很難不承認這是高質素的愛情。而這種高質素的愛情，正是必須擺脫純粹肉體的吸引才能達成的；事實上，對最恩愛的夫妻或情侶來說，愛情甚至可以在一方的肉體瓦解之後續存。

第二，柏拉圖式的愛情，沒錯是柏拉圖心目中至崇高的愛情。既是至崇高，當然非聖人無以企及。要看凡夫俗子的愛情，得看一些次一級的東西。而這些次一級的東西，柏拉圖是有提及的，並且他也沒有完全否定這種次等愛情的價值。按柏拉圖，這種次等的愛情，是以生育為目的的。而生育的目的，則是為了肉體生命的更新。

看得到柏拉圖的智慧嗎？他總是能比人站得高些，看得遠些，將事情放入一個廣闊些的脈絡裏，去考察事情的意義。比較一下亞里士多芬尼的故事，我們就會明白這一點。按亞里士多芬尼，人在愛情之中，是要找尋自己的另外一半，另一半找著了，我就完整了。完整是甚麼意思？完整就是一無所欠；然而，找到了另一半，我真的就一無所欠了嗎？

不。找到了另一半，我依然有生老病死。天神有必要懲罰那些四手四腳的人類嗎？沒有。他們只要抱著手臂，看著這些驕傲的人類一個一個死去就可以了。人的生命是注定朽壞的，這個朽壞的必然性，成為了一切有愛情和無愛情的人生的共同缺憾。

柏拉圖把這一點看得很準。《禮記‧郊特性》說：「天地合，而後萬物興焉。夫昏禮，萬世之始也。」荀子說：「天地合

而萬物生，陰陽接而變化起。」（《荀子・天論》）柏拉圖的看法與中國人的觀念彼此呼應。愛情比起兩個個體的情感連繫有更廣漠的意義。男女的彼此吸引，是一切生育活動的起點，而生育活動則延續了人類生命的命脈。柏拉圖是輕視現世的，他將真正的不朽寄託在那個很難理解的理型世界裏；然而，在這個一切都必要朽壞的現世裏，生育就是最能貼近不朽的活動了。如果我們不像柏拉圖那樣輕視現世，那麼，我們給生育活動的評價就會更高了。

五　解迷愛情小學

那麼，讓我們離開學苑，回到路芙的學校裏，看看愛情是甚麼。

路芙說，人的愛情不可能永遠停留在迷戀的階段。迷戀階段之後，很直截了當地，當然就是「後迷戀階段（postrapture）」。這個譯名冷冰冰的不好聽，我姑且將之稱為「解迷」（不是解謎）階段。這個階段，不妨比喻為愛情小學。

解迷階段是一個從美夢之中驚醒的階段。對很多人來說，愛情小學的開學禮，是和愛侶之間一場激烈罵戰。這場罵戰，對愛情幼稚園生來說，完全是匪夷所思，無法想像的一回事。像我們這樣甜蜜的一對戀人，有可能吵架嗎？只要看著這個人，我就恍如身處天堂。在天堂裏，人有生氣的可能嗎？然而，有一天，不知怎的，你就是生氣了，你就是大發雷霆了。從此，你的戀愛生活就變了天。

很多愛侶都是在這個階段分手的。他們以為，迷戀階段的一切都是理所當然的。他理所當然地神魂顛倒，如膠似漆，不費吹灰之力；重要的是，他們以為，這個理所當然本身；或者說，這個不費吹灰之力；也是理所當然的。當甜蜜不再理所當然的時候，他們想，一定有甚麼東西出了錯。

然而，出了錯的，正是這個「一定有甚麼出了錯」的想法。實情是，迷戀是不正常的，正如做夢不能取代正常生活一樣。在日常生活裏，有些人熱衷於做媒人，刻意撮合身邊的某些異性朋友。媒人會刻意安排集體活動，讓這對朋友有機會認識相處；可是，到了時機成熟，媒人就得退下，讓兩人自發的發展他們的感情。愛侶總不能一輩子把自己的戀愛生活交託給媒人代為打點；同理，我們不可能把自己和愛侶的一生交託給幾劑讓我們異常亢奮的荷爾蒙。荷爾蒙做完了撮合的工作，必須退下來，讓我們的尋常心智來接手，正如媒人退下來一樣。

可悲的是，許多人誤將迷戀當成愛情。這就像把媒人當做愛人一樣冤哉枉也，亂七八糟。路芙說，要是她可以改變西方社會（西化社會如我們亦然）的一個愛情觀，她要改變的就是這個：不要再將迷戀混同愛情。再沒有誤解比這個更能為人製造失望和心痛了。（Love, 2001, pp.42-43）

解迷階段的愛情固然沒有迷戀階段的愛情那樣使人神魂顛倒，但它具有一個前階段所不具備的意義：它讓人脫離幻象，面對真實的世界、真實的自己、真實的愛侶、真實的關係。這個揭示真實的過程往往是痛苦的，但卻是建立真正深刻關係不可少的過程。

路芙給這個階段的愛侶這樣的建議：找出你對愛侶不滿的

地方，問自己，我是不是也有相同的問題。我們身邊的人時常是我們的鏡子，我們越是有某個缺點，我們就越是想在別人身上找出相同的缺點。因此，當你自以為你在愛侶身上找到某個缺點的時候，實情往往是你把自己的缺點投射到愛侶身上去。孔子說：「君子求諸己。」（《論語·衛靈公》）要建立美好的愛情關係，當由自我發掘做起。

　　路芙給我們的第二個建議，依然是反求諸己。她叫我們試試從愛侶的缺點做起點，找出這個缺點的成因。這樣你就會發現，這個成因，往往就是自己的另一個缺點；比方說，如果你發現你的愛侶一天到晚都在為自己的錯誤辯解，那麼，事實很有可能是，你一天到晚在責備你的愛侶。

　　在迷戀的階段，我們陷入了一個自我疆界崩潰的狀態（collapse of ego boundaries）。（Peck, 1978, p.87）這時候，誰是我，誰是他，已經分不清楚了；可是，到了解迷的階段，我們清醒了，我們回復了自我。於是，自我的疆界再次給樹立起來。在迷戀的階段，荷爾蒙將我和另一個人黏合起來；在解迷的階段，我們可得靠自己了；所以，在這個階段，我們得學習主動地用二人合一的眼光來看東西。我們不能老是問，甚麼東西對我有好處。我們得多問，甚麼東西對我們，尤其是我們的關係，最有好處。（Love, 2001, p.47）

　　路芙說，解迷的階段固然不像迷戀的階段那樣使人神魂顛倒，但價值卻只能比上一個階段更大。這是一個讓戀人了解自己的階段，也是讓他們彼此了解的階段。如果你能夠通過這個階段的考驗，那麼，恭喜你，你可以升上愛情中學了。

六　發現愛情中學

　　小時候有次收聽電台的訪問節目，香港著名流行歌手許冠傑談愛情時說：「愛侶或夫婦的相處很有趣，有時像父女（母子），有時像兄妹（姊弟），有時像朋友，有時像戀人。有時候，愛人甚至像專業人士和他的當事人。」我有一個牙醫朋友，他說牙醫有不能和病人談戀愛的守則，卻沒有不能為愛侶脫牙的禁例：你可以把你的愛侶變成你的病人，卻不能把你的病人變成你的愛侶。愛情之所以刻骨銘心，是因為它沒有界線。所有的感情，包括中國人推崇備至的親情，都有界線，越過了這條界線，就成為亂倫，是大逆不道的惡事。唯有在愛情裏，只要是相親相愛的事情，凡事都能作。愛情集合了一切愛與情的大成。

　　愛情集了各式愛與情的大成，難怪愛情那麼難於界定。人生有多複雜，愛情就有多複雜。人生有多流動，愛情同樣就有多流動。路芙說：

> 　　愛情的真相是，它是永遠在變動之中的東西。在關係的生命裏面，人在變，生命在變。愛情必須具備足夠的柔韌度，以吸納適應新資訊、新角色，和新的相愛之道。（Love, 2001, p.60）

　　愛情既然是動態的關係，那麼，戀人的彼此發現就成了美滿愛情的必要條件。沒有發現，就沒有更新；沒有適應，愛情也就沒有生命力。沒有生命力的愛情，當然就要死掉。為了維持愛情的生命力，這個彼此發現必須持續地進行，至死不渝。

（Love, 2001, p.71）

　　愛情的中學，路芙稱之為「發現的階段」（discovery stage）。所謂「發現」，並不是一次過的過程，好像打免疫針那樣的手續；而是長期的努力，像健身，像維持良好的生活習慣。百分之五十的人，第一次發現自己婚姻有問題時，是在配偶提出離婚的時候。（Love, 2001, p.71）我們對影響自己生命最深刻的關係，可以掉以輕心到怎樣的地步，由此可見一斑。

　　在這個發現的過程裏，我們不但要發現自己和愛人，也要發現彼此（不論是愛侶還是夫婦）的角色。在這個階段，路芙又給我們開列了一張學習的清單。學習的事物包括：1. 學習了解自己的需要，也學習讓愛侶了解自己的需要；（Love, 2001, p.63）2. 相反，當然也要學習了解愛侶的需要；（Love, 2001, pp.66-67）3. 給二人一個合理的分工模式，以致彼此能在實際的共同生活裏彼此配合和照應；（Love, 2001, pp.90-109）4. 給愛情賦予一個二人共同認定的意義；（Love, 2001, pp.110-132）5. 培養互信。（Love, 2001, pp.133-149）如果你能把這些事情都做得妥妥當當，那麼，你就可以上大學了。

七　承擔愛情大學

　　路芙的愛情大學的課程內容，是學習相連（connection）。在這個階段裏，愛侶擴大和深化彼此之間的承擔，建立真正穩固的關係。你可能會問：建立穩固的關係有甚麼好處？我夜夜風流難道不快活嗎？我曾經在小巴上聽見一個西裝畢挺，外表斯文的

年輕男子，在電話上大談他「吃」遍大江南北各地不同風味的
「菜式」，言語之間，非常滿足過癮。這難道不好嗎？

　　我和許多年輕人談天，發現他們往往對於承擔有非常深的焦
慮。我有一個已有男朋友的學生，剛剛大學畢業，她開始想到是
不是要為結婚打算；可是，一想到結婚，她的心就亂了。婚姻的
責任讓她覺得無比恐懼。

　　夜夜風流好嗎？路芙的答案是：夜夜風流的人永遠不會明
白長久關係的喜樂與滿足。一本名為《我最愛的小事情》的小
書，紀錄了許多人的心聲。原來快樂一點也不昂貴，它的代價原
來就是和心愛的人做些再也平凡不過的小事情：和配偶一起煮晚
餐、配偶互相的關懷和尊重、陪配偶同度一個靜靜的黃昏，諸如
此類。（Love, 2001, p.150）這些就是許許多多人，包括那些社
會上赫赫有名的人物最真切的人生體驗。在海峽兩岸三地都曾大
受歡迎的歌手周華健就說過，原來把自己創作的歌曲唱到街知巷
聞，都不及抱著自己的孩子那樣高興。對，如果你問我，我現在
最享受的活動是甚麼？我會說，是靜靜地坐著，看太太和小女兒
在身邊嬉戲。

　　回頭說我那個學生。她說：「怕結婚要負責任。」我想了一
想，問：「負責任是甚麼？」她答不上來。我說：「負責任就是讓
自己成為一個可靠的人。你快要成為一個可靠的人了，這是不是
很可怕？」學生莞爾。

　　我年輕時曾在教會裏和一位叫「加異姨」的長輩談快樂。加
異姨說：「你們懂麼？人生不同階段的快樂是不同的。在你們這
個少年輕狂的歲月，快樂來自玩耍。在我們這個年紀，快樂來自
責任。」我聽了，腦海裏感到一股神秘的震撼。快樂來自責任？

這是甚麼意思？

　　許多年後，我好像對加巽姨的說話有一點理解了。因為在這段期間，我結了婚，擔任了大學裏的教師，而且還當上了爸爸。我想起我第一次替小孩換尿片時的狼狽模樣。我把小孩的屁股提起，正抹著，糞便又從小屁股的夾縫裏鑽出來，把我的手弄得一塌糊塗。我嘻嘻笑著對太太說，你看，孩子的糞便就像牙膏。四十年來，我怎麼從來沒想像，我可以把糞便看得這樣富有情味。靜下來的時候，我會細味，究竟是因為孩子帶給我快樂，所以我愛她；還是因為我愛她，所以她才那麼有趣。

　　我回想自己少年輕狂的歲月：為失戀而醉酒；和朋友在深宵唱歌作樂；為自己的外表而煩惱；為自詡具備的才華孤芳自賞。可是物換星移，我不覺的告別了這種生活。十多年來，我的生活就在責任裏度過。我和學生在課堂內外談人生，和太太彼此扶持，照顧小孩子……。忙得轉不過來時，偶然會問自己，這是為了甚麼。可是靜下來，我又會問，要是沒有了這些責任，我又算是甚麼。於是，我明白，加巽姨沒有騙我。

八　顛覆吧，愛情大學

　　真是又漂亮，又動人，可不是？但是，真有這樣的事情嗎？這就是愛情的「真相」？誰的真相？柏拉圖和路芙就有不同的真相！不同的社會，對愛情的理解截然不同。維多利亞時代的愛情觀完全不重視性關係；二十世紀六十年代以來，愛情絕對是無欲不歡。現代西方（或西化）社會以愛情為婚姻的基礎，中國傳統

社會的婚姻卻完全不需要以愛情為基礎。要是夫妻之間真有愛情，也是結婚以後的事。用句時髦的話來說，愛情不過是社會的建構罷了，（潘曉梅、嚴育新，2004，頁 1 ）哪來一種「真正」的愛情？

這種所謂「社會建構」的觀點，自從解構主義興起以來，在許多地方，包括許多東方社會如香港，大為流行。應當承認，這種觀點是有一定洞見的。自古以來，我們看見許多社會視為理所當然的觀念，實在都是沒有甚麼道理的。為甚麼奴隸不該有人的尊嚴？為甚麼皇帝一定要至高無上？為甚麼女人就要低一等？為甚麼要把腳掌紮得扭曲變形才叫做美？為甚麼女人要把矽袋填進乳房裏？除了社會人士莫名奇妙地共同接受之外，再沒有其他的理由。

但是，社會建構的講法不能無限推廣。人要食物才能活著不是社會建構，雖然人吃東西的口味大有社會建構的成分；孩子都是女人生的，這也不是社會建構，雖然女人喜不喜歡生孩子必定會受到社會建構的影響。荀子說，社會秩序（禮）是社會建構（化性起偽——變化先天的本性，興起後天的人為）的結果，但這並不表示社會秩序是任意制訂的，它必須配合天地人情的本然秩序；所以，《禮記》說：「凡禮之大體，體天地，法四時，則陰陽，順人情，故謂之禮。訾之者，是不知禮之所由生也。」（〈喪服四制〉）我們上面所說的愛情，會不會也反映了一些天地與人情之中的本然秩序？

嬰孩不會等到你把社會建構的觀念教給他之後，才曉得哭著要大人抱，這就是禮所以順人情的本序。嬰孩是社會教化之前的動物，是人情本然秩序的最佳證據。成人社會的千差萬別，只證明人性的可塑性，並不證明可塑性底下沒共通的本然；事實是，

孩子沒有可靠的情感負託對象，他們就會焦躁不安。孩子不是要隨便一個人幫他餵奶換尿布，孩子要的，是一個可以負託情感的人。（Erber and Erber, 2001）

心理家鮑美德（Baumeister）和萊利（Leary）考據了數以百計的研究，得出一個老生常談的結論：人生而具備一種與別人連繫的需要，或者說，人需要有歸屬感；所以，人在社會活動裏無可避免地追求兩樣東西：1.他們要和別人愉快地交往；2.他們要和某些人保持親密、持久和可靠的關係。（1995）生離和死別是人生最折騰的經驗，因為二者都把人與人的關係硬生生的切斷。這就是人類感情生活（不論愛情還是親情友情）所不能不正視的人情本然。

人生無常，無常即苦。每個人都曾受到別人的背棄、出賣、輕視，至少是忽略。這些經驗，沒有一個不叫人吃苦。連一個被拒絕的追求者轉而追求別的女孩，原來的女孩往往都要感到輕微的失落。在茫茫人海裏，要是有一個人，哪怕到了全世界都唾棄你的時候，仍然願意守在你的身邊，這就是感情世界裏最深的祝福，最後的避風港。中國人說尋常，人在愛情中，就是要在無常的感情世界裏，尋找那麼一個常。

男女之間的愛情和一般友情不同。男女之情滲入了情欲，情欲的生理活動天然地指向生育。在生育活動之中，女子和孩子都是先天地處於易於受傷的位置；所以，社會要求男士肩負保護妻兒，甚至是保護全體女士們的責任，我等男子實在不好推搪；更重要的是，由於生育活動關係重大；所以，社會對於愛情和親情裏的倫理責任，要求向來嚴格。朋友當然也可以對你不捨不棄，但是如果他對你的忠誠超過了對配偶和孩子的忠誠，他就是個不

及格的丈夫或妻子和父母。把愛情與忠誠連繫起來，當然是社會建構；但是，建構依於本序，非同虛妄。

九　必也正名乎

所以人類發明了婚姻。所謂「婚姻」，簡單地講，就是「化男女為夫婦」，其目的是為人的感情之中注入義務。有情有義，才是人際關係的理想形態。情欲是動物性的，對此頂禮膜拜，不得不說是淺薄之見；然而，我們又不能否認人的自然情感乃至情欲，否則就會壓抑人性，造成病態。因此，林安弘指出，處理感情的最佳方法莫如以「夫婦之禮來純化男女之情」：

> 在中國傳統社會裏，把夫妻的愛情，說成「恩愛」。這表示儒家教化之下的中國人，認為夫妻之間的愛，不只是男女之愛，而是透過禮的調適，透過了倫理的潤澤，而顯示出有恩有義的情份，所以叫做「恩愛」，叫做「情義」。到了這步，人情才算得具體的肯定，得到圓滿的體現。（林安弘，1988，頁56）

問題是，我們這一代人，對於義務實在是太恐懼了。一聽見婚姻之中所含的義務，我們大驚失色，窒息昏倒。於是，我們一面要貶低婚姻，稱之為毫無意義的「一紙婚書」；另一面又要將婚姻塑造成大魔頭，稱之為「戀愛墳墓」。這真是令人費解極了：如果婚姻不過就是一紙婚書，它如何能把你的愛情送進墳墓呢？

　　真正的問題是我們不懂婚姻。婚姻是甚麼？婚姻是一個禮
（禮是一個社會秩序），婚姻的基礎是戀愛；所以，婚姻無非是
完全進入社會秩序的愛情。在舊式的禮治社會，把愛情帶入社會
秩序的是一系列的儀式，稱為「婚禮」。在今日的法治社會，把
愛情帶入社會秩序的就是一系列的法律手續。法律手續本身也是
儀式，所以依然是一個婚禮。說婚姻是戀愛墳墓，就等於說我倆
的關係千萬不要得到社會的認可。一旦得到認可，我倆的關係就
要死掉了，這真是奇怪的論調；事實是，進入社會認可的關係，
比沒有得到認可的關係穩固得多。同居的關係，遠比婚姻的關係
難於維繫。

　　這是很令現代人困惑的事情。為甚麼一個儀式、一張證明，
能有那麼大的魔力？能夠把不那麼穩固的關係穩固下來？只要我
倆真心相愛，不結婚關係不一樣會穩固麼？這個困惑的背後，是
個體主義對人性的誤解。

　　個體主義認為，人是獨立的個體；所以，他的品質跟旁人
無關；同理，他的愛情的品質也與旁人無關。事實不然。人是文
化的動物，是群性與個性的合體。我的品質，是我和別人互動的
產物。當我和太太以夫妻而非只是愛侶的身分來和別人相處的時
候，我們就在強化我們的夫妻關係；當我用夫妻這個文化符號來
思考我和太太的關係時，我的想法就會和用愛侶這個符號來思考
有所不同。我有一個朋友，和同居女友吵了架，就說要分手了。
我問：「如果我和太太吵了架，立刻就說離婚，你會怎樣勸我？」
他說：「當然是勸你們和好了。」我問：「那麼你為甚麼就說分
手？」他答：「那怎麼能相比？你們是夫妻，我們不是呀。」

　　「你們是夫妻，我們不是。」這句說話，不是很正常嗎？

不過就是一個名號的分別，足以造成一切分別。我們既無夫妻之
名，你也自不能責我以夫妻之實。名號是有魔法的。《禮記‧昏
義》說，婚姻的意義是「敬慎重正，然後親之」。敬、慎、重、
正，都是不可見的道德態度，必須以一個符號來表達。這是我所
謂「禮之符號義」。我一旦採用了某個符號，這個符號就會指導
我的行為。這是我所謂「禮的教化義」。（詳見本書第七章第五
節，頁266-277）孔子說，必也正名乎，難道真的是迂嗎？

　　從名字看，愛情，英文曰「浪漫之愛」（romantic love）或
「情欲之愛」（erotic love）。單看名字，就知道中西對於戀愛的
理解，實在大大不同。所謂「浪漫」者，實即崇尚激情之謂；而
情欲者，更單純為動物性之肉體吸引。不論是激情抑或肉欲，其
實都是西方浪漫主義思潮裏視為至高無上的價值。今日浪漫主義
已經成為思想史的術語，然而它對愛情的理解，依然支配著我們
絕大部人的思想。這個思想，正如路芙所感嘆的，造成了許多愛
侶之間的悲劇。而浪漫的激情與原始的欲望，依然在我們的文化
裏意態撩人地顧盼自豪。

　　回頭看我們的中文。愛情又名「戀愛」。「愛」字按《形
音義大字典》，從心、從夊、從旡。夊，行惠；旡，不息。故愛
者，「行惠有施之不息」也。「戀」字按《形音義大字典》，則
是指「愛思不斷，縈繞於懷之意」。是故戀愛非單指思慕之情，
復指行惠之實，更兼不息之志。感情、行為、意志合一，這才是
中國人所一直嚮往的愛情。

　　雖說中文的「愛情」二字確實反映了戀愛的真諦，但是含
蓄而渾沌的中國人卻沒有將這個意思攤開說明；相反，我們最
終是在西方的著作裏找到愛情的情意合一的表述。這樣，我們

不如從冷冰冰的愛情學院出來，到那唯情唯美、悱惻纏綿的愛情藝廊走走。

十　愛情藝廊

這個藝廊的主人的叫佛洛姆，是上世紀中葉心理分析學界的大師級人物。他寫作了幾本極具影響力的作品，其中一部是關於愛情的，稱為《愛的藝術》。「愛情是藝術嗎？」佛洛姆問。在他這部名著的第一章的第一句云：「是。所以，愛情需要知識與努力。」他自己答。在他這部名著的第一章的第二句云：「愛某個人，並不僅是強烈的情感─它是一項決心，一項判斷，一項允諾。」（Fromm, 1989, p.51）這就是知情意的合一：情感自然是情，判斷是知，決心、允諾則是意。

愛情是動態的活動，不是靜態的實物。我們可以不息的愛，卻無法一勞永逸地擁有愛。這和人的本質有極為密切的關係。人是秩序和無序的合體。僵化的規律不符合人性，雜亂無章的生活同樣不符合人性；所以，不論是人生還是愛，都總要表現出生命所獨有的靈動的活力；也就是說，必定要在動態之中表現出秩序來。既然愛在動態之中蘊藏秩序，愛就是可以學習的。愛必須學習，這對於大懶蟲來說是壞消息；愛可以學習，這對認真求愛的人說，可是天大的喜訊。

人是自覺的動物，他察覺到自己的存在，同時也察覺到自己存活的處境。從他的自我考察之中，「他察覺到自己是一與他人分離的個體，察覺到自己的生命之短暫；他未得自己的同意而

生，又要違反自己的意願而死」，因而自覺到自己的渺小。他同時又「察覺到自己的孤獨與隔離，他在大自然及社會種種力量面前的無助。」這種自覺，令人感到焦慮與不安。（Fromm, 1989, p.8）人類最深層的需要，就是要把自己從這個孤獨隔絕的深淵中拯救出來。愛就是這個自我拯救的努力。

除了愛之外，我們還有兩條克服不安的途徑。第一條是為自己製造迷亂和狂歡的經驗。在迷亂之中，人會感覺到一種外在世界消失的感覺。隨著外在世界的消失，人的隔離也因之而消失，人得以從焦慮之中得到解脫。這一類型的活動包括各種形式的原始祭祀活動、藥物的使用、催眠，乃至於性行為等。這就解釋了為甚麼在一個高度工業化和規律化的社會中，性會具有那麼大的吸引力；但是，不論在甚麼時代，不論我們求助於神祇的魔法還是自己的動物本能，迷亂都有一個重要的特點：它總是短暫的。狂歡過後，我們就會回到原有的孤獨的狀態。這就是我們多數人經歷過的，狂歡之後的空虛。（Fromm, 1989, pp.10-12）

一個長久些的解決之道，是順從於群體。我和別人穿相同的衣服，用同樣的觀念來思考。我遵守這個社會一切的「僵規」，不論工作抑或娛樂都如是。（Fromm, 1989, pp.13-16）這樣，我就和我的群體合一，我就不再孤單了。不但如此，我和群體就一勞永逸地結合在一起了；可是，佛洛姆提醒我們，順從並不是合一的真義。人是群性與個性的綜合。人若是一味的順從，他就失去了自己，忘記了他是一個獨一無二的人。（Fromm, 1989, p.28）沒有了自己，所謂「自己與社會合一」的「合」，也無從說起。

愛和迷亂及順從的不同之處，在於愛是主動的行動。愛的持

恒可以在我的主動性裏面得到保證；同時，我的主動性也可以保護我和別人的合一的真實性。因為在這個合一之中，我和別人都沒有消失，我倆的整全性都得到保存。愛是一個人格成熟完整的人，在保存自己人性的同時，主動而積極地與他人結合。「在愛之中，這種令人困惑的事情發生：兩個人變成了一個，但仍舊是兩個。」（Fromm, 1989, p.19）愛是創造的活動，在愛中，我們施予。「正是在給予行為中，我體驗到我的力量，我的豐饒，我的能力。」（Fromm, 1989, p.21）愛有四個最重要的成分：關懷、尊重、責任和了解。（Fromm, 1989, p.24）

真是理所當然，可不是？我在應用倫理課裏談愛情，說到這四條，都會向同學們承認，我不懂得怎樣為這四條提供論證。要關懷我所愛的人，要論證嗎？論證可能嗎？要尊重我所愛的人，要論證嗎？論證可能嗎？要對所愛的人負責，要了解所愛的人，要論證嗎？論證可能嗎？如果我說，天下無數恩愛夫妻的經驗就是證明，你服氣嗎？可幸這些年來，我的學生都很服氣。

這就是愛情的全部嗎？不。這是愛的本質，是遍及一切類型的愛的本質。愛情之為愛情，除了因為它具備了愛的品質之外，還因為它具備了另外一些條件。

愛情與其他類型的愛不同；比方說，它和母愛就很不相同。在情愛之中，兩個原來分離的人變成一個；在母愛中，兩個原來一體的人變成兩個。（Fromm, 1989, p.47）又例如，母愛是沒有排他性的，對人類群體中的芸芸眾生的愛（佛洛姆稱之為「兄弟愛」）也是沒有排他性的，但情愛卻是排他的。情愛是二人完全融合的欲望，而這種欲望本質地包含了排他性。（Fromm, 1989, p.48）這種特殊的性格，對愛情產生了一個很重要的要求。因為

愛情是愛的一種，而愛的本質是尊重、關懷、了解和責任，這些
東西都是沒有排他性的；但愛情又要求排他性，所以愛情就在愛
的一般要求之外，另附加了一個條件：意志。「愛某個人，並
不僅是強烈的感情──它是一項決心，一項判斷，一項允諾。」
（Fromm, 1989, p.51）

十一　準備好沒有

　　年前參加學生葉創權君的婚禮，受託在婚禮上致詞。我從
《禮記・樂記》所說的「人生而靜」和「感於物而動」開始，說
愛情也是一樣，我們有感於與另一人之間陰陽互吸的力量，於是
彼此走近。這是一切愛情活動的起點，所以愛情必須始於有所
感，有所動；然而，這是不夠的。正如路芙所說的，我們不能永
遠停留在愛情幼稚園。我們的所動，必須能將我們真正連繫起
來，這樣，我們才能一級級的上升，以致最終考進愛情大學。而
最終，使我們不息努力彼此連繫的，是一個堅定的志向。因此，
除了有所感，有所動，我們還得有所繫，有所志。

　　佛洛姆警告我們，除非我們自己具備成熟的人格，否則要享
受美滿的愛情就是不可能的：「如果他沒有愛鄰人的能力，沒有
真誠的謙卑之情，沒有勇氣、信心和紀律，他就無法在自己的愛
情中獲得滿足。」（Fromm, 1989, p.vii）人間戀愛的悲劇有很
多源頭。戰亂、死別、人倫關係的衝突，常常煎熬著許多大好的
愛情；然而，在一個物資豐富（至少已發展地區是如此）、家庭
解體的時代，我們的愛情悲劇卻主要來自一個很不同的源頭。我

們之中很多人，在還沒有想過甚麼是愛情之時，在還沒有準備好之時，就在急不及待的談戀愛了；更糟的是，我們天真地以為，戀愛是不需要準備的。這是非常可悲的。現代人「渴望愛情；他們無止無休的觀看愛情片：幸福的愛情以及不幸的愛情；他們傾聽上千上百的毫無價值的愛情歌曲—然而沒有一人想到愛情是需要學習的。」（Fromm, 1989, p.1）戀愛的起點，是找一個能夠也願意和你一起學習的人，一起投入學習活動裏。要是你的戀愛態度不是這樣，你的愛情就是沒希望的；同理，要是你所選的愛侶沒有這個能力和態度，你的愛情也是沒希望的。我和所有現代人一樣，在高中時已經聽過無數情歌，已經飽受求愛而不得的煎熬；那時候，學校流行討論中學生應否談戀愛。我的老師李祖耀牧師這樣回答：「不是應否的問題，而是該問你準備好了沒有。我們要的，是戀愛，不是亂愛。」我當時不明白，繼續織我的荳芽夢。七年後，我明白了；二十五年後，我得享明白的福氣，終身受用。

第五章

情深義重：別義親正的人倫觀

男女有別，而後夫婦有義。夫婦有義，而後父子有親。
父子有親，而後君臣有正。（《禮記‧昏義》）

一　制度化的情感

本書第四章介紹了佛洛姆怎樣解釋愛的本質。（頁177-
180）除此之外，另外還有一個關於愛的討論題目，是我們很難
不感興趣的，那就是愛的分類。我們很愛我們的父母，同時很愛
我們的配偶，並且也很愛我們的知心好友。這些愛，既然都是
愛，應該擁有相同的本質；但是，它們何別於彼此呢？親情、愛
情、友情，難道不是很不相同的嗎？

佛洛姆很深入地探討了這個問題。他把愛區分為五大類：兄
弟愛、母愛、情愛、自愛，以及對神的愛，並且詳細探討了每一
種愛的特質；但是，他在分類時完全沒有觸及一件在我們生活之
中無孔不入地發揮作用的事情：愛的對象是有規定的，而我們對
不同的愛的對象，也有不同的責任。

這就不光是「何謂愛」的問題，也不光是「哪種愛」的問
題，而是「對甚麼人要怎麼愛」的問題。公平些說，佛洛姆也不
是完全沒有觸及這個問題；比方說，母親對孩子的愛必定要是無
條件的，必定要讓孩子成長為獨立的個體；對配偶的愛必須忠誠
（因為排他的緣故），諸如此類；但是，這些討論在佛洛姆的作
品中都只是輕輕帶過。尤其令人意猶未盡的是，我們的社會對於
我們把甚麼的愛給甚麼的人，向來有嚴格的規定，一旦搞錯了就
成了亂倫，是為重大的罪過。這一點，佛洛姆並沒有認真的探討

過。這樣，我們就得從愛的世界再向前走，進入倫常的世界。

中國人有沒有談愛的類別？我想是有的。至少孟子就說過如「親親而仁民，仁民而愛物」的話。簡單地給這三類愛命名的話，親親之愛就是「親愛」，仁民之愛就是「博愛」，而愛物之愛無以名之，姑名之為「泛愛」。對孟子來說，重要的不僅在於愛有不同的類別；更重要的是，必須給恰當的對象以恰當的愛。僅僅給親人與博通世人之愛，就是無父，是不倫。孟子的例子說明了，在中國傳統倫理思想之中，比起「何謂愛」和「哪種愛」更受重視的，是「倫」的問題。所謂「倫」，簡單地說，就是人際關係。「倫」之一字，《辭源》解釋為「類也、比也、等也」；又解作「倫常」。「君臣、父子、夫妻、兄弟、朋友」，是謂「五倫」。五倫，指的當然是古代君主制社會中的五種關係。儒家不但重視人際關係，因此要講倫；而且要在「倫」字之下，下接「常」字成為「倫常」，另又下接「理」字成為「倫理」。故此，人際關係不但有主觀的情，同時有客觀而恒常的理。「倫理」一詞，且成了「道德」的同義詞。人際關係之理，就是一切是非對錯的根據；所以有了五倫，相應地就有十義：「父慈子孝、兄良弟弟、夫義婦聽、長惠幼順、君仁臣忠，十者謂之人義。」（《禮記・禮運》）

《禮記・仲尼燕居》說：「禮也者，理也。」這個以禮定倫的意思，《禮記・曲禮》表達得很清楚：「今人而無禮，雖能言，不亦禽獸之心乎。夫唯禽獸無禮，故父子聚麀。是故聖人作，為禮以教人。使人以有禮，知自別於禽獸。」這段引文有兩個很重要的意思：第一，禮是使人成為人的條件。人沒有了禮，就與禽獸無別；第二，亂倫（聚麀就是亂倫的意思）是無禮的極

點，無禮到了亂倫的地步，人就徹底地淪為禽獸了；換言之，倫常關係為禮制的核心，其意甚明。

這個意思，本來不難明白，也實在得到常識的大力支持；但是，今日家庭價值已經成為許多人攻擊和質疑的對象。許多女性主義者認為，家庭是父權的制度產物，是壓逼女性的工具。（Perry, n.d.）曾幾何時被視為顛撲不滅的價值，今日倒成了萬惡之源。究竟我們該相信誰？我們能不能進一步追問，這個倫常秩序的價值根據何在？

在家庭制度深受質疑的時代，加上中國舊式的家庭裏，（有錢）男人坐擁妻妾成群的劣跡，使中國整個倫常觀念蒙上了許多不白之冤；事實上，從基本精神看，儒家的倫常觀念，以及其背後的理論思考，比今日一般人所看見的，要豐富和精緻得多。

為甚麼在愛之外還得加上倫？儒家以為，在群禮生活之中，情感不可不受調節。這個調節的需要，必然就產生規範。這個規範，儒家通稱為「禮」。《論語‧衛靈公》說：「知及之，仁能守之，莊以涖之，動之不以禮；未善也。」這就明明指出，沒有禮的節約，仁愛的價值就要大打折扣。此話究竟該作何解？

要回答這個問題，我們得從禮的意思談起。要說明何謂「禮」，非常的不容易。從歷史看，禮是「無所不包的社會生活的總規範，融習俗、道德、政治經濟制度、婚姻制度、思想準則為一體」，包括了不成文的習慣和成文的規條。（劉澤華，1998，頁73）胡適簡單地概括了禮的意思：「禮之進化，凡三時期，第一，最初的本義是宗教的儀節；第二，禮是一切風俗習慣所承認的規矩；第三，禮是合乎義理可以作為行為規範的規矩。」（胡適，2008，頁144）總而言之，禮就是生活中合理的

常規、風俗和儀節的總和。這個對禮的理解和現當代禮學研究者的觀點密切呼應，而且勝在簡明易用。我們可用這個理解做起點，處理愛和倫常的關係。

我剛剛提到，禮是個常規系統。在下面的討論裏，你會發現這個「常規」是一個很關鍵的觀念。常規相互作用，形成社會調節成員行為的機制，就成了今日一般社會學者所謂的「制度」。故禮亦含有制度的意思，這一點在禮學家之中得到頗為廣泛的認同。（李安宅，1931，頁4；楊志剛，2000，頁19）而對於制度的性質和功能，班近漢（D. Blankenhorn）有透徹的分析。按班近漢之言，制度實現了人的社會性。它是人際交往的背景，界定關乎人與人相處時彼此之間的合理期望。這個共同的背景，能夠「減少我們自己做選擇的負擔，容許我們把某些東西當做理所當然，因而為我們更複雜的創造、思考和合作活動鋪路。」（Blankenhorn, 2007, p.168，著重點為本書作者所加）由是言之，制度是人際互動的潤滑劑，也是合作的催化劑。

但是制度之為物，和物理的事物不同。物理事物的存在，完全和我們的態度無關。不論我們是否依從日出日落的規律生活，太陽還是會照自己的規律升降；但是，制度卻不同。用班近漢的說話講，它只能存在於人的共識之中。（Blankenhorn, 2007, p.98）制度之所以能潤滑我們的人際關係，之所以能催化我們和別人的合作，是因為我們對這個制度同時持有相當程度的共同信念，並且因此做出相應的行為。

制度存在在甚麼地方？我們時常說，制度制約我們的行為。但是，除了我們的自願受約，就別無所謂「制度」。以家庭制度為例，家庭制度究竟存在哪裏？事實上，它就存在父子相愛夫妻相

敬的具體信念、態度和行為裏。假使有一天，天下間都父不父，子
不子，夫不夫，妻不妻，家庭制度就消失了；所以，「守禮」一詞
中的「守」字，除了可按習慣理解為遵守之外，實亦可加上一個守
護的意思。當我們在遵守一個禮的時候，我們同時也就在守護這
個禮。這一點也非常重要，我們在下面同樣會漸漸看出來。

　　回到禮。上引班近漢對制度的分析，只要把「制度」二字
換上「禮」字，完全就和儒家對禮的理解一模一樣。禮實現人的
社會性，所以孔子說，不學禮無以立。（《論語・季氏》）《禮
記・曲禮上》甚至說：「今人而無禮，雖能言，不亦禽獸之心
乎。」在禮之中，我們知道自己能對別人期望甚麼，也知道別人
（社會）對自己有甚麼期望。因此，我們就不致陷於「無所其措
手足」的困惑和尷尬；（《論語・子路》）所以說，凡事交由個
人做決定，實際上是一個負擔。為了減少我們事事從頭做起的
負擔，我們制訂一套禮（怎樣制訂當然是一個問題），以便於
人與人建立默契，有效地為人們「決嫌疑」。[20]（《禮記・曲
禮上》）禮既省掉了我們決嫌疑的力氣，自然能加強人與人之間
的合作關係；所以，一切高層的社會建設，莫不需要一個禮來支
援。沒有了禮，高質素的生活就不可能維持，是故《禮記・曲禮
上》說：「道德仁義，非禮不成。教訓正俗，非禮不備。分爭辨
訟，非禮不決。君臣，上下，父子，兄弟，非禮不定。」

　　所以，從情愛到倫常，是一個重要的跳躍。不論我們把情
愛講得多麼高尚，多麼完備，情愛還是個人的事情。如果我們只

----

[20]　　此即禮之默契義，詳見本書第七章第五節，頁 266-277。

相信愛，我們極其量只能說因為我愛某人；所以，我對某人有責任，我們卻始終不能說，我有責任愛某個人。只有在倫常的秩序裏，我們才能講到愛人的責任，這是愛和倫的重要差異。一講倫常，情與愛就有了一個可以依循的秩序；換句話說，愛就制度化了。而之所以要把情愛納入制度，又因為要滿足人的社會天性。簡單總結，情與愛就是個人的、非社會的情與愛；倫常就是充分社會化的情與愛。把人的感情需要和社會需要結合起來，就是倫常。在五倫之中，家庭關係佔了三項。究竟為甚麼要有家庭？我們下面就以家庭為重點，看看倫常關係的本質和價值。

二　男女有別

《禮記・樂記》說：「昏姻冠笄，所以別男女也。」之所以要別男女，是因為男女本來就有別。唯齊非齊，（《荀子・王制》）因為男女本來有別，所以必須要別男女，才能使男女各得其所。

男女的分別，首先是生理上的差異，這一點毫無可議之處；但是，因為男女生理上的差異，就造成男女在繁衍下一代過程中的不同需要。這一點，本來也是毫無可議之處；不幸的是，現在流行的觀點是，男女除開生理結構之外再無重要的差異。於是，本來無可議的，忽然變得很可疑了。

先說性。男人的性欲比女人強，這是老生常談。今日在男女平等的口號下，大家都懷疑這一點了；但是，真的可疑嗎？

二〇〇三年，一百一十八位研究人員在五十二個國家訪問了一萬六千個受訪者。結果發現，所有國家的男人，比他們國家的

女同胞們，都想要多些的性伴侶。總的來說，男士想擁有的性伴數目，平均約為女士的三倍。（Rhoads, 2004, p.48）如果在辦公室裏，有男同事向女同事提出性行為的建議，百分之六十二的女同事會覺得受到侮辱；反過來，女同事向男同事提出相同的建議，只有百分之十五的男同事會覺得受辱。（Rhoads, 2004, p.97）

雖說女士的性欲比男士的弱，要是女士真的豁出去，嘗試一下自由性愛的滋味，這些女士的感受，和男士會不會有甚麼分別？研究發現，女孩真正享受自由性關係的，始終比男孩少。事實上，有三分之二的性活躍的女孩，表示後悔自己「沒有多等一段時間。」（Rhoads, 2004, p.101）

關於女士們在活躍性生活裏的感受，人類學家湯新德（J. Townsend）做了一個相當具啟發性的研究。他問了五十位性生活活躍的年輕人，是否同意以下的句子：「即使我自己對某人沒有感情，要是我和他有了幾次性關係，我也會開始感覺到自己很脆弱，並且希望知道他關心我。」結果，五成的男孩子不同意，不同意的女孩只有百分之四。（Rhoads, 2004, p.104）

不但如此，詳細看幾位性生活最活躍的女受訪者，我們還有更進一步的發現。在這五位女士之中，四位反對上述的句子，一位曾經反對，但現在開始認同；但是，不論是繼續反對抑或是曾經反對，這些女士快樂嗎？

其中一位性生活最活躍的女士表示，大量的一夜情關係「使她心碎」；第二位表示她很懷疑自己的性伴侶是不是除了性就甚麼都不管，還說，她會和那些把她看成可有可無的人脫離關係；第三位覺得自由的性關係使她自貶身價，因為性關係好像把自己的一部分交給了別人；第四位說，長久的開放性關係使她感覺受

人利用，覺得這樣性關係再無樂趣可言；第五位說，不投入感情的性行為，使她感到懊惱。（Rhoads, 2004, p.104）

　　為甚麼男女在性需求方面會有這樣大的差異？答案很簡單：因為懷胎的永遠是女人。對男人來說，性行為過後，故事就完結了；可是，對女士來說，性行為不過是生育故事的起點。不是每一次的性行為都會真的導致生育，但在女士停經之前，生育的可能性永遠潛藏在性行為之中，連採取了避孕措施也不例外。

　　懷胎與不懷胎的差異，就造成了一切的差異。女人的身體結構和機能，並不都為了她個人的利益而存在。為了準備孕育下一代，女人每個月要流失大量的血液；為了哺育下一代，她要生產乳汁，她要比男人儲備更多的脂肪；更不要說，在懷胎期間，女人會失去她大部分的自衛能力。這一切的代價，全數由女人付出；但是，傳遞基因的成果，卻由男女平分。單從生物學上講，男人是徹頭徹尾的在搭便車。在性關係裏，男女是先天地不公平的。要平等地對待男女，只有靠道德的加工。

　　這個道德的加工，必然會形成某種性別角色的期望。我們不可能把男女的社會角色分工，簡單地看做對女性的歧視；比方說，西方傳統要求男士要有風度。有人認為男人有風度，就是歧視女人。對不起，我實在無法同意這個觀點。單單是因為男人在生育活動裏搭了便車，男人就欠了女人的債。要求男人有風度，是要他們還債；免掉男人表現風度的責任，就是讓男人欠債不還。這才是徹頭徹尾的剝削。如果你是很強的女人，愛上了一個忠誠但很弱的男人，你可能會減免他部分的債務；但是，作為常規，欠債還錢才是（也依舊是）男人的責任。這完全是天經地義的事情。

　　回頭說懷胎與不懷胎的差異。從遺傳學的角度看，男女繁衍策略有重大的差異。男人因為無須懷胎，他可以有兩個不同的繁衍策略。第一個策略是漁翁撒網，儘量與最多的女人交合，做完就跑。只要播的種子夠多，他可以不管任何一個孩子的死活（遑論他的性伴侶），他依然可以保證他的基因得以傳播；第二個策略是貴精不貴多，只和少數的女人交合（最少當然是一個），然後留下來保護女人，以及和女人緊密合作保護孩子，儘可能保證孩子的存活。

　　和男人不同。女人每月只排出一顆卵子，她要懷胎，要哺育孩子。因此，女人不可能選擇漁翁撒網的策略，而只能選擇貴精不貴多。男女的繁衍策略的差異，經過世代的基因篩選，就演變成今日男女性需求的差異。女人很難真的把性和情感切斷，男人於此卻是輕而易舉。

　　這當然就造成了男女千古以來緊張的性關係。有趣的是，這個緊張的關係，有一個再也明顯不過的化解之道：男人的漁翁撒網策略，固然和女人的貴精不貴多對著幹；但是男人自身之內，本來也就遺傳了貴精不貴多的機制，所以男人和女人一樣，也有能力和異性建立長久而穩固的關係，也對自己的孩子具有天然的親情。人是社會的動物，只要透過社會教化的過程，強化男人選擇和堅持貴精不貴多的能力，男女的衝突就能大大地得到消解。這就是我們上一代的父母，孜孜教導他們的兒子要有「本心」的理由。因為我父母的教導，每當我看見妻子的辛勞，「男兒天職保家眷」的歌詞就會在我心裏響起，有時甚至令我悲不自勝（見電視劇《陸小鳳之決戰前夕》插曲，下句是「兒啼妻哭內心撩亂」，盧國沾填詞）。

隨著自由和個體觀念的興起，隨著社會忘卻了男女的差異，「本心」一類的字眼，已經在我們的社會失掉效力。我們忘記了，因為我等男士們在生育活動上搭了便車，我們就生而對女人有補償的義務。男女一平等，義務就沒有了。結果是，整整一代的男子，一起患上了承諾恐懼症。因為情欲的解放，男人比以前更容易享受到性的樂趣，而不用付出承諾。調查發現，男人嘗試過沒有承諾的性關係之後，他對女人的尊重就會減少，也會對於建立持久的關係失卻興趣。更有趣的是，佔百分之七十四的男人承認，如果他想和一個女人建立長遠的關係，他會嘗試把性關係的時間推遲；（Rhoads, 2004, p.122）所以，魯德思（S. E. Rhoads）斷言：「要是性關係不那麼輕易到手，年輕男人無疑就會比較專心於發展關係，以及尋找他的最終眷屬。」（Rhoads, 2004, p.121）

於是，在「解放女性」、「兩性平等」的口號下，我們誘使女人去接受男人的遺傳策略。結果，首當其衝受苦的當然是女性。我們先叫女人和沒有責任感的男人上床，然後為她們爭取墮胎權，亦即親手殺死自己腹中塊肉的權利。這就是女人的幸福嗎？

不。給女人幸福的，依舊是那個號稱「男權產物」的婚姻。研究發現，百分之九十的女人覺得，婚姻使她們時常都感到快樂；與此相比，只有百分之六十的女人認為工作能給她們這樣的滿足。（Rhoads, 2004, p.122）令人納悶的是，當社會為女人的事業設置障礙之時，所有有識之士都會義憤填膺；當整個社會的風氣成為女人的婚姻的障礙之時，有識之士們卻鼓掌歡呼，說女人得到解放了。大量研究顯示，現在美國二十來歲的女人，對於自己將來能否結婚的問題，遠比從前同齡的女士悲觀。（Rhoads,

2004, p.124）同樣的情況也可見於香港。調查顯示，三成半女大學生擔心嫁不出，而擔心嫁不出的原因是因為男生沒有責任感；（〈三成半〉，2006）所以，魯德思總結說，在性解放以後的時代，「男人的遊戲壓碎了女人的夢。」（Rhoads, 2004, p.87）無獨有偶，紀爾德（G. Gilder）也指出，婚姻制度的價值，在於它能將男人「馴化」（domesticate），藉以將男人改造成於文明社會有益的成員。（Stanton, 1997, p.61）沒有了婚姻的約束，我們的社會就只有賤男淫棍，沒有賢夫良父。

　　諷刺的是，當男人變成賤男和淫棍時，男人自己也要成為失敗者，這在下一節我們馬上就要見識；事實上，即使是具有撒網天性的男人，原來也是宜於安穩的婚姻生活的。沉醉於當下一刻性歡娛的男人，長遠來說最終還是輸家。與住家男人相比，他們的壽命要短些，身體要壞些，精神也不得滿足；所以，男人表面上的勝利，實在是一場虛假的春夢；真相是，在勝利的幻象裏，男人和女人彼此牽引下沉，最後男女雙方兩敗俱傷：

> 　　如果年輕女士能找到關愛、忠誠，並提供持恒補給的伴侶，她們的孩子和他們所定居的社會都會健康些。與此同時，如果男士能擺脫他們逃避責任和濫交的天性，他們也多半會生活得幸福些。……「不安定下來的男人」之中有部分人會生下一大堆孩子，有許多女士死心塌地單戀著他們。但更多的卻只能落得無妻無兒，甚或乾脆在爭奪和暴力之中賠上生命。（Rhoads, 2004, pp.89-90）

　　魯德思所看見的現象，儒家早在二千年前就預言了：「故昏姻之禮廢，則夫婦之道苦，而淫辟之罪多矣。」（《禮記·哀公問》）「男女之合，夫婦之分，婚姻娉內，送逆無禮：如是，人有失合之憂，而有爭色之禍矣。故知者為之分也。」（《荀子·富國》）

　　「夫婦之道苦，淫辟之罪多」，實在就是我們這個時代的寫照。二〇〇三年，英國一項調查顯示，英國每個婦女平均有七位性伴侶。（〈性解放〉，2003）在美國，近半中學生有性經驗。（許為天，2008）該國十四至十九歲的少女之中，四分一患有性病。（〈美國〉，2008）據估計，約五分之一的美國人口患有不能治癒的性病。（Stanton, 1997, p.40）香港的情況也相當類似，調查顯示百分之十一的中三至中七的學生有性經驗。（〈中三至中七〉，2007）有婦科專家根據香港子宮頸細胞檢查數據估計，香港成年人口之中，單單是性病疣一項的感染比例，可能就高達二成。（〈百萬人〉，2000）

　　我們上引胡適說，禮包括了儀式、風俗和合乎義理的行為規範。我們嘗試結合胡適解釋禮的三個意思，就會發現婚姻是個典型的禮。婚姻在一時一地有一定程序，程序之中有儀式，不論程序抑儀式，都反映了當時當地的風俗習慣；同時，圍繞著婚姻，有一套行為的規範和規矩，這套規矩，反映了某種義理的標準和要求。

　　《禮記·經解》說：「故昏姻之禮廢，則夫婦之道苦，而淫辟之罪多矣。」這是說，婚姻的禮（包括圍繞婚姻制度建立起來的一整套行為規範）一旦遭到破壞，夫妻的關係就會受到傷害，而人們的性關係也會混亂起來。當然，混亂一詞帶有很強的貶義。按現代某些人的前衛觀點，無論人們的性關係怎樣開放，只

要所有當事人出於自願，這樣的性關係依然談不上亂。不過，從上一節的分析看來，這個觀點並不站得住腳；剩下來的問題是，要社會成員的性生活不及於亂，是不是真的需要一個婚姻的制度？尤其令人困惑的是，要性生活不及於亂，為甚麼需要一個婚姻的程序和儀式？

　　但簡而言之，那是因為制度便利人的協作，而程序和儀式則將私密的道德態度轉化為可見的社會事件。下面，我們要詳述這兩個要點的深意。此話何解？要解釋起來，真是要多複雜有多複雜。

　　讓我先從周代的婚禮說起。當《禮記》說，婚姻之禮是為保護婚姻夫妻關係的有效手段的時候，它是直指著一套非常具體的行為規範來立論的。這套規範，撇開許多三書六禮裏面的繁文縟節不談，婚禮最關鍵的精神，是要：1. 「合二姓之好，上以事宗廟，而下以繼後世」；2. 使男女做到「敬慎重正，然後親之。」（《禮記‧昏義》）

　　所謂「合二姓之好」，在周代的宗法社會裏具有非常特殊的意義。周禮規定同姓百世不婚，所以眾諸侯之間，同姓自是兄弟，即使異姓之間，也因婚配而有了甥舅的關係。這樣「以宗法維繫了同姓，又以婚姻聯合了異姓」，整個社會就都能以血緣關係連繫起來，真正做到天下一家。（姚漢榮，1992，頁8）

　　離開了周代的宗法社會，這個合二姓之好的社會功能並沒有消失。婚姻扮演著延伸家庭（extended family）的角色，因為結婚，我不但和我的妻子成為了一家人，我也和她的家人結成了一家人。這個延伸了的家庭，可以將家庭的團隊擴大，形成更大的支援團隊。

　　這就是婚制和婚儀有益於維繫夫妻關係的原因。二人相愛，

無論怎樣深，在未有進行婚姻儀式之前，這個相愛依然不是一件可見的社會事件。因此，不管我女兒和她的男友的感情有多深，這位男友在我家庭中的地位依然是不確定的。這個不確定，就使我無法像對待女婿那樣看待他。因此，一日他未有和我女兒結婚，這個合二姓之好的目的，就一日不能完滿地達成。婚儀啟動了婚制裏的人事協作機制，這套協作機制又提供了協作鞏固夫妻關係的家庭或社會助力。

接下來，談「敬慎重正然後親之」。這裏的意思很清楚，男女在有了敬慎重正的態度，然後才結合，才是健康的兩性關係。由這一點引申出兩個問題：第一，所謂「敬慎重正」，應該有甚麼具體的內容？第二，這些內容，與婚姻的儀式程序何干？

先說敬慎重正的內容。在點出「敬慎重正」四字之後，《禮記》接著解釋說，這是要「成男女之別，而立夫婦之義也。」這兩句說話，值得我們仔細分析。

我們在前面說到，混亂性風氣之所以邪惡，是因為它用男人的遊戲來粉碎女人的夢想。這就是男女之別的重要。男人喜歡沒有責任的性關係，不等於女人同樣享受它，更不等於女人需要它；事實上，正如我們早前所提到的，其實男人大概也不需要它。不管如何，男女的繁衍策略是有分歧的，這個分歧是可以化解的。男人在生育活動裏搭了幾十萬年的便車，為了回報女人先天的負擔，社會必需賦予男人一個照顧妻兒的天職。是所謂「成男女之別」，也因此才有「夫婦之義」。尊重女人，並不是把女人當做男人那樣尊重她，而是還她一個女人的本貌那樣尊重她。男女結合的良好基礎，不但需要二人之間有情，也需要二人之間有義。只有情深義重，才能長遠滿足男女雙方在性關係裏的深層

需要。

正如上面提到，男女之間一切重要的分別，始於生育角色和負擔的不同。《禮記‧昏義》說，婚禮的意義在於「上以事宗廟，下以繼後世」。用今日的話說，就是婚姻和生育緊密相關。這個緊密相關，按傳統的講法就是說，結婚就是為了生孩子。這個觀點儘管不一定錯，卻很難為今人所理解；所以，我們可以換一個今人較易理解的詮釋，說婚姻的功能在於制約性行為，制約性行為之所以重要，是因為性行為總是永恒地和生育相關；換句話說，婚姻裏的敬慎重正，就是要嚴肅看待性行為和生育之間的關係。

嚴肅看待生育有兩個意思：第一，嚴肅看待人類的新生命；第二，嚴肅看待各人在生育活動之中應有的責任。所以《禮記》說得好，是因為我們成了男女之別，所以才父子有親。因為唯有我們了解男女雙方在生育活動裏不同的角色與職分，男女才能克盡己責，和自己的伴侶通力合作，哺育下一代成長。

以上的分析，同樣是緊密連繫著制度便利協作，以及儀式化私密為可見兩點來說的。因為婚姻制度將性行為限制在婚姻關係裏，而婚姻制度又界定了夫妻二人對彼此乃至對兒女的責任。因此，婚姻制度就能優化男女在求偶活動之中的協作，又能保護下一代。一個社會要責成男女雙方彼此支援，乃至於照顧後代，必得要有一個可見的社會事件作為條件，這個可見的社會事件就是婚儀。

三　文質彬彬，然後夫妻

在儒家的五倫之中，夫婦似乎是最重要的一倫。這一點，可

從以下引文之中得到印證：

> 夫婦之道，不可不正也，君臣父子之本也。
> （《荀子‧大略》）
>
> 夫婦有義，而後父子有親。父子有親，而後君臣有正。故曰，昏禮者禮之本也。（《禮記‧昏義》）
>
> 天地合，而後萬物興焉。夫昏禮，萬世之始也。
> （《禮記‧郊特性》）

多得《時代雜誌》，婚姻的好處，終於走入尋常百姓家了。二〇〇八年，《時代雜誌》發表了一個專題，介紹結婚的好處。報導引述了幾個研究報告，指出以下四個重要的事實：第一，結婚的人，比不結婚的人長壽和健康；第二，結婚的人，較少患上癌症、心臟病和精神病；第三，結婚的人較能應付壓力，其中對男人的功效尤其顯著；第四，結婚的這些好處，不論你的年紀、學歷、種族及收入如何，你都能一律照單全收。（Oliwenstein, 2008）這個報導的內容，本來就不應令人意外。一個有伴的人比無伴的人活好一些，本來就是很合理的事情。

如果已婚人士活得好就只是因為有個伴，那麼，同居者就應該享有和已婚人士相同的好處；可是，大量的研究卻顯示，同居者不但不能享受到結婚的好處。他們多方面的表現，甚至比不上單身的人士。以下，是一些比較有代表性的例子。

表二　婚姻狀況與酗酒的關係（Stanton, 1997, p.77）

婚姻狀況	百分率
穩定婚姻	8.9
未曾結婚或同居	15.0
離婚或分居一次	16.2
離婚或分居超過一次	24.2
同居	29.2

表三　婚姻與自殺風險（Stanton, 1997, p.79）

婚姻狀況	相對風險
已婚	1.0
未婚	1.9
喪偶	2.8
離婚	2.9

表四　婚姻狀況與抑鬱的關係（Stanton, 1997, p.86）

婚姻狀況	抑鬱症比率
已婚（不曾離婚）	1.5
未婚	2.4
離婚一次	4.1
離婚兩次	5.8
同居	5.1

表五　婚姻狀況與心理失調的關係（Stanton, 1997, p.87）

婚姻狀況	終生病患率
已婚（不曾離婚）	24
獨身	33
離婚或分居	44
未婚同居	52

　　所以問題不是同居能不能取代婚姻，而是同居為甚麼不能取代婚姻。同居者不能得到已婚人士的好處，有兩個可能的解釋：1.婚姻制度的確能帶給本來就真心相愛的人額外的好處；2.真心相愛是幸福的真正原因；不過，在同居者之中，不真正相愛的人比例較結婚者高。

　　我們很容易會問，究竟真正使已婚人士比同居人士幸福的，是前者還是後者；但是，我們並不必要在兩者之中二擇其一。事實上，這兩個選擇本來就是交織在一起的。婚姻是一個制度，也是一個符號，符號本來就兼具表達和暗示的雙重功能。一個深感自己沒出息的人，自然會時常對自己埋怨，說自己沒出息；反過來說，一個本來不真的那麼沒出息的人，要是一天到晚說自己沒出息，他最終也會變得很沒出息。只要一天同居和婚姻在語言系統之中沒有成為同義詞，同居和結婚就不可能具有相同的效果。因此制度可以說是一套社會程式，藉著它的明示和暗示作用，用以指導和調節社會成員的行為。其作用就有如軟件之於電腦。海默維（K. Hymowitz）這樣分析婚姻的功能：

　　　　傳統的婚姻為年輕人提供了一幅人生的地圖，引導他們一步一步地走過他們的童年、少年期，直到上大學或接受其他訓練，也許還包括上研究院，然後就業，結婚，生子。一個結婚的取向，要求女孩考慮她將來的孩子的父親要是個怎樣的人，並且以此考慮為生命裏一個重要的決定──如果不是最重要的話。（Hymowitz, 2006, p.29）

　　海默維的比喻真是可圈可點：婚姻是一幅人生地圖。讓我們重申一次，婚姻是一個制度。制度是一個調節行為的社會機制，一套社會程式。寫入的程式不同，表現自然相異。因此，相信一個制度（寫入程式），和不相信一個制度，就有不同的行為，也因此有不同的結果。為已婚人士帶來幸福的態度，正是對婚姻制度的接納和信任；所以，如果已婚人士的態度使他們比同居者幸福的話，那麼這個態度正正就是對婚姻制度的態度本身：尊重婚姻與不尊重，以及甘心受到社會制約與不甘心的分別。這就是《禮記》所謂「敬慎重正，然後親之」的精義所在。

　　那麼，究竟在一對已經很相愛，並且很願意承擔的男女之間，婚姻實際上添上了甚麼？

　　第一個答案是制約。所有的制度都具有調節人類行為，便利社會成員協作的功能。而所有制度都必需是可操作的。為了使制度得以操作，我們必須訂出可觀察的行為標準。以性行為為例，假定我們的社會規定：如果二人真心相愛，彼此願意承擔責任，這樣二人就可以進行性行為。這樣的性規範不論精神上是否正確，其致命的缺點是沒有可操作性。真愛和承擔感都是不可見之物，因此落入實際的社會生活裏，這樣規範就全無制約性行為的作用。

　　這樣，我們可以做甚麼？古代社會的人，因而設計了婚禮。舉行過婚禮，就表示當事人已經建立夫婦的關係。不論二人真心假意，這個關係就成為了社會事實。在一個社會的集體認可裏，這個婚姻就產生了制約的力量。不論你結婚是真心抑假意，社會依然會要求你盡婚姻的義務。

　　因此，如果我們將婚姻放回自由戀愛的脈絡去理解的話，婚姻無非就是社會認可的愛和承擔。人是社會的動物，不獲社會認

可的關係，和獲得社會認可的關係，當然不能具有相同的力量。了解這一點，我們就會訝然驚覺，原來無論我們怎樣輕視婚姻，婚姻內與婚姻外的關係，在我們的社會中依然不可能得到相同的對待。女孩的男朋友移情別戀，和女子的丈夫搞婚外情，所得到的對待是截然不同的。

第二個答案是強化。由於人的虛馭性格，符號在人的生活裏具備了實質的力量。因此，婚姻的符號強化了婚姻的關係。

著名漢學家芬格萊特說，人是禮儀的動物。（Fingarette, 1972）很多人認為婚姻「不過」是一個儀式，沒錯，婚姻是儀式；但是，芬格萊特提醒我們，人類社會生活裏大部分的事情，其實也同樣「不過」是儀式：像授權、立遺囑、作承諾，這些滲透到我們生活每一個角落的事情，它或要麼是儀式，要麼它們甚麼也不是。我們不見有人指摘說遺囑不過是一張紙，也不見有人指摘說大學文憑不過是一張紙，卻到處聽到指摘說婚姻不過是一紙婚書，這是為甚麼？

無論原因為何，有一點是錯不了的。婚姻並不因為是儀式而虛假或無用；否則，所有像遺囑這樣的事物都是虛假或無用的。當然，我們看見很多人，用很多方法來使婚姻變得無用，例如簡化離婚程序，提倡單邊離婚（unilateral divorce）之類；但是，這一切廢棄婚姻的努力恰恰證明，婚姻是有用的；否則，我們就不用做任何事情來去掉它的作用。

禮儀既反映又塑造鞏固我們對事物的理解。在古代，要是二人情同手足，可能會結拜為兄弟。必是情同手足所以結拜，所以是儀式反映感情；必是結拜方得成為兄弟，所以是禮儀塑造鞏固我們的感情。因此，結拜過的知交，和未結拜過的知交，就是

有了分別。無論我今日多麼的愛一個人，明天一旦不愛她，她就不是我的愛人了；無論我明天怎樣不愛我的妻子，她依然是我的妻子，我依舊有愛她的責任。是以夫妻之間，不但有情，抑且有義。這就是妻子與愛人的分別。

人是以虛馭實的動物。虛的理想，產生實的行動。虛的觀念，虛的禮儀，產生實的效果。虛的儀式，虛的名分，用以保護實的感情。以婚姻為虛故去之，就是不了解虛實互用的道理。婚姻一去，實的感情、承擔、關係，馬上就受到威脅。所以《禮記‧經解》說：「夫禮，禁亂之所由生，猶坊止水之所自來也。故以舊坊為無所用而壞之者，必有水敗。」考諸今日的社會，恐怕我們也只能承認前人的智慧。

從禮學的角度，我們可以這樣總結婚姻發揮作用的原因。它首先是一個制度，或者一個禮。構成這個制度的，是一大套和婚姻相關的規範。這套規範，同時兼具了禮的四義：本序、默契、符號、教化。（詳見本書第七章第五節，頁266-277）男女有別，陰陽結合才能繁衍生命，婚姻必待男女成年才能進行，這些都是人類世界的本然秩序，亦即本序。在本序的基礎上，社會又再加上一些協定，減少人與人互動之中懸而不決的變數。例如界定適婚年齡，規定夫妻具體的義務等等。這些事情都是本序之禮不能清楚界定，而需要由社會成員集體制訂，然後共同遵守。此即禮之默契義。在此之上，每個社會又有一系列的婚姻儀式和手續，作為男女從非婚姻關係過渡到婚姻關係的標記，是為婚禮的符號。一旦有齊了以上的成分，婚姻作為一個禮，就有了教化的功能，既指導當事人如何過他自己的婚姻生活，也教育下一代如何過婚姻的生活。

當一個人結婚時，整個禮系統就立刻啟動。如果當事人本來就對婚姻的意義有深刻的了解，那麼，外顯的婚姻儀式和程序就會強化他對婚姻價值的感受。符號是有力量的。這就像一個人，知道經常愁苦不好，故意多些讓自己放聲大笑，笑多了，心情也就真的好起來一樣；同理，一個內在的感情，如果不能獲得適當的表達，我們就不能完滿地經歷這個感情。

有趣的是，即使當事人並不充分了解婚姻的價值，婚姻依然會在他身上生效用。我們上面說過，婚姻首先是一個制度，構成制度的是一組行為規範。這些規範形成了一大套觀念，諸如忠誠、盡責之類。這些觀念，最後都統一在婚姻大觀念底下；所以，只要我真心誠意地選擇結婚，婚姻的觀念馬上將我引入一個由相關規範及觀念所織成的思維網絡裏。這個思維網絡，不一定是（而且對多數人來講也實在不是）有意識的思考成果；相反，它是在每一個人成長的過程裏，在耳濡目染之間，介乎自覺與不自覺之間形成的。於是，一旦選擇婚姻，婚姻馬上就會啟動這個思維網絡，以及從相關規範觀念以外的制約系統。這就解釋了，為甚麼婚姻能鞏固伴侶之間的關係，並且進而解釋為甚麼已婚人士會活得長壽和健康。

再進一步說，這個禮的系統，並不只是在當事人身上啟動，也同時在當事人的社會關係之中啟動。已婚人士所得到的社會支援，和未婚及同居人士是不一樣的。舉個簡單的例子：已婚人士的家人，很難不承認其配偶是他們家庭的一分子。與此相比，戀人或同居情人的身分卻得不到相同的保證；所以，一個非常有趣的研究指出，同居者從他們的延伸家庭所得到的支援，要比已婚人士少。（Hymowitz, 2006, p.27）這一點實在也很容易理解。

打個比喻說，同居的配偶，在延伸家庭的成員眼中，實在就是一個不願辦入會手續，又想享受會員設施的不速之客。符號盛載觀念，觀念指導行為，是故中國人的「名分」一詞實在妙得很。名分，名分，必得是有名才能有分。又要擺脫名號的標識和隨之而來的社會制約，又要擁有名號代表的分，真是門都沒有；再說，這種心態，也談不上過得人過得自己。

這樣說來，維繫夫妻關係的，原來同時有一個文和一個質的因素。孔子曾經說：「文質彬彬，然後君子。」（《論語‧雍也》）所謂「文」，就是指外在的形式；所謂「質」，就是指內心的實質態度。外顯的形式，內在的實質，缺一不可。於是，至此，我們大概可以借孔子的語氣，總結說一句：文質彬彬，然後夫妻。

四　夫婦有義，然後父子有親

儒家對於父子及夫妻二倫的輕重的理解，頗有不清晰甚至自相矛盾的地方。從上面的引文看，五倫之中應該首重夫妻。但是儒家的典籍同時又說：

> 人之行，莫大於孝。孝莫大於嚴父。《孝經》
> 內則父子，外則君臣，人之大倫也。父子主恩，君臣主敬。（《孟子‧公孫丑下》）

這樣看來，又好像是父子重於夫妻了。好在我們知道，古人說話，時常是因應環境而改變，所以在不同的場合，突出不同的

關係（倫），這是完全可以理解的。這樣說來，不論說父子重於
夫妻，抑或說夫妻重於父子，都缺乏十足的把握。

輕重之別，或有爭議；先後之分，則甚明顯。有夫妻，就
有生育；有生育，就有父子。因此，夫妻之倫，原則先於父子之
倫。故《禮記》說：「夫昏禮，萬世之始也。」（《禮記·郊特
性》）又說：「夫婦有義，而後父子有親。父子有親，而後君臣
有正。故曰，昏禮者禮之本也。」（《禮記·昏義》）

無論輕重如何，儒家特別重視父子與夫妻兩倫，實在有極為深
刻的含義。因為夫妻的關係是橫向的，是同代人之間的關係。不但
是同代人之間的關係，而且它連繫了不同家庭的成員，最終竟至於
成為一家；所以，《禮記·昏義》說，婚姻的意義在於「合二姓之
好」。至於父子則是縱向的，是同一家庭不同代之間的關係。這兩
個一縱一橫的關係合起來，就成了所有人際關係的原型。

按儒家的理解，婚姻自始就和生育密切相關。《禮記·哀公
問》記孔子說：「天地不合，萬物不生。大昏，萬世之嗣也。」
這個觀點，我們在著名社會學家威爾遜（J. Wilson）的分析中得
到響應。他說：

> 婚姻是一個社會的安排，用以把人們留在彼此身
> 邊，並且好好照顧他們的孩子。這個問題，單單靠人們
> 生孩子的欲望，和導致他們生孩子的性欲，是不足夠解
> 決的。（Wilson, 2002, p.47）

所以，班近漢說：

> 在不同的文化裏，婚姻首先是一個生育的制
> 度。……婚姻將沒有血緣關係的人連起來，使他們生育
> 後代，為男人創造了父親的社會角色，並且大幅擴闊了
> 親屬關係的範圍。（Blankenhorn, 2007, p.100）

　　婚姻有利孩子的成長，和婚姻有利於結婚雙方，得到了如恒河沙數的數據支持。賈麗嘉（M. Gallagher）引述一份十二位權威家庭學者的聯合報告，隨手就列出了十二點理由說明婚姻對孩子的好處：（Gallagher, 2006, p.199）

　　1.婚姻有利孩子與父母建立溫暖而親密的關係；

　　2.同居並不能取代婚姻；

　　3.在穩固婚姻關係以外出生的孩子，自己也易於走上離婚或未婚產子的道路；

　　4.婚姻能令子女較少受貧困之苦；

　　5.離婚夫婦的孩子學業成績較為不濟，較少唸完大學，也較少找到高職位的工作；

　　6.婚姻穩固的家庭裏，孩子較少受到虐待；

　　7.父母婚姻穩固，孩子平均整體健康較佳；

　　8.婚生嬰兒的死亡率遠比非婚生嬰兒低；

　　9.離婚夫婦的孩子較易患上精神病，也較有可能自殺；

　　10.父母婚姻關係穩固的男孩，較少犯罪；

　　11.已婚女士較少受到家庭暴力的傷害；

　　12.在穩固的婚姻關係以外成長的孩子，較易受到侵犯和虐待。

　　這是「夫婦有義，而後父子有親」的明證；同樣的道理，我們可以從美國社會的現況之中看出來。海默維為此現況題了一個

相當具逼力的名字：美國社會的種姓（caste）制度。（Hymowitz, 2006）他從一個廣為人知的事實開始：今日美國約有三分之一的孩子是未婚媽媽所生的。（Hymowitz, 2006, p.17）這已經夠令人擔心了。但更令人擔心的事情，按海默維的分析，尚在後頭。

　　海默維考察了美國近三十年未婚產子的數字，發現不論整體數字走勢如何，這些未婚媽媽都集中在低學歷低收入的群體中。在家庭年入達七萬五千美元以上的孩子之中，百分之九十二都和雙親住在一起。在家庭年入在一萬五千元以下的孩子之中，卻只有百分之二十能和雙親同住；（Hymowitz, 2006, p.22）換言之，美國已經裂開做兩個社會。在第一個高收入高學歷的社會，這些人讀名校，結婚，生孩子，不離婚，孩子將來還是讀名校，結婚；第二個是低收入低學歷的社會，這些人很早生孩子，離婚或根本不結婚。他們的孩子，將來也多半不能讀大學。

　　問題是，為甚麼這些高學歷的人會選擇結婚？高學歷的人，飽讀解構主義的作品，深明「婚姻是父權和夫權的產物，專用以壓逼女人和年輕人」的一大套理論，也最懂自由主義，深信個人應該擁有選擇生活方式的自由，而不能淪為傳統制度的奴隸。也是同樣的一批人，最有條件離婚，因為他們有高收入，能在離婚之後聘用助理照顧孩子。為甚麼偏偏是他們，選擇留在傳統的婚姻模式之中？

　　海默維的答案很簡單：因為再沒有人比這些名校出身的母親，更了解讀名校的好處。要想自己的孩子不捱窮，就要給他們一個穩定的家庭環境，讓他們像自己一樣，按部就班的成長。而要做到這一點，首要的條件就是給他們一個盡責而隨時候命的父親。（Hymowitz, 2006, p.25）

　　首要的條件是一個盡責而隨時候命的父親。你可能會問，這不是很明顯嗎？對，本來是很明顯；不過，讓我們打破沙盤問到底：為甚麼？

　　著名社會學家溥彬諾（D. Popenoe）為我們提供了一系列非常具參考價值的答案。

　　讓我們由最明顯的地方講起。《聖經》說上帝造了亞當之後，看亞當一個人孤伶伶的生活，就說：「那人獨居不好」。於是就造了夏娃。（〈創世記〉2:18）這個聖經故事生動地說明了基督教對人性基本了解：人生而需要伴侶。有了伴侶，人就能彼此照應，就能互補不足；同理，溥彬諾也指出，兩個人照顧孩子，當然比一個人照顧孩子來得好。（Popenoe, 1996, p.139）我們在上一節看到，結婚的人比不結婚的人健康長壽。如果可靠的伴侶能幫助我們把自己照顧得更好，那麼，他當然也能幫助我把我的孩子照顧得更好。

　　更何況，在完好的婚姻裏，我的孩子就是他的孩子。因此，溥彬諾說，除了母親以外，孩子的生父就是照顧孩子的最佳人選。世上就只有他一人，既和孩子有天然的血緣關係和感情，又和孩子母親有感情上的連繫。（Popenoe, 1996, p.140）

　　第三，父親和母親不單單就是兩個緊密連繫的照顧者而已。他們還有來自性別的天然角色分工，緊密地彼此支援互補。溥彬諾舉例說，無論我們怎樣相信兩性的平等，如果我們聽到家門外邊有些可疑的聲響；一般來說，到門外去視察的依然會是丈夫而不是妻子。（Popenoe, 1996, p.140）

　　有關男女的性別分工，魯德思引用大量研究數據做了更進一步的分析。研究發現，男女在教養孩子的時候，有相當不同的取

向。父親比母親更熱心培養孩子的自主與創意，以及鼓勵孩子探索外邊的世界；（Rhoads, 2004, p.80）更樂意和孩子進行體能運動，也更有能力管束反叛的孩子。（Rhoads, 2004, p.82）父親的陪伴，正如上面提到的，能幫助男孩成為守法的公民；同時，也能幫助女孩在戀愛和擇偶的過程中建立信心，安心尋找和等待一個能與她建立長久關係的男子。（Rhoads, 2004, p.85）最有趣的是，如果有些男孩子想要和女孩建立吃完就跑的性關係，最能使這些男孩卻步的人物，就是女孩的父親。（Rhoads, 2004, pp.86-87）

母親當然也有父親所不能取代的角色。母親比父親更熱愛做照顧孩子的工作。（Rhoads, 2004, pp.8-11）母親比父親更能放下自己個人的愛惡全心為孩子付出。這一點有非常堅固的生物學基礎：女士在懷孕期間，身體會產生大量的泌乳刺激素（prolactin）。這種激素減少人對重複瑣碎工作的抗拒，而且使人樂於「服從」指令：這對於照顧嬰孩來說是異常重要的，因為嬰孩的每個需要，對照顧者而言都是一個指令。照顧者不能服從指令，嬰孩就會陷入險境。（Rhoads, 2004, p.198）女士天生比男士具有更強的同理心。（Rhoads, 2004, p.25）在這些方面，母親比起父親都有明顯的優勢。在各具優勢的前提下，父母親就成了照顧孩子的最佳天然夥伴。

五　家庭

父子有親，然後君臣有正。一個良好的社會，需要一群有質素的成員來建立。家庭就是生產社會成員的工場。家庭一壞，社

會成員的質素就會下降，因此每個社會崗位都會出問題。正如美國白宮家庭事務工作小組向政府提出的報告指出的：「孩子要是沒有學懂在家庭內對其他人有所承擔，他也不會在大社會裏學懂這樣做。」（White House Working Group on the Family, 1986, p.10）結果，當然就是君臣不正。而豈唯是君臣不正而已，一切人際關係都會不正。

有了夫妻，有了父子，我們就得到一個典型的家庭了。儒家以倫常關係為人間秩序的具體體現。而家庭就是這個倫常關係的核心。《禮記‧禮運》說：「何謂人義？父慈、子孝、兄良、弟悌。」所謂「義」，就是家庭倫理所包含的情感與責任。

所有的家庭倫理關係，全都圍繞著性愛展開。夫妻之倫是制度化了的性愛關係；父子之倫是性愛的直接產物；兄弟之倫是性愛的間接產物。很明顯，沒有避孕技術的發明，性解放就不可想像。性解放進而直接衝擊了家庭制度。（Hymowitz, 2006, p.16）現在我們的問題是：是不是有了避孕技術，家庭制度就失卻了意義？

讓我們先從婚姻制度說起。今日不少人假定婚姻是偶然的社會產物。是社會的產物固然不錯，但說是偶然的產物卻大有問題；事實上，婚姻是個普世的社會現象。為甚麼社會需要婚姻制度？正如海默維所言：

> 婚姻是一個幫助協調社會生活的社會制度。它是一個包含了豐富的價值和生活訊息的制度。它是一個關乎群體存亡的社會制度；具體地說，它協調了養育下一代的活動。所有的社會都需要解決初生嬰孩長期完全倚賴

> 他人的問題；所有社會都以某種我們稱之為「婚姻的制
> 度」來解決這個問題。（Hymowitz, 2006, p.13）

　　無獨有偶，著名社會學家威爾遜也發表了幾乎一模一樣的宣言：「（婚姻制度）之所以有韌力，並不因為它關乎性，而是因為它關乎孩子和產業。……人類婚姻制度是一個生育的聯盟。」（Wilson, 1999）

　　這個主張和儒家的觀點完全一致；問題是：它合理嗎？如果合理的話，我們應該如何理解它？

　　班近漢提出了一個相當完備的答案。首先，婚姻制約性行為，一般而言，這表示將性關係限制在婚姻之內；第二，婚姻是一個為了生育下一代而設立的制度。（Blankenhorn, 2007, pp.15-17）班近漢這樣描述婚姻：

> 在所有（或者幾乎所有）人類社會之中，婚姻都
> 是用來認可一男一女的交合，並且被視為既是二人之間
> 的關係，也被視為是一個制度，主要用來保證由此所
> 生的孩子，能夠在情感上、道德上、實踐上，以及法
> 律上，都被理解為是父母雙方的近親。（Blankenhorn,
> 2007, p.91）

　　這個講法，和儒家所說的「夫婦有義然後父子有親」，以及「夫昏禮萬世之始也」，可以說是完全吻合。我們又說過，所有家庭倫理，全都圍繞著性活動展開；但是，這並不是說家庭制度（或者倫理）是用來服務我們的性欲；相反，它的設立，是為了以禮節

情（包括情欲），以幫助我們享受更完整的人性上的滿足。

　　家庭制度有甚麼價值？家庭是一個很重要的社會單位，它存在的目的，是要同時滿足四個需要：其一為經濟學的，其二是醫學的，其三為社會學的，其四是心理學的。以下是詳細的分析。

　　家庭之所以重要，首先因為它是一個小型的團隊。家庭制度能極大的促進人的幸福，因為家庭構成了有效的支援團隊。這個團隊比國家天下小得多，所以成員較能彼此深入了解，有效地處理彼此的問題，滿足彼此的需要。在這個角度看，家庭團隊和任何小團隊的價值都是一樣的。這是家庭的經濟功能。

　　第二，家庭不是一任意組合的團隊，而是男女結合生育後代的團隊；所以，家庭制度和婚姻制度有密不可分的關係。所有的婚姻制度都界定性行為的權限，都對性濫交有所制約。因為制約性行為，就能協助控制性病。我們在上面就提到，隨著性關係的開放，性病的傳播必定隨之而來。在流行走婚的雲南摩梭地區，性病的猖獗，始終是一個無法克服的難題。[21] 這是家庭制度在醫學上的功能。

　　第三，家庭制度要求男女在支援團隊形成，並且清楚界定監護職責之後，方才進行生育活動。婚姻制度控制生育活動，務求使生育活動能在最合適的條件底下進行，從而使父母子女都能得到最大的滿足。這些合適的條件包括：1.孩子與父母之間的親子關係能清楚地確定；因此2.父母對孩子的責任也能清楚地確定；3.父母之間有一個清楚界定了的結盟關係；並且因此4.不論社

---

[21]　　見周華山（2001，頁325-327）。按周氏是走婚文化的熱情擁護者，但也不得不承認性病的傳播的確是一個令人頭痛的問題。

會、延伸家庭的成員，都有認可這個結盟關係的義務。在自由戀
愛的制度下，這個關係還添上了一項條件：5.父母之間有自發的
愛情作為結盟的基礎。我們很難想像，這樣的一組規範，怎麼可
能不對連結家庭團隊發揮積極的作用。也因此，這個團隊關係，
必然有利於孩子的成長，也有利於父母在哺育孩子的活動之中獲
得自我實現的機會；所以，《禮記‧昏義》說婚禮的意義是要保
證男女都能做到「敬慎重正，然後親之」。這樣就能大體保證下
一代得到起碼的教養與照顧。這是家庭制度的社會學功能。

　　第四，心理學的研究發現，人天生具有與人建立親密關係的
需要。（Baumeister & Leary, 1995）家庭作為一個小團隊，本來
就有利於建立親密關係；更重要的是，血緣關係更是建立這個親
密關係的強力天然誘因。而經婚姻制度制約的性關係，也同樣是
維繫父母關係的有效手段。史丹頓（Stanton）引述了大量研究數
據，證明婚姻制度有利於鞏固配偶之間的關係。在這裏，我只舉
二例：1.婚前沒有性關係的已婚人士之中，有百分之三對配偶不
忠；但是，慣於婚前性行為的已婚人士之中，不忠的比例卻多達
百分之十八；2.有婚前性行為的配偶，百分之七十九表示，如果
能再選擇一次，他們依然會選現有的妻子。在婚前沒有性行為的
配偶之中，這樣選擇的人，比例高達百分之八十九。

　　所以，我在《通識中國哲學‧兼愛社會》討論家庭價值的時
候結論說：

　　　　在我們所見過、所想像過的社會團體之中，沒有
　　一個比家庭更簡單，而又更能全面照顧人性的需要。當
　　然，我們知道有很多家庭是不美滿的；但是，這些家庭

> 都顯然沒有充分借助家庭團隊的有利條件，來為家庭成
> 員謀取幸福。我們需要的是用社會的其他配套，來幫助
> 家庭團隊發揮作用，以及幫助無可挽救的家庭，讓這些
> 家庭的成員重過新生。家庭制度是不可以捨棄的。（楊
> 國榮，2008c，頁123）

　　在這一節，我們討論了家制庭度的價值和建立的基礎。各種不同的證據都表明，家庭制度建立在男女的差異，以及因而造成的先天衝突之上。天地創造了男女，讓他們合作生育，也為他們合作哺育下一代設定了起碼的條件；然而，天地並沒有把這個配合做到完美的地步。是人類自己，在艱苦的努力過程裏，發現了婚姻和家庭制度，讓男女在生育關係裏的裂縫得以填補，克服了男女因為生育策略不同而造成的各懷鬼胎的困局。這就是荀子所說的：「先王惡其亂也，故制禮義以分之。」（《荀子‧王制》）也是《中庸》所說，人可以「贊天地之化育」的意思。

六　倫常

　　為甚麼中國人那麼重視倫常？現在，答案應該比較明顯了。讓我們從另一個問題灰來問：如果我們談愛和情而不談倫常，我們會不會欠缺了一些甚麼？

　　與倫常相比，愛依然是比較自我中心的。無論我們把愛講得多麼的高尚，多麼的圓滿，它不過就是我個人的事情。像弗洛姆所講的，愛裏有關懷、有了解、有尊重、有責任，真是再也完美

不過了；但是，說到底，這樣講愛，並沒有任何的約束力。對，要是我愛一個人，我就得做到這一切；但是，要是我不愛呢？一個主觀的態度，一個主觀意志的抉擇，隨時就把一切都推倒。

一個人與人之關係隨時可以推倒的世界，好嗎？答案很簡單，在你要推倒的時候，這個世界很好，至少你會認為如此；在你的愛人要推倒的時候，這個世界就壞透了。

這其實就是說，這個世界是不好的。

所謂「倫常」，就是要把在人的情感世界建立一個可靠的秩序；所謂「倫」，就是關係；關係指導我們怎樣相處。父子有父子相處的方式，夫妻有夫妻相處的方式，朋友有朋友的相處方式，陌生人有陌生人相處的方式。關係告訴我們，我們能夠從同伴身上期望甚麼，我們對他們要盡甚麼責任。這就是倫。

我們在第一章第五節「感性合理性」中說，（頁 43-47）中國人喜歡情理並稱；事實上，除此之外，中國人也喜歡情義並稱。孟子說，人有惻隱、羞惡、辭讓和是非之心，故有仁義禮智之德。仁義禮智為一體四面，唐君毅先生有非常扼要的分析：在人心之中，有一種「超個體生命而與一切人物相感通而成就之之心情；及與我之生命所自之一切父母祖宗之生命相感通，而順承之之心情。即由此以見人之有遍覆萬物而對之有情（仁），而寄與敬意（禮），而使之各得其所（義），而貞定的成就之（智）。」（唐君毅，1979，頁 143）簡言之，所謂「義」，即是出於仁心，而使眾人眾事各得其所之謂也。吳森說中國傳統文化之中有一強烈的情義意識。（吳森，1975）如此說來，所謂「情義意識」，乃是一種道德意識，而基本上不離情，甚至不妨說，正因有情所以有義。

所以，從情愛到倫常，是一個層次的跳躍。倫理倫理，倫中

有理。所謂「倫」，就是以理存情、以理化情、以理節情。不以理存之，情就不可靠。一個丈夫今天很愛太太，遇上更美的女子就不再愛她了，這是欠缺理存的情愛。不以理化之，情就無法得以提升。一個丈夫看見太太病重，在照顧太太的辛勞面前退縮，丟下太太不顧，這是未經理化的情愛。不以理節之，情就亂作一團。一個丈夫與另一個女人搞婚外情，把自己的婚姻弄得一團糟，這是失去理節的愛情。

《禮記・仲尼燕居》說：「禮也者，理也。」以理存情、節情、化情，就是以禮存情、節情、化情。我們說過，所謂「理」者，不外是理順了的情。這樣一來就有趣了；所謂「以理節情」，不過是以情來順服情。因此，一個懂得以理節情的人，就是一個和順的人；一個懂得以理節情的家庭，就是一個和順的家庭；而一個懂得以理節情的社會，就是一個和順的社會。因此，要有一個和順的人情世界，我們就得以倫節情。

從這一點回頭看愛的分類。隨便請一個人去列舉不同類型的愛，最常聽到的類別不外乎三類：親情、愛情、友情。為了緊貼我們的題目，讓我們把這三類愛稱為「親愛」、「情愛」和「友愛」；然後，我們想想：還有其他類型的愛嗎？我想，我們可以在此之上，再加幾個項目。其中有些項目沒有現成的名稱，我只能自己為它們起名字。以下是每一類愛的簡介：

　　　　自愛：對自己的愛。
　　　　情愛：情人之間的愛。
　　　　親愛：親人之間的愛。
　　　　友愛：朋友之間的愛。

物愛：對個別非人的事物（包括動物和死物）的愛。當一位農夫面對著與自己相依為命的牛之時，農夫所有的，就是這種愛。

團隊愛：對某個群體的愛，這個群體，可以是我的母校、我的國家，或者同類型的組織。

普愛：對所有人的愛。

事愛：對某種事業或活動的愛，例如：愛哲學、愛藝術。

泛愛：對所有人與物的愛。

超越愛：對超越者（例如神）的愛。

這些愛，性質不同，但並不一定不能同時出現。比如說，一對感情成熟的夫妻之間，多半同時有親愛和情愛。諸如此類，不贅。

　　這裏列舉不同類型的愛，目的不在於要網羅人間一切的愛，而在於用這個框架來做一個例子，說明倫常觀念在人的感情活動裏，究竟有甚麼意義。

　　如果你把這張名單遞給佛洛姆，叫他解釋這十種不同的愛的分別，他多半會重複他自己在《愛的藝術》裏做過的工作，告訴你每一類型的愛，和其他的愛相比，有甚麼不同的性質。這當然沒有錯。這些愛的性質是不同的，用愛寵物的方法來愛自己的妻子，當然是荒謬絕頂的事；但是，這已經是第二步的事情了。更根本的要點是，這些不同類的愛，是由不同的對象來界定的；或者說，是由不同的關係來界定的。

　　這個要點，直指倫常觀念的核心。倫常觀念的核心是，人

（物）與人（物）之間的關係，決定了他們相處的恰當方式。也因此，要給予不同關係的人（物）以不同性質的愛。人與人之間有關係，愛與愛之間也有關係。而不同類型的愛之間，其關係也並不相同；比方說，我們可以將友愛變為情愛，可以把情愛變為親愛（夫妻不是親人是甚麼），卻萬萬不可以把親愛變為情愛。這些關係錯綜複雜，但在社會教化的過程裏，我們又對它們成竹在胸。只要我們不肆意挑戰這些規矩，倫常的秩序就成了我們感情生活的地圖。

　　無論你同意與否，這個倫常的主張是倫常觀念的精粹：不是因為你和某人之間的愛有某種性質，所以你們有某種關係，而是因為你們有某種關係，所以你們之間的愛應該具有某種性質。在這裏，人的主觀情感固然不是沒有地位（情愛顯然始於主觀情感），但它卻沒有決定性的地位。這就是以倫節情，也是以禮節情。發乎情，止乎禮義。有情，有倫，有禮，有義，是所謂「情深義重」。

七　不學禮無以立

　　我的朋友偉健和靄慈送給小女靜得一盒蠟筆。靜得非常喜歡這件新玩意，時常拉著我要我畫圖畫。我乖乖照辦，然後哄她在我畫的圖形上填色。小靜拿了顏色筆，往紙上亂塗。亂塗的線條，跟我製的圖形毫無關係。個多禮拜之後，魔法發生了。小靜忽然很有意識地，把顏色塗在我繪畫的線框內。儘管不很準確，但

是，填色的意圖很明顯，效果也明顯。

　　禮秩序的建立是有代價的。它要求我們守禮，因此它帶有一定的強制性，也會給不想守禮的人一定的壓力。這些都是崇尚自由的現代人最抗拒的。

　　但是，讓我們來問自己一個問題：究竟把顏色填在框內，是代表小靜給框框框住，以致她喪失了自主？還是剛好相反，正正是能夠把顏色填在框內而非框外，才證明她的自主？

　　記得班近漢的說話嗎？他說：制度為社會成員提供共同的背景，使得我們能夠「減少我們自己做抉擇的負擔，容許我們把某些東西當做理所當然，因而為我們達到更複雜的創造、思考和合作活動鋪路。」這句說話，實在可堪玩味。

　　首先，在自由主義的洗禮下，我們都很在意規矩給我們的負擔。我們卻都忘了，抉擇也是一個負擔。而適當地在我們的生活之中加入秩序，就能減少我在這方面的負擔。交通規則很能說明這一點。在馬路上，大家都按燈號行事，紅燈亮時停車，綠燈亮時前進，這樣，大家就都安全又方便。如果把所有的燈號都拿走，約束是少了；但是，駕駛人士做決定的負擔就大了，路面的危險也大大增加。守規矩（守禮）的能力，是提升社會整體生活水平的必要條件，也是提升每一個社會成員生活水平的必要條件。

　　第二，制度提供了一個人與人協作的共同背景。因此，制度減少了人與人之間的分歧。因為有了制度，我們就能大大減省人與人之間的談判成本。我們無需事事從零點開始談判，相反可以跳過許多步驟，迅速獲得一個合作的方案。因此，給予兩群人相同的時間，要他們各自協商出一個合作的方案，以解決他們生活

之中的問題。生活在同一個制度底下的一群，比沒有共同制度的一群，要能夠有效處理更多的問題。

　　這樣，為甚麼要倫常的理由就很清楚了。因為我們都需要秩序。所謂「秩序」，就是同類的事物在同類的情形下做同樣的事。有實然的秩序，就有應然的秩序；有應然的秩序，就有倫常。秩序限制我們的行為，因此我們為了秩序而不耐煩；但是，把秩序都推倒了，我們重過原始人的生活，也不見得會是一件很爽的事情。唯一的出路，是認清人性裏秩序合無序的本質，在群體秩序和個體自由之中尋找一個綜合，然後安心活在這個畢竟有秩序規管的世界裏。

　　《史記・太史公自序》說：「法之所為用者易見，而禮之所為禁者難知。」從上文提到的數據，我們一方面固然可以肯定婚姻制度的價值，但是另一方面，我們同樣可以解釋婚姻制度何以會在近年受到那麼大的衝擊。讓我們做個天方夜譚式的假想：假定每對夫婦離婚之後，他們的孩子馬上都會患上嚴重的抑鬱症，而其中百分之七十會在離婚後兩個月內自殺，那麼，一定沒有人夠膽說，離婚是個人的問題，與道德無關；問題是，離婚對孩子為害雖大，但卻沒有巨大到使人無法略過不理的地步。是以，只要我們心中有一個婚姻純屬個人問題的偏見，我們就能把離婚的害處（雖然本來是相當明顯的）忽略掉。其他如婚外性行為、濫交之類，皆同此理。

　　而禮學的洞見，正正在於提醒我們，不可忽略這些不太明顯的問題。「禮之教化也微，其止邪也於未形，使人日徙善遠罪而不自知也。」守禮的重要，在於防微杜漸。在一個社會裏，一個人不承認婚姻的價值，看來好像是他個人的事情。當整整一代

人都不重視婚姻，結果就會「夫婦之道苦，而淫辟之罪多」，就明顯地是社會的事情了；所以，「以舊禮為無所用而去之者，必有亂患。」（《禮記・哀公問》）這正是孔子說：「一日克己復禮，天下歸仁焉」的意思。（《論語・顏淵》）

駛到埋身

meSquare（新城市中央廣場）L6

STEKA 平

$19

第六章

人生何價：盡生顯魅的人生觀

一　人生的蒼涼

美國當代著名哲學家聶格爾（T. Nagel），寫了一本內容十分精悍的小書，提出很沉重的哲學問題。壓卷的正是對人生意義的探討。以下先來引一小段：

> 也許你曾經想過，世上一切事情都是無關重要的，因為二百年後我們全都會死光。這個想法很特別，因為沒有很清楚的理由，說明為甚麼我們二百年後死光，就使得現在我們所做的東西都無關重要。
>
> 背後的想法也許是這樣的：我們是一群正參加賽跑的老鼠，掙扎要達成自己的目標，要在生命裏成就一些甚麼。但是，也得要我們的成就是永恒的，這才算得上有意思。問題是它們並不是永恒的。即使你創作了偉大的文學作品，幾千年人們都在讀它，最終太陽還是會冷卻，宇宙會停下或崩塌。你所有的努力，都會灰飛煙滅。（Nagel, 1987, p.95）

灰飛煙滅，這就是人生的蒼涼。中國歷代詩人一再用他們生花的妙筆，來描述他們對此蒼涼的感嘆，像陳子昂：「前不見古人，後不見來者，念天地之悠悠，獨愴然而涕下。」（〈登幽州台歌〉）蘇軾：「人生到處知何似？恰似飛鴻踏雪泥。泥上偶然留趾爪，鴻飛那復計東西？」（〈和子由澠池懷舊〉）這種蒼涼，能解嗎？能治嗎？當然，我們也可以問，這種蒼涼，要解嗎？要治嗎？

二　人生的荒謬

接下來，聶格爾嘗試解答他自己提出來的難題。他說，你可能會問，灰飛煙滅有甚麼問題？你很努力的賺錢養家，飢食倦眠，興之所至，與朋友散步談心。那還不夠嗎？

聶格爾說，不夠。

為甚麼？聶格爾說，因為我們是一種很特別的動物。你餓了，所以吃是有意思的；你倦了，所以睡是有意思的；但是，你的存活呢？你的存活有甚麼意思呢？我們能夠給我們生命裏許多個別事件不同的意義；但是，我們的生命本身呢？它有甚麼意義？

用聶格爾的話說，這個「生命有甚麼意義」的問題，來自人類一個很特別的能力。我們不但能從自己的觀點，往內考察自己生命裏的各種事情，問這些個別事情有甚麼意義；我們還能跳出自己的觀點，從外邊看自己生命的整體，問這個生命有甚麼意義。（Nagel, 1987, p.96）吃有意義，因為吃過，我就飽了。活著呢？活過就一切灰飛煙滅了。這難道還可以有甚麼大不了的意義嗎？

你可能會說：「不，即使從我的眼光跳出來，我的生命還是重要的；因為我的生命於其他人，我的妻子，我的孩子，是重要的。」但是，二百年後，你的孩子一樣會死去；再過許多許多年，宇宙一樣會崩塌。他們自己和你一樣，都是無關重要的。（Nagel, 1987, p.96）

你可能會再問：「好，就當我的整個生存無關重要。只要我還能趕得上我要乘搭的火車，還記得餵飼我家裏的小寵物，

那不就很好嗎？」聶格爾答：「很好──假如你真能堅持，永不跳出你的眼光，去回頭審視自己的人生的話。」（Nagel, 1987, p.97）

　　有人覺得，要解決這個問題，唯一的出路，似乎就是找到上帝。如果你說，你死後會在上帝的愛裏享受永生，我好像就很難再追問：那有甚麼意思？但是，聶格爾顯然不同意。我們很自然會想到一個重要的理由—我們很難確定是不是真有上帝。聶格爾沒有提到這個明顯的理由，反倒提出了兩個更有趣的問題：第一，為甚麼上帝能解釋一切？我們不停的追問，這有甚麼意思。為甚麼一到上帝出場，就不能再問下去？第二，就算真有上帝能給予我生命的意義，我還是不了解生命的意義。因為，上帝本來就是不可理解的。（Nagel, 1987, pp.99-100）一個不可理解的生命意義，於我又有何益呢？

　　出路在哪裏？聶格爾的態度，似乎是相當悲觀的。他說：

> 我們的問題是我們無可救藥地要正視自己的生存。我們從外邊審視自己，然後發現自己是不重要的……如果生命是虛妄的，是不重要的，如果它的目的地就是墳墓，那麼看重生命就是荒謬的；另一方面，如果我們不得不看重生命，也許我們就得接受生命的荒謬。（Nagel, 1987, p.101）

　　除了荒謬之外，還有別的答案嗎？

　　聶格爾的困局，其實就是西方人本主義（humanism）的困局。從文藝復興以來，西方人一直想高舉人的價值，這就是西方

所謂的「人本主義」。【22】自此之後，世俗主義抬頭，一切神聖
之物不是被視為謊言，就是被視為不可解而故此無意義；但是，
一旦神聖之物消失了，人的神聖性也自然無處寄託。所謂「神
聖」，就是指不可挑戰的絕對價值。人的神聖性既然無處寄託，
人就再無法擁有不可質疑的價值了。

　　這個困局，在無神論存在主義者卡繆（A. Camus）那裏獲得
最深刻的表述。卡繆發表過一個有名的宣言：

> 　　判斷人生究竟是否值得活下去，就等於答覆了哲
> 學的根本問題。其餘的一切（世界有無三度空間，心智
> 到底有九個還是十二個範疇）都是次要的問題；這些不
> 過是遊戲。……我斷言：人生的意義是最重要的問題。
> （卡繆，1984，頁33-34）

　　對於尋找超越的意義（如上帝的大愛）以克服死亡一點，卡
繆和聶格爾一樣的悲觀。事實上，聶格爾的觀點簡直就是卡繆的
翻版：

> 　　我不知道這世界是否有一個超越它的意義。但我自
> 知，我不知道那意義，目前我也不可知道。在我生存境況以
> 外的意義，對我有甚麼意義呢？（卡繆，1984，頁76）

【22】　　人本主義，也有譯作「人文主義」。必須強調，這種人文主義和當代港
　　　台新儒學所講的人文主義有相當重要的差異。新儒學固然也重視人的價
　　　值，但人有價值是因為他秉承了天道；相反，西方的人文主義則藉著推
　　　翻天（或任何高於人類之存在）的權威，來確立人的價值。

因此，卡繆斷言，生而為人，生而為懂得探問人生意義的人，本身就是荒謬的：

> 如果我是林中一株小樹，獸中之貓，此生便會有意義，或者這問題根本就不會產生。……造成世界與我心靈決裂的，除了意識外，還可能有甚麼呢？（卡繆，1984，頁76-77）

> 我們已經感覺到可能的答案是甚麼。目前這問題是反過來的。原先的問題是去發現生命是否有一個可以讓人生存的意義，現在相反地它變成如果生命沒有意義的話，它會讓人生活得更好。（卡繆，1984，頁78）

結果，卡繆比聶格爾更早用上聶格爾的方式來解答人生意義的問題。他說：「荒謬的人只能與一切事物糾纏到底，『鞠躬盡瘁，死而後已。』」（卡繆，1984，頁80）與聶格爾不同，他對於在荒謬的人生裏活出價值有更仔細的分析。

> 在遭遇荒謬之前，人的生存懷有目的，那是對將來的關懷。他估計著他的機會，他依賴著「某日」、他退休或他子孫們的勞力。他仍然以為此生有所指向。事實上，他的行動彷彿是自由的，即使所有的事實都和那自由抵觸。但是經過荒謬之後，一切都顛覆了。（卡繆，1984，頁81）

　　荒謬的人瞭解，迄今他被自由的假說束縛著，他生存在他的幻景之中。就某意義而言，它妨害了他的自由。他為生命假設了一個目的，為了達到這目的，他適應它的需要，他變成了自由的奴隸。……荒謬在這點上啟發了我：沒有未來。這就是我內在自由的原因。（卡繆，1984，頁81-82）

　　於是荒謬的人看到一個燃燒的、酷寒的、透明的、有極限的宇宙，其中一切皆不可能，但一切皆被賜予，在這樣的一個宇宙，從其中產生力量、拒絕希望，以及一個沒有慰藉的生命的不屈不撓的證據。（卡繆，1984，頁83）

　　這樣的宣言，何其悲壯！何其莊嚴！何其可敬！像這樣的動人宣言就只有一個問題：如果有選擇的話，誰都不想要悲壯。我們寧可選擇幸福，正如情侶都想終成眷屬，而不想效法梁祝；所以，佛蘭克抗議說，生命所要求我們的，並非忍受生命的無意義，而是接受人生具有超乎我們所能充分理解的意義。（Frankl, 1984, p.141）

　　又一次說到骨節眼上去了。

　　現代世界的特徵，韋伯（M. Weber）稱為「解魅」。在一個解魅的世界裏，我們無法忍受不可思議；然而，生命的意義本質地就是不可思議的。意義之為物，無色無臭，無形狀無方所，無質感無重量，可它就是真實存在的東西，和你手上拿著的一朵花一樣真實，甚或更為真實。這不是不可思議是甚麼？世界解魅之後，意義就不得不瓦解了。

　　意義不可思議，上帝就更不可思議了；所以，聶格爾問，就算人生的意義真能得到上帝的保證，那又於我何益？我不能了解上帝。故此，也不能了解上帝所保證的意義。依然是不可思議的問題。因為上帝不可思議，所以上帝於我無益。

　　這似乎是西方文明的特徵。西方人向來強於邏輯思維，邏輯思維要求凡事有個精準的界定。不能精準界定的語詞，容易造成含混的謬誤。因此，西方人對不能精準界定的觀念，有一種近乎本能的抗拒。東方人卻不如此。我們向來認為，人生裏有很多重要的東西，是不可言說的。老子說：「道可道，非常道。」（《老子·第一》）孔子說：「天何言哉。」（《論語·陽貨》）禪宗更以不立文字為號召，建立了佛家的大宗。

　　因此，問題的關鍵是，我們能不能忍受，我們生命意義的最終根據，是一些我們所不能完全明白的東西。

三　人生的目的

　　卡繆說得好，奪去我們生命意義的，是目的之闕如。那麼，人生真的沒目的嗎？

　　人生的目的，可以在人生之外去找，也可以在人生之中去找。我活著的目的，就是要取得天國的入場券。這是人生之外的目的；我活著的目的，就是要活出人的本質。這是人生之內的目的。

　　如果我的人生目的就在人生之內，那麼，聶格爾的困惑就難不倒我。即使我死後一切就都灰飛煙滅，只要我的人生活出了人的本質，我的人生依然是達標了；反倒是，要是我的人生目的

在人生之外，我的人生意義就不那麼穩妥了。我們得問，究竟這個目的，是否會因為宇宙瓦解而灰飛煙滅。假定答案是「會」的話，那麼，我的人生意義就失去著落了。

當聶格爾質疑人生的目的之時，他是由宇宙的終結講起的。這就表示，聶格爾將目的當做外物。我人生的目的，一定外於我的人生。人生和人生的目的，是一個因果關係；因在先，果在後。人生有無目的，就看人生能不能產生某種特定的後果，而後果又必須有自己的目的才能有意義。如是者，直推至無窮。宇宙一毀滅，意義也就完了。

但是，當我們平時講目的之時，卻不一定都是這個意思的。對，我們有時會說：「我坐車子到學校去。」到學校去，就是坐車子的目的。去不到學校，目的就達不到了；可是，也有很多活動，目的不一定要在活動之外。譬如下棋，你當然可以為了增進棋藝，甚至是為了贏取獎項而下棋；可是，你也可以純粹為了下棋而下棋，那麼，下棋之後，帶來甚麼結果，結果會不會被勾銷，根本是不相干的問題。

同理，我們也許可以答：人生的目的在於活得精彩。如果有人問，你活得再精彩，你的生命還是不會留下甚麼。我們可以答：我都活得這樣精彩了，留不留下甚麼，有甚麼關係？

四　盡生顯魅

盡生顯魅，這某程度上就是儒家的答案。死亡與毀滅，成為了人生揮不去的夢魘。因此，今日很多人大力提倡死亡學，相信

這門學問對於解決人生困惑具有不可逃避的重要性。儒家解決這個困惑的方法是，要在有限的生命裏，活出無限的神聖意義。這個神聖的意義，並不需要像基督教那樣，寄託在一個世界之外的上帝和天國之上。神聖就在我們的人倫日用之中，此亦即芬格萊特（H. Fingarette）所謂「即凡而聖」，以及當代港台新儒家所謂「內在超越」的意思。儒家沒有一個人格神的信仰，但是儒家的世界依然充滿了神聖的意義。這個神聖的意義，就在人類道德生命的世代相傳之中。有了這個神聖的意義，這個世界裏，就有崇高之事，有可敬之物，有足以委身和獻身之對象。這些事物，都是足以為之生，為之死的。死亡不但不等於滅絕；相反，要是我們能為神聖之事而死，死亡更足以成全意義。所以孔子說：「朝聞道，夕死可矣。」（《論語・里仁》）又說：「志士仁人，無求生以害仁，有殺身以成仁。」（《論語・衛靈公》）

　　這也是孟子必須肯定人的善性的原因。人性本善。這樣說來，人生的意義就很清楚了：人生的意義在於活出一個有德行的生命；而活出一個有德行的生命，其實又不外是做回自己；換言之，只要我做回自己，我的人生就有意義了。這不是真夠爽的嗎？所以孟子說：「反身而誠，樂莫大焉。」（《孟子・盡心上》）儒家思想是一個幫人安身立命的思想。孔子說：「仁者安仁」；（《論語・里仁》）孟子說：「殀壽不貳，修身以俟之，所以立命也。」（《孟子・盡心上》）可見儒家的精義之一，乃是要藉德性活動來安立人生的意義。而這個德性生命並不是人類無根無據憑空捏造出來的。人秉承了天道，這個下貫在人心之中的天道，就是我們的本性。只要活出這個本性，我們就達成了人生的目的。所以《中庸》說：「天命之謂

性，率性之謂道。」

　　季路問事鬼神。子曰：「未能事人，焉能事鬼？」「敢問死？」曰：「未知生，焉知死？」（《論語・先進》）很多人認為，孔子對於死亡的問題，採取一種不可知的立場。這個理解，差若毫釐，繆以千里。

　　孔子的答案，完全沒有鬼神及死亡乃不可知的意思。他的意思不外就是說，事人是事鬼神的必要條件；知生是知死的必要條件。此話何解？

　　古希臘哲學家伊比鳩魯（Epicurus）說過，一天我們還活著，一天我們就還未死；所以，死亡不可怕。死亡不可怕的結論也許有點輕率；然而，即使死亡可怕，這個怕死的，卻依然是個活人。因此，死亡的問題，徹頭徹尾的，就是個活的問題。

　　對孔子來說，要解決死的問題，唯一的方法就是活得好。死亡是甚麼，鬼神的世界如何，全部都是次要的；重要的是活得好。活得好，死亡的陰影就給化掉了；所以，孔子自述道：「發憤忘食，樂以忘憂，不知老之將至」。（《論語・述而》）連可見可感的衰老過程都渾無所覺，何況不可見的死。這個觀點，我稱為「盡生忘死的人生觀」。

　　「天地之大德曰生」。（《易・繫辭》）儒家的整個精神，完全建基於對生命的敬意。出於這個敬意，我們對於生和死的大題目，就都得謹慎看待。因此，曾子告誡我們要「慎終追遠」；（《論語・學而》）孟子告誡我們：「知命者不立乎岩牆之下」。（《孟子・盡心》）除了「慎終」，還得「敬始」：「生，人之始也；死，人之終也，終始俱善，人道畢矣。」（《荀子・禮論》）因為敬始，所以儒家在男女相遇之前已經考

慮到生命孕育的問題（詳見本書第五章）；又因為敬始，所以敬本。由於「天地者，生之本也；先祖者，類之本也」，（《荀子‧禮論》）所以儒家主張敬天法祖。

如果生命可敬，我們就得興興頭頭地，把這個生命活得盡善盡美。一旦能做到這一點，死亡對於人生意義的威脅就給我拋到九霄雲外；但是，這種儒家式的人生觀並不就是十全十美的。內在超越的神聖，可以使我們活得興興頭頭，可以消解空苦，（詳見本書第二章第六節，頁86-93）卻不能化解修補人生裏重大的遺憾；沒錯，我可以熱愛世界，可以活得興興頭頭。但我越是愛世界，我的人生就越難免留下遺憾；像我，四十二歲的年紀，就面對著遺下妻女離開人世的終極命運。這樣的遺憾，儒家能怎樣解決呢？答案是不能解決。我越是體會到人倫關係的神聖，我就越是無法割捨我的親情。地獄不在別的地方，就在女兒從小失去父親的陪伴與教導的事實裏。儒家能救我離開這個地獄嗎？不能！沒錯，我可以盡我有限的能力，在我有限的日子裏給女兒最多最美好的東西；沒錯，只要我盡了力，我就問心無愧；但是，無愧不等於無憾。不要說問心無愧，就算我能做到德配天地，依然不能取代一個陪著我女兒讀書嬉戲，替她趕走不懷好意的男生的父親。這就是一個短命父親的夢魘。我不要德配天地，我要還給我的女兒一個活著的父親。要是不能做到這一點，這就是使我死不瞑目的遺憾。

生命的目的可以在現世生命之內，也可以在現世生命之外；甚至，可以既在其內又在其外。現世是一個充滿缺憾的地方，這是誰都不能否定的事實。想要化解從這些缺憾而來的遺憾，我們始終需要一個現世以外的生命向度。

儒家實在也沒有否認這個向度。孔子只是說事人先於事鬼，沒有說不能事鬼，更沒有說過沒有鬼神。從他病中和子路的對答看來，孔子大概還是相信有神的；【23】再者，從《禮記》討論祭祀的諸多片段看，儒家對鬼神的態度應該基本上是肯定的；【24】但是，鬼神世界的神秘，使儒家始終把目光先放在現世。這種以現世為先的態度當然有它的好處。以下，是我在《通識中國哲學・前言一》裏面的一段文字：

　　我和內子到新加坡度假。我們在酒店安頓好之後，到酒店的泳池玩水曬太陽。泳池靜靜的，除了我和內子，就只有一位年輕的西人父親，和他大約是兩歲的孩子。父親帶著孩子，在淺水區裏玩耍。孩子在水裏面跑跳，試驗自己的身手，父親一面教，一面鼓勵。孩子跑到哪裏，父親的眼睛就看到哪裏。父子二人，渾然忘我，樂不可支，笑容燦爛，與日爭輝。我看著他們，活脫脫就是一副天倫之樂圖。

　　對，天倫之樂。豈止人倫，直是天倫。

　　我訝然驚悟到儒家的厲害。在我們目之為個體主義當道的西方，一樣可以看見這樣的天倫之樂圖。這個來自西方的父親，也許十年後會離婚，也許他的離婚會

【23】　子疾病，子路請禱。子曰：「有諸？」子路對曰：「有之；誄曰：『禱爾於上下神祇。』」子曰：「丘之禱久矣。」（《論語・泰伯》）

【24】　荀子不在此例。荀子以祭祀為純粹的教化工具，「在君子以為人道也，其在百姓以為鬼事也。」（《荀子・禮論》）

為他和孩子帶來很多困擾；但是今天，他就是這樣心無
旁騖地看著他的孩子。儒家以親子的天倫之情為一切道
德生活的自然起點，這使儒家站在一個不敗之地。所以
錢穆在《中國文化叢談》裏反覆引用孟子的話說：「文
武之道未墜於地。」這個道，也許會一時在社會上給其
他的東西遮蔽，但它是不會死的。一天，人間還有像這
個父親看孩子一樣的眼光，儒家的道就不會死。（楊國
榮，2008b，頁ii）

　　正因為儒家的整個價值體系都扎根在現世生活中，因此它基
本上就立於不敗之地。不像基督教的傳統，以現世的倫理價值為
天國的產物。一旦天國受到質疑，倫理體系也就隨之土崩瓦解。

　　但是，一旦我們敬鬼神而遠之，我們就要付上遠離鬼神的代
價，我們的現世遺憾就沒有出路；所以，儒家的立足現世，和基
督教的仰望天國，實在是各具洞見。許多人苦苦追問哪一個傳統
才是最終的真相，我卻時時不忘思考如何將二者兼收並蓄。對其
他人類文化裏面重要的智慧傳統，也可以作如是觀。

　　因此，我一方面深深信服於儒家那扎根現世的態度；同時，
也很積極地探問那個生前死後的世界。許多人根本無須證據，就
斷定那個世界完全是無稽之談；然而，我在探究過之後，倒發現
那個世界真實不虛。

　　不管我們手上有多少資料和證據，那個生前死後的世界，
以及掌管那個世界的神祇，依然是不可思議的。我可以相信，一
個善心的人，在現實生活之中的遺憾，可以在天國得到化解；可
是，這個化解之道卻是我們現世有限的心靈所無法把捉的。沒有

人能具體地說，一個小女孩從小失去父愛的缺憾，怎樣可以在天國得到補償；但是，這並不妨礙我們相信，就是有一個補償的方法。因為這個世界的奇妙，不但超過我們所見，更超乎我們所想。這就是我所說的，不可思議的人生。要一個不可思議的人生，或是要一個不外如是的人生，悉隨尊便。在我病榻上無法起床的日子，我想到本書從第一章至此的種種，寫了一篇短短的韻文，總結我自己對人生的看法，謹誌於此，與有共鳴的讀者分享：

病中思人生有感

二〇〇八年十月十日

有情義，有意義；

來有源，歸有處；

人生如此，不可思議。

第七章

是非曲直：仁禮共成的價值觀

一　各行其是

　　我們說，要活得有意義。要活得有意義，就要做正當的事。因此，人生意義和是非善惡向來不可分割。要做正當的事，就得知善知惡，這就形成了今日所謂「倫理學」的問題。不但要知善知惡，且要有能力將所知的善實踐出來，這就是儒家傳統所謂的「工夫論」的用心所在。在這一章，我想借助儒家的傳統智慧，來處理是非曲直的問題。

　　究竟何謂對？何謂錯？之所以有這個問題，是因為一人之所是，往往會為另一人所非。如果我認為正確的行為，在別人眼中卻視為大逆不道，那麼，我該跟從誰的意見？我怎知道是我自己的看法正確，還是別人的看法才正確呢？

　　按今日非常流行的看法，如果認為自己是對的，那我就照自己的想法做好了。別人怎樣評價我的行為，於我是不相干的。這個想法之所以流行，和兩個近年盛行的理論大有關係，一個是個體主義；另一個是相對主義。個體主義認為，每個人都是獨立的個體。在個人需求與社會需求之間，個人需求應該獲得優先考慮；相對主義則認為，世上的事物的好與壞，完全是因評價標準而有的。一物於我的標準而言是好，於他的標準是壞，它就於我的標準而言是好，而於他的標準而言是壞。至於事物本身，則根本沒有好與壞可言。而在我的標準和他的標準之間，也沒有誰對誰錯的問題。

　　因為個體主義強調人的獨立性，是故一個人的行為，最終只能對自己負責。所以個人的價值不可避免地成為了個人行為抉擇的最終依據；再者，既然個人需求比社會需求更具優先性，那

麼，當我的標準和社會的標準有衝突之時，理當是社會調節它的標準來照顧我，而不是由我來調節自己以遷就社會。個體主義者會反駁說，這樣的推論，即使是在個體主義系統內也是說不通的。因為要社會來遷就你，就是要社會的其他成員來遷就你，而這些成員自己也是個體。這個反駁當然是正確的，可是不管推論正確與否，個體主義一旦盛行了，人們就會這樣想。一個理論一旦為社會成員所接受，其實際的結果往往有別於其邏輯的結果。倫理學的功能在於指導生活，這一點，做倫理學工作的人不可不注意。

　　不論是個體主義抑或相對主義，撇開其理論上的優劣不談，在實踐上都是行不通的。正如上面所說的，一旦實踐起來，個體主義和相對主義實際上就是叫我們人人各行其是；如是者，人與人之間就無法協作，社會生活也就徹底地不可能。這不是說個體不重要，也不是說價值沒有相對性，但這些考慮，不能成為道德倫理價值的根本。

　　因此，自古以來數不盡的倫理學者，一直努力提出各種不同的方法，助人擺脫這個各行其是的困局，並提供足以助人協作的道德行為指引。我們當然不可能在這裏逐一檢視這些理論，並評論每一個理論的得失，這是一整本書都不能完成的工作。在下面，我會介紹自己近年發展出來的一套模型。這套模型的絕大部分資源來自儒家，但也吸收了一些現代西方政治倫理的觀念。我希望這個兼容並蓄的模型，能有效處理絕大多數（如果不是全部的話）倫理學裏面的核心問題。

二　價值總綱：仁禮和

我把儒家倫理學的基本結構理解為一個三層的結構，第一層是仁，第二層是禮，第三層是和。這三層的關係大約可以概括如下：人天生具備愛人（以至於愛天地萬物）的能力，也具備實踐愛的自我要求。這個愛人的能力和自我要求就是仁，仁是一切道德活動和道德價值的最終基礎。依於人本具的仁心，我們自然有群體生活，而群體生活不得不賴於一套或寬或嚴，或清晰或模糊的社會規範來協調。這套規範就是禮。我將禮定義為「為合宜生活提供實質指引的人為社會常規」。而禮的制訂，目的在於協調人的行為，最終是為了達成人類生活之中不同領域的和諧。我們常常說，儒學是內聖外王之學。大體上，我們可以（不很準確地）說，仁是內在的態度，禮是外在的行為，而和則是道德活動的效果；又或者，我們可以說，仁是內聖的基礎，禮是外王的基礎，和是一切人類活動的理想目標。

（一）依仁起禮

愛人是仁的核心意義，這一點是歷代儒者的共識。《論語·顏淵》記樊遲問仁，孔子答：「愛人。」荀子也說：「仁，愛也。」（《荀子·大略》）另外《大戴禮記·主言》亦言：「仁也者莫大於愛人。」愛人，就得推己及人，所以孔子說：「夫仁者，己欲立而立人，己欲達而達人。」（《論語·雍也》）孟子也說：「仁者以其所愛及其所不愛，不仁者以其所不愛及其所愛。」（《孟子·盡心上》）[25]

――――――――

[25]　　除了愛人之外，仁尚有一層德性之全的意思，這也是儒者的共識，茲不贅。

　　為甚麼以仁愛作為一切道德活動的起點？最簡單的理由是，這似乎是心理考察的必然結論。二〇〇七年十二月，《時代雜誌》亞洲版（Time Asia）發表了一篇文章，引用近年從心理學的研究探討人類的道德觀念的基礎，斷言：「道德的最深層基礎是同理心，也就是說，我們明白傷害我的事情也同時會傷害你。」（Kluger, Sharples and Silver, 2007, p.30）這個講法，和孟子的講法可謂同出一轍。孟子說：「惻隱之心，仁之端也。」（《孟子·公孫丑上》）惻隱之心，就是不忍人受苦的心，和同理心大體上是相同的東西。由惻隱而生仁愛，就是一切道德活動的基礎。

　　「道德」一詞有兩層最核心的意思，第一個意思是指行為的正當性；第二個意思是指行為的利他性（這個利他的意思還待進一步釐清）。第一個意思誰都知道，道德的行為必定是正當的，這就像說白花是白色的一樣，是邏輯或即概念上的必然；第二個意思較容易為人忽略，但其毋容置疑則一。如果我對你說：「希特拉是大好人，因為他殘害了天下蒼生，帶給天下人無邊的苦難。」你不但不會同意，你且會覺得，我簡直就是語無倫次。道德和殘害天下蒼生，在邏輯上是不能並存的。這裏，我們從反面的進路，再一次看到仁愛和道德的連繫。

　　人有一個內在的心靈，心靈活在一個外於它的肉體裏，肉體又活在一個外於它的世界裏；所以，人的生活牽涉到一個內在的世界和一個外在的世界，而人實際上是生活在這兩個世界交接的界面上。一切的行為，若是不能溝通兼顧這兩個世界，就會造成這兩個世界的決裂，因而造成痛苦與不幸。這一點，儒家很早就敏銳地觀察到了，所以《中庸》說：「性之德也，合外內之道也。」

　　因此，單單是具備仁愛的主觀態度是不夠的。我們必須要設計

或尋找一套有效的工具，來幫助我們解決這個溝通內外的問題。這套工具就是禮。而出於我們的仁愛，我們也非如此做不可。

　　禮是甚麼？我們在前面提出過一個定義，說禮是「為合宜生活提供實質指引的人為社會常規」。在這個定義裏，有幾個關鍵的字眼需要我們進一步解釋。

　　先說「合宜」。《禮記·仲尼燕居》云：「禮者何也？即事之治也。」換句話說，禮就是把事情處理得妥妥當當。這一點很有趣。我們今日受了現代西方倫理學的影響，覺得有很多事情，做得好些壞些，於道德是不相干的。舉例說，我把我的房間收拾得整齊些，又或者衣著整齊些，可能是一件好事；但是，收拾或穿著整齊，肯定不能算是個道德責任或道德價值。收拾與穿著整齊與否，用學界流行的術語講，是一個非道德（non-moral）的問題。

　　但古人並不這樣想。明明可以將一件事情做得妥當些，但我偏就是沒有把它做好，這就是人格上的缺失。因此，也就是道德上的缺失。我一直無法肯定儒家是否承認人的生活有一個所謂「非道德的領域」，但即使是有，道德與非道德的界線至少是非常模糊的。

　　無論是道德的抑或非道德的，禮就是合宜生活的指導。這個所謂「合宜」，就賦予禮一個所謂「應然」的內涵，因而有別於諸如文化、制度一類的觀念。不論文化或制度，和禮都非常相似，（詳見本書第一章第三節，頁33-39；第五章第二節，頁189-198）但是它們都是實然的觀念。一個社會有甚麼文化，有甚麼制度，完全是一個實然的問題。文化就是文化，制度就是制度，不會因為一個文化在道德上不可取，我們就說這不是文化；也不因為一個制度在道德上不可取，我們就說一個制度不是制

度。但禮卻不然，必得要是合宜的規矩，也就是能治事的，方能稱之為「禮」。

接下來，說人為。嚴格來說，一切的道德律則都必定是人為的。自然律裏沒有所謂的「道德」。道德是一個價值，它是人（不論是集體抑或個人）用以指導自己行事為人的標準。就算是最天經地義的道德律，諸如不可殺人，或者不可強暴婦女，依然都不是自然律，因此依然脫不了人為的性質。當然，人為不等於任意，這一點我們在下面還會談到。

然則，是怎樣的一種人為呢？按儒家傳統的講法，禮是聖人制訂的。《禮記‧曲禮上》說：「是故聖人作，為禮以教人。」但是，禮之為禮，必須依於眾人的共同遵守。禮得到眾人共同遵守，以致於成為集體的習慣，禮就成了俗。而這正是聖人制禮的最終目的，所以《禮記‧大傳》說：「禮俗刑（作者按：「刑」意即成）然後樂。」

之所以要特別提到禮的人為特性，是要回應一個現今社會裏非常流行的論調。按這個論調，道德規範不過是社會的建構，因為是社會建構，因此也就不配得到我們的尊重和遵守。這完全是講不通的。所謂「社會建構」，實在就即是人為的。自然律不是人為的，所以它不需要你尊重它，也不需要你遵守它，不論你相信它與否，願意遵守它與否，你就是不可能違反它。道德律卻不然，正因為我們可以互相愛護，也可以互相殺戮；所以，我們才要制訂道德律，說我們要相愛，不要殺戮，這就是道德律的人為特性。道德之所以具有約束力，並不因為它是非人為的。正如男人之所具有生育能力，並不因為他擁有卵子。因為道德的人為特性而否定道德的約束力，就如同因為男人沒有卵子而否定他的生

育能力一樣荒謬。

　　接下來，說社會。按定義，禮是常規，常規可分個人的和社會的。禮的側重點在於社會之一端。這不是說禮不關心個人的生活，而是說禮是社會共用的資源；所以，它只能規定或鼓勵那些能夠為眾人所共踐的行為。因此，禮不是任何常規，甚至不是任何合宜的常規，而是合宜的社會常規。《禮記・坊記》說，禮的功能是要「以為民紀」，也就是說，要讓人民共同遵守的。

　　再下來，說「實質」。禮之所以具有獨特的功能，不但在於它為行為提供指導，更在於它為行為提供實質的指導。禮所提供的指導，並不是愛人如己，或是己所不欲勿施於人之類的抽象指引，而是在親人死後應該怎樣送喪，結婚之前應該受甚麼教育，拜見長輩時應該注意甚麼，在路上走動時有甚麼規矩等等。像愛人如己一類的抽象指引，在理論上雖然重要，但到實際應用之時卻流於空洞。與此相比，禮的實質指導，在實際生活之中，參考的意義就大得多。

　　為了要在行為指引之中注入實質的內容，禮就不得不照顧到社會生活的實然。所謂「社會生活的實然」，既包括一些亙古常新的事實，例如人有感情需要，人有生老病死之類；也包括了一些偶然的事實，亦即某一群體的既成生活習慣，亦即風俗。判斷甚麼行為合宜，甚麼行為不合宜，不可能不因應不同的風俗而有所調節。我最喜歡舉的例子是雲南省的乙車族人，他們的男子和女子相遇之時，以摸乳為打招呼的禮儀。[26] 我們未必不可以對這

---

[26]　　見電影《今古婚俗奇觀》（華文影片公司，1987 年）。

樣的風俗做一個客觀的評價，卻總不能說他們這樣打招呼是不道德的；反過來，我們也不能說，因為在乙車族可以這樣做；所以，我們也可以在自己的社會裏照辦。一旦照辦，就是不折不扣的非禮行為。因此，禮的指引就少不免受到來自文化的偶然因素所影響；但是，這卻並不妨礙，禮之中也有一些普遍而不可變易的精神和法則，這一點，我們到第五節（見頁266-277）會詳細探討。

最後，說常規。在禮的定義之中，以此二字最堪玩味。人是秩序合無序的存有，二者之中，以秩序為先。我們平常不一定注意得到，在自己裏面有一個極其強軔，甚至可以說是頑固的秩序性格。舉一個我自己的例子：我這個人很喜歡變化，時常要在生活之中搞些新花樣；也就是說，我算是一個無序性格比較強的人。在未病發前，我很喜歡在上班前到茶餐廳去吃早餐。在點早餐的時候，我時時會拿著餐牌，左看右看，想要點一個跟平時不一樣的早餐；但是，最終還是點了一個跟昨天一模一樣的早餐。這個例子說明了習慣的頑固力量，而習慣就是人在重複的活動之中，自覺或不自覺地建立起來的常規。

習慣的頑固力量，在生活中可以說是無處不在。我的家傭內美，習慣了用某種方法處理家務的細節，就堅定不移地用她的方法處理下去。有一些做法，我覺得不很妥當，例如把我常用的物品放在不方便我拿取的地方，又或是把可以回收的廢物丟到垃圾桶等等。我當然就叫她改掉。每次叫她改，她當然會照辦；然而，有時是一天之後，頂多是一個月之後，她的做法就會打回原形。

而這並不是她特有的問題。別人不說，就說我自己。我的站姿和坐姿向來不健康，由上背到頸項一列地嚴重前傾。我的中醫師警告我，這造成了身體血氣的不流通，因此身體就會積聚毒

素。久而久之，就促成了癌病的形成。已經是生死攸關的事情
了，我的表現怎樣了？當我想起醫師的警告時，當然就把腰板挺
直；可是，快則兩三分鐘，慢則一個小時之後，背又不免彎起
來了。至今我想，在一天裏，我能挺直脊樑的時間還不到十分
之一。

　　常規當然可以是習慣的產物，反過來，我們也可以用常規
來指導習慣的培養。天下間一切的技能訓練都涉及這樣一個過
程。別的不說，就說我現在做著的事情：用電腦寫作。我使用的
是倉頡輸入法，所有人都知道倉頡輸入法初學時有多困難，但是
一旦熟習了，我們就能夠得心應手。倉頡輸入法有一套所謂拆字
的方法，是一套常規，這套常規熟習了，就成為習慣。成為習慣
之後，它就不用在意識層面運作，而轉入潛意識或無意識之中，
有利我們快速應變。現在我打中文字的時候，根本沒有想到倉頡
碼，更沒有想到拆字的規則。要是你隨便找一個字問我倉頡碼是
甚麼，我還不一定能答得上來；可是，一坐到鍵盤前，我還是能
不假思索地把它打出來。

　　習慣在潛意識裏運作，說明了習慣的頑固力量。人的意識一
次只能處理很少的事情，所有意識不能處理的事情，就都只好交
給潛意識了；所以，在我的注意力集中在腰板的時候，我可以把
腰挺得很直；但是，在我的注意力一放到別的地方的時候，不管
那是書本、電腦、女兒，甚至只是腦裏的一個念頭，我的習慣就
會取代意識，決定我的姿勢。

　　習慣是雙面的利刃，好的習慣可以活命，壞的習慣可以奪
命。因為習慣脫離了意識運作，所以到你意識到你在做甚麼時，
一切都已經太遲。你要麼是已經活了命，要麼是已經沒了命。舉

一個親身的例子。我開車多年了，經常要接載太太出入。太太上車，坐好，關上車門，每次都需要花上好幾秒鐘的時間，然後我就會驅動車子前行。因為每次太太所用的時間都相若（比方說是要用四五秒吧），我不自覺地，也就是完全沒有經過意識運作地，形成了習慣，從太太打開車門之後五秒左右，我就會驅動車子。連這個習慣形成了，我都還不知道自己有這樣一個習慣。你可以想像這是多危險的事情。結果有一次，太太不知何解上車時動作慢了些，正當她彎腰出去要把門關上的時候，我就把車子開動，把她的腰給扭傷了。我當然內疚得不堪，同時慶幸沒有釀成更嚴重的意外。反覆思量後，才知道自己在不自覺之間，養成了這樣一個危險的習慣。自此，我和太太在開車的時候，常互相提點：在危急的關頭，救你一命的不是你的判斷，而是你的習慣。

　　個人有個人的習慣，群體也有群體的習慣。群體的習慣就是文化，習慣成為具約束力的規範時，就成了制度。而良好的群體習慣，就是禮。常規塑造習慣，習慣支配行為。常規的巨大的力量，實即習慣的巨大力量。

　　常規的力量之所以巨大，除了因為它能塑造習慣，還有另一個原因。我們在討論群性和個性的關係時，曾經提及，群體是我們實現個性時所無法擺脫的參照系統。（詳見本書第一章第六節，頁48-55）常規和我們的行為之間，也有類似的關係。沿用潮流的例子：究竟我的打扮是走在潮流的尖端，是追上潮流，還是落伍，必得有一個潮流作為對比才能決定。這個潮流就是一個常規。又如買賣房子，怎樣的價格才算物有所值，也脫不開參考買賣時（或之前一段日子）的市價。這個市價，同樣是一個常規。我們簡直可以說，幾乎所有的判斷都離不開和常規做比較：

說一個人長命，其實是說他的壽命比一般人長；說一個人有錢，其實是說他的財富比一般人多；諸如此類。

常規一旦成為我們的參照系統，它就不可避免地成為我們生活的指標。我們說常規就是指標，指標這句話有兩個不同的意思。第一個意思是，常規代表著合格的標準。我們要是不能勝過常規，也不能比常規差。我們也許不一定要凡事搶在人前，但一般總寧願不要落於人後，而常規就是落於人後與否的分界。因此，在日常生活裏，我們總是在追趕著常規。許多人對自己的物質生活、事業成就等等，要求也很相似：能夠勝過別人總是好的，要是不能夠，那麼只要做到比上不足比下有餘，也總算有個交代了。

以常規作為指標的第二個意思是，常規就是我們追求的目標。合乎常規不是無法超過常規之後的次選；相反，我們追求的就是合乎常規，能夠合乎常規就是正常，就是好；不能合乎常規就是不好，至少是不正常。我們一再說，群性先於個性。要了解人的行為，要為個人和群體尋找合宜的生活之道，萬萬不能忽視群性的力量。依從常規行事是天下最容易的事情，特立獨行是需要很大勇氣的。想想要脫光衣服在街上跑，對大部分人來說有多難，你就會明白這一點；有趣的是，就算是最公認為正當的事情，只要它不是常規，要做起來依然就是百般艱難。舉個親身的例子：我唸中小學的日子，課堂主要是單向的講授，老師授課，孩子乖乖聽就是了，同學之間的交談是不容許的。我也算得上是個聽話的學生，通常是不會主動在課堂裏和同學聊天的；但是，要是碰上鄰座的同學不長進，主動來逗我說話，我雖然萬分不願意，就是會回答他。原因很簡單，我覺得人家逗你說話而你不回

話，那是很怪的事情。結果，當然往往是，我和同學雙雙受到老師的責罰。孰知常規之威，有甚於責罰者乎。

因此，因為禮觀念的引入，儒家看是非對錯，就有了一種相當獨特的眼光。用禮的眼光看事情，就是用常規的眼光來看事情。而之所以要這樣，是因為儒家洞悉到常規的威力。前些時，一位學界的朋友在應用倫理課上和學生討論一個題目：假定你開車來到一個路口，紅燈正亮著，你看清楚周圍沒有車輛也沒有行人，衝紅燈完全是安全的。於是，你選擇了衝紅燈，究竟你所做的事情是對是錯？而在課堂上，這班哲學系的準碩士們，異口同聲地說：「你沒做錯。」

我聽到了這個故事，感到相當意外。只要這班準碩士們對規條效益主義（rule utilitarianism）有基本的認識，他們就不會這樣遽下斷語。因為人不可避免地以常規為行事的參照系統，所以，我們就不能將個別的行為當作孤立的事件來判斷，而必須考慮到行為背後是以甚麼常規來作參照。規條效益主義的主張正是如此。效益主義主張，行為的對錯是由行為的實際效益來決定的。規條效益則進而補充說，要衡量所謂的「實際效益」，我們不能只看個別行為的效益，而必須看看指導該行為的規則，一旦為個人和群體所接納，會有甚麼整體的後果。

這樣，衝紅燈的道德評價就很清楚了。「看見紅燈就停下來」和「在安全的情況可以衝燈」的效果是很不一樣的。每一個司機在馬路上所做的每一個舉動，包括所有違反交通規則的舉動，都是在自以為安全的情況下做出的；然而，就是這些自以為安全的舉動，不知釀成了多少車禍，傷害了不知多少人的性命，所以我們才需要訂立交通規則。只要規則訂立得大致合理，而大

家又樂意遵守，我們就能大幅減少人命的傷亡。是常規而不是個別的行為，提升了交通活動的效益。儒家的觀點並不等同於規條效益主義；但是，對於常規的重視，在精神上與規條效益主義卻是相同的。

很多傳統的道德規範，都是在這樣的考慮底下，才能看出其價值。例如我們一再談到的傳統性倫理。孤立地看婚前性行為，和將婚前性行為放入常規的系統裏考慮，會得出截然不同的評價。這一點，我們在第四章詳細討論過了，茲不贅。以此觀諸如同性戀或師生戀一類的問題，其理亦同。

總結起來，常規的威力有兩個來源：第一，常規一旦得到實踐，就會形成習慣，而習慣具有驚人的韌力；第二，常規是行為的參照系統，對個體和群體生活都具有巨大的指導作用。上面說過，德性生活必然是一個合外內的活動。因此，內在的道德態度必定要轉化為外顯的道德行為，也要顧及行為的實際功效；所以，要讓人生活得好，就不得不借助這個常規的力量。這就是從仁到禮的過渡，是所謂「依仁起禮」。荀子說：「故王者先仁而後禮，天施然也。」（《荀子‧大略》）即是此意。

於是，不論我們談的是個人修養的內聖工夫，抑或是平治天下的外王事業，我們都要由建立恰當的常規做起。恰當的常規一旦為人所接受，不論是在個人還是社會的生活裏，就擁有了一個自動的品質維護機制。習慣的頑固力量，和常規的指導功能，會自動將個人和群體的生活，維繫在一個相對合理的範圍裏面。常規自動地幫我們解決了大部分的問題。我們剩下來要做的，就只是常規無法處理的枝節，以及對常規的維護，以至於對常規做適時的微調；所以，對於以禮治國，儒家一向信心十足：「能以禮讓為

國乎，何有！不能以禮讓為國，如禮何！」（《論語‧里仁》）

當然，我們都知道，規矩是死的，人是活的，沒有一套常規能精確無誤地為世間所有不同處境開出最好的藥方；所以，儒家一方面講禮，一方面又要講權變。[27] 禮是常規，常規不是絕對的律則，是容許變通的；同時，我們知道，環境是會改變的，客觀環境的條件不同，我們所需要的條件也不相同。因此，儒家也明白，禮的某些具體內容是可以隨時代而改變的；所以，《禮記‧大傳》說：「立權、度、量，考文章，改正朔，易服色，殊徽號，異器械，別衣服，此其所得與民變革者也。」但是，不論是考慮到權變的必要，還是考慮到禮在不同時代的因革，都不等於說這個世界就沒了常規，也不否定常規的巨大力量。

（二）以禮致和

然則，我們怎樣判斷何謂合理的常規呢？那就得看，聖人制禮，是希望達到怎樣的效果了。

我們一再強調，儒家的價值觀尋求達致一個合外內的境界。因此，儒者做價值判斷，必定是將動機、行為，以及行為的後果綜合起來考慮。因為我們往往無法決定自己行為的具體成效，儒家有時會不問成效地肯定某人某事的價值。孔子自己就以「知其不可為而為之」聞名。（《論語‧憲問》）但是事實上，有德行的人總不能不考慮後果，而聖人亦不可能漫無目的地制禮。

聖人制禮的目的是甚麼？按荀子之言，是為了讓人「群居和一」。（《荀子‧榮辱》）這個答案，和有子說的「禮之用，和為

---

[27]　「男女授受不親，禮也；嫂溺援之以手者，權也。」（《孟子‧離婁上》）

貴」，（《論語‧學而》）可以說是一脈相承；另外如《禮記‧燕義》說：「和寧，禮之用也。」《大戴禮記‧禮察》：「禮義積而民和親。」都有相同的意思。就是說，制禮的目的在於達成一個「和」的理想。《中庸》明言：「和也者，天下之達道也。」

　　然則，何謂和？從正面講，和就是《中庸》所謂「萬物並育而不相害」；所以，《中庸》說：「致中和，天地位焉，萬物育焉。」所謂「育」，用今天的話講，約莫就是自我實現（或曰自我完成）。自我實現當然是好事，但是一個人的自我完成，若是以障礙別人自我完成的方式來達到，那就稱不上和了。必得是眾人並育共成，方得稱之為「和」。

　　從反面講，和又代表了沒有衝突，或者衝突的化解。像以色列和巴勒斯坦，暴力衝突持續了半個世紀有多，就無論如何稱不上和。這一點，荀子解釋得最詳細：「人生不能無群，群而無分則爭，爭則亂，亂則離，離則弱，弱則不能勝物。」為了解決這個問題，就得要求人人守禮：「不可少頃舍禮義之謂也」。（《荀子‧王制》）《禮記‧禮運》也說：「故聖人之所以治人七情，脩十義，講信脩睦，尚辭讓，去爭奪，舍禮何以治之？」

　　既然我們說因為儒家的價值理想是一個合外內的理想，那麼，和的理想也同時有一個外在的面向，和一個內在的面向。從外在講，和就是人與人、人與世界的和諧；從內在講，和就是人性的內部和諧。（詳見本書第二章第九節，頁107-110）所以《禮記‧樂論》談到禮樂社會的理想狀態時說：「耳目聰明，血氣和平，移風易俗，天下皆寧。」這裏的耳目聰明和血氣和平，就是人性內部的和諧，而天下皆寧，當然就是外在的和諧。

（三）仁禮和相互為用

我們說，仁禮和三者的關係，是依仁起禮，以禮致和。這樣說起來，三者的關係大約就是：仁是道德的基礎，禮是道德的實踐，和是道德的目的。受到西方化約主義思維影響的人，很容易會想將三層價值化約為一個。化約的方法不外二途：一是把所有的價值化約為其基礎，這樣，仁就成為唯一真正重要的價值；二是把所有的價值化約為其目的，這樣，和就成為唯一真正重要的價值。無論朝哪個方向化約，禮都給化約掉了。

我要強調，不論怎樣化約，於這個仁禮和的架構都是不恰當的。中國人長於統攝思維，精於補捉事物的整全面貌，以及了解事物內部不同成分之間的互相依存的關係。一化約，儒學的精彩就給徹底摧毀了。

中國人的統攝思想，主要見於其陰陽的思維。陰陽思維源自《易經》，而《易經》則為中國眾學術思想流派所共尊。陰陽思維最重要的內容是，世間一切有形無形的事情，都是由對立的成分互動而產生的。留心對立不等於敵對。今人一聽到對立，就立刻想到敵對，這是因為我們已經盡失陰陽思維的真傳。對立不外是對面而立而已；對立者關係既可以是親和的，可以是冷漠的，也可以敵對的。而敵對，一般而言，當然不是於對立雙方最有利的關係。

一般而言，對立的事物之間，既互相制約，也互相成全。所以說陰陽相摩相盪。而在一個理想的互動裏，制約與成全也非敵對的力量；相反，很多時候是既制約又成全，而且是正因制約所以成全。正如我們探討人性之時提出，人性之中有四對對立的性格。每一對性格中的一端，既有因另一端的發達而受到制約的時候，也有因另一端的發達而得到滋養的時候。（詳見本書第一章

第四節至第八節，頁40-65；第二章第九節，頁107-110）

　　仁禮和的關係也是這樣。仁與禮是一對對立的事物，禮與和也是一對對立的事物。仁是內在的基礎，禮是外顯的行為。化約論者會說，既然禮不外是外顯，那麼，我們不是有仁就夠了嗎？儒家的答案是：不夠。禮不能化約為仁，仁與禮是互相依存的，二者缺一不可。《論語·八佾》說：「人而不仁如禮何？」就是說，光有禮沒有仁是不行的。這句說話，給許多朋友一個印象：仁比禮重要；但是，這些朋友沒有留心，《論語·衛靈公》也有一句：「知及之，仁能守之，莊以涖之，動之不以禮；未善也。」那即是說，不要說光有仁沒有禮是不行的，即使是知仁莊兼備，依然是沒有禮就不行。

　　禮與和的關係也是一樣。用化約主義的眼光看，既然禮是手段，和是目的，那麼，只要能達到目的，手段是隨時可以丟棄的；但是，儒家並不這樣看，不能將禮化約為和。有子說：「禮之用，和為貴。先王之道斯為美。小大由之，有所不行。知和而和，不以禮節之，亦不可行也。」（《論語·學而》）意思是說，禮的實踐應是以和為貴，事無大小都死守禮是不行的；但是反過來說，為了求和而求和，而不節之以禮，同樣是不行的。【28】

────────────

【28】　這段引文相當不好處理。本來上文的解讀應該是很明白，也很直截了當的，但因朱子的解法與此不同，結果造成許多疑問。按朱子的解法，「小大由之」之後的標點應為句號。意思是：禮的實踐以和為貴，事無大小都應依禮而行；但是，當這樣做行不通的時候，一味地追求和而不節之以禮，依然是不行的。這個解法最大的問題是，假使事無大小都應依禮而行，那麼依禮而行根本就沒有所謂行不通的時候。此解還有其他問題，茲不贅。必須補充的是，即使依朱子解，不能將禮化約為和的主題，依然沒有改變。

　　所以，在這個仁禮和三層架構之中，沒有一層是可以給化約掉的，三者缺一不可。仁是一切道德價值的基礎，和是道德行為的最終目的，這兩層價值之必要是不言而喻的；但是，禮既然「不外」是仁的外顯，又「不外」是致和的手段，為甚麼沒了它不行呢？我們馬上來回答這個問題。

三　禮：道德生活的支點

　　為甚麼沒有禮不行？最簡單的答案是：因為它是從仁到和之間的樞紐。這個道理有點像槓桿：一個槓桿除了要有一個力點和一個重點之外，還得有一個支點。古希臘數學家阿基米德（Archimedes）說：「給我一個支點，我可以移動整個地球。」禮就是這個支點。沒有支點就不能移動地球了，所以荀子說：「事無禮不成」。（《荀子‧修身》）

　　在一個槓桿裏，力點、重點和支點並不是三件可以分開運作的事物。這三者必須同時存在和運作，槓桿才能成為槓桿；仁禮和三者的關係，亦可作如是觀。如果禮是支點的話，那麼仁就是力點，而和則是重點。究竟禮作為仁與和之間的支點，是如何發揮作用的呢？在這一節，我們要詳細探討這個問題。

　　讓我們再由我們的老主題談起：道德理想是一個合外內的理想。單純的主觀態度純粹是內在的事物，和外在的世界並沒有實際的連繫。我們必須引入一個媒介，將主觀的道德態度，轉化為具有外在成效的行為。這個媒介就是禮。

　　我們不但要將主觀的道德態度轉化為外在的成效，我們抑

圖一　槓桿

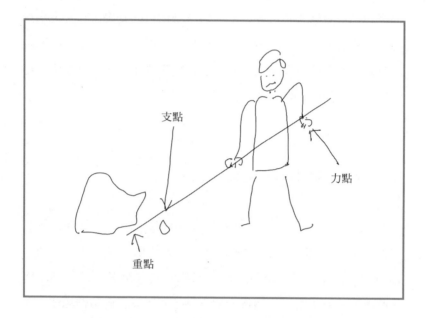

且要求，這個轉化必須是相當可靠的。我們不希望由一個善意出發，會導致生靈塗炭的惡果。因此，我們必須對人的行為作出實質的制約，以保證從善意到善果的轉化；而不能說，只要出於善意，就凡事都可行。這種制約的機制必須能實際地運作於社會之中；換言之，它必須具備可操作性。禮的重要，正在於它為社會生活和道德生活，提供了仁與和所不具的可操作性。荀子說：「國無禮則不正。禮之所以正國也，譬之：猶衡之於輕重也，猶繩墨之於曲直也，猶規矩之於方圓也，既錯之而人莫之能誣也。」（《荀子‧王霸》）就是這個意思。

　　你可能會覺得奇怪，仁是內在的態度，說它沒有可操作性還可理解，但和明明是實際可見的成效，為甚麼也欠缺可操作性呢？一個行為，能夠達致和諧就好，不能達致和諧就不好，這不

是很簡明的道理嗎？不是也能指導正當的行為嗎？

　　答案相當出人意表，是不能。打個很簡單的比喻，我們就會明白這一點。假定你現在去學開車，你問駕駛導師：「現在我該怎樣做？」老師答：「你要把車安全開到目的地。」你滿意這個答案嗎？叫人要追求和諧，就和叫人要安全達到目的地一樣缺乏指導意義。

　　和的理想之所以不能提供可操作的道德指引，第一個原因是因為它太抽象。從一個抽象的價值或原則過渡到具體的道德抉擇與行為，並不是一件輕而易舉，人人可以得心應手地完成的工作。這時，我們需要的是一套具體的方法，這套方法就是禮。如果我們不能掌握這套方法，和諧就是空談。

　　禮的優點就在於此。禮所提供的指引，並不停在抽象的層次。它提供的指引都是具體的：孩子應該怎樣對待父母？父母應該怎樣對待孩子？在不同的場合，舉止應該如何？穿戴如何？諸如此類，禮都有相應的規定。只有禮的規範訂得大致合理，而大家又樂意遵守，和諧的目標也就自能水到渠成。

　　第二個原因，是大部分人的道德品質都是很馬虎的。我們在日常生活裏，很多時候根本就在主動製造爭端，而非在求和，這一點已經不在話下了。即使是在求和的過程裏，我們總有自己的判斷，而這個判斷十居其九點九九都是偏幫自己的。多數夫妻都知道夫妻要和洽相處，然而絕大多數夫妻還是會爭執的。而在爭執之時，夫妻二人都會認為引發爭端的責任是在對方身上。夫妻之親尚且如此，其他人則又何如？

　　所以，儒家一直強調制禮是聖人的工作。所謂「聖人」，就是真正能了解和踐行道德的人。正如不懂開車的人無以成為稱職

圖二　二本四合圖（人性太極圖）

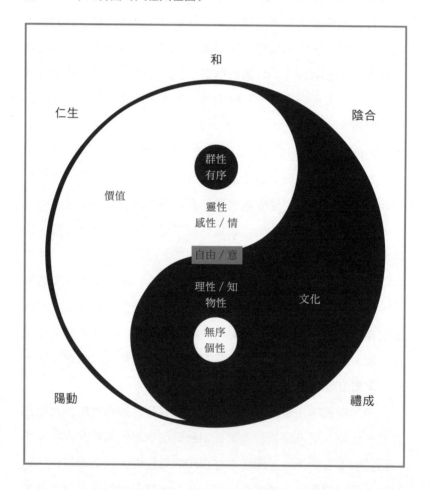

二〇〇七年十二月五日製，二〇〇九年七月十二日修訂。

的駕駛導師，非聖人亦無以制出真能指導道德生活的禮。聖人能夠明白和諧共處之道，又（相對地）沒有私心，才能制訂出有助於人類和諧共處的禮。

明白了仁禮和互涵互蓋、相摩相盪的道理，我們就可以進一步了解道德與人性的密切關係。下面，我嘗試將人性與道德的關係，配合陰陽互錯、相生、相剋的道理，借太極圖繪製成一幅人性圖解。

所謂「陰陽」，大約有以下的意思：陽代表主導的力量，陰代表配合的力量；陽代表形式，陰代表質料（或即內容）；陽代表創生，陰代表完成；陽代表變動（動），陰代表穩定（靜）。

在道德的生活裏，仁禮各司其職。仁是道德活動的源頭，故曰「仁生」，屬陽；禮是道德活動的完成，故曰「禮成」，屬陰。

人是價值的存有，所以人要求自己把事情做對和做好，也要求自己活得有價值。這是價值的形式，故屬陽而近仁。人是文化的存有，文化為價值的追求提供具體的條件，故屬陰而近禮。

人性合秩序與無序。秩序為主，無序從之。秩序為主而代表穩定，故為陽中之陰；無序為從而代表變動，故為陰中之陽。

人性合感性與理性。感性為主，偏於動；理性順之，偏於靜。故感性屬陽，理性屬陰。

人性合群性與個性。群性為主，個性從之。群性為主，又規限行為，故偏於穩定，為陽中之陰。個性為從，自生自發，偏於變動，為陰中之陽。

人合靈性與物性。靈性為主，物性從之。靈性突破限制，屬陽。物性為生命之中的限制，屬陰。

在四合之中，仁主創生，近於無序；禮主完成，近於秩序。

仁近於感性，禮近於理性。仁為一己道德生命之始，近於個性，禮為道德生命在社會之落實，近於群性。仁愛打破人與別人的隔閡，克服個體生命的有限性，故近於靈性；禮將仁愛的活動規限在人性的實然需要之內，故近於物性。仁與禮合，乃得道德之全，也得人性之全。道德人性雙全，就是和。而人性之中一切對立力量都能達致平衡，就是自由，故自由居於圓心。

四　禮之功能

因為禮提供了道德的支點，所以禮就能成事。而這個成事，又可以分開個人與社會兩個層面講。從個人層面講，禮是個人立身成人的要素。《論語・季氏》明言：「不學禮，無以立！」《荀子・大略》說：「人無禮則不生。」《禮記・禮器》也說：「禮也者，猶體也，體不備，君子謂之不成人。」

為甚麼無禮就不成人？這一點本來不很好解，但好在我們在本書第一章討論過人的價值本性和文化本性，在這個基礎之上，無禮不成人的主張就比較容易理解了。我們曾經說過，「文化」和「禮」是兩個非常相近的觀念。為了方便比較，我們在這裏把二者的定義都再錄一次：

　　文化：歷史裏為生活而創造出來的一切設計。這一切設計，有些是顯明的，有些是隱含的。有些是合理的，有些是反理的，也有些是非理的。這些設計在任何時候都是人的行為之潛在指導。

　　　　　禮：為合宜生活提供實質指引的人為社會常規。

　　我們來比較一下「禮」和「文化」兩個觀念的異同。文化出於人的歷史的創造和設計，正如禮是人為的。文化是為生活而設計的，禮亦然。文化是行為的潛在指導，正如禮是指導生活的常規。因此，「禮」和「文化」的意思非常相近，幾乎可以說是同義詞。

　　但是，「禮」和「文化」之間有一個非常重要分別：「文化」是一個價值中性的概念，「禮」卻具有清晰的正面價值意涵。文化的設計既可以是合理的，也可以是反理的；禮則不然，不能指導合宜生活者，不足稱為「禮」。因此，禮者無他，就是合理的文化。

　　回頭看人性。人是價值的存有，他要求自己能以一個合理的方式來生活；人是文化的存有，他要求自己融入一個文化的世界裏，以文化的資源來豐富自己的生活。禮既然糅合了價值和文化兩層意思，禮就能同時實現我們的價值本性和文化本性。因為我們必得是實現人性方能成為人，所以禮就成為每個人立身成人的必要條件。

　　從社會的層面講，禮又起著黏合、潤滑和穩定的作用。荀子說，禮是使人「群居和一之道」。（《荀子‧榮辱》）要和，就得潤滑；要一，就得黏合。禮就是這個潤滑劑和黏合劑。

　　另外，中國人的陰陽思維，使中國人對於穩定和變化的微妙關係，具有非常敏銳的觸覺。功往往敗於垂成之時，當我們覺得一切都很不錯的時候，往往敗亡的種子就種下了。正如當世人正在為他們由工業革命而來的巨大生產力沾沾自喜時，他們就已經種下破壞環境、自毀家園的禍根。我們在本書第一章第八節提

過，人性是柔韌的，而這個柔韌性於人既是祝福又是咒詛。它一方面給我們適應環境、克服痛苦的能力；另一方面又為我們設下了溫水煮蛙的陷阱。（詳見本書頁59-65）因此，要長治久安，就得防微杜漸。所以《禮記‧經解》說：「君子慎始。差若毫氂，繆以千里。」這是中國人非常重要的傳統智慧。我們若是不想孩子成為殺人犯，不可能等到孩子拿刀上街的一刻才制止他，而必定是從他第一次推撞其他小朋友的時候就糾正他。放諸人世一切其他事務，其理亦同。

　　而禮正是這個防微杜漸的工具。所以《禮記‧經解》說：「夫禮，禁亂之所由生，猶坊止水之所自來也。故以舊坊為無所用而壞之者，必有水敗。以舊禮為無所用而去之者，必有亂患。」荀子也說：「所失微而其為亂大者，禮也。」（《荀子‧大略》）

　　為甚麼禮能發揮以上的功能呢？這就得由禮的意義說起了。

五　禮意【29】

（一）禮之四義

　　我們說過，禮是指導合宜生活的常規。所謂「合宜的常規」，大概有四個不同的意思：

【29】　本節和下節內容部分曾見於拙文〈文教興國──儒家與現代社會〉。見楊國榮（2008a）。

　　1. 本序義，即天地萬物人事的內在本然秩序：
「凡禮之大體，體天地，法四時，則陰陽，順人情，故
謂之禮。」（《禮記・喪服四制》）

　　2. 默契義，即本序無法決定，但人類社會裏透過
約定或俗成建立起來，以利人事運行的生活秩序與共
識：「夫禮者，所以定親疏，決嫌疑，別同異，明是非
也。」（《禮記・曲禮上》）

　　3. 符號義，即表達道德情感態度的外在形式：
「禮之所尊，尊其義也。失其義，陳其數，祝史之事
也。故其數可陳也，其義難知也。知其義而敬守之，天
子之所以治天下也。」（《禮記・郊特牲》）

　　4. 教化義，即禮作為教育人成人，培養德性，移
風易俗的工具：「道之以德，齊之以禮，有恥且格。」
（《論語・為政》）

　　所有的禮，都是這四個成分結合而形成的生活常規。儒家強
調人有守禮的義務，是因為儒家看個人的行為同時就是社會的行
為。我想我們可以這樣理解個人行為的社會意義：大家都知道，
社會不只就是人的聚合而已。社會是一群聚集的人，按某種特定
的方式共同生活。這種特定的共同生活方式形成規範，合理的規
範就是禮。每一個守禮的行為，都在鞏固這個禮；相反，每一個
違禮的行為，都在削弱這個禮。

　　為甚麼我們需要禮呢？用上面的分析，我們就可以得到一相
當完整的答案。先說本序義。我們說，本序是天地人事的本然秩
序，這是不會因人的主觀意願而改變的；比方說，一天有晨昏，

一年有四時，人有生老病死，男女之間有情也有欲，這些都是天地人事的本然秩序。我們固然可以在這個本然秩序裏加入一些甚麼，譬如說，我們可以發明電燈，以便在夜裏工作；我們可以發明避孕技術，以減低懷孕概率；但是，我們卻無法免除掉晚上休息的需要，熬夜畢竟還是會傷害身體；也無法將懷孕與性行為徹底脫離關係（總不能要全人類都做結紮手術呀）。所有的社會生活，都必須考慮到如何與這個本然的秩序配合，才能為人類的生活帶來好處。這就是禮的本序義。

第二是默契義。這個意思，我想借用諾貝爾經濟學獎得主謝林（T. Schelling）的術語來說明。謝林舉了一個例子：先生和太太在百貨公司走失了。他們多半會想（那時候還沒有手提電話）：有沒有一些地點，是很明顯地雙方都能想到，要是走失了，在那兒就可以找到對方的（比方說，在百貨公司的正門之類）？要是夫妻二人心目中都有一個這樣的地方，他們就能很輕易地再次會合了。謝林稱這樣的配合為「默契」（tacit coordination）。在這個用法裏，默契可以是明言的，可以是沒有明言的，重要的是它獲得了參與各方的互認（mutually recognized）。（Schelling, 1980, p.54）

禮的這個默契義是很重要的。正如前面引述說，禮的功能在於「決嫌疑」，正是因為有嫌疑，所以需要默契。現代人不知是否受了康德的影響，往往覺得道德要具有必然性。因此，若一個行為不是非得如此不可的話，道德就不要求我這樣做。事實不然，回想一下乙車族人打招呼的例子就一目了然。很多時候，一個行為之所以不正當，是因為它破壞了人與人之間的默契，而默契是具有相當偶然性的。

如此我們就明白，為甚麼禮能起黏合潤滑的作用。禮能黏合和潤滑人，最簡單的原因是，禮為人與人對彼此的期望提供了一個接合點。舉例說，你走進一個餐館，你不會期望裏面的侍應對你愛理不理，你只會期望侍應對你招呼周到；有趣的是，不但你有這樣的期望，侍應對自己也有相同的期望。因為大家對雙方、對自己都有相同的期望，一次上館子的活動，就能很順暢的進行。你也很容易的發現，一旦客人和侍應之間的期望不能接合，侍應和客人就會發生爭執；一旦磨擦發生了，不論在人力上，資源上、心理上，都會對雙方和餐館，甚至對旁聽爭吵而心感不安的其他客人造成耗損。

這就是默契禮的作用。要是默契禮得不到人們的尊重（此即禮崩），人與人的期望就無法接合，人與人之間就自然生出爭端。有禮，則人的相處就愉悅；無禮，則人的關係就緊張。這就是禮之所以能黏合和潤滑的理由，也是禮能致和的理由。默契禮是社會不可少之物；比方說，現代大部分社會都會認為排隊上車是理所當然的，這就是一個典型的默契禮。

默契禮有一個致命的弱點，就是它本質地包含的不確定成分。這些不確定的成分，成為了那些不願守規矩的人攻擊默契禮的最佳藉口。他們也許會反問，難道結婚一定好嗎？難道離婚一定不好嗎？單親家庭的孩子就一定不能成材嗎？

比這更糟的是，默契禮一旦離開了這個禮的脈絡來看，就會顯得不可理喻，甚至荒誕可笑。所有社會都有自己的衣著禮儀，這些衣著禮儀，在其他文化的人眼中也是不可理喻的，甚至有時根本就是可笑的；所以，當一個社會的成員不再尊重社會上的默契禮之時，他們不但會覺得沒有必要遵守這些禮，他們壓根兒會

覺得，遵守這些禮根本就是可笑的；所以，現在不論怎樣界定色情，總是得不到社會人士的廣泛認同；比方說，社會上有許多人批評，用露點不露點來定義色情，真是可笑極了。言下之意，是露點也不一定色情。像露點就是色情這樣的標準當然可笑，但不比十八歲就可以投票，而十七歲零三百六十四日就不能投票更可笑。

　　別看默契禮有那麼多的弱點，它可以說是人類文明裏最偉大的非物質發明；而事實上，這些弱點不但不減少默契禮的價值，反倒證明了它的價值非同小可。它一方面為人際活動提供彼此期望的接合點，從而減少爭端；另一方面，默契禮將不可操作的原則化做可操作的規條，因而使無法落實的道德價值得以落實。「安全的時候可以駛過路口」，是不可操作的；「綠燈亮時可以駛過路口」，是可操作的；「真心相愛就可以進行性行為」，是不可操作的；「結了婚就可以進行性行為」，是可操作的。有了這樣具體的指引，甚麼該做，甚麼不該做，一目了然。

　　如果把這個意思放到整個社會的脈絡去考察，我們就會更清楚的看到默契禮的重要。現代人由於深受個體主義的影響，往往對於個體行為在群體生活脈絡之中的意義缺乏敏銳的觸覺。因此，他們對於默契禮的評價往往不得其正，默契禮就要受到無情的衝擊。結果造成了許多的爭端、傷害和麻煩。別的不說，就說尊重。尊重是人際互動裏一個極重要的元素。在人與人的互動之中，如果雙方都覺得備受尊重，很多問題都會比較容易解決；相反，如雙方都覺得不受尊重，很多爭端就會由此而生。對於何謂尊重，我們在社會長久的互動過程裏，本來是已經有一定默契的；但是，在我們這個時代，由於受到個體自由主義和多元平權

主義的衝擊，（詳見本書第八章第五節及第六節，頁352-381）
這些默契不幸漸次瓦解。每個人對於何謂尊重，都有一套自己的
理解，許多爭端也就由是而生。

　　其中最明顯也最廣為人知的例子，是幾年前的丹麥漫畫風
波。【30】本來，按常識誰都知道，拿別人的宗教開玩笑，肯定是
不尊重別人的信仰；但是，在個體自由主義的影響下，偏偏有人
覺得，只要我沒有侵犯他人的信仰自由；也就是說，我沒有拿別
教的信徒去收監，我就已經給他們足夠的尊重。不單如此，拿他
們的宗教信仰開玩笑，還是我的基本權利呢！結果，漫畫在國際
社會裏引起了一場軒然大波。這正是對於尊重的標準欠缺默契所
造成的爭端。

　　如果我們細心觀察我們的社會，我們就會發現：幾乎所有關
乎尊重的固有常識標準，在我們這個時代都受到了質疑和挑戰。
例如香港的妓權組織說，一個男人隨便在街上攔住一位女士，問
她要多少錢才可以和她發生性行為，這不算不尊重。香港有些辦
學生刊物的大學生認為，在學生刊物裏使用粗言穢語，並沒有對
讀者不尊重。不但學生，連議員都在議會裏使用粗言穢語，這同
樣不算不尊重；不但使用粗言穢語，議員更向他們所反對的人士
投擲諸如香蕉之類的物件，這依然不算不尊重。每次有這樣的事

【30】　　二〇〇五年九月三十日，丹麥報紙 *Jyllends-Posten* 刊登了關於伊斯蘭教
　　　　創始人穆罕默德的諷刺漫畫，漫畫中將這位先知戴上炸彈圖案頭巾，文
　　　　字描述穆罕默德向死去的炸彈客表示，用來慰勞自殺攻擊者的處女已用
　　　　完。這幾幅漫畫對伊斯蘭教的嚴重褻瀆，穆斯林國家不僅集體向丹麥首
　　　　相表示強烈抗議，而穆斯林與西方國家的衝突亦再次被挑起。—— 本書
　　　　責任編輯註

件發生，牽涉其中的雙方就會你一言我一語，你說受到了冒犯，我說我已經很尊重你，每次都是僵持不下。無他，就是欠了一個默契而已；又或者，是固有的默契不獲尊重而已。因此，當我們發現一個社會爭端不但越來越多，而且越來越不可解的時候，我們就要認真審視一下，是不是我們社會的默契禮得不到應得的尊重。

　　禮的第三層意義是符號，也就是說，它是用來表達某種道德的情感或態度的。禮的這個意義最常見於各種各樣的儀式。為了表達政權的莊嚴，國家元首就任時一定有就任的儀式。畢業時有畢業禮，結婚時有婚禮，人死了有喪禮。甚至是尋常百姓的生辰，也要辦個生日會，這個生日會當然也是一個儀式。這些儀式，其意義有別；其為符號，用以表達對某些事情的重視則一。人很奇怪，沒有符號猶是可，一有了符號，符號一旦用得不對，我們的內心就不舒服。人家叫你的名字，把你的名字讀錯了，你並不因此受到侮辱，但你就是渾身不舒服；更重要的是，一旦用慣了某個符號來思考，這個符號就會左右你的思維。情人吵架了，一方問另一方：你把我當甚麼人了？另一方答「丈夫」或是答「男朋友」，那是力量很不相同的答案；所以，孔子強調：「必也正名乎」、「名不正則言不順。」（《論語・子路》）沒有一個恰如其分的符號或名字，行事的理據就得不到充分的表達，結果就由理直氣壯變成詞窮理屈，正義也就不能得到伸張了。符號的重大意義，我們在第一章及第五章都有詳細的分析，在此不贅。

　　禮的最後一層意義，我稱之為「教化義」。因為禮有一層教化義，所以儒家向來重視禮教。甚麼是禮教？單從字面就可以看出來，即是用禮來做教育的工具。我認為這是儒家其中一個最

重要的洞見。人是社會的產物，是文化的存有。所有人的成長都
是一個社會教化（socialization）的過程。這個社會教化就是一
個教育；所有你想得到的教育：學校教育、家庭教育，都不過是
這個社會教化（或即社會教育）裏面的個別環節；所以，天下間
威力最大的教材，就是人的生活環境整體，亦即社會。所有的教
材都可以放下、可以逃避，唯有社會不可以。只有這套教材，保
證陪伴一個人成長以至終老；所以，儒家認為要成功教育社會成
員（不論年紀），最有效的方法，莫過於把社會教育的內容「編
寫」好。社會教育的內容，就是這個社會的文化，也就是這個社
會的習慣和常規。能把社會的習慣和成規都塑形好，我們的社會
就不單有了文化，也有了禮，教育工作的成效就有保證。

　　要再仔細些分析，我們可以說，禮之所以能教化人，有兩
個理由：第一，正如我們在本章第二節之一「依仁起禮」說過，
（見頁244-255）常規對人具有強大的塑形能力。因為禮是常
規，所以禮也同樣具備相同的塑形力。人是群居的動物，我們都
有一個融入群體的天性。為了融入群體，我們就難免以群體生活
的既定常規來作為自己行事的參照系統。我們大概沒有人未說過
這一類的說話：「哪有人赴宴不做禮的？」「哪有人上館子不給
小費的？」當我們這樣說的時候，我們就是在假設，照社會實際
的常規行事是合理的。不但這樣說，實際上我們也時常這樣做。
因此，當好的行為成為了社會的常規時，人們就會不費力地做出
許多好的行為來；第二，人是使用符號的動物。人的這個特點，
使人得以用符號來建構理想之中的世界，然後用這個理想的世界
來指導自己的行為。於是，許多有價值的事物，首先得寄存在一
組符號（例如上面所講的各種儀式）之中，再透過符號來把這些

價值在社會上廣傳，並且一代一代的傳下去。

　　總而言之，禮就是一套有用的生活常規，助人適應世界（本序義）、協調合作（默契義）、溝通理解、創造意義（符號義）、傳遞經驗、陶鑄人心（教化義）。當一個禮秩序發生效用之時，社會就處於一個自發的和諧狀態；相反，禮秩序瓦解之時，人與人之間就會因為欠缺一個共同的調適機制而陷入內耗。這也就是所謂「禮樂崩壞」的意思。用禮的觀念思考道德問題，我們就會把社會活動連成一個巨大的有機體，而禮就是一套維持社會有機體良好運作的常規。每個人的每個行為，都可能於這套常規有益或有害。因為常規不存在於別的地方，它就存在於群體的實踐之中。一套常規在理論上再完美，當一個社會的成員不再實踐它的時候，它就會瓦解，因為它已不再是大家在群體生活裏的默契。因此，不論是為政者抑或人民，都有義務為了建立和守護一個有效的禮秩序而共同努力。

（二）禮的基本精神

　　我說禮有本序義、默契義、符號義、教化義，卻沒有描述這個本序義和默契義的內容，也沒有說禮的符號表達了甚麼，教化了些甚麼。

　　由於禮的內容太廣泛，要完整描述禮的內容，幾乎是不可能的事。但是如果不做任何扼要的描述，我們又無從理解。我在下面提出一個簡單的架構，相信能扼要地表達禮的主要精神。禮的精神，大概可以分為三個要素：敬、節、稱。

　　先談敬。人人彼此相敬，當是很理想的社會關係。這和現代社會要求人要彼此尊重，頗為相似，但是又有重要的分別。現代

社會所謂「尊重」，意思是要求我們平等看待他人。儒家的敬卻對我們有更高的要求，它有「自卑而尊人」的意思。（《禮記・曲禮上》）這個精神，和聖經說「各人看別人比自己強」，頗能彼此呼應。自卑而尊人之所以重要，是因為每人看平等都有不同的標準。你視為平等的，我看來並不平等；反過來，我視為平等的，你又會覺得不平等。更重要的是，每人採取的平等的標準，往往都是那些對自己有利的標準。因此，光是平等看待其他人，並不足夠化解人與人的衝突。在人與人的衝突裏，通常雙方都覺得自己是受到了對方的虧待（以巴衝突是最好也是最令人心酸的例子）。因此，只有當人不介意吃虧的時候，人與人之間才能有足夠的空間去化解衝突；更妙的是，假如人人都能彼此謙讓，結果不但使每人都能得到他所應得的東西，而且每人得到他所應得的東西之後，還會覺得自己得到了多於自己應得的好處，於是心存感激，樂於對群體作出回報，人與群體的互動因而形成了一個良性的循環。《禮記・坊記》說：「君子貴人而賤己，先人而後己，則民作讓」，就是這個意思。

再者，今人講的尊重，一般過分側重於免除干預的尊重。對於很多冒犯性的行為，往往缺乏制約。前文提到的丹麥漫畫風波，就是很明顯的例子。儒家卻對於人們的言行有多些制約，務求盡量避免對別人有所冒犯。

接下來，談節。《荀子・大略》說：「禮，節也，故成。」節的意思，是節制、節約。節制和節約的重要，在《禮記・樂記》裏有很生動的描述：「人生而靜，天之性也。感於物而動，性之欲也。物至知知，然後好惡形焉。好惡無節於內，知誘於外，不能反躬，天理滅矣。」這段文字的意思是說，人心本來是

安靜的；可是，人心又會認識外物，並且對外物產生好惡之情。
這個好惡不受節約的話，人就會被外物牽著走。如是者直至失
控，就會做出傷天害理之事。幾年前，美國有小學生在互聯網
上看了性交的片段，有樣學樣在課室裏集體性交。（〈美4小學
生〉，2007）這是欲望受到刺激並流於失控的絕佳例子，所以儒家
並不主張無限追求欲望的滿足，更反對刺激人們的欲望。孟子說：
「養心莫善於寡欲」，（《孟子‧盡心下》）即是這個意思。

最後，談稱。[31]《荀子‧富國》說：「禮者，貴賤有等；
長幼有差，貧富輕重皆有稱者也。」人的一切行為，必得與其身
分相稱，這是稱的第一個意思。每個人在社會之中都有其崗位，
每個崗位都有自己的職責。每個人在其崗位上都盡忠職守，就是
稱。荀子說：

> 故先王案為之制禮義以分之，使有貴賤之等，長
> 幼之差，知愚能不能之分，皆使人載其事，而各得其
> 宜。然後使穀祿多少厚薄之稱，是夫群居和一之道也。
> （《荀子‧榮辱》）

這裏的大意是說，聖王為社會制定了群居的秩序，使各人
都有自己的分位和職責，使每人都能在群體協作之中得到自己
所需要的東西。這是群體和諧的要素。社會不能沒有秩序，有

---

[31]   在〈文教興國〉一文中，我曾將禮的這方面的精神叫作「忠」。（楊國榮，
       2008a，頁43-44）但因「稱」的意義較「忠」更為豐富，故改之為「稱」。

秩序不能沒有分工，有分工即有職守。各人不守其職，社會就會
瓦解；所以，齊景公問政，孔子答道：「君君臣臣父父子子。」
（《論語・顏淵》）就是說，要建設社會，必先使社會成員各人
謹守自己的職分。儒家社會秩序的分工，最核心的是五倫。五倫
就是五種（最重要的）人際關係，在這五種關係裏，人人有自己
的職分：「父子有親，君臣有義，夫婦有別，長幼有序，朋友有
信。」（《孟子・滕文公上》）各人做好自己的職分，自然天下
太平；所以，孔子說：「一日克己復禮，天下歸仁焉。」（《論
語・顏淵》）

　　但稱還有更豐富的意思。如果說，行為必須與身分相稱，
那麼，行為何嘗不需要與其他條件相稱？整個禮的制定，本來就
要和人的根本性情相稱；所以，《禮記・三年問》說：「稱情而
立文。」又如孔子說：「射不主皮，為力不同科，古之道也。」
（《論語・八佾》）就是說，對人的要求，必須因應該人的能力
來調節；換言之，也就是和該人的能力相稱。荀子又說：「德必
稱位，位必稱祿」。（《荀子・富國》）品德、地位、薪酬，也
應彼此相稱。又如《禮記・禮器》說：「禮時為大，順次之，體
次之，宜次之，稱次之。」就是說，行為必須稱於天時（時）、
倫序（順）、差異（體）；最後，是必須合宜（宜），又合規矩
（稱）。雖說是「稱次之」，其實一律都是稱。

　　總括起來，稱的意思就是說：不論我們做甚麼，都要忠於我
們的職守；不論對待任何人和事，都得和該人該事的特定條件相
稱；簡言之，就是各安其分，各得其宜。

六　禮治和禮教

　　禮治是儒家治國理念的重點。（彭林，2008，頁1；劉長林等，2009）《大戴禮記·哀公問》明言：「禮者，政之本與。」梁漱溟是這樣分析儒家文化的精粹：「孔子深愛理性，深信理性。他要啟發眾人的理性，他要實現一個『生活完全理性化的社會』，而其道則在禮樂制度。」（1987，頁109）唐君毅先生也說：「先秦儒之精神，首表現於其對禮樂之重視。」（1988，頁507）事實上，孔子自己就說過：「能以禮讓為國乎，何有？」（《論語·里仁》）又說：「一日克己復禮，天下歸仁焉。」（《論語·顏淵》）

　　我們說過，禮同時有道德的意思和文化的意思。因此，所謂「禮治」，就同時有兩個核心的意義，其一是德治，即以道德來指導政治，以及善用道德的力量建設社會；其二則是以文化的手段來治國，也就是所謂「文教興國」的治國策略。因為儒家主張德治，所以道德的力量永遠比政治的力量優先。政治是一種關乎權力的活動。每個擁有權力的人或群體，不管他（們）擁有的權力是大是小，都會運用他的權力來影響別人，調動資源，改變世界，以達到一己的目的。這些行為或者是正當的，或者是不正當的。儒家堅持：不管你擁有的權力是大是小，正當的就當為，不正當的就不當為，就是這麼簡單。這是儒家整個政治哲學的精義所在。單是這個主張，就足以使儒家政治哲學無愧地卓立於世界學術的舞台。

　　在一個禮治的社會，治國者首重教育。《禮記·學記》說：「君子如欲化民成俗，其必由學乎。」教育首重教民以禮，反過

來，我們不妨也說，是首重以禮教民。《禮記·王制》說：「司徒脩六禮以節民性，明七教以興民德，齊八政以防淫，一道德以同俗，養耆老以致孝，恤孤獨以逮不足，上賢以崇德，簡不肖以絀惡。」教民以禮和以禮教民，互為因果，形成了一個良性循環，是所謂「禮教」。因為禮教自成一個良性循環，所以有利長治久安。

　　談起禮教，大家都會想到禮教吃人。自從五四運動以來，禮教吃人幾乎成了定案。姑不論實際歷史上的禮教是否真的吃人（這個觀點並非沒有受到質疑），禮教的原意絕不在於吃人，這點當無疑義。我們說過，禮的第一個功能就是助人立身成人，禮教非但不要吃人，而且正是要立人。正如芬格萊特說的，人是「禮儀的存有」。（Fingarette, 1972）沒有了禮儀，人就還原為獸。

　　另外，《禮記·經解》有這樣的一段文字，非常可堪玩味：「故禮之教化也微，其止邪也於未形，使人日徙善遠罪而不自知也。是以先王隆之也。易曰，君子慎始，差若毫釐，繆以千里。此之謂也。」這段引文意思很豐富，值得我們細心分析一下。它說明禮教的作用是精微的。它依靠的不是強悍的權力（如法律），而是薰陶的力量，所以能使人「徙善遠罪而不自知」。用今日流行的術語來說，就是軟力量，而非硬力量。（約瑟夫·奈，2005）用我自己的說話講，就是德體威用。這樣說來，吃人的禮教，本質就不能再是禮教。因此，晚清以來中國的問題不是禮教太多，而恰恰是禮教太少。這一點非常要緊。從五四運動以來，中國人在自強之路上舉步維艱，就是因為我們對自己國家的問題一直斷錯症，開錯藥。

　　我們在上一節介紹過禮的四重意義：本序、默契、符號、

教化。掌握了禮的四重意義，我們就明白為甚麼儒家那麼重視禮。禮是賦予意義、教化人民、黏合社會之大系統。沒有了禮，人不為人，社會不為社會，甚麼都成就不了。是故荀子批評墨子：「天下之公患，亂傷之也，胡不嘗試相與求亂之者誰也。我以墨子之非樂也，則使天下亂；墨子之節用也，則使天下貧。」（《荀子・富國》）大意是說，天下最壞的事情莫過於秩序瓦解。墨子為了節省資源，而棄掉禮樂，正正會將天下推入動亂的深淵。儒家的政治理念，一言蔽之，就是要善用禮的黏合力量，來建立和諧的社會。

要黏合社會，捨教育之外，別無他途。儒家重視教育，這是眾所周知的事情。孔子開私人辦學的先河，是普及教育的提倡者。孔子提倡有教無類，（《論語・衛靈公》）孔門弟子之中，既有窮光蛋如顏子，又有釋囚如公冶長。不但提倡教育，還要提倡非形式教育。是故儒家強調禮教，就是要以社會風氣來做教育工作。

自從五四運動以來，中國人一直在謀求打倒吃人的禮教；可是，由於忽略了禮的黏合和潤滑的功能，我們在打倒禮教的一百年後，已經嚐到很多苦果。

苦果一：以刑代禮。我們認為男女授受不親的舊禮是可笑的。為了打破枷鎖，我們要顛覆男女有別的規條；可是，這些規條一旦消失了，就造成了大量的性騷擾。結果我們只好立法禁止性騷擾；問題是，性騷擾是含糊的觀念，一放入法例裏面就得清晰界定。於是，法庭規定，一個男子若是定睛看女士的胸部超過七秒，就構成性騷擾。（熊秉元，2007）男女授受不親是可笑的，只許看女孩的胸部六秒半，不許看超過七秒就不可笑了？於是，我們去掉可笑的禮教，最終還是換上一樣可笑（也許是一樣不可

笑）的刑法。大家都知道，以刑代禮，我們的自由反倒更少了。

　　苦果二：非禮之害。禮對人的限制很容易看見。可是禮的保護功能卻往往非常隱微。結果，我們就把禮除掉，任由人還原到無禮的狀態。結果，我們首先當然是暴露在一個不受保護的環境之中；更糟的是，非禮很快就會成為常規，而我們就要受到這個非禮常規的枷鎖束縛。自由主義者最大的錯誤，是以為每一個行為都是獨立的事件；事實是，每個行為都有其獨特的意義，而其意義是由它和其他人的行為的對比之中看出來的。當每個人都不守禮時，我的守禮就會變成一件可笑之事。當人人都在婚前進行性行為，我要拒絕婚前性行為就是反常的。結果，婚前性行為無需理由，拒絕婚前性行為才須提供理由。當禮崩壞了，俗就會取代禮，成為支撐人的力量。俗與禮不同，禮是講道理的，俗是不講道理的。把禮換上了俗，不過是把講理的力量換上了不講理的力量。這就是非禮的枷鎖。

　　苦果三：因人反人。越是人性的禮，就越容易被顛覆。我們很難顛覆社會裏經濟至上的價值體系，要顛覆所謂的「家庭霸權」或者「異性戀霸權」卻容易得多。原因很簡單：家庭霸權的權力是虛的，經濟的權力是實的。不但這樣，我們還要以非人化之禮為名，來打壓人性之禮。資源增值、強制單親家長就業，都是非常鮮明的例子。這些要求，都在一個非人化的社會裏面，進一步侵蝕本已脆弱不堪的家庭價值。結果，我們越是為了禮教的非人化而反對禮教，我們就越是把社會推上一條非人化的路上去。

　　孔子說：「里仁為美。」（《論語・里仁》）意思是說，與仁者做鄰居是件美事。人與環境的關係，就如人與空氣的關係一樣，（關啟文，2007，頁234-235）我吸入的空氣，就是我的

一部分。然而，現代人卻相信，將你的環境改造成一個不仁的環境，是我的基本權利。今日現代人明白了，當他將一件有毒的垃圾丟到無人居住之地，他並不是在做著甚麼「於人無害」的事情；然而，現代人卻依然相信，當他將一個邪惡的圖像放到滲入每個家庭的大氣電波之時，這不但於人無害；相反，他還在促進一個社會的多元化發展。只有當我們了解到，文化就是心靈所呼吸的空氣，保護文化質素，就像保護空氣質素一樣重要之時，我們的社會才有希望。而今日我們要復興的禮教，並非指別的東西，就是這個文化環保的工作。

禮治的理想雖好，但它還是有兩個很重要的弱點：1.禮儀總是容易變質；2.今日的社會條件不利禮治。

先說變質。禮教的精神在於使民徙善遠惡而不自知。這個理想固然很美好，但社會上既有大批守禮但不明其意的人，禮儀就自然會流為徒具形式，而欠缺內涵的例行公事。這樣，禮一方面會僵化；另一方面，人又會流於虛偽。這樣，《禮記‧樂記》所謂的「著誠去偽」，也就無法落實了。

但是我們必須注意，這不等於說禮就是虛偽的元兇。事實上，任何價值（不管這些價值正確與否）一旦得到社會的認同，就會有人打著這個價值的旗號來撈取好處。我們認同民主，就會有人假民主真專制；認同多元，就有人假多元真一元；認同寬容，就有人假寬容真霸道；事實是，沒有了禮，我們反倒是更虛偽了。禮要求我們做的行為和自己與別人的身分相稱，一個人是先生，是小姐，是太太，清清楚楚。現在嗎，在香港，明明是老太婆卻稱「小姐」，明明是醜八怪卻稱「靚仔」或「靚女」，這不是虛偽是甚麼？

　　回頭說僵化與虛偽的問題。僵化與虛偽誠然不是禮的錯，然而，不幸的事實是，有了僵化與虛偽的現實，人們就會諉過於禮，結果就導致了禮樂的崩壞。當我們看見很多人虛有其表地遵守禮儀的規定時，我們難免會懷疑這些禮的意義。正如今日離婚率高企，年輕人難免就懷疑婚姻的價值了。結果當然是，諸如婚姻之類的禮在現代社裏一一瓦解。結果，我們都要活在沒有禮保護的人際關係裏。沒有禮來保護我，我就要挺身保護自己，而且是越強悍越好。人與人的鬥爭，於是越演越烈。孔子就是在這樣的一個時代裏提出要復禮的。放諸今日，恐怕也只能如此。

　　禮治的第二個困難，是它在資本主義社會之中特別難於實行。資本主義社會講求經濟的自由，又強調賺取最多的利潤，這些都和禮教的原則背道而馳。禮教的本義就是每人節制約束自己的自由，以為人我關係創造多一些的緩衝空間。這一方面當然約束了人的經濟自由，另一方面也為賺取利潤造成了障礙；比方說，如果我用違禮的手段做宣傳能有效推廣我的商品，按儒家的觀念這是不當為的，資本主義卻鼓勵我們這樣做。資本主義不但鼓勵我們這樣做，它簡直就是逼使我們這樣做：因為我不做，別人也會做，然後很快我就會被淘汰了。

　　這樣，我們有一個好消息，也有一個壞消息。壞消息是，復興禮治是很困難的，因為它要和資本主義的主流意識形態對著幹；好消息是，如果資本主義有甚麼缺點的話，正因為儒家和它對著幹，我們就能從儒家裏提取資源，對治資本主義的弊病。資本主義的缺點，經過了過百年的運作，實在已經非常明顯——資源的浪費、環境的破壞，以及無止的競爭所造成的焦慮等等，都是現代人亟需解決的問題。

　　怎樣入手？總的來說，儒家政治理想的特徵，在於以理服人。所以除了以理服人之外，也實在沒有更好的復興儒家理想之途。這個方法，革命家當然是不耐煩的；但是，除非我們面對的是桀紂之流的暴政，否則革命的硬力量就總是與儒家強調的軟力量格格不入；所以，要將禮治的精神加入現代社會，還是得由重提儒禮的禮意做起。

七　現代禮治芻議

（一）禮識

　　這是現代禮治的第一個要素。人是以虛馭實的存有，我們用觀念來理解世界、指導行為，用行為來改造現實。因此，每一個時代，每個社會的面貌，都是由那個時代、那個社會的主導觀念來決定的。這個主導觀念，我們往往稱之為「意識形態」。我們這個時代，是一個許多的意識形態激烈角力的時代。按一般理解，最具支配力量的的意識形態是資本主義和自由主義；另一個曾經具有巨大影響力的意識形態是社會主義，但社會主義在世界版圖上已經成為少數，其中包括了國力漸升的中國。而在社會主義國家，資本主義的滲透也越來越廣泛和深入。近年還流行所謂「後現代主義」、「女性主義」等，將來卻不知鹿死誰手。但在目前，我們大概還可以說，在資本主義和自由主義的主導下，我們的世界都有同一個思想格局：偏重經濟價值，推崇財富的追求與累積，同時崇尚民主、人權。這些不同的元素之間既有內在的關聯又有潛在的衝突，但在主導意識形態的蔭庇下，它們就是那

樣混雜地並存著，茲不贅。

　　無論怎樣，禮治的實現，所需要的是一個意識形態的更新。更新意識形態不一定要全盤推翻舊的意識形態，而從歷史的角度看，這也是不很可能的事情；事實上，禮觀念的建立或重建可以在任何意識形態的背景下進行。

　　這個重建工作的首要任務，是確認禮於道德、社會和政治生活是相干的。禮教不是吃人的魔鬼，而是助人立身成人，以及黏合社會的重要道德力量。這一點辦不到的話，其他一切都不用說了；第二件工作，是要釐清禮的基本意義（如上文所說的四義和三個基本精神即敬節稱等）；第三件工作，就是要透過學術和文化的討論，推廣有關禮的正確認識，使之成為知識界和文化界的共同的思想資源。

　　對於常人而言，改變世界是很困難的事情。事實上，改變世界對任何人來說都是很困難的；但是，對於知識分子來說，改變世界畢竟不是天方夜譚。對他們來說，改變世界，所需的往往就「不外」是一本書，或是一個理論。在歷史上，這樣的書和這樣的理論還真多著呢。難的是要把這本書寫出來，或者把這個理論形構出來。要是理論真有說服力，而論者又能把理論的說服力用時人所能理解的方式表達出來，它的影響力就會無遠弗屆。好在我們現在也不是要憑空建構一個新的理論，我們不過是要把一些受人忽略的道理再次闡明而已。假定禮治真是一個值得我們恢復的傳統，那麼，現代知識分子的任務也就很清楚：把禮的精義向人介紹，提供紮實的論證，證明禮在現代社會的價值。一旦禮的價值和基本精神能成為知識界的共識，它就會透過文化界影響整個社會。

（二）禮典

我們說過，禮是合宜生活的實質指導。所以禮不能僅僅有禮意，也得有禮文。禮文像文化規範一樣，可以是成文的，也可以是不成文的；然而，為了賦予禮以操作性，很多時還是不得不將禮文予以一個成文的表述；所以，中國歷代都有禮書的編修，如周代的《儀禮》和（按傳統的講法）《周禮》、唐代的《貞觀禮》和《開元禮》、宋代的《政和五禮新儀》、明代的《洪武禮制》和《大常集禮》、清代的《通禮》等等，不能盡錄。甚至民國初期，也曾草擬《中華民國通禮草案》，不幸推行並不成功。（楊志剛，2000）近年中央政府制定《公民道德綱要》，亦可歸於此類。（蔣慶，2004，頁40）

一談到編寫禮典，就牽涉到誰來寫、寫甚麼及如何寫的問題。先談誰來寫。編寫禮典的工作，必須由禮學專家的團隊來擔任。這個團隊的成員，必須對儒家傳統禮文禮意都具深刻的認識。這個團隊亦須於世界通行的禮儀，以至於民間的風俗，具有廣泛的認識；這樣，他們所編寫的禮典才能適用於現今的世界。

第二個問題是寫甚麼的問題。我們說過，禮有四義：本序、默契、符號、教化。禮典要處理的，主要是後三類的禮。本序之禮，因為是天經地義，禮典一般而言是不必談的。在《禮記》裏沒有一句說謀殺是不道德的，也沒有一句說強姦、搶刼是不道德的。因為這些禁令都是道德常識之內的事，並無必要另文申明。相反，默契之禮、符號之禮，以及教化之方，都是必待申明乃得以運作的。因此，禮典就得逐一處理了。

總言之，凡是因為人與人之間欠缺默契而生爭端的事情，或者是因為符號運用混亂而造成生活上的不便，又或是因為教化理

想而產生的需要，禮典都必須全面顧及。以下是一些例子。

第一個例子是示威。在現代社會中，集會、示威、遊行都是經常發生的事。對於示威活動的應有規範，人人都有不同的理解。當然，很籠統的講，規範是有的；比方說，一般人都同意，集會必須和平、理性，也須顧及公眾利益；但是，對於怎樣的集會才叫和平，不同的人卻有很不同的理解：肢體的衝撞算不算和平？放火焚燒雜物算不算和平？堵塞交通算不算和平？再極端一點說，曾經有示威者搶奪警察的警棍，用就地拆除地盤圍板所得來的木條追打警察，用鐵馬來襲擊警察，事後依然面不紅、氣不喘地宣稱他們的示威是和平的；而有趣的是，真心同意他們的人也不少。當然，不同意的人也許是更多；另外，在示威過程之中使用人身攻擊甚至侮辱性的口號算不算非理性？霸佔公眾地方算不算危害公眾利益？公共服務機構的僱員集體罷工算不算危害公眾利益？這些問題都是相當使人為難的問題。因為在遊行活動中的默契規範無法自然形成，就得交由一個有質素的權威來處理。這是禮典內容的最佳例子。

第二個例子是稱謂。中國人傳統有一套稱謂的禮儀，非常能實現敬與稱的原則。從敬的方面講，對別人用專稱，對自己用謙稱，例如稱別人為「先生」，稱自己為「某」；別人的家稱「府上」，自己的家稱「舍下」；從稱的方面講，每個人的身分，都決定了他的稱謂，是家姑就叫「家姑」，是岳母就稱「岳母」，是老師就叫「老師」。現在禮觀念喪失了，人人自稱「先生」，盡失自卑而尊人的敬意。稱的精神呢？家姑也可稱為「媽咪」，岳母也可稱為「媽咪」；媽咪不用說了，當然也可稱為「媽咪」。老師也是一樣，以我為例，我的學生有的叫我「老師」，

有的叫我「博士」，有的叫我「Sir」，有的叫我「安東尼」（洋名），有些居然叫我「楊過」（渾名）！這些洋派新作風好不好呢？表面看來，大家少些拘束，喜歡怎樣叫就怎樣叫，好像很不錯。可是這同時也造成了混亂與不安。像我自己，病發後不久，母親和岳母雙雙到我家裏來幫忙。我喊一聲「媽咪」，兩位老人家一起應我。至於說不安，稱謂這東西沒有選擇的時候平安無事，有選擇的時候就起暗湧了。我向一個學生介紹內子，說這是你師母，這學生居然覺得我和內子在擺架子了。這真是莫須有極了，她是你的師母，我請你喚她一聲「師母」，居然是我錯了！我可沒要求你叫我「老師」了耶。雖然我和學生沒有吵架，但是這裏一場關乎稱謂的角力已經展開了；所以，儒家時常強調禮可以息爭。爭不一定是吵架或者動武，當人與人為了不相容的立場而角力之時，就已經是爭了。在有禮的時候，人們怎樣彼此稱呼，是沒有甚麼可以爭的。是甚麼身分，是甚麼關係，就是甚麼稱謂，我們不用為此而（或明或暗地）角力一番。你想想，因為無禮，每遇上一個新相識，都要為稱謂的問題思索一番，這是多累人的事情？我自己就為此不勝其煩。這些角力虛耗了人的精力，卻不能為我們帶來任何好處。想我小學一二年級都有一科叫「尺牘」，專教學生書信和稱謂的禮儀，到我三年班時就全面取消了。這真是香港教育的一大敗筆；但是，我們暫且不談教育，重點是得重建一套稱謂的規範，來減少人在社交生活之中的無謂虛耗。這是符號禮的例子。

　　最後，是教化禮的例子。中國傳統禮儀觀念之中，將衣著禮儀看得很重要。衣著是無聲的教化。二〇〇一年，英國列斯（Leeds）的約翰史密頓社區中學（John Smeaton Community

High School），推行了嚴格規管學生校服的措施，結果有效地減少了校內的破壞與欺凌行為。（'Pupils Told', 2001）這是禮教的絕佳實例：透過教導禮儀，我們就能改變人的質素；同時，這個例子也說明，衣著並不單單是個人喜好的問題，而是具有潛在的道德性格的。[32]中國傳統服飾禮儀的要求有三：第一是與身分場合相稱；[33]第二是不露形體；[34]第三是端整。[35]這三個要求合起來，把敬、節和稱的精神一併都體現了：與身分場合相稱當然就是稱，端整表現的是敬，不露形體表現的是節。後者既節約人的欲望（不以暴露身體來挑動人的欲望），也節約人對自己身體的驕傲和自戀。今日社會，衣著基本上已無規則可言。要說有，那也只餘下社會裏難以言詮的心理關口；事實是，只要祭出一個理由（幾乎是任何理由都可以，最常見的理由是商業、藝術、社運），任何的公開裸露都可以進行得理直氣壯。由於衣著禮儀的失落，我們已經不可能為色情界線尋找任何共識，這也

【32】　　魯哀公問於孔子曰：「紳委章甫有益於仁乎？」孔子蹴然曰：「君號然也？資衰苴杖者不聽樂，非耳不能聞也，服使然也。黼衣黼裳者不茹葷，非口不能味也，服使然也。且丘聞之，好肆不守折，長者不為市。竊其有益與其無益，君其知之矣。」（《荀子‧哀公》）

【33】　　例如五服制度規定，參加喪禮和守喪須穿喪服，而喪服又因與死者關係親疏不同而有不同的格式（［自親至疏］斬衰、齊衰、大功、小功、緦麻）。

【34】　　例如周代的深衣，就規定要「短毋見膚，長毋被土。」（《禮記‧深衣》）這個不露形體的規定，除了唐代因受胡風影響而略見鬆動，基本上是延綿三千年不變。

【35】　　大抵為人，先要身體端整，自冠巾、衣服、鞋襪，皆須收拾愛護，當令潔淨整齊。我先人常訓子弟云：男子有三緊，謂「頭緊、腰緊、腳緊」。頭，謂「頭巾」，未冠者，總髻；腰，謂「以條或帶束腰」；腳，謂「鞋、襪」。此三者，要緊束，不可寬慢。寬慢，則身體放肆不端嚴，為人所輕賤矣。（朱熹《童蒙須知》）

使得色情的管制成為了一件不可能完成，甚至是不可能執行的任務。要解決這個問題，唯一的方法就是沒共識也得給它一個共識，而沒共識也得給它共識的方法就是制禮。

最後一個問題是如何寫的問題。制禮首重體現禮意，若不體現禮意，不如不制，因為這樣的禮徒然嵌制人的自由，卻不能成就任何道德價值。這樣的所謂「禮」，不過是對人無理的壓制，用禮學的觀點看，是不配稱為禮的；其次，禮的制訂必需考慮到社會的成俗。正如當年周公制禮，也不是天馬行空地創造出一套禮，來要求君民遵守的；相反，周公用的方法，稱為「因俗制禮」，即在現存風俗的基礎上，按道德原則進行更新。例如周代的婚禮，就是從搶婚習俗轉化過來的成果。（彭林，2006，頁49）這個禮在今日華人社會依然具有影響力。因俗制禮的好處是它「不一刀割棄既有的風俗，尊重人們多年形成的習慣」，（彭林，2008，頁46；彭林，2006，頁48）是很重要的原則。整個禮文化的精彩處就在於，它充分明白也懂得利用常規和習慣的威力。因此，制禮的活動要是不能尊重群體的集體習慣，這個活動就是自打嘴巴的，因為它沒有和禮文化的核心精神相符；但是，考慮成俗不等於全盤接受成俗，否則這個世界就只會剩下俗而再沒有禮。禮有自己一定的精神，社會上的成俗往往無法體現這些精神。這就是需要有識之士著手制禮的時候。必須是因俗制禮，因禮成俗，方能體現禮治的精神。曾經在報章讀到一段報導，廣州市政府發表了一份《廣州市公務員禮儀手冊》，要求公務員的衣著要做到「流行中的保守」。（〈穗規範〉，2009）這個要求很得因俗制禮的妙處：流行是俗，保守是禮（節）。有關其他禮儀的具體內容，亦可作如是觀。

（三）禮制

制禮的活動，首重制度建設。誠如荀子說：「上之於下，如保赤子，政令制度，所以接下之人百姓。」（《荀子‧王霸》）原因是，制度者無他，就是具有制約力的常規。一個良好的制度一旦確立，就能將人與人的互動納入正軌。

今人論制度建設，首重政治制度。而在各式政治制度之中，以民主制最受推崇。民主並不是完美的制度，然而今人一般相信，民主制在人類曾經實驗過的制度之中依然是最好的。因此，當代的知識分子和文化工作者，莫不以民主為不可質疑的政治理想。

民主誠然是人類實驗過的最佳制度，但這並不妨礙我們構思比民主更佳的制度。正如在五百年前，君主制是當時人類實驗過的最佳制度，卻不妨礙我們構思民主制度一樣。

民主制公認的缺點是不能保證當選領導人的質素。民主制的支持者當然會不服氣說：這問題不是民主制獨有的。天下間沒有一個制度能保證領導人的質素；然而，民主制比其他制度還是有一個優勢：民主制度內置了一個自我修正的的機制。要是領導人的質素不夠，人民下次就不選他。這也是我三十歲前的想法。

可是三十歲後，也就說，當我活到了柏拉圖認為可以開始讀哲學的年紀（我越來越相信柏拉圖在此是真有智慧的），（《國家篇》，537c-d）我開始對民主制起了疑心。民主制的支持者說，不能讓當權者擁有太多的權力，因為「權力令人腐化，絕對的權力令人絕對腐化。」[36]「慢著，」我想：「如果權力令人

---

[36]　艾克頓（J. Acton）的名句。（Martin, n.d.）

腐化，那麼民主不就令人民腐化嗎？」天下間還有比這更糟的事情嗎？如果腐化的只是政府，那麼，只要我不和政府打交道，我就可以快快樂樂地和許多沒有腐化的人一起生活。要是腐化的是人民，那我的快樂生活在哪裏？

民主制的支持者說，要是領導人質素不夠，人民下次就可以不選他；可是，如果人民的質素不夠呢？

觸發我想到民主制的種種缺點的，是我自己的教學經驗。我發現一個事實：在課室裏，完全的民主是不可行的。給學生兩套規矩供他們選擇，他們一定會選擇要求相對寬鬆的一套；如果你讓學生選擇是否應容許他們走堂，他們一定選容許。諸如此類。

這不是說，我們的學生都是壞學生。對所有人來說，少些外力的制約，永遠是件具吸引力的事情。讓我自己去選擇，我也會像他們那樣選，而我肯定不是壞學生。選擇少些制約，不外是尋求多些自決的空間，不一定代表我對自己沒有要求。我會對自己說：我只要老師容許我走堂，可不等於我就真要走堂。

可弔詭的是，哪怕是那些不壞的學生，包括了比較好的學生，在外在制約鬆動之後，行為實際上也會鬆動起來。我在大學的時候，旁聽了不少課程。選擇旁聽是為了減少修課的壓力，我對自己說，雖然只是旁聽，但我一定會把整個課都聽完，因為對這個課我是真有興趣的。結果呢？幾乎所有的旁聽課都挨不過半個學期，唯一聽完全程的就只有李天命老師的「科學哲學」。無他，不受外力制約而已。因此，在課室裏實行完全的民主，結果就只有削弱教學的成效。民主不但沒有內置的自我修正機制，恰恰相反，它似乎內置了一個自我腐化的機制。

然後，我想如果民主在課室裏有這樣的問題，它在社會上

何嘗沒有相同的問題？證諸實行民主制經年的國家，好像也的確如此。在這些國家，我們一律都看見同一個現象：道德對個人的制約不停減弱；誠然，道德制約減弱不一定是壞事。當一個社會的道德觀念過於嚴苛之時，把道德制約放寬一些是有好處的；但是，要是這個放寬的過程無止境地延續下去，那麼，我們總有一天會失掉制約與寬容之間的平衡。而放眼當代的民主國家，我們大體上卻只見制約的減少，不見制約的重建。這個現象並不能馬上證明民主制度已經造成道德的墮落；但是，要是我們對於民主導致墮落的危險毫無警惕，那卻是愚不可及的事情。

有關民主內藏自我腐化的機制一點，並不是我個人的發明。早在十九世紀，自由主義的奠基人約翰・彌爾（J. S. Mill）就已經指出民主政制有這樣的弊端：

> 如同現代文明一樣，代議政府的自然傾向乃是趨向於集體的平庸（collective mediocrity）……儘管具有較優越的智力和品格者在人數上必然是處於劣勢，然而他們的聲音能否被聽到則是至為重要的事。（許國賢，1997，頁67）

這樣的一個警告，出自一個自由主義者，也是代議政制忠實支持者和倡導者的口，證明我的見解並非民主敵人對民主制度的污衊；可悲的是，自從五四運動的知識子高呼要迎入德先生，迄今，內地和香港的「民運人士」一律地壓根兒沒有想過這個問題。

讓我們回到上面的關鍵問題：如果人民錯了怎麼辦？答案當然不可能在民主制裏面找。那該往哪裏找？答案的來源可能有

二：第一，我們可以跳出政制的框框，從更廣泛的文化資源裏找答案；第二，我們也可以從民主以外的制度裏找答案。

先說文化的資源。二〇〇八年至二〇〇九年間，泰國發生了一連串的政治動亂。這連串的動亂引發了我對民主政制的深層思考。泰國並非沒有民主選舉，但這幾年間，不論選出的總理是誰，都會引發敵對派系的支持者發起抗爭運動，每次抗爭運動都有死傷，都造成首都曼谷市陷於癱瘓。泰國的困局，顯然不是靠民主選舉可以解決的。如果人民的質素不改變，再選舉一萬次，曼谷市依然會癱瘓，依然會有人在政治角力之中死傷。

人是文化的存有。要改變人，就得改變社會的文化。而解決泰國的問題，所需的文化質素是人與人和解的能力。從這個角度看，我們就明白儒家禮學的洞見是何等深刻。整個禮的觀念，處處緊扣著和的理想：「禮之用，和為貴」；（《論語‧學而》）「先人而後己，則民作讓。」（《禮記‧坊記》）有敬有節，人與人之間自然少有爭端。即使有了爭端，因為人有禮教的修養，也可以求個大事化小，小事化無。這是大智慧。

必須要澄清，當我說泰國的困局不能靠民主選舉來解決的時候，我基本上是以普選來界定民主的。因此，民主制的支持者會反對說，我對民主的定義是太偏狹了。在民主理論之中，最具代表性的民主定義來自當斯（A. Downs）。按他的理解，在一個民主社會中，政府必須定期以一人一票的方式由普選產生。普選之中，所有心智健全的守法公民都有投票權。選舉中，必須有多於一個政黨彼此競爭，落敗者不得以強力或非法的手段阻撓勝選的政黨上任；反過來說，只要反對黨不使用武力挑戰執政者，執政者無權限制反對黨的政治活動。（許國賢，1997，頁56）

　　這個定義規定了敗選的政黨不能以強力阻撓勝選政黨上任。泰國亂局的成因，恰恰是敵對的兩個勢力都沒有遵守這個原則。因此，民主制的支持者會反駁說，用泰國的例子來反對民主，是不能成立的。

　　這個反駁對不對呢？我認為是對的。不過我同時認為，我也沒有錯。此話何解？且容我細細道來。

　　當我說，我對民主有保留的時候，我並不是要反對民主。我和大部分民主支持者間的差異，並不是支持民主和反對民主之間的差異，而是比較全面地支持民主和不那麼全面地支持民主的差異。而當我說我對民主有保留的時候，我同時有兩層意思：第一層意思說的是，民主不能夠解決社會長治久安的問題，我們還需要加入一些民主以外的價值；第二層意思是，民主本來已經不夠用了，今日偏又有許多人誤以為民主等於民主制度。這樣一來，民主就變得超級不夠用甚或有害了。要解決這個問題，我們必須加入文化因素來配合。

　　關於第一層意思，我們容後再談，現在我們只講第二層。「制度」一詞，今人有些用得非常寬鬆，幾乎把社會上一切有形無形的成規都包括在內。這樣，「制度」和「文化」就成為同義詞了；但是，在一個比較狹窄的意義上說，「制度」偏於指稱那些因訂立規章程序而有的社會成規；而「文化」則偏於指稱那些來自群體品質習慣的社會成規。

　　明白這個分別，事情就很明白了。當時對民主的定義，並不單單牽涉到民主的制度，同時也牽涉到民主的文化。落選政黨不能以強力阻撓政府上任，否則這個社會就不能稱為「民主社會」；但是，所謂「落選政黨不能以強力阻撓政府上任」這樣的

成規，究竟是一個制度上的規定，還是一個文化的質素？

不論我們平日有否注意，答案卻是很清楚的：那是一個文化的質素，雖然它未嘗不可以同時是一個制度上的規定。當社會成員不具備相應的品質時，我們是不能透過制定規章來阻止落選勢力使用強力的手段。他們之所以使用強力，是因為擁有這樣的力量。要擁有力量的人自發克制力量的使用，別無他法，只有讓這些人擁有自願克制的品質。這又一次觸及儒禮的基本精神——節。

說起來，這並不是民主獨有的問題。所有制度都有一定的規條，如果社會成員不具備遵守規條的條件，任何規條都不能發揮其應有的效用。這一點，我們在本書第五章談婚制的時候已經提過，茲不贅。（頁195-211）今人許多以為，中國社會建設首重制度的建設。從上面的分析看來，這個觀點要麼是不準確的，要麼是根本地錯誤的。如果一切制度的確立都要依賴文化質素的培養方能完成，那麼，中國社會建設就當首重文化建設。放諸其他社會，其理亦同。而這亦正是禮治的精義所在。

接下來，談制度。儒家向來有民貴的主張，基於這個主張，大半個世紀之前，有港台新儒家認為，儒家可以開出民主（牟宗三先生語）。在我看來，開出民主是沒有問題的；問題是，我們真想開出民主嗎？若要，是想開出怎樣的民主？

讓我們由美國總統林肯的名句——「民有、民治、民享的政府當免於凋零」說起。民有、民享都沒問題，有問題的是民治。

儒家向來的理想是賢治。對於民治，儒家向來多有疑慮。孔子說：「眾惡之，必察焉；眾好之，必察焉。」（《論語·衛靈公》）孟子說：「左右皆曰賢，未可也；諸大夫皆曰賢，未可也；國人皆曰賢，然後察之；見賢焉，然後用之。」（《孟子·

梁惠王下》）兩段引文的意思都很清楚：不是不要參考民意，但
民意不是決策的最終基礎，也不是用人的最終基礎。荀子說得更
直截了當：「少事長，賤事貴，不肖事賢，是天下之通義也。有
人也，埶不在人上，而羞為人下，是姦人之心也。」（《荀子‧
仲尼》）治國是一門極其複雜的技藝。要求治國者有治國所需的
質素，可以說是天下間最理所當然的事情。而這也是賢治最直截
了當的理據。這就像你的家電壞了，只能請合格的技師修理一
樣。你當然可以考慮哪個技師受歡迎些，但前提依然是：他必須
是個合格的技師。賢治與民主的關係，也可作如是觀。

　　你多半會問：「誰該來決定誰是賢者？」我的回應是一個反
問：「誰該來決定誰是合格的技師？」

　　可不是？誰來決定誰是合格技師呢？最合理的答案當然是：
由懂電工的人來決定，那麼同理，該來決定誰是（適合治國的）
賢者的人，當然就是那些懂得道德和治國之道的人。你可能會追
問：「那麼，又誰來決定誰真懂得道德和治國之道呢？」我的回
應聽來有點淘氣：「那又該由誰來決定誰真懂電工呢？」

　　我們要留心這類「誰該來決定」的問題有兩個重要的特徵：
第一，它不可無止境地問下去，否則就會摧毀一切知識，把可知
的事情都變成不可知；第二，它隱藏著一個相對主義的性格。你
問，誰該來決定甚麼是（比方說）道德？我答，該甲君來決定。
這就附帶了一個暗示：某個行為之所以為道德，無非因為它符合
了甲君的道德標準。只要把某甲換上某乙，事情就會大大不同。

　　但是，我們從電工的例子知道，事情並不是這樣的。真懂
電工的人並不因為某人的認可而真懂電工；相反，是因為某人真
懂電工，所以他得到認可。這個認可的過程實際上是如何發生的

呢？整個認可的機制是如何確立的呢？老實說，我也不很了解，畢竟是外行嘛。

可是，在倫理政治的範圍裏，有關這個「專業資格」認可的問題，我卻自認是有一點心得的。不少的文化傳統裏都有他們所公認的聖人，當中最有名的莫過於卜巴（M. Buber）所講的「四大聖哲」：耶穌、孔子、釋迦和蘇格拉底；其中，耶穌在祂的信徒眼中不單是聖人，抑且是神，這一點我們姑且不論。此外不得不提的當然還有伊斯蘭社會的穆罕默德。在中國，在孔子之前還有堯、舜、周公等先聖。近代的甘地、史懷哲、德蘭修女等，說不定在一千年後也可以與這些聖人並列。

在這裏，我特別要關心的是那些古代的聖人。

我曾經反覆申論，文化是個體心智在互動裏所產生的超級心智，這個超級心智擁有超過個體智慧總和的智慧；其實反過來說，要笨起來，這個超級心智也會比個體更笨。在整整一代人都受到某些意識形態影響時，這個超級心智就會比個人更笨，關於這點，「文革」是個很好的例子。而我有點擔心，在大部分現代社會裏，可能也有這個問題。

言歸正傳。我是個物理學的外行，但是如果有人問我，究竟在愛因斯坦和內子之間，誰比誰更具物理學的權威資格，我會答，當然是愛因斯坦。不但我，所有人都知道，我的答案一定不會錯。這些人中間，絕大部分也是物理學的外行；問題是：如果我們都是物理學的外行，為甚麼我們都能做出那麼有把握的判斷？這一切都只能借助文化的超級心智來解釋。在人類文化活動的互動過程裏，我已知道有甚麼人（或機構）是科學知識的權威，甚麼人是判定誰是誰不是科學權威的權威，諸如此類。於是

我們就能有把握地斷定，誰真懂科學。

在倫理政治的領域，其理亦同。所不同者，科學的外行只有很少的科學經驗（想想我們許多人在中學自然科學課堂裏做的三腳貓實驗）；但是，道德經驗卻是人人有之。因此，要判斷誰是道德的權威，每個人都具備起碼的條件。我們有這樣的條件，我們的祖先也有這樣的條件。因此，如果要一個文化的超級心智來判斷誰是有德行的人，只能比起要判斷誰是科學的權威，更有把握。

因此，一套價值，若能長時間為一個文化之中的所有人所共尊，那麼，這套價值就是通過了許多代人的超級心智所認可。這套價值若非絕對無誤，也應具有相當高的「含真量」。

我只要求這套價值得到同一文化中的人共同認可，卻沒有要求其他文化也來共尊這套價值，是因為要求跨文化的共同認可失諸過嚴。一套價值即使很合理甚至很精彩，要得到其他文化共尊也是很困難的事；有趣的是，即使是用到跨文化共尊的標準，儒家和基督教交出來的成績，依然是一點都不失禮。

讓我們以孔子為例，說明孔子思想在中國所受的認可。在孔子的時代，已經有人讚賞他是聖人了；但是，同一個時代，也就許多人認為孔子不過是個傻瓜。到了稍後的時代，按孟子的描述，儒學已經得不到時人的尊重了，有道是「天下之言，不歸楊則歸墨。」（《孟子·滕文公下》）然後，韓非子的法家思想漸佔上風，至秦代乃成為中國的治國理念。及後秦亡漢興，漢初尊崇黃老之術。到武帝時儒家始取得主導地位。自此，孔子成為中國歷史上屹立不倒的聖人，下迄晚清，歷時二千年。「文革」時，孔子遭到嚴厲批判，遭貶稱為「孔老二」。「文革」過後，孔子漸漸再獲尊為偉大思想家，也有些人重新尊孔子為聖人，祭

孔活動也重見天日，這都是歷史常識了。從中，我們能看出一些
關乎道德專業資格認可的玄機嗎？

　　孔子在世時就有人奉他為聖人。有想過這有多難嗎？在你
整個生命裏，曾經有人把你當做聖人嗎？恐怕沒有；然後，孔子
的倫理政治觀和其他的倫理政治觀彼此角力。這是再也自然不過
的事情。和西周早期的盛世不同，在春秋時代，孔子從周公那裏
繼承下來的一套價值，已經和時人的日常經驗相去甚遠了。在這
個競爭的過程裏，孔子對於強權暴力的節制，漸漸遭到戰國時代
「務實」之士的唾棄。秦皇朝的建立，更是尚權重武的法家文化
生命頂峰；然而，秦代終究捱不過兩代，黃老思想治國也沒有捱
過兩代；最終，儒學復興，孔子成為舉國共尊的聖人。有想過這
有多難嗎？你能想像你在身後幾百年，成為天下共尊的聖人嗎？
中國人尊孔子為聖人，一尊就是二千年。有想過這有多難嗎？能
獲部分時人尊為聖人的人，不是沒有，像康有為。但時至今日，
還有人把康有為當聖人嗎？孔子在「文革」的時候遭到全力打
壓，但打壓一停，孔子漸次重獲尊崇。有想過這有多難嗎？孔子
是否聖人？我們姑且不論，但孔子的人格，孔子的道德知識，能
比你我差嗎？如果你說，孔子的人格和道德知識比你差，那麼，
我會說：找一個真心奉你為聖人的人再跟我說。[37]任你用盡一
切方法，正途的如熱心行善，努力修行；邪的如巧取豪奪、欺世
盜名、攀附權貴，恐怕單這一條你就無法通過，不要說取得孔子

---

[37]　　即使你是名噪一時的教派主腦，我會附加一項條件：這個奉你為聖人的
　　　　人，必得在你的弟子或教徒之外找。記著，這個條件，孔子可是符合的。

相同或相若的認可。而我又敢說，用正途的方法，吸引人奉你為聖，肯定比用邪門的方法容易。

有一個講法，說儒家思想之所以能主導中國，無非因為它迎合了當權者的利益。老實說，只要你把《論語》讀一遍，你就不可能講出這樣的話。當衛靈公問孔子怎樣打仗，孔子馬上賞了衛靈公一個鼻子的灰。孔子的答案，內容和語氣同樣重要，他說：「俎豆之事，則嘗聞之矣；軍旅之事，未之學也。」（《論語·衛靈公》）白話意思是：「祭祀的事情我聽過一些，像打仗這樣的事，我可沒學過。」其輕蔑之情，溢於言表。不但如此，第二天孔子就跑了，不願為衛靈公打工。這樣的言行，哪有一分一毫迎合權貴的影子？再者，如果孔子的思想真那麼迎合當權者，「文革」期間，「四人幫」對孔子，只能尊之唯恐不及，哪有打壓之理？記著，孔子思想所具備的強大生命力，不但表現在二千年國人的共尊之中，也表現為它在羞辱與蹂躪之後，浴火重生的力量。

林肯總統有句名言：「你可以騙倒天下人於一時，你也可以永遠地騙倒一些人，卻不可以永遠騙倒所有人。」（Brainy History, n.d.）孔子的思想並沒有永遠說服所有人，但既然他的品格和道德理念都能長時間為一個民族所共尊（坦白講，也不單是一個民族了），能經得起時代的考驗，即使在劣勢之中仍然具有不死的生命力，那麼，這個人格和這套理念裏的價值，保守些說，一定具有相當不錯的「含真量」。因此，像孔子和耶穌這類聖人所留下的教誨，就當視為區分賢不肖的重要參考標準，雖然盲從他們的教誨也不見得是一個聰明的做法。

以上有關道德專業資格的討論是很重要的。相信聖人開出來的傳統，就是相信前人的道德經驗。我在第一章說過，人是歷史

的存有。（詳見該章第三節「文化的存有」，頁33-39）人的文化性格不但將他和同代人連繫起來，也將他和前代人連繫起來。人類集體沒有了歷史，就像一個因大腦受損而失去長期記憶的病人。一個人失去了長期記憶，他就失去了累積經驗和知識的能力。因此，他基本上就失去學習能力了；同理，如果人類不能從前人的道德經驗裏學習，人類也就只能一代又一代地停留在道德的嬰兒狀態。

所以我覺得，不論是基督教、儒家，抑或是佛教，都有一個很重要的智慧：不是叫你不要思考，但思考必須在虛心學習前人智慧的基礎上進行。蘇格拉底尋找真理（包括道德真理）的方法，是和人家辯論，管你是甚麼聖人。蘇格拉底的方法不是沒有用，也不是不重要，但那並不是求知活動的適切起點。要是孩子從三歲就開始事事跟長輩辯論，不輸掉辯論就誓死不從，那麼他恐怕很難活到十歲。他所犯的錯誤一定足夠要他的命；所以，唐君毅先生說：「學問的第一階段，是相信他人的話，此他人，或是父母，或是朋友，或是師長，或是所佩服的今人古人，或是公認的聖賢，而依他的話去思想。」又說：「學問的第一階段，不能是懷疑，與反對。因絕對的懷疑，是一虛空，不能成一開始。絕對的反對，使任何學問的開始，成不可能。」（唐君毅，1973，頁27）這也是柏拉圖說，三十歲前不該學哲學的理由。這是大智慧，不可不慎。

在這裏，腦筋快的讀者馬上會問：「我們不是說過，劣質意識形態可以把超級心智變笨嗎？那麼，焉知儒家和基督教不會正是這一類所謂『劣質意識形態』？」

要回答這個問題，要從人性的一個基本假設開始。這個假設

是：人類——不論是個體或群體——是具有基本的求真能力的。沒有這個能力，一切的求知就都毫無意義了，而我們也不必討論下去了。

有了這個能力，我們就能推出以下重要的結論。劣質意識形態通常只能成為歷史中的變態而不是常態。像暴秦的意識形態就不能持久，而瘋狂的「文革」也只能在持續十年後徹底崩潰；第二，它必須得到一些非常具說服力的價值來掩護才能發揮作用，正如一件傳播病毒的電郵，一定不會表明身分，讓人知道自己正在散佈病毒。

再用儒家做例子。首先，儒家不像「文革」，在其興起的十年後煙消雲散，而是在二千年裏說服了所有中國最優秀的心靈。留心，世界很多名重一時的顯學，包括近年橫掃天下的自由主義，在這一點上與儒家相比，依然是望塵莫及的；第二，在二千年的儒家統治裏，的確是有許多劣質的意識形態在作用著，但有趣的是，那些東西恰恰不是聖人的教導，而是明目張膽地和聖人之教對著幹。而且那些東西也事實上沒有得到二千年國人（尤其讀書人）的共識。以儒家對君主專制的擁護為例，在儒家還未成為王官學之前，儒家分明是反專制的。按《大戴禮記‧保傳》，君主的權力是要受到嚴厲的制約的：「失度，則史書之，工誦之，三公進而讀之，宰夫減其膳，是天子不得為非也。」天子做錯事，就連飯都沒得吃，真是像管兒子那樣管天子了。這哪裏是擁護專制的思想呢？這樣的制度是君主制不錯，但不是專制。而正正也是擁護專制這一點，從來沒有得過儒者的共識；比方說，宋儒就一直努力要建立一個虛君的制度，在這個制度裏，天子的任務只限於委任宰相。一旦選定了，天子就甚麼都不能管，一切

國家大事，由宰相發落。當然，這個計劃，最終並沒有真正成功。（余英時，1994）

　　此外如父權、夫權之類，其理亦近。《禮記‧禮運》說：「父慈子孝、兄良弟弟、夫義婦聽、長惠幼順、君仁臣忠，十者謂之人義。」父子的責任是雙向的，夫妻的責任也是雙向的。從原則上講，父親並沒有絕對的權力，丈夫也沒有絕對的權力，因為他們的權力受到了責任的制約。《論語‧顏淵》說：「父父，子子。」兒子固然要像個兒子，父親同樣要像個父親。《孝經‧諍章》明言：「父有爭子，則身不陷於不義。故當不義，則子不可以不爭於父。」並沒有子女須盲從父母的道理；但是，到了儒家處理父子的具體責任的權力之時，常向父權傾斜，這是不爭的事實。

　　父權如此，夫權亦然。說儒家許多具體主張向夫權傾斜是事實，說儒家思想本質地壓逼女性，那又不然。我們知道儒家有所謂「七出之條」，都覺得七出之條明顯地對婦女很不公平，但當我們批評七出之條時，通常是不會提三不去之條的：「有所取無所歸，不去；與更三年喪，不去；前貧賤後富貴，不去。」（《大戴禮記‧本命》）而三不去之條，就是要保護妻子，制約夫權。制約的力度夠不夠，那是另一回事。而也正是各種不尊重女性的陋習，最得不到讀書人的廣泛認同。宋代的士大夫一般以不納妾為榮，而歷代那些詩禮傳家的大戶，一般都在家規中明言嚴禁納妾，違者逐出家門。

　　記著，我不是說經得起時代考驗的傳統就是完美的，而是說，這些傳統的含真量高。儒家並不支持絕對君權、父權和夫權，但在具體處理過程中並沒有把事情平衡地處理好，這就是儒

家的雜質，而這些雜質並不足以推翻儒家含真量高的事實。我們可以努力尋找這些雜質並將之去除，但這並不排除我們將它當做道德思考的重要參考。

所以，只要我們認真分析甚麼是歷代公認的價值，甚麼不是，我們是有方法辨認出誰懂道德的（具體方法容後再談）。現在我們要掌握的要點是：賢與不肖是可以區分的，因此賢治是可能的。合民主與賢治，我們就得出一個理論上較單純民主制更優勝，也更合理的政治原則，我稱之為「賢治民有」；有趣的是，雖然賢治民有是參考了西方民主觀念的結果，卻可以在儒家經典之中找到非常有力的支持。「天下有道，小德役大德，小賢役大賢。」（《孟子‧離婁上》）這是賢治；「君以民存，亦以民亡。」（《禮記‧緇衣》）這是民有。從這八個字可以看出，民有對儒家來說不是一個政治的設計，而是一個客觀事實。無論你要不要，政府的存亡就是由人民決定的。因此，儒家也就從沒想到設計一個民主或民有的政制。這也許可以說是傳統儒家的一個盲點吧；此外，如《大戴禮記‧保傅》說：「是以國不務大，而務得民心；佐不務多，而務得賢臣。得民心者民從之，有賢佐者士歸之。」意思和賢治民有同樣非常接近。

接下來的問題是，能把賢治民有的原則轉化為制度嗎？我相信是可以的。以下，我提出兩個模型，供將來的改革者參考。

第一個模型可名為「賢任民免」，政府最高領導人由獨立的專家團隊（姑名為「任賢會」）委任產生。人民擁有投票罷免國家領導人的權力。為了防止民粹主義的形成，罷免國家領導人的門檻要稍高，不能以簡單多數就罷免一個政府。至於「任賢會」如何構成，是一個複雜的問題，我在本節之四「禮政」再談；

（見頁311-319）第二個模型可稱為「賢推民選」，由執政團隊或由任賢會提名候選領導人，由人民投票選出最終人選。[38]

　　這兩個模型，並未窮盡賢治民有一切可能的實踐方式。在我之前，蔣慶先生就提出過一個議會三院制的方案，將議會分為通儒、國體、庶民等三院。通儒院議員由薦舉和考試產生，國體院由具代表性的傳統文化組織成員組成，庶民院則由民意代表擔任議員。（蔣慶，2004，頁312-317）貝淡寧（D. Bell）也有類似的建議，所不同者，他建議將議會一分為二而非一分為三，在民意代表組成的下議院之上，另設一個由精英組成的賢士院。（Bell, 2006, pp.152-179）

　　必須強調，何謂理想的社會制度，並不單單是個哲學思辨的問題。哲學思辨在起草方案的時候可以派上用場，但制度之理想與否，最終必定要由社會實踐來證明。因此，在以上的方案之中，我並沒有意圖主張何者為最佳。[39]而我也沒有主張，最佳的制度就只能在上述方案之中找。提出不同的方案，只是為了說明，結合賢治與民有，至少在理論上是可行的；同時，我也希望我們的方案，能夠引發同道的想像，讓他們提出更多可能的方案來。總之，人類政治制度建設尚未成功，有心人還須努力。現存和過去的制度並不是不可以超越的，民主制也不見得沒有改良的空間。

---

[38]　　「賢任民免」模型不容許執政團隊選拔下任領導人，是為了防止現政權故意選出不合格人選，以待人民罷免，從而阻止新政權成功接任。

[39]　　但是如果要我自己選的話，我會比較心儀賢任民免的模型，因為它按理是最能免除民粹之弊。

　　那麼，改良之後的民主制，還算不算民主制呢？那得看你說的民主是甚麼意思了。如果民主的意思是指人民必須擁有國家的主權，必須由人民決定政府的人選；那麼，改良之後的民主制就不一定是民主制了（像賢任民免制就一定不是民主）。

　　可是，著名科學哲學家兼自由主義者巴柏（K. Popper，一般譯為「波柏」）認為，民主不一定要界定為人民主權，何況，這個界定還是非常差劣的。他說：「人民主權是一項危險的原則，多數人的獨裁對少數人來說乃是極其可怖的。」因此，與其說民主等於由人民來擁有國家主權，倒不如說，民主是「可以用不流血的方式撤換其政府的國家形式。」（許國賢，1997，頁59-60）我完全同意巴柏對民主的理解和分析，而按巴柏對民主的定義，以上所有的改良方案，統統都是不折不扣的民主制，而我也最終可以重回民主派的行列。

　　在人類政治史上，精英與平民向來就是一對對立的力量，從賢與從眾也向來是一對對立的原則。人類社會，不分中外，不分東西，都有一段很長的時間向著精英和從賢一端傾斜。要是這些「精英」和「賢者」都真是精英和賢者那就好了，問題是在歷史上，在他們中間，往往混雜了既不精又不賢的既得利益者（主要指專制政權的擁有者、各式各樣的貴族豪門，和許多飽讀詩書但品格卑下的文人），又或是真正的賢者受到了這些既得利益者的禁錮和牽制。因此，精英和賢者一直沒有把我們的社會管理得夠好（但說他們一無所成也是不公平的），西方社會和東方社會是故擺向了平民和從眾一端。很不幸地，這一擺，又過了頭。精英是陽，平民是陰，只有在從賢和從眾之間取得平衡，方能得到陰陽調和之妙。這就是整個賢治民有構想的精義所在。

　　除了政治制度之外，社會上還有許多其他的制度，如家庭和婚姻制度、法律制度、經濟制度等，對社會成員的福祉也能起關鍵的作用；其中，家庭和婚姻制度，我們在第五章詳論過了，在此不贅。至於法律和經濟制度，我沒有全面的思考，以下只分享一些零碎的看法。

　　先談法律制度。許多人認為法治和禮治是兩個不相容的觀念（例見徐祥民，2004），我並不同意這個想法；相反，我認為禮治是法治的最佳補充與完成。第一個理由是，很多法律的詮釋最終都只能以禮為基礎。比方說性騷擾。怎樣才算性騷擾？按現行的條例，色迷迷地看著別人是性騷擾的一種。但怎樣才算色迷迷地看著別人？離開了一個社會通行的禮俗，這個所謂「色迷迷」與否，根本無從區別；另一個明顯的例子是色情。比方說，香港法例明文規定，要裁定某件公開展示的事物是否不雅，必須考慮「一般合理的社會人士普遍接受的道德禮教標準」。（審裁處指引，1997）在這裏，「禮教標準」當然就是代表了禮，而「普遍接受」則代表了俗。二者合起來，就是禮俗的標準；可是，現在由於禮俗之中「禮」的部分沒有規定下來，色情問題的裁決就只能訴諸個人主觀的判斷，社會人士當然無法就色情的定義乃至管制標準達成共識。監管色情物品的執法工作，因而顯得困難重重。如果有一本可以依循的禮典，有關的困難就會迎刃而解。再如公共秩序等問題，亦可作如是觀。這一點，我在本節之「禮識」一段詳論過（見頁284-285），茲不贅。

　　第二個理由是，所有的判斷（包括司法上的判斷）莫不以分類為基礎。分類不同，判斷也就不同。較早前，香港有男同性戀者入稟法院，指控香港法例將男性和男性肛交年齡定為廿一歲

屬歧視（因為異性之間的合法陰道交年齡為十六），要求修改條例。最終法官夏正民判原告勝訴。（謝美琳、伍詠詩、譚蕙芸、羅永聰，2005）夏正民的理由很簡單，既然肛交是性交，陰道交也是性交，將二者的合法年齡定在不同的歲數，當然就是歧視。問題是，肛交和陰道交真的是同類的行為嗎？把性器官放進排泄器官裏的「性行為」和把性器官放進性器官裏的性行為，真可以等量齊觀嗎？夏正民說可以，那就可以了。這就是現代法治底下隱藏著的人治。留心我質疑的不是判決的實際結果，事實上，我根本不認為把肛交的合法年齡推早幾年，能對社會有甚麼大不了的影響。我針對的，是法官判決中的任意成分。荀子說得好：「禮者，法之大分，類之綱紀也。」（《荀子・勸學》）有了禮治的配套，就能大大減少司法活動裏的任意成分，因而也更能體現法治的精神。

　　禮治不單能補充法制，使之在內容上更為完整。禮治還可以提供法治以外的資源，和法治聯手完成法治應有的社會使命。孔子曾經說過：「聽訟，吾由人也。必也，使無訟乎。」（《論語・顏淵》）這是一個很值得現代法治社會參考的觀點。法律制度的功能僅僅限於仲裁。這個功能的最終目的是穩定社會，保證人民和平共處。孔子也不否認仲裁的價值，所以他說他審理案件的方式和別人沒有分別；但是，孔子很敏銳地察覺到，要人民和平共處，除了以刑法阻止人們破壞社會和平之外，還有更積極的事情可做；所以，他補充說，要說不同，是在於他會努力避免訴訟產生。

　　要避免訴訟產生，當然是在訴訟未興之前就教育人民如何和平共處；但是，即使是在訴訟興起之後，也有比單純的仲裁更積

極的做法，就是以調停工作來化解爭端。二〇〇九年，美國有一位警官錯誤拘捕了一個黑人疑犯，事情引起了一場有關種族歧視的爭議，事件最終以奧巴馬總統介入作結。頗出人意表地，奧巴馬平息風波的方法，不是用甚麼行政的指令來擺平事件，而是辦了一個啤酒會宴請兩位當事人，效果出奇地討好。（〈白宮〉，2009）我讀到這段報導，忍不住會心微笑，因為這實在就是典型傳統鄉土中國社會的作風（費孝通，1991），竊想這大概和奧巴馬的東方背景有關（奧巴馬的童年在印尼度過）。在現代法律制度之中，明顯地欠缺了一個調停爭端的機制。如果我們能在法律機關之外，另添一個調停的機關，我們肯定能更有效地促進社會的和諧。

接下來，談經濟制度。按一般的理解，今日通行世界的經濟制度是資本主義。資本主義制度，具體表現為市場制和私產制。除了制度之外，資本主義又表現為一套意識形態。這套意識形態的主要內容，包括了推崇個體自由，推崇財富的累積，崇尚消費，崇尚競爭，以競爭為社會進步的最佳動力等等。

自從二〇〇八年金融海嘯之後，資本主義的優越性受到了廣泛的質疑。我認為這百年難得一見的機遇，供我們建立一個新的經濟制度。經過了過去幾個世紀的實驗，資本主義早就應該破產了：過度的消費和生產造成了環境的破壞，已經到了滅絕人類的邊緣（單這一條就是死罪）；無窮的競爭傷害了大部分人的精神和肉體上的健康（我肯定是其中一個受害者）；推崇財富累積造成了拜金和貪婪的社會風氣，侵蝕人的道德品質等等，罪名罄竹難書；尤其可憎的是，資本主義的生產方式，往往並不是由實際的需要來決定生產，而是由謀取利潤的動機開始，先製造原先並

不存在的需要，再向消費者傾銷號稱能滿足這些需要的產品。因此，一個本來可以一無所求的人，因為資本主義的社會的運作模式，會平白無端生出許多額外的需求來。由是而言，資本主義社會根本從本質上就是要為人製造不幸而非製造幸福的。因為你一幸福，就不會再消費我的產品了。我實在想不出資本主義有任何應該續存的理由，資本主義之所以還能存在下去，只有一個實然的原因，就是（又是！）人類集體習慣的強大韌力。

那麼取而代之的，應該是怎樣的一套制度和意識形態？制度方面，我不是專家，不敢大放厥詞；但是，中國近年糅合市場與宏觀調控的經驗，肯定值得借鏡。至於意識形態方面，則應該是儒家、自由主義和社會主義的有機結合。而按我的印象，這也是近年中央治國策略的大體方向。用儒家思想來重建社會秩序，提升人民質素；用自由市場來提升生產力；用宏觀調控來減少市場失調或失控的震盪，配合有效的社會保障機制──相信這是雖不中亦不遠的方向。

（四）禮政

禮治的第四個層面是政策，我稱之為「禮政」。在本節，我會以宗教、文化、社區、教育（包括考試）這四個方面為例，說明禮政如何能在現代社會裏實踐。

現代社會最重要的特徵，如韋伯（M. Weber）在《新教倫理與資本主義精神》（*The Protestant Ethic and the Spirit of Capitalism*）之中所指出的，是「解魅」（disenchantment）。解魅的結果正如蔣慶先生所說，是「政治中沒有了偉大的道德與崇高的理想，就只剩下赤裸裸的欲望」。（蔣慶，2004，頁302）

解魅的結果是，再沒有人追求長久的價值，而只著眼於眼前的一己利益。（蔣慶，2004，頁109）因此，蔣慶先生主張，要解決現代社會的困局，必須要提倡「復魅」。（蔣慶，2004，頁110）

《禮記‧祭統》說：「禮有五經，莫大於祭。」祭祀是禮治社會的頭號大事。此事何解？〈祭統〉續說：「誠信之謂盡，盡之謂敬，敬盡然後可以事神明，此祭之道也。」我們說過，禮之所以重要，是因為它體現了敬的精神。人與人能相敬，則自然能平息紛爭。放眼今日社會，基本上已無可敬之事。無人不可侮，無物不可褻玩。前面提及年前丹麥有漫畫家拿穆罕默德開玩笑，激起全球伊斯蘭教徒公憤，是為最佳例子。

一般來說，儒家是藉著祭祀活動來教民以敬。儒家的祭祀活動，種類繁多，其中最高規格的是祭天，按規定只有天子能進行；此外，還有諸如祭社稷、祭山川河嶽、祭祖等活動，不能盡錄。總的來說，祭祀的活動，表現了儒家對生命的重視，也表現了對生命源頭的敬意：「天地者，生之本也；先祖者，類之本也。」（《荀子‧禮論》）

與基督教和伊斯蘭教等宗教不同，儒家並無人格神的信仰；但是，儒家的天卻扮演了一個「準人格神」的角色。（蔣慶，2004，頁221）不論是人格神還是準人格神，有了超越的神與天，世間就有了可敬之事，人也就有了在神聖價值底下謙卑的理由和責任。禮敬，謙讓，人間才能有祥和之氣。

因此，即使我們撇開個別宗教信仰內容的真偽不談，宗教依然是社會建設裏的頭號大事。在禮治的社會之中，必須要有一套完善的宗教政策，善用宗教的力量，陶冶人心。放眼今日的中國社會和西方社會，無不任由宗教在世俗化的大流之中邊緣化，此

誠可哀之事。我甚至想，也許我們應該恢復定期舉辦全國性的祭祀活動，活動的形式與內容必須具有足夠的開放性，讓各個社會上早已並存的大宗教共同參與。若能如此，或許就能協助國人重拾久已失落的虔敬與謙厚之情。

接下來，談文化政策。我們說，禮就是合宜的文化。那麼很明顯，禮治就是用文化的力量來治國。由此，又產生兩個結果。

第一，儒家和今日多數人一樣，反對高壓政策，因為高壓政策和禮教陶冶人心的精神徹底違背。孔子的治國理念是盡可能用禮樂教化來取代刑政。他說：「道之以政，齊之以刑，民免而無恥；道之以德，齊之以禮，有恥且格。」（《論語‧為政》）所以我想，我們這個時代，既是禮樂文明瀕於滅亡的時代，又是禮樂文明復興的大好時機。我們著手打倒吃人禮教已經超過一世紀，吃人的禮教早就不復有了。我們說過，吃人的禮教根本不是禮教。於是，偽禮教倒下了，真禮教就有興起的希望。

第二，儒家不同意今日一些著名自由主義者，像羅爾斯（J. Rawls）、德我肯（R. Dworkin）所講的，政府必須對道德問題採中立態度。儒家深信，政府必須肩負起道德教化的義務；所以，當冉有問，為政者在使人民豐衣足食之後該做甚麼。孔子答：「教之。」（《論語‧子路》）

儒家將國家的文化政策視為治國的關鍵。一套好的文化政策，不會如今日的自由社會那樣，單單講求自由、活力和多元，而是更重視塑造一個淳厚的民風，使人民謙厚待人，克盡己分。這個意思，在《禮記‧樂記》裏有非常詳盡的分析：

　　凡姦聲感人，而逆氣應之，逆氣成象，而淫樂興

焉；正聲感人，而順氣應之，順氣成象，而和樂興焉。
倡和有應，回邪曲直，各歸其分，而萬物之理，各以類
相動也。是故君子反情以和其志，比類以成其行，姦
聲亂色不留聰明，淫樂慝禮不接心術，惰慢邪辟之氣，
不設於身體，使耳目鼻口心知百體皆由順正，以行其
義。……故樂行而倫清，耳目聰明，血氣和平，移風易
俗，天下皆寧。

大意是說：事物的互相作用，總是同類的事物互相牽動。因此，正
氣的感官素材培養正氣，邪僻的感官素材助長邪氣；所以，君子不
讓邪僻的聲色停留在耳目之中。這樣的禮樂教化一旦推行，人倫關
係就清楚，人的血氣就和平，這樣移風易俗，天下也就太平了。

　　文化政策必須能保護社會風氣，而不能只保護言論和創作的
自由。這當然是很危險的主張，因為一旦政府掌握了限制言論的
權力，它很可能就會扼殺一切反對政府的言論；但是，我們看見
事情並不是非黑即白的。歐洲多個國家禁止任何否定納粹黨二戰
罪行的言論，其中包括了德國。這當然是對言論自由的干預，但
我們不能簡單地將之定性為暴政；同理，在維護社會道德和維護
言論自由之間，我們也要做一個平衡。這個平衡點，不用說，是
很難確定的；但是，既然要尋找平衡，那麼任由傳媒和民間團體
濫用自由，和任由政府濫用權力，就是性質相同（雖然程度容或
有別）的罪惡。

　　那麼，禮治社會的文化政策，應該是甚麼樣子的呢？

　　我們說，符號是文化的靈魂，語言文字又是符號的靈魂。因
此，禮治的文化政策首重「正名」。（《論語・子路》）不但要

正名，實亦要匡正所有文化活動裏的符號運用；所以，當孔子看見祭器的樣式不對辦之時就慨嘆說：「觚不觚，觚哉！觚哉！」（《論語・雍也》）總言之，一切文化活動，以及其中一切的符號運用，都要符合稱的原則：「惡紫之奪朱也。惡鄭聲之亂雅樂也。惡利口之覆邦家者。」（《論語・陽貨》）名號用對了，符號就位了，文化的性格就確定了，社會就能推上正軌。

但是，既說禮教先於刑律，文化政策就不能單單依賴法律的力量。像今日，不論是政府抑或平民，一想到色情泛濫的問題，就想到用查禁來對治。結果正如孔子所預測的，我們不外乎就是得到一個「民免而無恥」的社會而已。

與刑律相比，文化政策的優點有二：其一是政策擁有刑律所不具的彈性；其二是政策的的柔性手腕，比較容易避開社會人士的激烈反抗。

所有的政策都有一個相同的功能，就是引導社會朝特定的方向發展。每個政策都決定了政府要為人民做一些事而不是別的事情；每個政策都為人民做某事情提供方便，而不為其他的行為提供方便。如是者，都會引導社會朝某些特定的方向發展。

由是而言，禮治政策的基本方向很簡單：要為一切合禮的行為開路，要提供最多的誘因，促使人民守禮。這些柔性手腕的設計和構思，最考執政者的想像力。以下有一些不成系統的建議，和先前的政制一樣，目的在於激發想像，而非提出最終定案。基本原則是：要為所有不想接觸違禮資訊的人提供最多的方便。類似的原則實可應用到一切政策之上。要使守禮者得到最多的方便和鼓勵，不守禮者要忍受較多的不便。具體措施列舉如下：

1. 成立文教局。文教局掌管社會上的教育、文化和傳媒事

務。文教局須制定一套文教人員專業守則和釐定其資格，所有文化、教育及傳媒從業員（包括傳媒擁有者）都必須考取文教專業資格，專業資格由文教局頒發，其中包括文教專業工作操守要求。傳媒守則仍由文教局制定，傳媒機構及從業員若有違反守則可受除牌處分，判決仍交法庭處理。

2. 由文教局以最嚴格的禮教標準編輯及發行免費報章，製作各式多媒體廣播及文娛節目，供人民觀賞。

3. 所有電台、電視台的節目和廣告，一律予以分類（例如非禮的衣著，包括裸體）、言語、行為（如暴力）、價值（如鼓吹不倫的戀情）等等（尚有其他可能的類別，執政者大可發揮想像）和評級（比方說一至五級），並內置密碼。所有收音機和電視機必須內置程式，讓家長可以輕易按個人心意過濾有關資訊。一方面，家長可以一次過設定過濾的準則；比方說，我可以設定：自動過濾所有含有二級以上之色情內容，三級以上粗鄙語言，以及三級以上暴力場面的所有節目；另一方面，因為有內置密碼的緣故，家長也可按個人標準選擇過濾任何個別節目。所有過濾掉的節目時段，預設由文教節目取代。

4. 由政府開發不良資訊過濾軟件，供人免費下載，或者強制電腦安裝，但容許用家解裝。

5. 按禮教標準評級任何形式的廣播或公開流通的資訊，按評級高低，自其利潤之中抽取比例不同之「風化稅」；另外，強制特定級別（比方說四至五級）的產品，按比例加入文教局特設的文教訊息，情況略近於現時香煙包裝上必須加上吸煙危害健康的字眼，但訊息內容可以由文教局因應特定情況彈性設計。

6. 資助文化活動，以是否有益於禮教為首要標準。

　　再下來，說教育政策。禮治社會的教育，首重德育。德育的具體實踐，必由禮入手，一方面教禮文，另一方面亦教禮意。必須在常規教育之中引入禮儀（以中小學為主）以及經學教育（大中小學皆然）。【40】在禮儀及經學教育之中，首重倫常價值的教育（愛情、婚姻、家庭、親子，而非狹義的「性」教育）。除經學科之外，教育政策與人才選拔向來相連。政府毋須關心私人機構怎樣選拔他們所需的人材（反正大學向來熱心迎合僱主的要求，中學又向來熱衷迎合大學的需要），卻必須設立一套選拔治國人才的機制。我們前面談到的任賢會、文教局以及行政、立法、司法等部門的高層成員，都必須有一套機制，以保證其成員的質素。

　　選賢之道，向來不外乎考試與察舉（察舉略近於今日的委任）；將不同的形式的考試和察舉配合，可以得出多不勝數的選拔機制。下面，我嘗試列舉一些基本的選拔方式。

　　1. 在大中小學裏加入常規的經學教育。這是禮教社會不可少的工作，要是禮治已成社會共識，此舉當不會受到太大的質疑。即使是禮治未成社會共識，此舉依然可行。只是經學教育或須代之以國學教育。這是要求國民認識自己國家的傳統，本是天經地義之事。而儒經學作為國學中的重要成分，在國學教育中自應佔有重要的位置。因為經學教育能讓人民自小熟習一套禮的語言與觀念，單是這一措施，已經有助於敦厚民風。而民風敦厚，在社

【40】　年前有報章報導，香港樂善堂余近卿中學設立禮儀宿舍，供學生入住並
　　　　學習人際相處的禮儀。（香港《明報》，2006 年 10 月 24 日）這類活動，
　　　　政府實應大事嘉獎，不能任其自生自滅。

會整體來說，無形中就多了賢者，故亦間接有助於選賢。

2.如上所言，大學裏要有必修的經學（或國學）教育。大學的經學教育內容必須扎實，因此學分比重不能少，情況就如今日的大學通識課程一樣。學生必須在經學科合格才能畢業。這樣，我們就能保證社會上的精英，就算實際人品不怎麼樣，至少在頭腦上具備相當的道德知識。

3.所有行政、立法、司法部門的高層人員，必須在經學科取得優異的成績。

4.為了吸納正規教育系統所未能發現的另類英才，文教局可以另設考試，通過考試者，其資格與大學經學科優異同。

5.文教局因為掌管教育和考試，因此實際上具有選賢的功能。因此對其成員的要求，要比其他政府高層組織成員更高。文教局可以自設考試，以選拔其成員；也可以借用大學資源，從主副修經學科的優異畢業生之中選拔成員。必要的話，選拔成員的方法可以引入上一分節所講的「賢選民免」機制。

6.任賢會是最難處理的一環。他們是選拔國家元首的團隊，其成員必須是社會上最頂尖的賢者。任賢會不可以由民選產生，否則就無益於解決民意一重大的問題。但若由委任產生，又會引來誰有資格委任的問題。萬不得已的方法是，由學界公認的國內外儒學權威成立任賢預備委員會，由他們選拔首屆選任賢會成員。任賢會成員來自三個領域：政績出眾的資深政治家、經學專才，以及其他重要領域（如經濟、科技、環境等）的專才。以後的繼任人選，可經學界、民間和政府推薦，再由任賢會委任。

最後，談社區政策。禮治社會的社區首重人情味。有人情味的社區生活，需要許多條件；比方說，人對人和環境，都有一個

日久生情的天性；所以，在禮治社會，政府不會動輒以重建和發展為名，將舊社區摧毀。真有必要重建，亦須在保護社區原有風貌，以及保護原有人際關係的大前提下進行。

　　社區要有人情味，需要有一個有利於人際關係建立的物理環境。社區既必須要有足夠的康樂、休憩及文化設施，還得有足夠的設施讓人進行共同而非個別的活動。

　　社區建設除了關乎物理環境，更關乎人；所以，每一個社區必須要有一個聯絡居民的組織（最好能做到官民攜手），推動居民互助，並聯手維護社區的風氣。這個精神早在《周禮》就已經得到表述。宋儒將這個理想落實為鄉約，漸漸發展為全國性的實踐，影響力且遠達朝鮮和日本。鄉約在現代中國又演變為村民自治，是個活的傳統，必須善加利用。（牛銘實，2005）

（五）禮俗

　　不論禮識、禮典、禮制抑或禮政，最終都指向一個共同的目的，就是要化民成俗。禮識一層在草創期偏重於知識分子的努力，禮典、禮制和禮政，一方面當然可以說是人人有責，但責任還是主要在政府。唯有俗這一層，最是可以人人共襄的善舉。人人皆為禮俗之塑造者，我們每個行為守禮不守禮，都在決定一個禮能不能成俗；所以，禮治興亡，匹夫有責。我們在日常生活中，究竟是親親尊尊還是目無尊長，是勸人以忠貞還是誘人以鬼混，是以禮讓待人還是以爭奪為先，是衣履端整還是淫巧競艷，在在都和一個禮文化的存亡息息相關。每一個人都有自己的崗位，每個崗位都可以為禮文化的興旺做一點事，有些崗位（例如教師、社工，以及任何機構任何部門的領導層）又可以比另一些

崗位做得更多，執政者且兼有身教之責。總之，人人出力，我們就能得到一個禮樂融融的社會；所以，《大學》說：「一家仁，一國興仁；一家讓，一國興讓；一人貪戾，一國作亂：其機如此。」

　　我在病中尋思，二十年來，所思所學者，多為判別是非對錯的方法與標準。多年下來，究竟有無心得？若有，可否總結一下？結果，居然讓我將本章上述七節所討論的觀點，濃縮為一個三十二字口訣，姑稱為〈共成訣〉：

　　　　仁居元德，禮安萬殊；
　　　　愛敬節稱，別義親正。
　　　　賢治民有，文教興國；
　　　　德體威用，六合和同。

　　　　二〇〇九年一月十四日初稿，二〇〇九年七月二十日修訂

八　存情化欲

　　在本章最後一節，我們要探討一下儒家的修養工夫。本節內容本來獨立成章，苦於篇幅所限，現濃縮為一節，很多討論只能從略，還請讀者包涵。

　　儒家的修養工夫，我稱為一套「存情化欲」的修養工夫。這裏要存的情，當然不是任何的情，而是第五章七節提到的（見頁

220-223），「以禮存情」那種人與人（或物）之間的美好的感情。為此，我們少不免要對雜亂無章的欲望加以節約和轉化，妥當保存上述那種美好、穩當、安頓人的感情。

但到了現代，節欲已經成為壓抑的代名詞，主張節欲的儒家就順理成章地給定性為壓抑人性的邪魔。究竟這樣的觀念是從何而來的呢？我們幾乎可以肯定地說，是來自佛洛依德（S. Freud）。佛洛依德是現代學術史上的巨人，他用一根指頭就掃平了一個講求克己、盡責的傳統價值體系，而換上了一個講求解放個人欲望的現代價值體系。

為甚麼要解放個人欲望呢？最簡略的答案是，人的欲望要是長期得不到滿足，就會形成壓抑，最終形成心理病。佛洛依德將人的心理機能分為三部分：原我、超我和自我。原我大意指本能欲望，超我指社會制約內化而成的自我制約，自我指協調原我與超我的機能。自我受到超我的壓力，將原我之中的本能壓入潛意識裏，久而久之，就形成精神病。按佛洛依德之說，治療精神病的關鍵在於將壓入潛意識的衝動再次釋放出來，讓它重回意識的領域裏。（佛洛依德，1997，頁271）

但是，這個講法顯然有一個假設：自我有足夠的能力，把這個重回意識的欲望和超我協調起來；問題是，要是自我有這個能力，它老早就不必要把這個欲望壓到潛意識裏面去。如果它先前沒有這個能力，我們又怎能保證它今日有這個能力呢？所以，到了後期，佛洛依德進一步向反對節欲的方向發展。他說：

　　　精神分析的……意向是要加強原我力量，使它更獨立於超我之外，擴大其知覺領域，增加其組織，如此

它才可以獲得原我的新穎部分。原我所在之處，自我就
在那裏。（頁509）

　　佛洛依德此一宣稱是非常重要的宣言，實際上就是今日流行
的情欲開放論的先聲。這個宣言最大的問題，是沒有忠於他自己
對人性的考察成果。像他親口說過：「我的欲望有時候不僅僅是
受到壓抑，而是被自我在超我指導底下整個地給摧毀了。」（頁
519）這其實就是說，要對付自己的欲望，並不只有順從一途，
我們事實是有能力把自己某些欲望去除掉，而又不必傷害心理健
康的；此外，他又說：「焦慮性精神官能症的最通常原因，乃是
未消化的興奮刺激。」（頁511-512）這真是好極了。節欲起碼
有時有益於心理健康，不是明明白白的事情了嗎？既然對待欲望
不只順從一途，我們就可以問，有沒有方法可以有效控制自己的
欲望，以達成比欲望滿足更高的目的？儒家的答案是有，而且相
應地，儒家還提出了一套學習控制和馴化欲望的修養工夫。

　　這樣，我們就能明瞭所謂「非禮勿視，非禮勿聽，非禮勿
言，非禮勿動」（《論語‧顏淵》），究竟是甚麼意思。孔子所
提出的，實在就是一個訓練潛意識，或即訓練本能的法門。本能
可以訓練，其實一點都不稀奇。一切技藝的訓練，都徹底改變我
們對事物的反應。同樣是坐在駕駛盤後面，同樣是迎面來了一輛
車，一個熟練的司機和一個生手，本能反應就是不一樣；同樣是
遭到武力的襲擊，懂武術的人和不懂武術的人，本能反應也就是
不一樣。這個不一樣的本能是從哪裏來的？不過就是反覆練習而
已；同理，同樣是眼前來了個性感的女子，一個俗人和一個道德
君子的本能反應是不一樣的。這個不一樣的本能是從哪裏來的？

那不過就是反覆練習而已。

　　病中重讀幾本儒家早期的經典，發現原來儒家最遲在漢初就發展出一套內容很豐富的成德工夫，也是一套相當完備的本能訓練法門。這套工夫，我稱為「裏應外合的工夫論」，意思是：結合內在和外在的條件，來改變人的氣質，助人重奪道德生活的自主權，真正做到「我欲仁，斯仁至矣」。以下是這套工夫的簡介。

（一）心誠志一

　　成德的工夫首重於立志。沒有成德的志向，就甚麼都不用說了；所以，孔子說：「三軍可奪帥也，匹夫不可奪志也。」（《論語‧子罕》）孟子也說士人「尚志」。（《孟子‧盡心》）不單要立志，志向要純，要專，要一，它才能發揮功用：「志壹則動氣，氣壹則動志也。」（《孟子‧公孫丑上》）「先立乎其大者，則其小者弗能奪也。」（《孟子‧告子下》）

　　要成德，除了要有向善之志，還要真誠。不真誠的話，一切志都不外是謊言。君子和小人之別，不在於君子想做好人而小人想做壞人（人是價值的動物嘛），而在於小人總是騙自己說自己沒有錯：「小人之過也必文。」（《論語‧子張》）

（二）自省

　　人無完人，只要是人，就不免有過。有過不能改，就不可能在德性上進步；所以，成德的第二件工夫就是自省。因此，曾子說：「吾日三省吾身。」（《論語‧學而》）孔子也說：「見賢思齊焉；見不賢而內自省也。」（《論語‧里仁》）

　　所謂「自省」，不單指反省自己行為的對錯，也指透過內省而了解到自己的道德本性；所以，孟子說：「仁義禮智，非由外鑠我也，我固有之也，弗思耳矣。故曰：『求則得之，舍則失之。』」（《孟子・告子上》）人發現自身內部對自己有道德要求，自然不再以道德價值為壓制，反而會覺行善是件彷如呼吸一樣自然的事情。這樣，行善的阻力就減少了。

（三）靜

　　《中庸》有云：「發而皆中節之謂和。」要成德，就要準確判斷是非對錯。是非對錯的判斷，除了是個知識的問題，也是個主觀心態的問題。心態有所偏，判斷（或反應）就會不準確；所以，《大學》說：「身有所忿懥，則不得其正；有所恐懼；則不得其正；有所好樂，則不得其正；有所憂患，則不得其正。」因此，要成德，就得學習安靜的藝術；所以，《大學》又說：「知止而後有定，定而後能靜，靜而後能安，安而後能慮，慮而後能得。物有本末，事有終始，知所先後，則近道矣。」安靜也是需要學習的，最簡單的方法就是練習放鬆，是故後來的儒家認為，練習靜坐，也是道德修練的一個方法。

（四）治乎幾微

　　不論靜坐與否，要安靜，就得在心亂的源頭上下工夫。所以說，要治乎幾微。「幾」和「微」都是指微小的東西，治乎幾微，就是從微小處著力。儒家相信漸的力量，意思是說，凡事在初生之時力量都是微小的，形跡亦隱微而不易察覺；但是，慢慢地（漸漸地）它就會長大，力量也就強大，其形跡亦顯著可見。

凡事於幾微時處理容易，至其大勢已成，則難以逆轉；所以，《中庸》說：「是故君子戒慎乎其所不睹，恐懼乎其所不聞。」又說：「知微之顯，可與入德矣。」因此，君子修身務求在根源上切斷一切不必要或不恰當的欲望。不想成為賭徒，就不要天天逛賭場（這一點，我們在以下第六小節「積習」中有所介紹，在此且不贅）。不想濫交，就不要參加性派對。這是非常顯淺的道理；同理，要培養道德的品格，就要做到「非禮勿視」。凡此種種，都是從根源上切斷的意思。從根源切斷，欲望就失了營養自然消失於無形。而這也正好解釋了，為甚麼佛洛依德會觀察到，原我的欲望可以在超我的指導下消失。

（五）寡欲

假定我們的頭四項工夫都做得不錯了，到實際行動的時候，我們馬上會發現，要躬行我們自己所信守的原則，第一個障礙就是我們的欲望。我很想對太太忠貞，但我又覺得別的女人很吸引，這就是欲望為德行所造成的障礙。人生不能無欲，但多欲又有礙於成德。這樣，理所當然地，出路就是寡欲（這一點，以下「積習」一節同樣會作詳細討論，在此從略）。

（六）積習

躬行自己所信守的價值，另一個重要的障礙是積習。惡習一旦形成，就具有強大的韌力。要去除此弊，最好當然是一早就不讓它形成，這也就是治乎幾微的意思；但是，如果不幸惡習已經形成（這也是人生難免之事），那麼解決的方法也只有一個：培養新的習慣，以新習代舊習。怎樣培養新的習慣？方法依然就是

孔子的法門：「非禮勿視，非禮勿聽，非禮勿言，非禮勿動。」
（《論語・里仁》）孔子的法門也兼得了治乎幾微的妙處：我不
但不再重複錯誤的行為，我乾脆就是正眼也不給它瞧一眼。這樣
從根源上截斷，惡習就只有枯萎一途。

　　惡習之可怕，一方面在於其難去，另一方面又在於其易於死
灰復燃。往往在人認為舊習已去之際，亦即舊習回歸之時。原因
是當人自以為舊習已去之際，防心就難免鬆懈；所以，去惡習之
功，務求恆恆不懈：「譬如為山，未成一簣；止，吾止也！譬如
平地，雖覆一簣；進，吾往也！」（《論語・子罕》）

（七）慎思周遍

　　我們說過，人是活在其內心世界和外在世界的界面之上的。
因此，成德工夫不可能只有一個內在的向度而無外在的向度。這
個外在工夫的第一條，我稱為「慎思周遍」。

　　慎思者，小心思考，杜絕思考的漏，防止犯錯；周遍者，
通觀全局，不掛一漏萬，不以偏概全。這一點，子夏說得最扼
要：「博學而篤志，切問而近思；仁在其中矣。」（《論語・子
張》）這句話，值得字字解讀。篤志就是我們前面說的立志，博
學就是廣泛地吸取知識，沒有知識是不可能做正確的道德抉擇
的。所有父母都想教好自己的孩子，但如果我們不知道有效的教
育手段，我們的教育就不會成功。切問是切實地問。為甚麼？因
為不切實地問，我們就不能打破自己的成見。一有成見，我們就
會掛一漏萬，就會以偏概全。成見會決定我看見甚麼，看不見甚
麼，此即心理學所謂的「選擇性認知」（selective perception）。
於是，我的成見裏有多少錯誤，我的判斷行為裏也就有多少錯

誤；最後，是近思。近思就是從近處想起，為甚麼要近思？因為道德判斷要求一個推己及人的過程。集博學、切問、近思，道德判斷的錯誤就能減至最少。

（八）誦經習禮

這個法門，是現代人最忽略的。現代人受到西方文明的影響，一天到晚奢談獨立思考。我在大學時，一位老師提到我們要有獨立思考，因為不獨立思考就流於盲信權威，但權威卻可以是錯的。我當時就已經有點納悶：難道我就不可以錯？

荀子說：「信信，信也，疑疑，亦信也。」（《荀子·非十二子》）我近年有一個想法：西方文明從蘇格拉底開始，就長於疑疑而絀於信信。蘇格拉底尋找真理的方法是辯論，是必得把一切可疑之事在辯論過程中去掉，得出來的結論方才配稱知識。發現道德知識的方法也是這樣。

很不幸地，實情是這個知識的門檻太高了。以一個懷疑的態度去辯論，永遠不可能辯出可信的知識來。大家知道，所有的論證都要以一組前提來證明結論，如果我們不相信前提，結論的可信性也就無從確立。因此，相對於疑疑，信信是建立知識更為根本的條件。

這也多少解釋了，為甚麼倫理的相對主義和虛無主義，從蘇格拉底起（事實是更早就開始）一直是西方文明裏面揮之不去的夢魘；但是，與此相反，相對主義和虛無主義在傳統中國卻從來沒有影響力。在本書第九章第十節「宗教經驗」中，我們引用了一個香蕉的故事，說明中西思維方式的分別。（見頁429-430）我們可以仿效那個故事，說明中國人對道德真理的理解。一個西

方的倫理學家質問一個儒者，怎樣證明父慈子孝是正當的。儒者最終答道：「對，我不懂哲學。現在，我可以回去侍奉我的父母了沒有？」

儒家的信信的精神，使儒家得以放心借鏡前人的道德經驗。在我們的歷史裏，有一些公認為德行完美或近乎完美的人物。如果我們虛心借鏡他們的經驗，我們就能在德性上長進。當然，權威會犯錯，群眾亦然；可是，群眾或許可以公認某個平庸的人為聖人（這實在也不容易），卻不可能公認許多平庸的人為聖人。聖人也許是會犯錯，但聖人犯的錯一方面不會太多；再者，不同的聖人也不可能在同一個問題上一起犯上同樣的錯誤。總言之，學習聖人的做人道理，大體上總是有好處的。

學習聖人的道理，最好的方法莫過於誦經。誦經是一個薰陶的過程，它不但使我們得知聖人的道理，也使聖人的道理成為親切的道理（因為熟習的緣故）。除了文字符號的薰陶，當然還要加上躬行踐履，是故又得習禮；所以，荀子說：「學惡乎始？惡乎終？曰：其數則始乎誦經，終乎讀禮。」（《荀子·勸學》）不論是經或是禮，其實都是前賢經驗的產物。因此，誦經習禮的精義，就是從前賢的經驗之中學習；所以，孔子說：「不踐跡，亦不入於室。」（《論語·先進》）

（九）師友參照薰陶

在上一個分節，我們談到學習前人經驗，又談到薰陶。要做到此二者，除了誦經習禮之外，尚有另一個途徑，就是師友薰陶。

人是群體的動物，圍繞你的人的言行，很難不影響到你；

所以，孔子說：「里仁為美。」（《論語・里仁》）因其有血有
肉，人比經典具有更大的感染力；所以，荀子說：「學莫便乎近
其人。禮樂法而不說，詩書故而不切，春秋約而不速。方其人之
習君子之說，則尊以遍矣，周於世矣。」（《荀子・勸學》）而
最能影響我的人，除家人以外，又莫過於師友；所以，慎選師
友，也是成德工夫的關鍵：「故非我而當者，吾師也；是我而當
者，吾友也；諂諛我者，吾賊也。故君子隆師而親友，以致惡其
賊。」（《荀子・修身》）

　　以上一套九項的工夫，自內至外形成了一個光譜。人的行
為，不外就是自身內在要求和外在條件互動的產物。這套工夫論
教我們做的，是主動調動一切內外有利條件，來促成我的道德行
為。既然是調動一切條件，人在道德上用功，就斷無一事無成之
理。不可否認，既說調動外在的條件，也就等於說，道德修養的
實際成果，有時確會受到外在環境的影響；但是，天下間斷無完
全不可調動的外在條件，而內在的條件更是全然自主之物。因
此，好好努力修養自己；有一天，你會發現，你的努力，並沒有
虧待你。

第八章

義不容辭：禮施均遍的公義觀

一　各安其分，各得其宜

　　本章是為了一個很特別的時代而寫的。若不為了我們這個時代的特殊需要，本書到上一章就算寫完了。

　　我們這個時代，有關社會公義的訴求特別強烈。現代人覺得，公義是首要的社會價值。一個社會要是不公義，它有再多其他的優點都是沒用的；甚至，我們的時代似乎還覺得，即使是在個人道德的層面，公義也可以當做最高的行為指標。這樣，我們似乎有必要專闢一章，來處理有關公義的問題。

　　這個公義優先的觀點，明顯是從當代自由主義大師羅爾斯那裏繼承過來的；（Rawls, 1972, pp.3-4）其實，把公義當做優先的價值，本來不無偏頗。社會有很多其他價值，譬如文化生活的豐富性、社會成員之間的親和關係，以及社會成員的整體幸福等，不見得就不及公義那麼重要。著名社群主義者沈岱爾（M. Sandel）就直指，具治療性（remedial）是公義的特點，它是僅在社會的一般道德條件出了問題之時，才能發揮作用。（Sandel, 1998, p.31-32）沈岱爾的立場不一定完全正確；但是，假如有兩個社會：第一個很公義，但是文化生活很貧乏，人與人之間很冷漠，人民普遍覺得生活不幸福；第二個少些公義，但文化生活很豐富，很有人情味，人民普遍也覺得生活很不錯；誰敢肯定說第一個社會比第二個社會好？至少，我自己就寧可生活在第二個社會裏。

　　再者，以公義為先決的社會價值，還有一個實踐上的嚴重缺陷。一旦我們決定以公義為先決的價值，那麼，公義就成了絕對的，不可妥協的價值（因為沒有其他價值足以為妥協提供理

據）。結果，社會上所有成員都對不公義採取零容忍的態度。假使社會成員對何謂公義能有一致的看法，那倒還罷了，問題是這個一致的共識從來沒有成為事實；再者，就算我們能對何謂公義在基本原則的層面上取得共識，到實際上有利益衝突之時，各方都會把公義詮釋成對他們最有利的樣子。這是人的劣根性使然，是我們無法擺脫的一個不幸事實。

舉個有代表性的例子：二○○七年，一名男警員入稟法院，控告警隊的定期體能測試，對男警訂出較女警更高的合格體能標準，是對男警的歧視；（Parry, 2005）另一方面，在各個紀律部隊的招聘過程中，不論男女應徵者，一律採用相同的體能標準。這一來，輪到女應徵者投訴了，認為採用相同的體能標準是對女性應徵者的歧視。（〈女應徵者〉，2005）

從最根本的原則來說，男警的投訴和女應徵者的投訴是一樣的：對於性質相同的個案，處理的標準應該相同；但是，對於何謂「相同的個案」，男警和女應徵者卻有不同的判斷：男警認為男女警工作性質相同（我對這一點其實是有保留的，在此姑且不論）；所以，男女的體能測試應列為同類個案，應該以相同的標準（說穿了就是女警標準）來要求男女警；而女應徵者則認為，因為女子體能不如男子。因此，男女的求職不能列為同類個案，必須用不同的標準來處理。我們在此且不論在男警和女應徵者的立場誰對誰錯。我們在這裏只要指出一點就夠了：男警和女應徵者大致上算是持有相同的公義原則，但應用的方法卻不相同。而彼此的應用方法，都是對自己有利的。

這一切究竟說明了甚麼？要社會成員在公義問題上取得共識，根本是不可能的。我們要麼對公義有不同的看法，要麼我們

的利益總是左右著我們對公義的實質理解和判斷；再由於我們相信公義是不可妥協的，並且對我們眼中的不公義都採取零容忍的態度，我們必然將社會上不同的利益團體，以及持不同公義觀的人，推入一個永恆的敵對狀態。這也正是我們社會今日的切實寫照。我在上一章提過，和解的能力是一個社會的重要文化資源。以此觀之，公義絕對優先的價值觀，肯定是社會的一個負資產。

　　這當然不是說公義不重要。我要說的是，公義是眾多主要社會價值中的一個。其他大約重要的價值，還包括仁愛、幸福、和平、社會成員的人格和文化質素，等等。

　　無論如何，公義已經成為現代人思想裏揮之不去的幽靈了，我們在探討社會價值之時，就無法繞過公義不談。究竟甚麼是公義？「公」和「義」都是儒家固有的觀念，但「公義」二字連用以成一詞，乃是用來翻譯英文 ‘justice’。公義的觀念，完全是舶來品。公義最早而影響力又最廣的定義，首推波勒瑪庫斯（Polemarchus）在柏拉圖《國家篇》裏面的名言：公義就是給每個人他所應得的東西。（331e）柏拉圖不同意這個定義，將公義定義為：人人各司其職，不在其位不謀其政。方便但不怎麼權威的微軟Encarta字典，將公義定義為：公平合理。至於在當代社會，公義又時常與人權、平等、多元、寬容等觀念扣連在一起。真是有一百個人，就有一百套公義觀，莫衷一是。在本章，我依然想借助儒家傳統資源，來解答何謂公義的問題。

　　今日，一般論者都將公義當做一個分配的問題。而由於生產在大部分情形下都是分配的先決條件，分配的問題就同時附帶著生產的問題；反過來說，分配的方式往往又決定了生產的方式。為了方便起見，我們仍然將公義的問題簡稱「分產的問題」。我們可將

公義的問題分成兩個基本的構成部分：1.分甚麼產？2.怎樣分產？

　　儒家雖然沒有公義的概念，但是儒家對於分產的問題，卻自始表現出極其敏感的觸覺。整個禮的觀念，和分產是分不開的。荀子說：

> 夫貴為天子，富有天下，是人情之所同欲也；然則從人之欲，則勢不能容，物不能贍也。故先王案為之制禮義以分之，使有貴賤之等，長幼之差，知愚能不能之分，皆使人載其事，而各得其宜。然後使穀祿多少厚薄之稱，是夫群居和一之道也。（《荀子・榮辱》）

　　這段說話的意思相當豐富，必須仔細分析。荀子指出，人人都想擁有權力，都想擁有物資。不但想擁有，而且擁有得越多越好。這樣一來，如果我們順應每個人的要求，將權力和財富分給各人，無論如何都是不夠分的。因此，聖人制禮，按各人貴賤、長幼、才智高低，分配不同的職責給他們，讓每個人都能在社會裏發揮所長，並且得到恰當的對待，其中包括了恰當的物質回報。這樣，人們就能和諧共處了。

　　這段文字說明了，儒家處理分產的問題，有兩個特點：第一，儒家認為，所謂「產」，不但包括了權力和財富一類的好處，也包括了諸如責任之類的其他東西。必須強調，今人一般以為責任是負擔，儒家卻認為責任同時是祝福，因為責任是成就意義必不可少之物。人在社會之中，必須得到一個合適的崗位，在這個崗位上盡責安分，才能生活得幸福（人載其事、群居和一）；第二，儒家認為，不論是責任、財富、權力，抑或其他事

物的分產，都不能不考慮到每個人特定的身分和條件；所以，儒家的公義觀，大概可以用八個字來概括：各安其分，各得其宜。

二　分甚麼產

　　先談分甚麼產。我們在上一節提過，儒家認為在社會裏，必須妥善分配權力、責任、財富。除此三者之外，還有其他事物，儒家認為是必須妥善分配的。

　　除了物質資源，人生在世，還需要很多其他資源，才能生活得幸福；其中一個明顯的例子是人際關係。即使能做到物質上一無所缺，我們依然很難想像，魯賓遜會是快樂的。在失意時沒有人安慰，在沮喪時沒有人鼓勵，在生病時無人照顧，在高興時沒有人和應，這樣的生活能有多好呢？所以孟子很有趣，他要求執政者必須做到使社會上「內無怨女，外無曠夫。」（《孟子·梁惠王下》）對於孟子而言，缺乏關係資源的人，比起缺乏物質資源的人，似乎更為可憫：「老而無妻曰鰥。老而無夫曰寡。老而無子曰獨。幼而無父曰孤。此四者，天下之窮民而無告者。文王發政施仁，必先斯四者。」（《孟子·梁惠王下》）大概也是出於相同的理由，周代政府設有媒官，專門撮合適齡但未婚或者是喪偶的男女。（姚儀敏，2004，頁432-433）這是一個非常有意思的現象。一個不名一文的人和一個舉目無親的人，真不知誰比誰更可憐。今人思考貧困問題的時候，一般將考慮局限在物資貧困的範圍，而對於社會資本貧乏問題視若無睹。我們忽略了，在個人有需要的時候，提供第一線支援的永遠是他所擁有的人際

網絡。現代人人際關係疏離，只好把一切交給社會。我們的社會不再幫助（或教導）人維繫婚姻，只好為單親家庭提供各式的福利和稅務優惠。當下一代不再願意供養他們的父母，社會唯有千方百計構思各種養老的方案。這當然為社會帶來了沉重的負擔。而最可悲的是，負擔是增加了，成效卻不見得有所加強。誰都知道，再優厚的福利，都比不上擁有真心愛自己而又彼此相愛的雙親；同樣地，再優厚的福利，都比不上一個妻賢子孝的晚年。這些美好而可靠的人際關係，就是一類社會資本。

第二類社會資本，是人與人之間的善意。《禮記·禮運》說：「大道之行也，天下為公，選賢與能，講信脩睦。」脩睦，就是善意的生產和分配。《禮記·禮運》又說：「百姓以睦相守，天下之肥也。」藉著培育人與人之間的善意，促成人際間的和睦關係，這是儒家治國的核心關懷。將善意納入一個倫常秩序裏，就成了一個善意的分產機制：「何謂人義？父慈子孝、兄良弟弟、夫義婦聽、長惠幼順、君仁臣忠，十者謂之人義。」（《禮記·禮運》）善意有不同的性質，不同的人需要不同類型的善意對待：「貴者敬焉，老者孝焉，長者弟焉，幼者慈焉，賤者惠焉。」（《荀子·大略》）這一點，我們在下一節會詳細討論。

在各類的善意之中，敬意又特別值得我們另闢一題來處理。敬意是一種很特別的善意。敬意的主要特點是，它必然產生尊卑的分別。正如在本書第七章第五節之二「禮的基本精神」裏提到，禮的精神要求我們自卑而尊人，必是待自卑而後人尊。（見頁274-275）這個尊卑（有時也稱「貴賤」）的關係，儒家看得極為重要。沒有了尊卑的關係，社會就無從運作。這一點，和我們上一節提到的儒家重視權力的妥善分配，也有非常密切的關

係。荀子把這個意思說得最清楚：

> 　　夫兩貴之不能相事，兩賤之不能相使，是天數
> 也。勢位齊，而欲惡同，物不能澹則必爭；爭則必亂，
> 亂則窮矣。先王惡其亂也，故制禮義以分之，使有貧富
> 貴賤之等，足以相兼臨者，是養天下之本也。書曰：
> 「維齊非齊。」此之謂也。（《荀子・王制》）

　　如果社會運作必得依賴某種權力秩序的建立，那麼，敬意
的妥善分產就成為了社會建設的成敗關鍵所在。理由是權力來源
有二：一曰敬，二曰畏。如果不能妥善分配敬意，那麼，要維繫
社會的秩序，就只剩強權一途，而這正是儒家深惡痛絕的。故要
建立秩序，除開妥善地處理敬意的分產，別無他途；所以，《中
庸》說：「仁者，人也，親親為大；義者，宜也，尊賢為大。親
親之殺，尊賢之等，禮所生也。」

　　第三類社會資本是文化。人是文化的存有，有怎樣的文化就
有怎樣的人。因此，一個優秀的文化，是一個社會所有成員共享
的資源。所有的共享資源都有一個問題，就是易於為個體的不負
責行為所破壞。

　　在經濟學上，有一個有名的觀念叫「公地的悲劇」（tragedy
of the commons），它的意思可以用一個例子來說明。假設我一
家和另外九個家庭，住在一片草原上，十家人都以牧羊為生。草
原的面積有（比方說）一千畝，這一千畝的草地，剛好足夠我們
每家放牧一百隻羊（即共一千隻）。所謂「剛好足夠」的意思是
說：這一千隻羊吃草的速度，剛好和草的再生速度相同。因此，

我們可以每家放牧一百隻羊，既能善用草地的資源，又不怕草地資源會萎縮。

很不幸，實情是這個理想的狀態根本不可能維持。總有一天，我就會想：「為甚麼我那麼笨，不多放一隻羊？對，要是我多放一隻羊，那麼草地的資源就會萎縮；但是，草地資源的代價由十家人均分，而多放一隻羊的好處卻由我一人獨得，那不是非常划算的生意嗎？」不但這樣，我還會想：「我能想到要多放一隻羊，難道其他人就不會想到嗎？既然他們也會想到，那麼草地資源的萎縮就是不可免之事。既是不可免之事，那麼，如果我不趁資源枯竭之前多撈點好處，那我真是笨蛋中的笨蛋了。」（Hardin, 1994）很熟悉，是不是？對，今日整個環境的破壞，就是從這個心態來的。

文化也是這樣的一片公地。很多年前讀過一個有關本地媒體的報導，一個所謂「狗仔隊」的成員說：「世界是現實的，講道德，道德會增加銷量麼？」[41] 言下之意是，雖然他知道，他的所作所為有損風化；但是，損害風化的代價由社會成員攤分，利益卻可由他一人獨得。

再舉一個例子：二〇〇三年，香港政府帶頭推動足球博彩合法化。當社會人士正在熱烈地討論此舉利弊的時候，我在電視新聞裏看見一個街頭訪問。記者問受訪者，假如足球博彩合法化，他會不會參與足球的賭博。受訪者答：「會。」記者問：「怕不怕教壞自己的孩子？」答：「不怕，我不會在他們面前賭

---

[41] 　香港《明報》，1997 年 9 月 3 日，標題及頁數俱已遺失。

博的。」在這裏，我們同樣看見了一個典型的文化公地悲劇。受訪者相信，參與賭博活動所帶來（他自以為）的好處，由他一人獨得，而參與賭博活動所帶來的代價（賭風的蔓延）則由其他人攤分；最妙的是，他相信攤分代價的人僅限於其他人，而不包括他自己。因為他認為自己不會在子女面前賭博。當然，你會這樣想，別人也會。

因此，文化是需要保護的，正如自然環境需要保護一樣。不保護大氣層，你就休想有新鮮的空氣可吸；同理，不保護文化，你就休想有一個健康的文化來塑造你的孩子。

因此，儒家重視文化資源的分產和保育。正如《大學》所言：「一家仁，一國興仁；一家讓，一國興讓；一人貪戾，一國作亂：其機如此。」一個社會的文化是仁讓抑或貪戾，全賴每個人、每個家庭的共同努力。一個優秀的文化一旦形成，就能全民得益。《禮記·大傳》說：「禮俗刑然後樂。」即是此意。

除了社會資本之外，個人的品質也是社會的生產與分產活動裏一個不可少的考慮。我一直主張，儒家兼重群體與個體，兩不偏廢。假如我們建設了一個秩序井然的社會，但卻不能造就社會個體成員的幸福，這套秩序就是全然無用之物。人要生活得幸福，除了需要一些外在的條件（如財富、權利等）之外，個人的質素亦必不可少，而且只能比外在條件更為重要。即使你很富有，假如你不懂得為自己所擁有的財富而快樂，你的財富於你就是全然無益之物。再舉一個例子：當我們發現年輕人自殺之風日熾，許多教育界和文化界的朋友就主張，要在學校裏引入生命教育，又或是情緒教育之類。而這些建議，基本上很輕易就得到社會人士的認同（能不能落實是另一個問題）。這個所謂的「生命

教育」和「情緒教育」，實在就是人格資本的分產。

這些能使人生活得幸福的人格資本都包括些甚麼呢？正如我們一再指出，人是價值的存有，又是文化的存有，合言之即禮的存有；所以，禮文化的保育和禮的教育，是促成個人幸福的首要任務。「不學禮，無以立！」（《論語‧季氏》）廣而言之，一切的美德亦在分產之列：「輔世長民莫如德。」（《孟子‧公孫丑下》）所以，孔子強調，為政之道，在「道之以德，齊之以禮。」（《論語‧為政》）

值得補充的是，在上述的各種資本分產之中，有一些是零和或接近零和的，另外一些卻不然；比方說，權力的分產是零和的，你擁有多一些權力，我的權力就要少一些。財富的分產是接近零和的，任何物資，你一旦擁有了，我就無法擁有它；但是，像文化資本和人格資本，本質上是非零和的。文化資本基本上是公有的，一個美好的文化環境建設好了，所有人都會得益；同理，一個人具有美好的人格，會為所有直接間接接觸到他的人，帶來好處。關係資本也是非零和的，你的人際關係好一些，我的人際關係並不會因而變壞。因此，要促進人民的幸福，這些非零和的資本生產和分配就特別重要。

三　怎樣分產

（一）平等律

接下來，談怎樣分產。儒家分配和生產各種不同類型資源或資本的方法，大概可以歸納為六條律則。第一條，我稱為「平等

律」。雖然儒家不是單純的平等主義者（因為平等律只是六條規則之一而非唯一的規則），但是對於平等分產，儒家基本上是認同的。孔子就說過：「不患寡而患不均。」（《論語・季氏》）這是很有智慧的。今日我們都知道，貧富懸殊會增加社會的怨氣，造成社會動盪。人對自己的財富多少的主觀感受是從比較而來的，要透過財富獲得快樂，方法不是擁有財富，而是擁有比別人多的財富。（佛蘭克，2000）[42]結果是，人民的痛苦多少，和社會貧富懸殊的程度呈正向的關連。為了促進社會成員的幸福，我們必須在可能範圍內將財富平均分配和生產。這是說物資分產上的平等。

　　但是所謂「平等」，並不單單指物資分產上的平等。平等有更深一層的意義，是指人在道德價值和尊嚴上的平等。「水火有氣而無生，草木有生而無知，禽獸有知而無義，人有氣、有生、有知，亦且有義，故最為天下貴也。」（《荀子・王制》）這個平等的意思，在儒家重視尊卑秩序的價值系統之中，具有非常重大的意義。孟子說：「君之視臣如手足；則臣視君如腹心；君之視臣如犬馬，則臣視君如國人；君之視臣如土芥，則臣視君如寇讎。」（《孟子・離婁下》）《大戴禮記・曾子立孝》也說：「故為人子而不能孝其父者，不敢言人父不畜其子者；為人弟而不能承其兄者，不敢言人兄不能順其弟者；為人臣而不能事其君者，不敢言人君不能使其臣者也。」這兩段說話的意思，基本上是相同的。所謂「尊卑」，不過是一個社會權力秩序之中，不同

---

[42]　　按這位佛蘭克原名 Robert Frank，與前述的 V. Frankl 非為一人。

層級之間的關係，並不決定尊者或卑者的實質尊嚴和價值。不但如此，不論是尊者抑或卑者，都有自己的責任，而且責任總是雙向的。並不是卑者有責無權，而尊者就有權無責。總而言之，因為人人在尊嚴上具有某種起碼的平等（但又不是絕對的平等，詳見下面第四分節「尊賢律」）；所以，施政必須做到「以禮分施，均遍而不偏。」（《荀子・君道》）

（二）兼善律

第二條規則，我稱為「兼善律」。所謂「兼善」，是指在可能範圍內，分產的機制要使所有人得到好處。不論是孟子所講的「兼善天下」，（《孟子・盡心上》）抑或是荀子講的「兼利天下」，（《荀子・王制》）都可以這樣理解。

兼善和平等聽起來有點相似，但是實際上二者卻是不同的東西。儒家一方面了解到平等的重要，但另一方面，儒家同時也了解到分別的重要。正如我們在上一節提到，將權力完全平等地分配，天下就會陷入紛爭與混亂。沒錯，不平等或許（或許不）會造成痛苦；但是，紛爭和混亂所帶來的痛苦，只能比不平等所造成的痛苦更多。因此，社會上一定程度的不平等，對儒家來說，完全是必須的；所以，荀子對於墨子的平等主義大不以為然：

> 墨子大有天下，小有一國，將少人徒，省官職，上功勞苦，與百姓均事業，齊功勞。若是則不威；不威則罰不行。……罰不行，則不肖者不可得而退也。（《荀子・富國》）

可是，接受不平等，並不因為我們只關心某些人的福祉，而無視另一些人的死活。每一個人的福祉都是值得我們關心的，所以接受不平等，建立層級秩序，不能單單為了上層者的利益，而必須是為了促進所有人的幸福。

（三）恤弱律

人在尊嚴上有起碼的平等，我們就要在尋求兼善之餘，同時要求恤弱；換言之，不但要給所有人好處，還要給弱者多些的好處，像《大戴禮記・主言》所說的：「哀鰥寡，養孤獨，恤貧窮。」孟子就明言，明君施政必定要先照顧鰥寡孤獨的弱者，（《孟子・梁惠王下》）孔子也說：「君子周急不繼富。」（《論語・雍也》）

恤弱律不應用猶是可，一旦應用起來，往往容易走向極端。今人討論社會公義之時，往往將扶助弱勢社群為絕對的標準；換言之，凡社會政策，只要有利於弱勢者，就是正義的；只要不是大利於弱勢者，就是不義。可是儒家一方面主張恤弱，一方面同時警告我們，不要陷入這種簡單二分的思維模式裏。世事複雜，要做到萬物各得其宜，要考慮的因素很多，不能掛一漏萬，把所有其他因素都略過不理，而只考慮強勢弱勢的問題。這一點，荀子說得很清楚：「人之所惡者，吾亦惡之。夫富貴者，則類傲之；夫貧賤者，則求柔之。是非仁人之情也，是姦人將以盜名於晻世者也，險莫大焉。」（《荀子・不苟》）這一點非常重要。事無大小，不問對錯，凡事站在弱勢的一方，是很容易贏得掌聲的。但儒家提醒我們，公義是做正當的事，不是贏取掌聲。天下之大，事情之多，總不可能弱者永遠正確，強者永遠邪惡。要是

我們以強弱為唯一的判準，那麼，我們就是用權力代替是非，是儒家所要嚴拒的。

（四）尊賢律

儒家公義觀的第四條律則，我稱為「尊賢律」。我在本書第七章提到賢治的重要，要實現賢治，就必須尊賢。（見頁305-307）《中庸》說：「義者，宜也，尊賢為大。」為甚麼要尊賢？因為賢德自有有其內在價值。孟子說：「仁義忠信，樂善不倦，此天爵也。」（《孟子‧告子上》）荀子亦說：「君子無爵而貴。」（《荀子‧儒效》）因此，雖說人人平等地具有某種起碼的尊嚴；但是，賢德之士的尊嚴與價值，又比常人更高；另外，孟子還提出了尊賢的實用理由：「尊賢使能，俊傑在位，則天下之士皆悅而願立於其朝矣。」（《孟子‧公孫丑上》）也就是說，只有尊賢，才能得到賢能之士來治理國家；另外，《中庸》又說：「尊賢則不惑。」不尊賢，是非就不能彰明，一般尋常百姓就會迷失方向。不要說百姓，執政者自己也會迷失方向。孔子說：「唯上知與下愚不移。」（《論語‧陽貨》）能在是非不彰的社會裏依然明辨是非的人永遠是少數，而執政者自己，也不見得一定就在那少數之中。正如我們在本章第二節所指出的，賢德的分產是非零和的。（見頁336-341）因此，透過尊賢來鼓勵賢德，是促進社會整體福祉的重要途徑。

（五）直報律

儒家公義觀的第五條律則，我稱為「直報律」。直報律的命名，直承《論語‧憲問》：「或曰：『以德報怨，何如？』子

曰：『何以報德？以直報怨，以德報德。』」一人所作之事，若有善惡可言者，則善行當賞，惡行當懲。依是而行，即是直報。此外如《禮記・表記》所言：「故君命順，則臣有順命，君命逆，則臣有逆命。」也有直報的意思。

所謂「直報」，同時有其普遍性與相對性。善行當賞，惡行當懲；大善重賞，大惡嚴懲──這是直報的普遍原則；但是，賞罰由誰來執行呢？這問題的答案卻有一定的相對性。這是說，同一件事，由某甲來做是直報，由某乙來做就不一定是直報了。《禮記・曲禮上》說：「禮尚往來。」這句話至今依然深入尋常中國百姓的民心。在私人生活裏，我們受了親朋的的禮物必須回禮，受人恩惠必須回報，這些都是直報律的日常應用。必是受禮者回禮才叫回禮，必是受恩者報恩方叫報恩。因此，每個人在社會上，因其不同的位置，就有不同的直報的責任；所以，當葉公讚賞他的鄉里「其父攘羊而子證之」為正直的時候，孔子回答說：「吾黨之直者異於是：父為子隱，子為父隱，直在其中矣。」（《論語・子路》）攘羊則證之，對外人來說固然是直報，但對於受到父親撫育之恩的兒子來說就不一定對了。這就使直報律的應用增加了彈性，容許每人因應自己的具體情況，作出最為人性化的決定。

（六）職稱律

荀子說：人「力不若牛，走不若馬，而牛馬為用，何也？曰：人能群，彼不能群也。人何以能群？曰：分。」（《荀子・王制》）分工是禮的最基本精神，也是社會生活的最基本條件。

社會一旦有了分工，就必須要求每人在其職位上盡忠。人

的言行，必須與其職分相稱，是為「職稱律」；所以，孔子說：
「君君；臣臣；父父；子子。」（《論語・顏淵》）荀子的名單
更長：「君君、臣臣、父父、子子、兄兄、弟弟，一也；農農、
士士、工工、商商，一也。」（《荀子・王制》）這個名單，當
然可以無止境地加長：老師要像老師，學生要像學生，新聞工作
者要像新聞工作者，諸如此類。

分工要考慮很多條件。現代人最容易了解的是能力上的分
工。因有能力上的分工，所以必須尊賢；但是，尊賢並不是分工
的唯一考慮。《禮記・大傳》提出了四個原則：「親親也，尊尊
也，長長也，男女有別」，然後說：「此其不可得與民變革者
也。」可見這四個分工原則的重要。

親親的重要，首先源於人類天生的血緣感情，其次源於人
與人建立親密支援團隊的需要。這兩個意思，在第五章已詳細論
及，在此不贅。

接下來，說尊尊。孟子說：「天下有達尊三：爵一，齒一，
德一。」（《孟子・公孫丑下》）以德為尊就是尊賢，我們在本節
第四分節「尊賢律」解釋過了，這裏要解釋的，是尊爵和尊齒。

所謂「爵者」，實即在位者之謂。這一點很有趣。今人一般
認為政府不外是人民的僕人，沒有甚麼可尊的；但是，正如我們
在第二節指出的，社會不可能沒有權力機關，權力機關得不到尊
重則不可能運作，除非訴諸暴力。為了得到一個不要事事訴諸暴
力的社會，我們就有一個起碼（但非絕對）的理由要尊重社會上
既有的權力機關。至於齒，指的是長者。尊齒之義，與後面所說
的長長大致相同。尊敬長者的理由至少有二，第一是因為他們有
較豐富的人生經驗，第二是因為長者需要較多的關懷。

最後，說男女有別。這原則應用到現代社會，意義非常重大。今日有一個流行的觀點，認為男人和女人只有生理上的差異，其他一切如心理和智力等其他條件都是相同的。因此，一切性別角色的分工都是不符合社會公義的。儒家嚴拒這個觀點；事實是，單單是生理上的差異，必然就會造成心理與能力上的差異。（詳見本書第五章，頁189-198）若是我們泯除了兩性的根本差異，就會傷害到社會上最基本的人際團隊（家庭），因而傷及每個個體成員。

要決定每一個人的職稱殊不容易。以上四個原則，也實不能窮盡決定職稱的所有條件。無論如何，一旦職稱決定了，就得嚴守崗位，從積極方面講，要在自己的崗位上盡忠；從消極的方面講，要避免越權，「不在其位，不謀其政。」（《論語‧泰伯》）

四　共殊兼顧

這套從儒家思想裏提煉出來的公義理論，有一個最重要的特色，我稱為「共殊兼顧」。所謂「共殊兼顧」，意思是說，它同時照顧人的共性和殊性。我們都知道，人之所以為人，總有某些相同的特質，有某些共同的需要。要是每個人的需要都和別人完全不同，分產原則根本無從談起；要是人沒有共通的需要，則分產理論兩個問題裏的第一個，也就是分甚麼產的問題，根本就沒有答案。一切公義理論都假定了人的共性。

但是按儒家，公義的分產不但要考慮人的共性，也要考慮人的殊性。每個人雖然都有一些品質和條件與別人相同（共性），但也必定有一些品質和條件與別人不同。按著這些品質和條件的

不同，分給他們的東西就不一樣。這些本來是常識；但是，今人討論社會公義的時候，卻常常忽略這一點。（下詳）

　　在上節提到的六條分產律則之中，頭三條主要是處理人的共性。平等律不用說，當然是處理共性。兼善律要求施政以人人受惠為目標，並不管每個人的特質如何，因而此律則所照顧的，依然是人的共性。恤弱律含糊些。一方面，你可以說，強勢者與弱勢者條件不同，故應得到不同的對待：這就是對殊性的照顧；但是，從一個更根本的意義講，恤弱律照顧的，主要畢竟還是人的共性。因為恤弱律的最終目的，就是要透過社會的分產機制，減少人在所得資源上的差距。

　　與前三律比較，後三律的重點顯然在於照顧人的殊性。尊賢律按人的品質（才與德）來進行分產，直報律按人的實際行為與功過來進行分產，職稱律則按每人在群體生活分工中的不同角色來進行分產。

　　與今日流行的社會公義理論相比，儒家公義理論的優點在於其周遍，也就是說，它對於應該分產甚麼和怎樣分產，有相對地完備的考慮。荀子說：「凡人之患，蔽於一曲，而闇於大理。」（《荀子‧解蔽》）儒家理論的優勢，正在於它能更全面地考量問題，而這也正是長於統攝的東方思維優點。

　　比較一下儒家和羅爾斯的公義理論，我們就會清楚看見這一點。羅爾斯將社會公義歸結為兩個原則，分別為平等原則和差異原則。

1. 平等原則

每個人都有同等的權利擁有最大程度的基本自由。

一個人所擁有的自由要與他人擁有相同的自由能夠相容。

2. 差異原則

社會與經濟上的不平等將以以下的方式來安排：

它們對每個人都有利；並且

它們是隨附著職位與工作的，而這些職位與工作

對所有人都是開放的。（Rawls, 1972, p.60，譯文見石

元康，1989，頁40）

　　比較羅爾斯的公義觀和儒家的公義觀，我們有兩個非常有趣的發現：第一，羅爾斯要分配和生產的東西，要比儒家所分配和生產的來得少，不外乎是自由、財富和就業機會。羅爾斯稱這些東西為基本好處（primary goods），因為無論你的人生目標為何，你都需要這些東西。（Rawls, 1972, p.93, p.396）這是徹底的個體主義的公義觀：社會資本並不在分產機制的考慮之列。連一個孩子都無法宣稱，他有權得到他父親的愛；事實上，按羅爾斯，不但父愛是不必要的，連整個家庭制度都可以去掉；（Rawls, 1972, p.511）第二，撇開分配和生產甚麼的問題不談，但就如何分產一題而言，羅爾斯的主張和儒家的頭三律幾乎是一模一樣的。平等原則和平等律起碼在精神上是等同的，差異原則要求一切經濟上的不平等必須對每個人都有利，意思和兼善律相近。而羅爾斯著名的匱乏者最惠原則（maximin principle），也就是說，分產的方式應該讓最不利的人獲得最多的利益，精神也與恤弱律雷同；（Rawls, 1972, pp.152-153）但是，對於照顧殊性的後三律，他卻未有認真處理。羅爾斯基本上反對尊賢律，（Rawls, 1972, pp.310-315）承認直報律但不給予獨立地位，（Rawls, 1972, pp.314-315）容許分工，但他始終不願意說，社會應當給不同角色的人予不同的責任和資源。（Rawls, 1972, p.529）

　　因此，用儒家的眼光看羅爾斯的理論，我們就會發現，羅爾斯的理論正是一個「蔽於一曲」的理論。在分甚麼產的問題上，他看見人有個體性的需要，看不見人有群性的需要。在怎樣分產的問題上，他只照顧了人的共性，沒有照顧人的殊性。

　　我沒有說儒家的公義論就是完美的。在現代社會的條件下，吸取西方人的智慧，豐富儒家的公義論，這是當代儒者應有的義務。一般意見認為，儒家欠缺了個體權利的意識（至少可以說個體權利在儒學中隱而不顯），這一類意見，我認為是相當合理的；比方說，在分甚麼產的問題上，我們應該加入權利的考量，這完全不成問題；但是，若是盲信西方的觀念，抹殺儒學有別於西學的洞見，那就未免浪費了東方古代無數先哲的智慧。

　　儒家的公義論就談到這裏。在下面，我要借助這個整全公義的模型，來檢視今日一些有關社會公義的流行觀點。我要先對這些觀點提出一些批評，回頭我們會考察他們的正面貢獻。健康的辯論既不是競賽，也不是意氣之爭，更不是生死較量；而是追尋真理的方法。唯有認真考察我們辯論對手的洞見，我們才能在辯論之中一步一步的貼近真理。當然，與此同時，我們也懇請我們的對手，以相同的態度來參加討論。要是辯論雙方都能懷抱這樣的態度，最通常的結果將會是辯論雙方都會向對方靠近，最終雙方形成一個你中有我，我中有你的關係。而這樣的結果一般是好事（除非雙方是為了靠近，而且不辨是非地靠近），因為這表示雙方都能在辯論中獲益。這樣，我們和辯論對手的關係，就是論友，而非論敵。

五　自由、權利、中立

　　要數最能影響今日社會的意識形態，自由主義恐怕無出其右。按自由主義者的看法，只要我的行為於人無害，即使我所做的行為再壞，我的行為都不應受到政府的干預。不但不應受到政府干預，連社會人士對我進行道德批評，都是不恰當的。這是彌爾著名的傷害原則（harm principle）。（Mill, 1985, p.135）到了今日，傷害原則又發展為道德中立原則（moral neutrality），主張政府不應對道德問題採取任何立場。

　　別看我經常批評自由主義，對傷害原則，我基本上是同意的；不過，我會在同意的基礎上做許多補充。例如我會說，真正於人無害的惡行是很少的。因為人是文化的存有，又具有根深柢固的群性，故此一個人的行為不免對他人具有暗示的作用。惡行所提供的暗示，往往即對別人構成傷害。又從禮學的觀點看，害禮亦即害人。諸如此類。雖說要做補充，這並無損於我作為自由主義者的身分和立場，縱使我的自由主義觀點，和主流的自由主義觀點有些重要的分歧。當中最主要的分歧是，我認為今日大部分的自由主義者犯了兩個重要的錯誤：第一個，在個人與社會關係的問題上，他們採納了個體主義的觀點（以下我稱這一類自由主義的觀點為「個體自由主義」）；第二，主流的自由主義觀點認為，社會對道德問題必須採取中立的立場。我認為道德中立原則既不正當，又不可行。

　　先說人和社會的關係。人是群居的動物，身上有不可擺脫的群性。個體主義明顯又是個蔽於一曲的理論，它只見人的個性，卻無視人的群性。當社群主義興起，對自由主義提出批評以及修

正的時候，他們首先針對的就是這一點；事實是，個人和社會是
彼此滲透的，我是社會的一部分，社會也是我的一部分。個體自
由主義者以為，人只要有免受干預的自由就夠了，他們稱這樣的
自由為「消極自由」。他們不要讓積極自由成為社會規範的一部
分，因為這樣一來社會就很容易會淪為家長制的社會，而家長制
卻是對人性的侮辱；（Berlin, 1969）但是，個體自由主義者做夢
都沒想到，連他們所捍衛的消極自由，像言論自由、宗教自由之
類，其實也是積極自由；（詳見本書第二章第七節，頁94-99）
換言之，這些自由不單是免於干預的自由，同時也是從社會教化
而來的能力。因此，個體自由主義者所追求的自由，根本就是一
場春夢。離開了社會教化的自由，原是一片死寂的荒原。這就是
儒家禮教的精闢洞見。要造福人民，首要的任務不是免除干預，
而是要給他們恰當的教化。

　　至於道德中立，那又是另一場子虛烏有的春夢。社會不能沒
有政府，政府不能沒有政策，所有的政策都在幫人民做一些事，
鼓勵人民做一些事，而妨礙他們做另外一些事；所以，政府不可
能沒有道德立場。

　　這一點連羅爾斯自己都看到了。他承認社會依然可以肯定並
鼓勵某些美德，（Rawls, 1996, p.194）例如文明（civility）、寬
容、講理、公平等。（Rawls, 1996, p.194）但是他強調，這些美
德必須是政治的，而不是完備的。（Rawls, 1996, p.176）那麼，
甚麼是完備的價值或美德呢？羅爾斯答：

　　　　完備價值理論告訴我們怎樣的人生是有價值的，
　　理想人格是怎樣的，還有友誼以及家庭關係理想，以及

許多其他指導我們行為，為我們的整體生活設定限制的
東西。（Rawls, 1996, p.13）

但是，我們真能只鼓勵政治的美德嗎？我們應該那樣做嗎？
不。

舉個例說，社會不可能沒有教育。教育不可能不講質素。
教育質素又和知識的開發相連。於是，所有社會都會資助教育活
動，所有社會對教育和知識開發的活動都有評核。由於我們都相
信學術自由，故學術活動的評核不能以其內容為評核的對象。
結果，我們只能以這樣的方法來評核學者們的工作成果：1. 看
他們發表了多少學術論文；2. 看他們的論文發表在甚麼期刊，是
高質素的還是低質素的。質素的高低，一般以發表文章的難度為
準。這樣，我們就既能保證學術活動的質素，又能保持道德中立
的原則。

慢著，這真的是道德中立嗎？多就是好，這不就是一個道德
立場嗎？難就是好，這不又是另一個道德立場嗎？

無獨有偶，這兩個觀點恰恰都是儒家反對的。孔子說：「君
子欲訥於言。」（《論語·里仁》）這樣的學者放在今日學界，
可以說是必死無疑。你可以不同意孔子的立場，但是你不能說，
多言是一個政治的美德。荀子說：「君子行不貴苟難，說不貴苟
察，名不貴苟傳，唯其當之為貴。」（《荀子·不苟》）文章要
登在高級的期刊，就是貴苟難。你可以不同意荀子的立場，但你
同樣不能說，貴苟難是一個政治美德。

更根本地說，資助知識的開發，也不是一個甚麼道德中立
的政策。這個政策說的明明就是：有知識的人生，比沒知識的

人生更美好。本來嘛，一個不講求積極自由的社會，根本就不必
辦甚麼教育。要知道，教他們不要干預別人的自由，不要掠奪他
人財產，那就完事了，哪裏需要一共十六年的基礎教育和大專教
育？

　　你會說：「不不不，不要斷章取義。羅爾斯明明說，凡是
基本的好處，社會就要進行分產，教育就是知識的分產，而知識
也應當做一個基本的好處，它是於任何人生目標都不可少的條
件。」是嗎？甚麼知識可以當做基本的好處？語文知識可能是基
本的好處，算術的常識是基本的好處，但微積分呢？量子力學
呢？甲骨文的知識呢？政府又憑甚麼資助這些知識的開發和傳
遞？不嫌嚕嗦的話，我們還有些更深層的問題想問：禮儀知識是
不是基本的好處？道德知識是不是基本的好處？政府憑甚麼不推
動這些知識的傳遞？

　　我們今日都知道，人要在任何崗位上有所成就，情緒智商
（EQ）比知性的智商重要得多。（高曼，1996）一個具有高情緒
智商的人，既善於了解又懂得照顧別人的感受，又善於控制自己
的情緒。那就是說，情緒智商是一個於任何人生目的都不可少的
條件了；又如今日流行講的抗逆力（adversity resilience）也是一
樣，一個人要是每遇逆境就要崩潰，這個人的人生是徹底地沒有
希望的；又如社交技巧：人生不免與人合作，與人合作必先懂得
一些基本的社交技巧，而在社交技巧之中，少不了基本的禮儀知
識（不學禮無以立呀），那麼，禮儀知識和社交技巧難道不是於
任何人生目的都不可少的條件嗎？為甚麼這些東西都不在羅爾斯
的分產名單之上？這不是又一個蔽於一曲的例子嗎？

　　整個道德中立的思路背後，很明顯有一個基本的態度，

就是抗拒（我會說是顧慮）做道德判斷。主流的自由主義者認為，道德問題的討論是沒有結果的。所以我們不談道德，只談公義好了。我們上面的例子如情緒智商、抗逆力和社交能力，實際上就包含了一籃子的美德：仁愛、忍耐、節制、剛強、勇毅、有禮，等等等等。只因它們不在公義的討論範圍，這些品質就給排除在分產的名單之外。但這個不談道德只談公義的想法有兩個明顯的問題：第一，如果我們說談道德沒有結果，那麼談公義也不見得就有結果。羅爾斯說，採取價值中立，是因為人們對道德價值沒有共識（Rawls, 1996, p.3）；但是，對不起，人們對道德中立的原則也沒有共識。歷史表明，羅爾斯的公義論雖然具有巨大的影響力，但自從它面世以來，它就受到了來自四方八面的攻擊；第二，我們真的確定道德沒有結果嗎？不。我們也許可以說，道德問題的解答沒有得到所有人的共識；但是，真要得到所有人的共識才叫有結果嗎？我們說強姦是不道德的，汪洋大盜不同意，但這不就等於說，有關強姦的道德討論或思考沒有結果嗎？

　　不能得到共識，不是因為道德問題有甚麼性質使它們先天地無法解答，而是因為西方害了一個文化病。從蘇格拉底以來，西方人就認為，尋找道德知識（其實公義知識也是一樣）的唯一方法就是辯論；問題是，論證是辯論的唯一工具，而所有的論證的工作都一樣，就是用一組前提來支持結論；但是，要是對手不同意前提，我們就得用一組論證來論證這些前提。要證明這一組前提，難度不會比證明先前的那個結論少。我再強調一次，我不是說辯論無用；事實上，本書從頭到尾就都在做辯論；但是，辯論必需有個基礎。這個基礎是甚麼？那得看你討論的是甚麼。就

道德而言，就是前人的道德經驗。尊重前人的道德經驗，就是中國整個聖人傳統的精粹。我們從前人的集體認同裏，篩選出少數的聖人，然後由今人的集體躬行裏，確認這些聖人的道理的正當性。我們一切的道德思考，就始於這些集體經驗驗證了的聖人之教。有人可能盲從聖人之教，有人可能在親身躬行之後從聖人之教之中創出新意。二者之中，當然以後者為佳，但前者也不失為庸才的守身之道。而在這個聖人之教的傳統裏，我們不但不缺道德共識，而且擁有很多。

所以，從倫理學上講，中西文明的最大差異就在此：中國有一個尊崇聖人的傳統，西方沒有，至少是在基督教傳入之前和沒落之後沒有。單是這個分別，就足夠廢掉西方人尋求道德共識的可能。而同樣的文化病，也同樣扼殺了他們在公義問題上達成共識的可能性。誤以為把道德換上公義就能解決問題，完全是「不識廬山真面目，只緣身在此山中」。

以教育政策來說吧，如果價值中立在教育的領域裏應用起來有任何困難，那麼，它在所有社會政治事務的領域裏，都會遭遇相同的困難，因為道德中立所關懷的，說到底就是一個教育的問題：政府應該教民以德，還是不該？

所以很明顯，道德中立既不可行，亦不可取。道德就是正當的價值，價值就是行為的指導；所以，道德就是正當的行為指導。人是價值的存有，注定了以某些價值指導自己的行為。價值正當，我們就應該服從它的指導；價值不正當，我們就不應當服從它的指導。天下間再也沒有比這更明白的事情。道德中立的原則就是說，如果你是執政者，就不要問指導的價值正當不正當。用中國人常用的話來說就是：執政者必需是非不分。這雖然只是

用在執政者身上，這依然是天下間最明白的錯誤。再說，不但執政者有不分是非的責任，常人也有不分是非的權利。事實當然是，常人需要明辨是非，執政者只能比常人更需要明辨是非。而道德中立說的卻是，不管執政者抑平民，天下人一概沒有責任明辨是非。一百多年前，辜鴻銘就說過：「歐洲人以前犯過，至今仍在犯的錯誤就在於他們拋開道德秩序去求進步。」（辜鴻銘，2006，頁327）這句話，一百年後再聽，依然擲地有聲。

你會問：「可是，誰來決定甚麼是道德，甚麼是不道德呢？」這是受了道德中立原則影響的現代人，最常有的問題。不過，不但中立論者懂得這樣問，我也懂得這樣問：誰來決定我們要不要尋求公義呢？誰來決定甚麼是公義呢（是道德中立的公義，還是明辨是非的公義）？誰來決定強姦是正當還是不正當的行為？說到底，有關價值的最終問題，不是誰來決定的問題，而是何者為正確的問題。

接下來，說常規。天下間並沒有常規的社會。常規具有巨大的塑形力量，因此，人的行為不可能不受常規的制約。常規有兩個來源，一曰禮，二曰俗。禮與俗的分別在於，禮是要講理的，而俗是不講理的。去掉了禮，俗就會取而代之，成為新的制約。當一個政府採取道德中立的立場時，它並沒有真的塑造一個道德中立的社會，而是建立了一個以風俗取代道德的社會；換言之，我們是捨棄了講道理的常規，轉而任由不講理的常規來支配我們的行為。而因為常規的力量巨大，政府自己也不可避免地要墮入以俗為道的圈套而不自知。貴多，貴難，實在都是我們這個時代的俗。現在的教育一面倒向職業技能訓練傾斜，讓全民都做職場

上的器具，[43]那更是俗。問題不在是否受到常規的制約，問題在制約我們的常規有沒有道理；換言之，是禮抑是俗，又是禮治的精義。

前面說過，我反對的是個體自由主義，而非自由主義本身。此話何解？彌爾說，於人無害之事，我們就不必禁止，姑勿論其理由是甚麼，我個人看不出有甚麼理由要反對。《大戴禮記・子張問入官》說：「水至清則無魚，人至察則無徒。」事無大小都要管一番，人間就變成了一池死水。

問題是傷害原則的應用。如果我們不管的果真都是無害之事，這當然不是問題，但要是我們不停把一件又一件有害之事歸入無害之類，這就成為社會最大的禍害了。

個體主義之蔽，在於許多事情之害，不能由孤立事件看出，而必須從群體生活的脈絡和常規系統的建立和保養裏面看出。個體主義有見於人的個性，無見於人的群性，又無見於常規的作用，自然將許多有害之事當做無害；濫交，就是其中一個典型的例子。個體自由主義者普遍相信，濫交在道德上並無不妥，因為任何你情我願的性行為都對他人無害。這樣的主張，明顯忽略了性行為背後的群體生活脈絡；不但是忽略，而且是多向度、全方位地一概忽略。

只要我們從禮學的角度稍事考察，就能將濫交之害看得一清二楚。這一點，我們在本書第五章有詳細的探討，（頁183-223）但在此似乎仍有必要扼要地重述一次：首先，社會有一個

---

[43]　子曰：「君子不器。」（《論語・為政》）

連結婚姻與性行為的禮，其作用在於優化男女之間的性活動，使男女雙方和下一代都得到最大的好處；第二，所有性行為，只要符合這個禮，就是在鞏固這個禮；相反，所有違禮的性行為，都在破壞這個禮。因為越多人不守禮，這個禮就越接近崩壞；第三，禮的作用很妙，它能在人際關係之間提供緩衝。在一個潛存衝突的處境裏，因為禮的存在，衝突還未形成就給化掉了。我們的人際關係因為禮而得到潤滑，而我們甚至都察覺不到自己從禮那裏得到了好處。《大戴禮記・禮察》曰：「禮之所為生難知。」此之謂也。想像一個不想在婚前發生性行為的未婚女孩，在一個有禮的時代，根本不會有男子向她提出性要求。就是真的有男子向她提出了，她至少可以說，這不是我個人願意與否的問題，是於禮不合呀，是無以名狀的禮；而不是她自己負起了拒絕男子的責任。是禮化掉了她和急色男友之間的衝突，而當事人還不知道；可是，當禮消失了，她就要自己挺身捍衛她的身體。她就要回答諸如「你不信任我嗎」，或者是「難道我們不是真心相愛嗎」之類的追問。這些問題，對於一個真心投入戀愛之中的人來說，實在是一個巨大的心理負擔。結果，她只能選擇一個冒犯男友的答案，或是乖乖就範，而兩者都不是她樂見的。從禮崩壞掉的一刻開始，她就注定了要受這傷害。至於說男友，在這情欲的角力之中也不見得很快樂。男女雙方都要承受角力過程中的所有震盪。男女之間，有禮則兩利，無禮則兩傷，自古皆然。所以，結論是，每一個不守禮的性行為，都傷害了所有本來能因這個禮而受益的男女和小孩子。這就是非禮的性行為在群體生活脈絡裏所造成的傷害，而個體自由主義者注定了無見於此。

　　你可能會說：「別把事情說得那麼恐怖。假如真有那麼多

人受害，為甚麼我們看不見？」答案很簡單，我們看不見，是因為人類和社會的柔韌性。一個違禮的性行為，對社會所造成的傷害，由社會所有人攤分。因為由多人攤分，所以大家對這個傷害就一無所感。於是我們就誤以為非禮的性行為是無害的了。如是者，違禮的性行為漸次增加，最終竟然成為常規了，禮的保護功能最終瀕於失效。於是，大家又說：「瞧，這個禮並不保護我們。」這就是禮樂崩壞的惡性循環：禮因我們的違禮而失效，我們接著又因禮的失效而違禮。這是個溫水煮蛙的故事，也是一個悲劇。悲劇已經發生了，我們可以怎麼辦？答案依然只有「復禮」二字。

這個禮的故事太複雜了，《大戴禮記‧禮察》說得好：「凡人之知，能見已然，不能見將然。禮者，禁於將然之前；而法者，禁於已然之後。是故法之用易見，而禮之所為生難知也。」唯其難知之故，違禮之害，不可不慎。

禮的故事就說到這裏。禮的故事那麼複雜，大家看不見也還罷了，奇怪的是，有些簡單得多的故事，大家一樣視若無睹。二〇〇八年，一個香港男藝人，因為不慎處理電腦內的資料，結果讓電腦內藏大量與不同女星性交的圖片和錄像外洩。事後，男藝人受到千夫所指，原因不是濫交，而是因為他沒有妥善處理涉人私隱的資料。

我和一位同事談到此事，對方的立場正是如此。他說，濫交與否，不過是藝人的個人選擇，與道德無涉。我答，是嗎？當一個人擁有第一個性伴的時候，那也許還是個人的問題（要是大家都講禮我就不會這麼說），當一個人擁有第二個性伴的時候，那就肯定是個道德問題了。

同事問，何出此言？我答，理由很簡單，每個性行為都可能傳播性病。[44] 一個人在擁有第一個性伴的時候，他只有可能成為性病傳播的受害者，而不可能將性病傳給別人。如果我們不把違禮之害計算在內，這姑且可以說，是於人無害；但是，從他擁有第二個性伴開始，他就是一個潛在的性病傳播者。他把他當下的性伴引入了一個性活動的網絡裏，也因此將這位性伴引入了一個性病傳播的網絡裏。這個網絡，包括了他和他以前的所有性伴，以及這些性伴的所有性伴，以及性伴的性伴的所有性伴，餘此類推，直至無窮。那即是多少？以英國為例：按報，英國男人平均有九名性伴，女性則有六點九名。以這樣的個人性伴數字得出來的結果，是每人間接和二百八十萬人間接發生過關係！（'Sex Degrees,' 2009）這個驚人數字如何造成？不過就是你多和幾個人睡覺，我又多和幾個人睡覺造成的。這樣的行為沒有道德問題，甚麼行為才有道德問題？

這樣簡單的道理，真虧現代人能看不見。套用一句廣東的俗語，真是「鬼掩眼」。這隻掩人眼睛的鬼，當然就是個體主義：因為我們透過個體主義的濾鏡看事情，所以一切關乎群體生活的脈絡之事，我們就一概視而不見；相反，回到群體行活的脈絡去考量事情，我們就能準確地判斷各類言行的利害。不僅性行為如此，一切的言行，都要作如是觀。

---

[44]　切記：用不用避孕套都有此可能！有男人嫖妓染了性病去看醫生，醫生說是性病，男人抗議説：「不可能，我每次都用套。」可是染病就是染病，抗議是無用的，誰叫他相信「安全性行為」那一套讒言呢？避孕套並不等於安全套。見香港《明報》，2000 年 8 月 2 日。

　　回顧傷害原則的提出，已經是鴉片戰爭之前的事了（彌爾死於鴉片戰爭之前四年）。現在，我們連傷害原則都不談了。羅爾斯就沒有把傷害原則繼承下來，而換上了道德中立原則。沒錯羅爾斯是說過，人有避免傷害別人的責任，（Rawls, 1972, p.114）但是，在道德中立原則底下，我根本不知道甚麼是好，甚麼是壞。（Rawls, 1972, pp.403-404）這樣，我又何來知道甚麼是傷害？我頂多可以說，如果我搶奪了別人的財富，剝奪了別人的自由和機會，我就在傷害別人了。因為這些東西都是一些基本的好處，於所有美好的人生都是必需的；但是，這樣界定傷害合理嗎？按這個定義，偷窺算不上傷害，侮辱他人算不上傷害，淫人妻女算不上傷害，包娼庇賭算不上傷害，至於教壞別人的孩子，當然更說不上傷害；相反，如果你要求父親必須愛他的兒子，丈夫必須對他的妻子忠貞，那就不折不扣地是傷害了，因為你剝奪了父親和丈夫的自由。究竟這樣一個所謂「免於傷害的世界」，能給我們多少保障？而可悲的是，上面的描述和我們的現實世界相比，恐怕是雖不中亦不遠了。

　　再者，在一個道德中立的世界裏，所有人的眼中視為好處之物，只要不違反理性，就得等量齊觀。何謂「不違理性」？我們且不詳述，我們只要記著一點就夠了：基於道德中立的原則，一個人愛上某些邪惡之物，是談不上違反理性的。（Rawls, 1972, pp.403-404）於是，假定一個人希望他社區裏的圖書館多放些聖賢書，另一個人則希望圖書館多放些色情雜誌，那麼，這兩個人的要求就是同樣合理的，而政府也無權給予聖賢書愛好者的訴求任何優待。我在本章第一節埋怨過，將公義當做社會的首要價值是偏頗的，何況是將一個偏頗的公義觀當做社會的首要價值呢？

在羅爾斯的公義的社會，全民過著豬一樣的生活，至少在理論上是可行的；一旦社會發展為這個樣子，也是政府必須坐視不理的；然而，這樣的社會真的理想嗎？

六　多元、寬容、平權

我們在上一節說，道德中立不可行，因為道德中立去掉了禮，卻去不掉俗，而俗對人一樣有制約的力量；所以，有人進而主張說，我們不要道德中立，我們要多元。不論是禮是俗，實在就是社會生活的常規。常規就是社會的多數，常規的制約就是多數對少數的壓逼。為了解放被壓逼的少數，我們必須顛覆常規，提倡多元與寬容，平等看待所有人，消除一切歧視。這個立場無以名之，姑稱為「多元平權主義」。多元平權主義的理論背景非常龐雜，概而言之，在這個立場背後為它提供動力的，主要是後現代主義，以及一籃子和它關係密切的佛洛依德派及新佛洛依德派的心理分析、馬克思主義和新馬克思主義、解構主義、某些（而非所有）派別的女性主義、後殖民主義。這些理論關係錯綜複雜，你中有我，我中有你，同中有異，異中有同，真是清官難審，我就不去碰它了。在這一節，我們要對這個所謂「多元平權主義的立場」做一個扼要的探討。

留心，當我討論多元平權主義的時候，我並不直接討論那些在背後提供動力的理論。那些理論太複雜了，不可能在一個分節裏深入討論。而那些理論為多元平權主義提供了動力，也不表示他們和多元平權主義是同一樣東西。多元平權主義從那些理論

之中選擇性地吸收了某些東西，卻並不和任何一個理論等同，而且在某些地方可能還要和某個源頭理論對著幹。有時候，多元平權主義從源頭理論中吸收了一些有用的養分，卻不恰當地加以發揮；有時候，多元平權主義的另外一些得失，如實地反映出源頭理論的一些功過；但是，二者的功過有何關連，並不在本節討論的範圍內。

雖說背後的理論不是討論的重點，可我們還是不得不由影響力巨大的後現代主義說起。後現代主義牽涉的題目非常廣潤，我們只挑它和多元平權主義有關的內容來說。

一九七九年，李歐塔（J. Lyotard）發表了著名的《後現代狀況》（*The Postmodern Condition*），宣稱人類社會已經進入了一個所謂「後現代」的狀況裏。後現代社會最重要的特徵是，在那裏，大敘事（master narratives）陷入了合法性的危機之中。（Butler, 2002 p.13）所謂「大敘事」，實際上就是那些涵蓋一切（至少在某個特定的論題之內如此）的理論；而所謂「陷入合法性的危機」，大約就是指它們失掉了權威。而在這些大敘事之中，李歐塔特別強調的包括了兩類：第一是那些號稱「能解放人類的價值體系」，例如康德的理性主義、馬克思式的烏托邦，以至於基督教的救贖觀等；第二類是科學。（Butler, 2002, p.13）

單單是這樣一個起手式，就可以看見後現代主義的三個重要特徵：不信任權威，不信任道德，不信任知識。這三個立場彼此交纏在一起，而以不信任權威為核心；事實上，道德和知識之所以在社會活動中產生作用，也正在於它們是權威。因此傅柯（M. Foucalt）說，如果社會有所謂的「公義」，那不但是因為如法律之類的賞罰機制維護了某些階層的利益，更因為這些機制能幫助

這些人支配社會上無權的一群。（Foucalt, 1995, p.272）

傅柯因而對近世的社會提出了猛烈的攻擊，他認為近世的社會是一個牢獄型社會（carceral society）：

> 諸如制度壓逼、拒絕、排斥、邊緣化一類的觀念，都無法一語中的地指出牢獄型社會在寬大底下的陰險，不可告人的卑鄙和殘酷，精細的狡詐行為，以及經過盤算的手法、技術和「科學」，以便它能打造出一個個循規蹈矩的個人。（Foucalt, 1995, p.308）

因為後現代主義和前述許多其他理論的影響，近年在世界各地，包括香港和台灣，興起了一股鬆散而巨大的文化勢力（內地也不能避免，但影響的幅度可能稍小些）。說巨大，是因為這些人人數眾多，在大約六七年前，且有統治整個文化界的勢頭。打開報章的文化版，幾乎只見他們的觀點；說鬆散，是因為這些人個個來自不同的背景（主要包括了學者、傳媒文化工作者，和社會運動家，還有許許多多的社工、教師等等）。這些人可能自稱是個後現代主義者、解構主義者或者其他理論的支持者，也可能認為自己根本甚麼都不是。只不過是個尋常讀書人，不過對於社會的不平有一些意見，等等，不能盡錄。我起初發現社會上有這股力量時（這大約是一九九七年剛回香港的事），就苦於無法把他們在現有理論框架下定位。因此，很難和他們展開有建設性的討論。十年後的今天，我唯有選擇自己給他們一個名字。這樣，我就覺得我能討論他們的觀點了。果真是必也正名乎。

這個我稱為「多元平權主義」的觀點大概有甚麼內容呢？我

將他們的立場或假設（這些立場和假設不一定是他們自覺和明言的）歸結為五個要點：

1. 他們相信，我們的社會充斥著無處不在的權力關係。而在絕大部分的權力關係之中，總是有其中一方佔權力關係中的上風。這種不平等的權力關係是不公義的。

2. 知識和道德都是鞏固這些不平等權力關係的工具。一個比較通俗的表達方式是，知識和道德都不過是社會的建構罷了。

3. 社會對個人的嵌制，主要是透過建立制度。制度的制約力量無孔不入，全面或幾乎全面地監控個人。人在制度的控制下，難言自由。

4. 制度總是隱藏了常規，常規自然把人分成主流（往往指遵守常規的人）和異類（往往指不守常規的人）。人一旦被界定成為異類，他就不可能享有和主流相同的權力。因此，要爭取一個公義的社會，顛覆社會建制就是不二法門。

5. 要尋找公義，從消極的角度看是要顛覆建制，從積極的觀點，則是要提倡多元與寬容。

不管你的理論立場是甚麼，只要你相信以上五個論點，按上面的定義，你就是多元平權主義者了。當然，多元平權主義者的群體也不是鐵板一塊，有些人是百分之百的多元平權論者；有些人是百分之七十的多元平權論者；有些人堅決否認自己採納了多元平權論的五個立場，但實際言行完全是多元平權主義的一套（這類人多得

很）；有些人平時不是多元平權論者，但會在特定的時候忽然化身
為多元平權論者，不一而足。下面，我會對多元平權主義提出一些
批評，請各位多元平權論者耐心讀一讀；更重要的是，我想邀請你
們來做我的論友，而非論敵。多年來，我和多元平權論者朋友討論
問題，從未試過和氣收場。現在我都性命不保了，懇請讀者朋友給
我（也許是）最後一次機會，打破這個宿命。

　　總括來說，多元平權主義的問題有四個：第一，它在理論
上根本無法自圓其說；第二，它拆毀的力度太猛，建設的力量太
弱；第三，它裏面鬥爭的資源太多，以及和平的資源太少；第
四，它對價值本質的分析拿捏得不準確。

　　先說第一點。所有哲學系一年班的學生都聽過這個故事：一
個人去探訪一個小島，碰到一個島民，姑稱「島民甲」。島民甲
告訴他：「不要信這個島上的人所說的話。這個島上的人講的每
句話都是謊話。」現在的問題是，島民甲的話是不是謊話？

　　答案肯定是謊話。原因是他的說話是自我推翻的。要是所有
島民的每句話都是謊話，那麼，他自己的話也只能是謊話。

　　多元平權主義者犯的就是這個錯誤。他們說：所有的知識和
道德都是鞏固不平等權力關係的工具。現在的問題是，這句話是
不是知識？如果它不是知識，那麼，我為甚麼要接受它？如果它
是知識，它也不外是鞏固不平等權力關係的工具。

　　也許，我們可以同情地理解島民甲的說話。他的意思或者是
說：這個島上的人的每句話都是謊話，就他一個人說真話。這樣
一來，島民甲的話就沒有自我推翻了；不過，第二個問題馬上就
來了：這個講法可信嗎？哪來這樣的道理？為甚麼全島的人都不
講真話，就你一個人講真話？如果有一個人對你說，天下人都不

講真話，就他一個人講真話，你會信他嗎？又或者，他對你說：「也不只我一人講真話，但只有那些和我持同一觀點的人講真話。」你又會服氣嗎？

你很可能會問：這有甚麼大不了？這個世界上誰不是島民甲？人人都相信自己的（真心）話是真的。與此相應地，人人都相信，別人說的要是和他的話相同就是真的，和他的話不同就是假的。

可是，不。沒錯，人人都相信自己的話是真的；但是，他們並不認為所有其他人的話都是假的。要是其他人說了一些其他的話，是我自己沒說過的，我不會說，瞧，這還不是假話是甚麼？我會考察這個人是否恰當的權威，看看人類自古以來的經驗是否和他的主張相符，最後加上理性的分析，然後我很可能會說，噢，我想他的話的而且確是真的。

這就馬上把我們帶到多元平權主義的另一個缺點：拆毀的力量太猛，建設的力量太弱。平心而論，由強權來強行界定知識和道德，的確是歷史上常有之事。因此，多元平權主義者對一般社會主流的知識和道德提出質疑，絕對不是無的放矢之事；但是，由此而馬上跳到「知識和道德都是鞏固這個不平等權力關係的工具」這樣的結論，那就不免玉石俱焚了。人沒有食物不能生存是自古已有的知識，這個知識鞏固了甚麼不平等關係來著？幾乎所有社會都一樣，自有歷史以來都認為強姦是不道德的，這個道德又鞏固了甚麼不平等關係來著？因此，我們可以同意，社會上主流的知識和道德往往會受到當權者的利用，甚或根本就出於當權者的捏造；但是，萬萬不能相信像「知識和道德都是鞏固這個不平等權力關係的工具」這類一刀切的說話；否則，不論是知識抑或道德建設都給趕入了死胡同。本來，在未有這樣的口號和信念

之前，知識和道德的建設都有一定的方法（雖然大部分人對這些方法毫無自覺），不外就是經驗的檢驗（這已經包括對恰當權威的信任）和理性的反省討論；但是，由於知識背負了邪惡者的污名，理性作為自啟蒙運動以來的求知不二法門，也就不能倖免，多元平權主義斥之為理性的霸權。這一來就糟了。要進行知識和道德的建設，除了講道理，我真的抓破頭都想不出其他方法來。但是現在有一群人，反對你所講的一切，你很客氣地請他們坐下來和你講道理，他們卻罵你，說你是在挪用理性霸權的力量來壓逼他們。在這樣的情況，還有建設的可能嗎？

這又馬上把我們帶到多元平權主義的第三個缺點。要真的說建設，按多元平權主義者的見解，既然一切知識和道德甚至是理性，其背後的真象都是赤裸裸的權力，那麼我們就拋掉一切虛假的東西，回到真實的世界，用權力的較量來做建設的手段好了。因此，我所親身認識的多元平權主義者大都是永不言倦的抗爭者。而你打開香港的報章一看，你也會發現，香港的政治新聞幾乎也就是無休止的抗爭而已。這樣一來，和平的資源在他們的哲學裏也就只能付諸闕如了。

最後，談一下他們對價值的分析。多元平權論者認為，任何權力的不平等都是不公義的。這又是一個一網打盡的主張。無可否認，社會上很多的罪惡都是和權力的不平等有關的。不管是暴君抑或暴徒，都在使用自己過人的權力（暴力也是權力的一種），去逼使別人屈服在自己的意志底下；但是，由此結論說，所有的不平等權力關係都是不公義，那就明顯地以偏概全了。

最明顯的反例是嬰孩和成年人（尤其是他的父母）之間的關係。父母和嬰孩之間的關係注定是不平等的。在這個關係之中，

嬰孩所擁有的權力是很少的，或者是根本沒有。從嬰孩初生一直
到他成長到懂得做決定的日子，嬰孩的一切都是由父母做決定
的。從穿甚麼衣服到睡在哪裏，從吃甚麼奶到用怎樣的尿布，嬰
孩都只能任由擺佈。因此，父母想要不行使他們那壓倒嬰孩的權
力，根本就不可能。無論你要做甚麼，或者你最終決定甚麼都不
做，你都是在支配你的孩子。剩下來唯一可以做的，是盡可能運
用自己的權力做正當的事；事實上，要是嬰孩抓起一瓶鏹水，想
要喝進肚子裏；又或者孩子走近山崖：這時要是父母不行使他們
的支配權來制止孩子，這恰恰成了最邪惡的事情。這是儒家講了
幾千年的道理了，問題不是有沒有平均分配權力，而是有沒有正
當地使用權力。

　　由於多元平權主義者視一切的權力不平等為無條件的惡，
因此他們很堅定地站在弱勢社群的一面。而弱勢社群都包括了誰
呢？最常見的答案是女人、少數族裔、窮人、同性戀者、愛滋病
人、娼妓、年輕人、單親母親，等等；除此之外，基本上所有因
不遵守社會規範而面對社會壓力的人，都可隨時算入弱勢的行
列。像轟動一時的藝人淫照案的男主角就是一例，在事情曝光
時，許多人批評他，這時就有多元平權論者走出來為他辯護，說
人人都有權享受性自由，也有權拍下享受歡娛時刻的照片，認為
社會人士的批評，是一個集體謀殺的行為。（游靜，2008）這
其實就是說，一個男人可以淫盡天下妻女，然後向天下人哭訴他
是個弱勢者，需要別人的同情。而讓他淫了妻女的丈夫或父親，
只要他抱有主流的價值觀，他就不但不是受害者，抑且他既是強
者，又是壓逼者。

　　事實上，弱勢和強勢之間的界線是無比複雜而且不停流動

的。一個月入五十萬元的女人，和一個月入一萬元的男人，究竟誰更弱勢呢？一個在公司高層，但始終難與男人看齊的女人，和一個表現出色但被目為不打工沒出息的家庭主婦，誰受到歧視多一些呢？如果說單親母親是弱勢，那麼一個渴望健全家庭而不得的孩子，是不是更弱勢呢？一個想尋求墮胎而遇到障礙的女人，和一個無從決定自己生死的胎兒，究竟誰強誰弱呢？一個在殺人時很強勢的人，一旦銀鐺入獄，馬上成為可憐的弱者，得勞煩尊貴的議員先生，千方百計為他爭取投票的權利。（〈囚犯投票權〉，2009）如果一個妓女是弱勢者，那麼她隔壁的那個十六歲的女孩，天天有嫖客問她肉價多少，又算不算是弱勢呢？現在的同性戀者很熱衷要訂立反性傾向歧視法，一旦制定成功，可能有人就要因為道德上不認同同性戀而受到刑罰，這些人算不算是受到建制所壓逼的弱者？假如站在弱勢一方就是不可質疑的義舉的話，事實是會導致非常離奇的結果的。假定現在有一個小偷在店裏盜竊，店主發現了，嘗試追捕他，那你該幫誰？應用扶助弱勢的原則，答案就會是這樣：如果店主抓不著小偷就幫店主，店主抓著小偷就幫小偷！可不是嗎？當店主鬥不過小偷時，店主當然就是弱勢；反過來說，到小偷鬥不過店主，弱勢的當然就是小偷。

　　讓我們回到權力的題目，從權力的本質看看多元平權主義的偏差。權力的本質，就是使別人順從自己的能力。這種力量有很多不同的來源；比方說，你很得人喜歡，所以人家都很樂意幫忙你，這是一種權力；又或者，你的個子大，氣力大，脾氣差，大家怯於你的武力，時常向你屈服，這也是一種權力。兩者都是權力，但在道德價值上卻有天淵之別；所以，奈約瑟（J. Nye，中譯本稱「約瑟夫·奈」）一再向美國進言，要善用軟力量，而克

制硬力量的使用，即是此理；（約瑟夫・奈，2005）所以，我認為多元平權主義者有一個詞說得很好，就是所謂的「霸權」。這和孟子所說的霸道，至少在詞義上是相同的。孟子說：「以力假仁者霸，霸必有大國，以德行仁者王，王不待大。」（《孟子・公孫丑上》）多元平權主義的偏見是，一切既定的道德都是霸權，而王道是沒有的。而這顯然是不公平的。有些道德觀念，像禁止強姦，像要求父母要保護子的安全，存在了幾千年，左看右看都看不出有任何霸權的影子。

一個理論總是有破有立。從破的角度看，多元平權主義顛覆了社會上既有的道德和知識。我們說，這個破的工作做得太徹底，欠缺了應有的高度選擇性，那麼，從立的方面看又如何？

從立的方面看，他們也維護社會公義，而公義的內容，主要就是多元、寬容、平權。我們接下來就檢視一下這些主張。

先說公義。以公義為首要的社會價值，如上文分析過的，本來就有使人難於和解的問題。在多元平權主義裏也有同一樣的問題，而且問題比其他理論（如個體自由主義）更嚴重。原因是其他理論至少還尊重理性，所以在人與人之間有分歧之時，我們至少還可以進行理性的討論，討論能否有實質而建設性的成果是另一個問題；可是，按多元平權論者，連理性都是霸權。於是，在分歧之時，我們連理性討論的可能性都沒有了。剩下來的，就只有抗爭一途。我不是說過嗎？我所認識的多元平權主義者，都是永不言倦的抗爭者。這不是偶然的現象，而是多元平權主義裏的內置程式使然。

多元平權主義使人難於求和，也使人難於求真。假定在人類歷史上有一次，自天地初開到天地末了就那麼一次，多元平權論

者錯了，你猜我們能發現嗎？那得看這個「我們」是誰了。要是「我們」的意思是把多元平權論者也包括在內，答案就是永不可能。設想有人發現了多元平權主義者的錯誤並將之提出來，多元平權主義者當然會抗議。這些抗議可能是和平的，可能是不怎麼和平的；可能是理性的（這個機會不很大，因為他們本來就不相信理性），可能是不怎樣理性的；總之，任你想像這些抗議的特徵，最終結果不外乎三個：第一，反對多元平權的人敗陣了；第二，兩個陣營僵持不下，永恒地各持己見；第三，反對多元平權主義的人（不管用甚麼方法、在何種意義下）勝出了。要是出來的結果是第一二個的話，我們當然沒有發現真理。要是出來的結果是第三個，接下來的事情可好玩得很了。平權主義者會說：因為所有的不平等權力都是邪惡的，現在，你用某某方法（甚麼方法都無所謂）擊潰我們的抗爭，這恰恰證明你是壓逼人的強者；換言之，你就是邪惡的。因此，你依然錯誤的。

　　接下來，說多元。信不信由你，對於價值的多元，儒家基本上是認同的。同樣是直報，每個人就有不同的直報的責任。旁人舉報罪行不錯是直報律的實踐，但這並不代表孩子有舉報父親的義務；同理，職稱律直指人在不同的崗位有不同的角色要求，不能把一個劃一的要求套在天下人頭上。這些都是價值的多元性。

　　但是，承認價值是多元的，不等於承認多元本身即是價值。好的東西彼此不同，不等於說不同本身就是好處。不同是中性的，正如相同是中性的。應該相同的時候，相同就是好的；不應相同的時候，不同就是好的。應該相同或是不同，自有道理可講，不能說不同就比相同好。在馬路上，所有綠燈都表示通行，所有紅燈都表示要停車。我們不會說：這太一元了，讓我們引入

多元燈號制，每個街口都應有不同的燈號。每論何時何地，強姦都是邪惡的。我們也不會說：這太一元了，為了建立多元的社會，我們應該制定一套多元的強姦行為制約，容許某些特定的人在某些特定的地方，在特定的時段，以某些特定的方式強暴某些特定的婦女；而為了實現真正的多元，這些特定的人、時、地，必須時常有不同的規定。

如果將多元本身當做價值是個錯誤，將多元當做社會的主導價值就更是大錯特錯。之所以要求尋求主導價值是為了建立秩序（否則何須「主導」？），而秩序在本質上是齊一（即一元）而非多元的。不論是多元燈號制，抑或是多元強姦制約，都不是秩序，而是徹底的無序。人是秩序和無序的綜合，徹底的無序，是個不可活的世界。

也正因如此，打著多元旗號動員社會運動的人，永遠有自己一套的一元。舉例說，同性戀組織主張，多元的社會應該承認同性戀和異性戀的平等地位。為了達致這樣的平等，我們必須壓制所有歧視同性戀的言論。怎樣才算歧視呢？從倫理學或醫學的角度反對同性戀的言論固然是歧視，[45] 從宗教角度反對同性戀就更是歧視。（丁思毅、朱家德，2003）這就是同性戀組織的一元世界，而建立這個一元世界的理據，就是因為我們需要建立一個多元的世界！

---

[45]　　二〇〇八年，卑斯省的金基斯博士（C. Kempling）受到卑斯省教師公會調查，最後指控他十二項歧視同性戀者的罪名，理由是他在加拿大報章和德國期刊發表反對同性戀的文章。見香港性文化學會〈逆向歧視苦主 ── 金基斯博士的故事〉，網址：http://www.sexculture.org.hk/ChrisKempling/index.php。

他們都是一元主義者，他們不曉得。而這個矛盾不是偶然的。在他們想要建立一個以多元為主導價值的社會之時，矛盾已經內置在他們的夢想裏面了。

那麼，寬容又如何？呃，又一次，儒家原來也是同意的。孔子明言：「人而不仁，疾之已甚，亂也。」（《論語‧泰伯》）荀子更是一再直接用上「寬容」二字。他說：「遇賤而少者，則修告導寬容之義。」（《荀子‧非十二子》）又說：「度己以繩，故足以為天下法則矣；接人用抴，故能寬容，因眾以成天下之大事矣。」（《荀子‧非相》）

儒家給寬容的唯一限制是，不可以是非不分。《禮記‧檀弓上》說：「君子之愛人也以德，細人之愛人也以姑息。」《大戴禮記‧曾子立事》：「寬而不縱。」俱是此意。

其實這也正是禮教的真正意思，用薰陶教化的力量助人遷善，而非用強權來使人屈服。要寬容，但不要去掉道德的標準與規範。寬容和堅守道德標準，並非不相容之事。按多元平權主義者，卻是為了寬容必須去掉道德（個體自由主義亦有此弊），在邏輯上，稱為「錯誤二分的謬誤」，或稱「非黑即白的謬誤」（bifurcation），其理甚明。

最後，談平等。對，儒家也是認同平等的價值的，分產律則的第一條就是平等律嘛；問題是，何謂平等？

儒家平等觀最精到的表述，就是荀子所說的：「以禮分施，均遍而不偏。」（《荀子‧君道》）可以平均分產的時候，就要平均分產（均）；要顧及所有人（遍），要無所偏袒（不偏）。這些主張，都與今日流行的觀點無異。按此，人人都應分有某些基本的責任和資源，這是人之所同；但是，均遍不偏的前提是「以禮分

施」，這就是今人未能及見的地方：不是抹平一切地追求均遍不偏，而是按禮的精神來追求。禮的精神是稱。稱於需求，就有恤弱律；稱於才德，有尊賢；稱於功過，有直報；稱於崗位，有職稱。人人需要、才德、功過、崗位都不同。因此，分得的責任和資源亦有異，是故說「維齊非齊。」（《荀子‧王制》）若是只見人之同而不見人之異，把所有人等同看待，就是不平等。

今人討論平等與公義，最易忽略職稱律，其次則為尊賢律和直報律；換言之，都在於處理人性殊性的後三律。

先說職稱律。對於職稱律，今日豈唯忽視而已？簡直是敵視。且如男女平等：今日一談男女有別，就成了死罪。這個偏見的害處，我們在本書第五章已有詳細探討，在此不贅。（見頁189-198）

男女既然有別，男女就有一個天然的角色分工；比方說，傳統的觀念主張，「男主外，女主內」，這就是一個分工。不用說，按現代人的典型觀點，這也是歧視。不但是歧視，而且是對女性的歧視。

這個流行的觀點有許多問題。第一，為甚麼一把人分工，就是歧視呢？世上哪裏沒有分工呢？假定你是個球員，教練安排你踢左翼，你的朋友陳大文踢右翼，你會不會說：教練，你在歧視我？第二，為甚麼把安排女人主內，就是對女人的歧視？是不是只要是主外，哪怕所謂「主外」就是在外面活像奴隸一樣幹活，都是光彩的？而主內，哪怕你受盡了家人的愛護和感激，都是不光彩的？這樣的觀念，又算不算是對所有「主內」崗位上的人的歧視？

而這些問題都還不是重點。重點是：「男主外女主內」的分工，是不是真的那樣邪惡？按職稱律，按人的特殊條件給他適當

的位置，就是正義的。所以要評價男主外、女主內的分工模式，就要看這個分工是否能反映男女的差異。

我們在本書第五章指出，男女最主要的差別，就是在生育活動中的角色不同。他們的生理和心理質素都因此有別。（見頁189-198）為了兼顧生育的目的，上蒼在設計女人的身體之時不得不妥協，犧牲了部分從事其他活動的能力。為了生育的目的，上蒼又在設計女人的身心時，加入了一些便於哺育下一代的元素。在此，我舉三個例子支持自己的講法：第一，女人的體能一般沒有男人那麼強（有趣的是女人的身體卻較男人更「耐用」），這在舊社會，就成了男外女內分工的充分理由；第二，壓力不利生育。過量的壓力，會增加孕婦流產的風險；第三，女人天生具備更強的同理心，這先天地使女人成為比男人更佳的照料者。合這三個理由可見，男外女內的分工，實在有其人性上的根據。

當然，現實生活是複雜的。從前男女分工的模式的確有它的問題。其中最大的問題，是把每人的角色定得太死了。女人因為主內，就無需要受太多教育（按：這是大錯，主內的工作是眾多專業的綜合，如公關、教育、輔導、護理、財務，等等），而社會也乾脆不給予女人就業的機會。這樣，女人就完全和社會脫節，結果是主內的工作也難以做好；再者，以今日主流的核心家庭結構，一般來說，也必須給婦女和男人相若的就業機會與待遇，才能給予家庭一個經濟上的保障。因此，男外女內的觀念的確需要調整；但是，我們卻不能說，男外女內的分工，本質上就是對女性的歧視。

再舉一個例子：今日有許多同性戀組織，爭取要讓同性戀者結

婚。他們認為，讓異性戀者結婚，卻不讓同性戀者結婚，是對同性
戀者的歧視。按他們的邏輯，異性戀者和同性戀者在待遇上的任
何差異，都是歧視。這又是一個對職稱律的忽略；又舉一個足球的
例子：你是球隊的前鋒。每次操練的時候，教練都為球隊的正副選
門將安排額外的環節，訓練他們撲球的技巧。大家都是球員，守門
員有撲球的訓練，前鋒沒有，你會說這是歧視嗎？當然不會；理由
是，設計撲球訓練的目的是和守門員的活動內容掛鈎的。

　　同理，設計婚姻制度的目的，是和異性之間的情欲掛鈎的。
正如我們在本書第五章說過，男女之間有情也有欲，男女大欲指
向生育行為，這是整個婚姻制度設置的大背景，也是婚姻之禮之
中所蘊含的序義。婚姻制度的源起，原是為了調節生育活動，使
之對性行為雙方和下一代都最有利。將愛情和婚姻連繫起來，也
是出於相同的理由，因為相愛的父母最利於孩子的培育。婚姻並
不為愛情服務，愛情為婚姻服務；事實上，愛情這樣主觀的東
西，本來就不需要一個制度來服務它；然後，婚姻又為下一代服
務。將異性戀和婚姻連繫起來的，是永遠潛藏在異性情欲裏的生
育向度，而非戀愛本身，也非情欲本身。同性之間的情欲活動沒
有這個生育的向度，婚姻制度和同性戀也就風馬牛不相及。以拒
絕同性婚姻為歧視，是忽視了異性戀和同性戀在本質上的差異。
這和前鋒投訴只給守門員撲球訓練是歧視前鋒，屬於同一類的錯
誤。（詳見本書附錄三「論同性戀與同性婚姻」，頁443-450）

　　同性性行為和異性性行為不但有差異，而且是一個不可以
歸入禮和理應歸入禮的差異。禮是甚麼？它就是那些應該成為常
規的常規。禮倫理提醒我們，必須要透過常規的眼光看事物，才
能真正了解該類行為的社會影響，並因而給它合理的評價。如果

我們同意，性行為就是人類生育下一代的最自然途徑，那麼，因為人類有延續命脈的需要，而社會生產也需要下一代接棒，異性行為就應分是人類性行為模式之中的常規，而它確也自始即是常規了；相反，同性性行為既與生育無關，它就不應是常規；事實上，它也自始即不是常規。婚姻的其中一個功能就是要界定何謂常規的性行為。這樣說起來，同性婚姻不但不是權利，而且根本是一個觀念混淆的產物。（詳見本書附錄四「異性婚制霸權對談」，頁451-460）

　　至於尊賢律，在多元平權主義的衝擊底下，也沒有多少生存的空間。受了傅柯（M. Foucault）的影響，這一代許多知識分子和文化工作者相信，知識和道德都不過是權力的鬼玩意，是社會不平等的產物。（例見邵家臻，2008；余錦賢，2009）因此不論是才是德，都沒有甚麼值得尊敬的地方。

　　那麼直報律呢？可幸的是，我們的社會還沒發展到想要完全棄掉法律不要，因此直報律仍然獲得某程度的尊重；但是，直報的觀念明顯地是薄弱了。二〇〇九年初，香港有立法會議員向法庭提出司法覆核，指在囚人士沒有投票權，是對基本人權的侵害，也是對在囚人士的歧視。議員最終勝訴。（〈囚犯投票權〉，2009）這個論調真是令人摸不著頭腦。即使是按照當斯對民主的定義，（詳見本書第七章第七節之三「禮制」，頁291-311）在囚人士在民主社會裏也不該擁有投票權，因為他們並不是守法的公民；再者，人身自由和投票權相比，不是更基本的權利嗎？按這樣的邏輯，將犯了法的人囚禁，也是對其基本權利的侵害了。其餘如罰款、社會服務令之類，一律可作如是觀。用他們的邏輯，我們何不廢掉整個司法制度？這種論調，明明白白地無視直報律，總之

不管犯法守法，有罪無罪，我們就是擁有相同的權利。

　　總而言之，多元平權主義和個體自由主義有一個共同的錯誤，就是容不下任何殊性的考慮。兩者實際上都在說：不要管我們有甚麼不同，反正給我們一樣的東西。或者進一步乾脆說：不要說我們有甚麼不同。社會上大部分的人，包括那些讀了不少書或很多書的人，缺乏抗辯的能力，只好給他們牽著走；但是，不照顧殊性的社會實際上是不可能運作的。能想像一間學校，每次考試都不問學生的表現，便都各打一百分，而這間學校還能運作嗎？原諒我嚕嗦，在此看到的，還是禮學的洞見。

七　德與義

　　另一個比忽略殊性更根本的問題，就是忽略道德。不論是個體自由主義還是多元平權主義，骨子裏要做的，就是要在取消道德的條件下尋找社會公義。但這怎麼可能呢？公義就是正當的的價值，而正當的價值就是道德，要在取消了道德的世界裏變出一個道德來，就像要把水變成酒，需要的是一個神跡。我們不是神，這樣，他們的計劃就自始注定是一場虛妄。

　　由於沒有了比公義更根本的道德，你會發現，不論是個體自由主義者，抑或是多元平權主義者，都無法和他們的反對者進行任何理性討論（此問題在多元平權主義尤其嚴重）。要就道德的問題進行理性討論，必先是有了根本的道德價值，在此基礎上處理枝節的問題。根本的道德價值沒有了，討論也就無從進行。

　　舉個例說，前述藝人淫穢性圖片錄像外洩事件發生之後，警

方指所有發放及展示相關圖片及錄像的行為俱屬違法，結果惹來網民遊行抗議；老實說，這個抗議的行為，實在令我大惑不解。發放及展示圖片侵犯了別人的私穩，這不是明明白白的事情嗎？但是網民依然認為，這是他們的自由，也是基本的權利。我們要麼沒有資訊的自由，要麼就擁有絕對的資訊自由，包括侵犯他人私隱的自由。任何權力的制約，都是對我們的基本權利的踐踏；可笑的是，我們的特區政府面對這樣的言論，居然只有噤聲的份兒。在整個過程中，有甚麼討論沒有？沒有！不過就是比嗓門大而已。

在上述事件裏面，有一件事是很值得我們注意的。我們這一代人，在自由社會裏長大，將遊行示威的權利視作理所當然。因此，我們也就沒有思考示威遊行的本質。我們都認為，給人示威的自由，是給人一個表達意見的權利；但事實上，示威活動的意義，卻遠遠超過單純的意見表達。單純的意見表達是無需聚眾上街的，任何一篇公開發表的文章都足夠實現表達意見的目的。示威如其名稱所透露的，是「威」的展示，是權力的展示。也因此，示威是抗爭的手段，而非理性交流意見的途徑。

這樣看上述的遊行事件，我們就不得不作結論：遊行的普及說明了現代人缺乏理性討論的工具，也缺乏理性討論的能力、雅量和耐性，卻動輒用上角力的方式來解決爭議。角力解決的結果，落敗一方當然不會心服。誠如孟子所說：「以力服人者，非心服也，力不贍也。」（《孟子‧公孫丑上》）結果就是為社會積聚怨毒。上文提到多元平權主義者的抗爭活動，也可作如是觀。隨著個體自由主義者和多元平權主義者對傳統道德價值的不斷衝擊和不斷得勢，一些傳統價值的支持者，「覺得一些人在人權的口號下肆意蹂躪傳統道德，因而反對人權，變成『超保守主

義』（paleoconservatism）者。」他們「對俗世社會的無奈已經轉化成為憤懣，形成一股不可忽視的道德力量。」（馮可立，2009）事情已經發展到這個地步：不論是反對傳統道德的人，抑或是支持傳統道德的人，都感覺到一肚子冤屈，並且都認為對方就是把自己推入絕境的罪魁。社會上對立的陣營，這樣的漸行漸遠，怨毒一天一天加深，能不令人擔心嗎？我們說，安寧的社會有一個懂得和解的文化，而我們的社會，自從儒家衰落以來，正正是明顯地缺乏了這文化資源。

　　每個人活在世上，都有自己的渴想與要求。要達到這些要求，我們就必須調動世上的資源，使之為我們的目的服務。由於人與人的相依關係，在試圖達成目的的過程中，我們要調動的資源往往不是死物而是人。要調動別人來為配合我的計劃，不外幾個方法：動之以情、說之以理、順之以禮、誘之以利、脅之以暴。現在，理沒有了，禮崩壞了，五個方法廢掉了兩個。由於不是很多人有足夠的財力誘人以利，於是對多數人來說，要達成個人的目的，不是動之以情，就是脅之以暴；所以，我們的社會暴力越來越多。一個團體要爭取他們的利益，第一件事是出來告訴大家他們很慘，很弱勢，受了很多壓逼。得到大家同情的話，故事就圓滿結局。得不到大家同情呢？馬上搞抗爭，上街遊行，堵塞交通，衝擊警察，放火燒雜物，在不引起全民公憤的範圍內使用最多的暴力，還要不停將暴力升級，試探公眾接受的底線。我們的社會對此毫無辦法。不幸擦槍走火，就找人做代罪羔羊了事。這個策略且已昂然進入議會，這能不令人擔憂嗎？

　　這就是一個無德無禮的社會裏的無邊淒涼。《禮記・禮運》說：「故聖人之所以治人七情，脩十義，講信脩睦，尚辭讓，去

爭奪，舍禮何以治之？」（著重點為筆者所加）我們這些瞧不起自己祖先的現代人，是不是應該重新思考一下，我們祖先所相信的道德和禮教，也許並不像我們所想像的那樣野蠻和愚昧？

談到這裏，我想強調，我們不要以為非要去尋求一套較完整和周全的公義理論不可，彷彿要建設一個公義的社會，就是要尋找一套最合理的公義理論，然後套用在社會之上就完事了。殊不知，所謂的「社會」並不是一張白紙，任你繪上甚麼，它就變成甚麼。要是社會上有一個很爛的文化，那麼，你幾乎是繪上甚麼都不管用。

我們說人性善不錯。但是人也有許多劣根性，這些劣根性，多從無法充分認識自己的本質，或是從無法平衡自己四對綜合（秩序合無序、感性合理性、群性合個性、靈性合物性）而來。因為人的種種劣根性，道家注意到，任何價值都有「正復為奇，善復為妖」的危險。（《老子‧五十八》）（附帶說一句，多元平權論者的錯誤，主要就在他們只看見價值世界裏的奇和妖，沒有看穿背後的正和善）正時常會轉為邪，善時常會轉為惡。人的劣根性可多著了，我們在這裏只舉二例就夠了，一是自我中心，二是僵化。自我中心之成因，是個性與群性的失衡；僵化的成因，是秩序與無序的失衡，在此且不詳解。無論如何，因為自我中心和僵化的緣故，人就能扭曲天下任何最正當的道德價值。有了民主的價值，就有了操弄民意的人；有了溫柔敦厚的禮教，就有了吃人的假禮；有了敬節稱的禮意要求，有權力的人就會用他私意來規定敬節稱的界限，把一切不順眼的人殺光；有了自由的價值，人就會用私意來界定自由，把一切責任都推得一乾二淨；有了多元的價值，人就會用盡一切方法，把異見者趕出他主觀設

想的多元世界之外。

所以儒家說得好，正心誠意是齊家治國的基礎，不能做到這一點，一切的理論，不論如何精彩，落到你手上最終都不外是奇妖而已。做得到的話，那怕你手上只有一套不至於殘破不全的理論，你能做出的壞事看來還相當有限。那麼，正心誠意又由哪裏做起呢？看官哪，不就是由你做起嗎？不然還有哪兒？

八　無序的訴求與歷史之擺盪

任何能在人類學術史上留名的理論，不論只見其長而不見其弊，抑或是只見其弊而無視其長，都是蔽於一曲，因而都是不智的。一個理論若不能切中某些問題的要害，根本不可能在人類文化史上壯大，哪怕只是壯大於一時；但是，人非上帝，基本上不可能沒有盲點。一個優秀的理論並不因無盲點而優秀。只要這個理論能對全局有一個相對整全的觀察，也就很不錯了。

所以我再強調，雖然我一再引用儒家的資源，那並不表示我認為儒家是完美的。儒家在歷史上犯過一些錯誤，例如傳統儒禮過於繁瑣，漢代以來，三綱的觀念鞏固了政治專制和男女的不平等之類，這些在今日基本上都已是文化界和學術界的共識。

反過來說，我在上面所批評的個體自由主義和多元平權主義，雖然有我提到的各種弊處，惟二者的興起，卻都有其重要的時代意義。

人性是許多相反質素的綜合，故所有（或幾乎所有）價值都有其對立：仁與禮的對立、禮與和的對立、禮與權的對立，從賢

與從眾的對立，這些都是本書已經論及的；此外，在儒家的系統裏，還有仁與義的對立、禮與樂的對立，諸如此類，不勝枚舉。我在本書所主張所提議的人性和價值模型，也是這樣一個多向度對立整合的模型。

從這個對立整合的角度考察個體自由主義和多元平權主義，我們就很清楚看見他們的所蔽和他們的所見。我們在批評多元平權主義的時候說過，全然的無序是不可活的；但是，全然的秩序呢？人是秩序和無序的綜合，全然的秩序，也不見得很合於人性。人在秩序裏尋找安全，在無序裏尋求驚喜。在秩序之中生活，我們不耐煩，在無序之中生活，我們焦慮不安。結果，人類就免不了要在秩序和無序之中來回擺盪。

這就是個體自由主義之所以能在近世興起的原因。在某個時代（恕我無法確切指出這個時代是甚麼時代），社會對人的約束太多了，人們不耐煩了，於是要打破秩序：社會對個人要少些管束，要給個體多些自由；然後，多元平權主義者察覺到，因為社會上總有習俗和常規，個體自由主義根本無益於解放個體。於是，他們要進一步，全面地挑戰社會的常規。我們說，他們的蔽是無見於常規的正面意義：黏合、潤滑、穩定、致和；但是，正如所有蔽於一曲的理論一樣，他們之所蔽也正是他們的所見：一個秩序太森嚴的世界，是一個了無生氣的世界。他們都指出了歷史上某個時代的問題：偏於秩序，無序的空間太少。不論是個體自由主義，抑或是多元平權主義，都是對這個時代弊病的反動。

但是，這樣的歷史反動往往有兩個問題。第一個問題是從一偏擺到另一偏。不論是個體自由主義抑或多元平權主義，結果都是偏於無序而忽略秩序；第二個問題是，慣性的力量，使他們

與時代脫節。當社會偏於秩序，他們攻擊秩序；當社會的秩序都
已瓦解得七七八八了，他們還在攻擊那僅餘的秩序。舉個很常見
的例子：現在青少年的性生活亂得一塌糊塗，每次有聳人聽聞的
風化事件發生了，報章就有性學家或社工系教授出來說，這是因
為我們社會的性壓抑太多了。呃，性壓抑嗎？在一個女子出門要
「擁蔽其面」的時代談壓抑，（《禮記‧內則》）我理解。但
是，在一個所有雜誌封面都少不了豐乳肥臀，少女們在發育未全
之時已經爭相穿上性感的裝束，四分之一的初中生願意以錢換
性，（〈25%初中生〉，2009）半數中學生都接受婚前性行為，
七成中學生接受未婚同居，十四歲懷孕少女可以大模斯樣在網上
公開自己懷孕照的時代，（黃家樑，2009）還來談性壓抑就真
是令人摸不著頭腦了；無他，慣性而已。自從五四運動指斥禮教
吃人以來，中國人的社會累積了一個世紀凡事歸咎禮教的巨大慣
性。於是，在禮教過於森嚴之時，我們攻擊禮教；到禮教已經徹
底崩壞，我們還在攻擊禮教。

　　有一日，歷史的鐘擺必定會擺到另外一個方向。因為這個秩
序漸次瓦解的過程，總有一天會造成一整代人的焦慮。我不過是
這個焦慮世代的先行者而已，而我也不過是許多先行者之中的其
中一個。正如上文指出，這個時代的道德爭議都是透過角力來解
決的。結果，個體自由主義者和多元平權主義者每打勝一仗，就
為上一節提到的超保守主義注入一分動力。而超保守主義者，也
同樣是這個焦慮世代的先行者。到了無序的焦慮支配世界之時，
我們就會攻擊自由，攻擊多元與寬容，說：治亂世用重典，要將
所有偏離社會常規的行為趕盡殺絕；到個體已無自由可言的時
候，我們依然會說：瞧，為甚麼我們的社會有這樣多的問題？還

不是太多自由之故！

　　要矯正這個問題，方法（說起來）很簡單：無論我們活在甚麼時代，都要還那時代一個本來面目。人是秩序和無序的綜合，在時代偏於秩序之時，治之以無序；在時代偏於無序之時，就治之以秩序；在治之以秩序之時，不要忘記保留那個無序的空間；在治之以無序之時，不要試圖顛覆秩序。這就是我們祖先所講的「中庸之道」。守住這個中道，我們就能減少擺盪之苦。這是我在生死未卜之際，給我所有朋友和同道——不論你是儒者，是基督徒，是個體自由主義者，還是多元平權主義者——的忠告。

第九章

怪力亂神：神造人參的宇宙觀

一　我與太陽對坐

師父：

　　不過是我一篇日記，但既然把你擺了上檯，就要給你過目啦。原諒我，記者寫東西，肉麻而直接，是沒有文采可言的。

　　　　　　　　　　　　　　　　　　　　　　　　　　　珊迪

　　學生事務處沒開門，找兼職又吃閉門羹，走路出市中心又沒有力氣，回家又沒事可做，於是走到校園外一個小公園，坐一坐，曬曬太陽。

　　其實，我算是很易受環境或他人影響的人。第一次，米高說：「出陽台去曬太陽」，我覺得無聊，又覺得曬得黑黝黝幹啥。可能到了這裏，少接觸陽光，就覺得太陽的溫暖和可愛。又可能是怕缺乏維生素D會骨質疏鬆，所以還是曬一曬好。

　　陽光燦爛得刺眼，既然不能正視，就閉起雙眼，只靠皮膚和耳朵來感受周圍（我的鼻子一向差勁）。身體和雙腿，隔著衣褲已經感受到太陽的熱能壓迫下來，不過雙臂還是冷的。風吹過，從來覺得微風很醉人，卻從來沒想過風從何來。唉，問問氣象學家吧。小公園裏幾乎沒有人，只有在十多米外一條長櫈子上的兩個男人，他們的對話都被風聲蓋過了。不過小公園外卻有人和汽車來來往往。汽車在身後開過，我卻不覺得吵。唉，在城市長大的我，可能已把引擎聲當作是天籟的一部分了。反正這個小市，對比於香港的交通，簡直是小巫見大巫。

　　有人騎單車經過。有人拉著狗走過。有夫婦推著嬰兒車。有下了課的學生在追逐。汽車的引擎繼續發出有節奏的聲音。我看不見，但我聽見。一切都在流動，包括我的血液。可是我的神經卻靜止了，就像在那裏不發一言的太陽。這個靜止

只維持了不夠一秒，警覺的本能使我又睜開了雙眼。面對更刺眼的陽光，我只好注視地上。

原來樹木都開始落葉了。今年（甚至是從來）都未有細心欣賞過樹木的嫩綠和翠綠，秋天又悄悄來了。這裏的落葉半黃不綠的顏色，相比加拿大的楓葉真是難看死了。不過，落葉最美麗的一刻，其實是飄落的時候。看，又一片慢慢飄下了，優雅得像樂章裏最後一個音符。樹葉從來跟美麗扯不上關係，樹葉一生只是能量工廠，生產養份送到花朵送到果實。秋天到臨，再翠綠的樹葉都會枯萎褪色，功成身退化為塵土，贏得一句「化作春泥更護花」。這一片在我眼前飄落的枯葉，比不上想像中溫哥華的楓紅遍地，也比不上明信片上給壓縮框住的日本櫻花節，但它來得更真實，更令我感動，我居然想用「美麗」去形容。美麗不一定要舟車勞頓、攀山涉水去找，這個道理，居然給我在一個無聊的下午悟了出來。

說到容易受環境和他人影響，我記得上小學的時候，誰坐我旁邊，我的字跡就會像誰。一個學期要換位好幾次，於是一年下來，功課簿上便會見到好幾種字跡。住在這裏的中國留學生，大多都會做飯來吃，我卻跟德國人吃起麵包來，還要是又黑又硬那種。不過我不是容易受潮流影響的人，倒過來可以說是我老土、追不上潮流吧。沒辦法，現在流行的時裝，只適合骨瘦如柴的人穿，我有自知之明，就不會自暴其醜，或削足就履。所謂gadget嘛，沒有實際需要就無謂把那麼多玩意攬在身上，礙手礙腳的。

所以，我是容易受影響得來大方向不會大變的人。模仿同學的字體，是因為老師當初罵我字體不工，所以要向同學偷師；模仿當地的飲食，是因為找中國菜的配料又貴又不方便，倒不如入鄉隨俗。那就算是我懂得適應環境吧。

　　我好像很有自己一套呢。不過，世上還有一個真正能令我不問甚麼去跟從，不問甚麼去認同，不問甚麼去受其影響的人，那不是爸也不是媽，是楊師父。雖然他教我的，我未有全部做到，但以我這種牛脾氣，居然世間上有這樣的人，把我收服得妥妥當當，我只能說，這是一種緣份。

　　米路吉遜在 Signs 裏說過：「世上有兩種人，第一種人覺得遇到幸運的事並不是偶然，而是上主對他們的關愛；第二種人認為幸運的事只不過是巧合。於是，當第一種人遇到時機時，他們知道上主會在他們身邊，他們會走在一起，祈求上主幫助他們渡過難關。第二種人就會大難臨頭各自飛，只顧自己，因為他們相信，除了自己，沒有人會幫助他們。」 Signs 這套片其實不甚了了，但我對這段對白印象極深。

　　現在回心一想，其實我生命裏發生過的一切，除了是自己的選擇，家人的推波助瀾，我也得承認有多少上天在主宰的成份。在我睜開眼睛看這個世界，學會自己做抉擇之前，上天就已經在改寫我的生命。說出來，雖然不是甚麼光彩的事，我父母是奉子成婚的（我都是最近才意外地知道這個真相），但我這條命，就是靠當時所謂「吃人的禮教」，和我父親苦勸我母親不要打胎撿回來的，這不可能是純粹的巧合。

　　高中最後一年，我之前從未到過大學校園，在一次大學夏令營認識了杏楓老師，我也無法解釋當時何以有那麼「孜孜不倦」，天天去寫電郵給老師，有時候是問正經事，有時候是借問功課來插科打諢。（我只能解釋為給她可親的氣質所迷倒）好啦，對我這小鬼頭，老師不勝其煩，要煩就煩師父，於是把我介紹給楊師父認識。學校裏的老師，教我讀書的很多，教我做人的甚少；家裏除了過問我有沒有學壞和誤交損友外，很少有心有力跟我講講做人的道理。師父就剛好

充當這個位置，因為他不是我真正的老師，師父沒有要我讀書考試，但我在他身上學到的，卻是一生受用。這樣曲折的故事，難道是從來不會敬仰老師的我巧合地仰慕杏楓老師，然後杏楓老師又巧合地忽發「要師父整頓我」的奇想？

原來一切都不是偶然。這樣想會好過一點，遇到好事，就是上主對我們的恩賜；遇到逆境，就是上主對我們的小小試煉，或是要我們忍耐一下，或是要我們停下來反思一下。我在香港唸書時，花少少努力就能事事順心，書唸得不錯，工作找到不少，朋友也認識了很多。現在人在他鄉，處處都是難題，本來我就坐在那裏埋怨、發脾氣，但我漸漸體會到順利並不是必然，於是要學懂自己爭取。

如果不是今天處處碰釘，我就不會在公園裏呆坐，也就不會看到這些，想到這些。壞事冥冥中會變好事，對於沒有信仰的人，可能很難說得通，因為他們會認為那只是兩個巧合，神的存在和壞事變成好事之間沒有關連。

我沒有信教，但我已經感受到有一個「祂」，坐在對面的長櫈，給我一個陽光般溫暖的笑容。

Four Hearts, just made.

2005/10/8

二　石頭記

我唸書的小學，是教會辦的，叫路德會聖馬太小學。一年級時，聽到老師說，只要相信耶穌，就能得到永生。很奇怪，一個五歲的孩子，就已懂得害怕死亡（這和雅隆〔I. Yalom〕的觀察完

全吻合）。我聽了很高興，就信了耶穌。當然，耶穌是誰，信耶穌有甚麼深刻的意義，我一點也不懂。

　　我家是拜神的，自稱信佛，實際上信的是無以名之的中國民間信仰，滿天神佛。家人聽到我信耶穌，很不以為然。說來有趣，正是我那很不以為然的爸媽，一定要把我送進基督教學校唸書，因為基督教學校的孩子「乖」一些。爸媽除了反對之外，甚麼也沒說。大哥可不然了，很長篇大論地告訴我，為甚麼信耶穌是錯誤的。我在大哥的威嚴底下，放棄了自己那不清不楚的信仰。

　　這個經歷，於我的信仰心路很重要。第一，自從聽到有個永生的法門，我就一直不能忘懷。上帝存在與否的問題，一直在我心裏佔據一個重要的位置；第二，大哥反對基督教的理由，我現在一點都記不起了；但是，利用辯論來考察信仰真偽的態度，自此就在我心裏扎了根。我知道，辯論不是了解信仰的最佳途徑，正如珊迪也不是透過辯論來了解神；但是，既然眼前擺著那麼多的正反論據，理性地考察這些論據，依然是不能不走過的關卡。

　　在我們的時代，無神論很顯然的佔據了上風。我想先討論一個很通俗的無神論論證。

　　有這樣的一條問題和一個論證，有人認為是（以基督教為首的）有神論的死穴；問題是：「全能的上帝能否造出一塊自己舉不起的石頭？」論證是：

　　　　前提一：上帝要麼造得出這塊石頭，要麼造不出。

　　　　前提二：如果上帝造得出這塊石頭，那麼上帝舉不起這塊石頭。

　　　　前提三：如果上帝舉不起這塊石頭，那麼上帝不是全

能的。

　　前提四：如果上帝造不出這塊石頭，那麼上帝不是全能的。

　　結論：全能的上帝不存在。

　　在有神論者之中，流行著這樣一個回答，說這是個邏輯的問題。神既然是全能的，祂就不受邏輯限制。因此，祂就不會被這個問題難倒。言下之意似乎是說：上帝能夠造一塊自己舉不起的石頭，又能夠舉起它。

　　神能違反邏輯嗎？這是我們從小問到大的問題了。

　　如果神能違反邏輯，那麼，至善的神就可以同時不是至善，耶穌就可以是道成肉身也同時不是道成肉身，可以是信者才能得救也同時是不信才能得救。這樣的神，找誰信呢？事實上，信不信也不是一個問題，因為我們不知道，對於上帝來說，會不會是信等於不信，不信等於信。

　　可是，如果神真的受制於邏輯，那神豈非不完美了嗎？我的答案是：不。如果神只是受制於邏輯，即是說上帝根本不受制於任何事。因為受制於邏輯的意思，不過是不能做邏輯上不可能之事而已。而只有邏輯上不可能之事才不能作，其實就是凡事都能作。為甚麼我這樣說？我們試看看以下的例子。

　　上帝要在以色列人之中立一個王。現在魔鬼來挑戰上帝，說要限制上帝立君的選擇。

　　　　上帝：你要怎麼限制我？

　　　　魔鬼：我想先問你，你要怎樣不受限制？

　　上帝：我要立誰做王就立誰做王，這就是不受限制了。

　　魔鬼：好呀，那我就這樣來限制你：你要麼選大衛為王，要麼選大衛以外的人（甚至動物死物又或者包括大衛在內的任何團隊）為王，不可既不選大衛，又不選大衛之外的任何東西。

　　上帝：好呀，那即是說，我還是要選誰就選誰啦。你這是哪門子的限制？

　　好了，告訴我，魔鬼有沒有成功地限制上帝的選擇？

　　如果上帝不能也不必違反邏輯，我們就要回答這個石頭論證的挑戰了。我的答案是：上帝的確不能造出一塊自己舉不起的石頭；但是，這並不就威脅到上帝的全能。

　　上帝不能造出一塊自己舉不起的石頭，因為祂所有石頭都舉得起，這有甚麼大不了？為甚麼這會顯示出上帝（在某方面）的無能？問上帝能不能造一塊自己舉不起的石頭，變相就是問上帝能不能被難倒。這裏，問問題的人玩了一個文字遊戲：「上帝不能被難倒，就是無能呀！」這裏他犯了歧義的謬誤：[46]不能被難倒的「不能」不是能力有限的意思，恰恰是能力「不能」受到限制的意思。所以不能由此推論上帝的無能。

---

[46]　歧義指一個語意單位（例如詞語）有多於一個意思。由於同一個詞語前後語意不同，因此，貌似正確的推論，實質上卻是不正確的。這種推論的錯誤，稱為「歧義的謬誤」。例：這個餅裏沒有老婆，所以這個餅不是老婆餅。

我們試試設想，有兩位棋手，一位是棋王，棋藝冠絕古今；一位是棋癡，棋藝非常不濟。一天，二人談棋說藝，談到二人的本事。

　　棋癡：論到棋藝，我的確不如你。可是，即使是單單論下棋的能力，你還是有一點不如我。

　　棋王：這話怎說？

　　棋癡：我比你能輸棋。

　　棋王：你是說我沒有輸棋的胸襟？別誤會我啦，我可是從不在乎輸贏！

　　棋癡：不，我知道你很有胸襟。可是我要輸掉一局棋很容易，你要輸掉一局棋很難——你好像自成名以來就沒輸過——那我不是比你能輸是甚麼？

　　棋王：我哪會沒輸過，我時時故意輸給我的女兒！

　　棋癡：故意輸就不是真輸啦，我是說來真的。你就是沒有我那麼能輸——真輸。

　　看得出棋癡犯的錯誤嗎？他把「可能」的能，和「能力」的能混同了。「不能」真輸，不證明能力比別人小，恰恰證明能力比別人大。一個丈夫「不能」在患難裏撇下妻兒，並不說明這是個無能的丈夫，而恰恰說明這是個有能力的丈夫。

　　同理，不能舉不起一塊石頭（所以也造不出這樣的石頭），不證明上帝不全能；恰恰相反，上帝要是全能，就要找不到——也造不出——這塊石頭；事實上，上帝何止造不出一塊自己舉不起的石頭，祂做不到的事情還多著呢！祂無法構思一條有解但祂自己解不開的邏輯謎題，找不到一個使他懼怕的人或魔鬼，不能創造一

個祂不能掌管的世界，也找不到一個祂不能愛的人。而這一切，都是全能者本質地不可能做的事情，因為全能者是難不倒的。

三　苦罪懸謎

休謨是出了名的無神論者。他提出了一個有名的論證來反對上帝的存在，一般稱為「苦罪證」（argument from evil），大意如下：

> 前提一：如果上帝是全善的，他不願意世界有苦罪。
> 前提二：如果上帝是全能的，他能夠阻止苦罪發生。
> 前提三：世界有苦罪。
> 結論：沒有全善全能的上帝。

比起石頭論證，這個論證有著更打動人的力量。石頭的論證不過是個知性的遊戲，很少信徒會真為這個論證而困擾；可是，即使是最虔誠的信徒，在遇上巨大的天災之時，都不禁會打從心裏問：上帝，你在嗎？你為甚麼讓這樣的事情發生？我自己就多次問過這樣的問題。

在歷史上，這個問題的答案，一直離不開自由意志。讓我們由最簡單的回答講起。

我在高中時，宗教科的楊立人老師給我們放了一部電影，叫《上帝顯靈》。主要的劇情忘得一乾二淨，卻很記得主角和上帝的一句對話：「為甚麼這個世界有這麼多的罪惡和痛苦？」上帝答：「那得問你們自己了。我造了你們，你們可相親相愛，也可

以彼此殺戮。」這是典型的自由意志回答：上帝給人自由意志，我們用我們的自由意志製造出許多惡事，這就是人間有那麼多惡事的原因。

　　無神論者的第一個反應恐怕是：這個回答不對，因為有很多惡事，明顯不是我們自由選擇的結果。人間有許多的天災和意外，像海嘯、地震、颶風、塌樓，都可以奪去無數人的性命。而這些事件之中，有很多都是超出人力所能預知或防範的，這與自由意志何干？（Plantinga, 1977, p.57）這個問題很重要，我們下面會詳談。但我們先要討論另一個更根本的問題：為甚麼上帝要給我們自由意志？

　　答案是，因為擁有自由意志的東西，比起沒有自由意志的東西，有更高的價值。我們不會尊重（更不會尊敬）一件機器。比方說一台電腦，無論它為我做事做得多麼妥貼，多麼的任勞任怨，我也不會尊敬它，因為它無非就是一部機器；相反，我們也許很欣賞這部電腦的設計者。要是設計者是為了造福人群而設計這部電腦，我們且會感激他；同理，假定有一隻人形的生物或機器，無論它做了多少好事，要是它不外是像電腦一樣機械地執行程式，我們也不會尊敬它。要尊敬的話，也只會尊敬它的設計者。

　　這個回答能解決問題嗎？很多人認為不能，理由有二：第一，正如上面提到，自由意志不能解釋所有的惡，如天災；第二，假如上帝真的又全知又全善，上帝就應該創造一個人有自由，而人人都只做好事不做壞事的世界（Plantinga, 1977, pp.32-33）；但是，我們的世界並不是如此的，可見世界沒有一個全善全能的創造者。我們先由第二個反駁談起。

　　潘定家（A. Plantinga）很仔細地分析了這個反駁。他首先

問：「為甚麼我們可以要求上帝創造出一個有自由，但又人人只做好事的世界呢？當我們這樣要求的時候，實際上，我們是假設了上帝能夠創造我們想像中的任何世界。我們明明能夠想像一個人人都完全自由而又非常道德的世界，為非甚麼上帝偏偏不造出這樣的一個世界來？」

　　而他的回答是：並不是所有我們所能想像的世界，上帝都能創造出來。他舉例說，假定莫里斯的自由意志決定了，在某種特定條件之下就會選擇用麥片來做早餐（原文沒有列明這個條件，讓我們來杜撰一個，說這條件是他家裏只剩麥片可吃好了），那麼，上帝能創造出一個世界；在這個界裏，莫里斯家裏只剩麥片可吃，卻偏偏就是不吃麥片嗎？答案是不能。（Plantinga, 1977, pp.42-43）

　　潘定家的回應，簡單總結就是：一旦上帝給了我們意志，那麼，這個世界裏有很多東西不是上帝創造的，而是我們創造的。上帝不能又給我們自由意志，又越俎代庖地，創造我們自由意志的選擇結果（這個結果，按無神論者的要求，就是一個只有善沒有惡的自由世界）；進而言之，一旦上帝給了我們自由意志，從莫里斯那天吃甚麼早餐，到這個世界有沒有罪惡，都已經不是上帝創造範圍裏的事了。有趣的是，這個辯護和儒家所說的，人能夠參贊天地化育，在精神上是非常相通的。

　　那麼，天災和意外又該怎麼說？

　　早在中世紀時，聖奧古斯汀（St. Augustine）就已經回答這個問題了。他認為，各種與人類邪惡動機無關的災難，都是魔鬼對人類發動的攻擊。這就將非人為的苦難，也歸到自由意志的領域來：是魔鬼的自由意志，造成了這些苦難。（Plantinga, 1977, p.58）

　　對於這個回答，無神論者有甚麼反駁呢？很有趣的是，無神論者似乎是一開始就假定這個回答不正確，甚至沒想到需要反駁它。例如康曼和萊拉（Cornman and Lehrer）就斷言：「我們有理由相信，自然的災害的成因是自然的。」（Plantinga, 1977, p.62）但是，為甚麼呢？自然現象的成因一定是自然的嗎？要是的話，神的存在根本就不必討論了。宇宙的存在是自然的事件，如果自然事件的成因一定是自然的，那麼，（超自然的）上帝就不可能是宇宙存在的成因了。假定自然事件的成因一定是自然的，就等於一開始就假定上帝不能創造宇宙。在邏輯上，這樣的推論方式稱為「乞題」（begging the question），犯了推論上的謬誤。為甚麼自然災害就不能是魔鬼的計劃呢？沒錯，很多人不喜歡這個解釋（連我自己都不喜歡）；但是，這代表了甚麼？我不喜歡這個答案，不表示這個答案不能成立。有證據證明魔鬼不能透過自然災難來攻擊人嗎？沒有。這樣，苦罪論證就不能證明，沒有全善全能的神。

　　成功反駁了苦罪論證，不等於能夠為苦罪提供一個令人滿意的解釋。我自己對這個解釋也不滿意。有沒有令人滿意一些的解釋呢？我認為是有的。在本書第二章第三節，我們探討過痛苦的意義。（見頁73-80）我認為那是苦罪懸謎一個更令人信服的答案：為甚麼上帝會容許人間有苦罪？因為苦罪是意義的必要條件。但苦罪終究是壞事，上帝給了我們甚麼作補償？上帝給了我們創造價值的能力，以及克勝苦難的自由作為補償。聖經說，基督徒要揹十字架，為甚麼？因為你一揹起十字架，苦難就跟著你走，你就成了苦難的主人。

四　大善勝惡

　　我們說，痛苦是意義的必要條件；又說，人間有人禍，因為上帝給人自由意志。自由意志固然不免產生了罪，但人既有犯罪的可能，卻憑自己的努力將這個可能性除去，這個價值比起人一受造時就不可能犯罪，要高得多；所以，聖經裏有一個浪子回頭的故事。中國人也說，「浪子回頭金不換」；又說，「過而能改，善莫大焉。」

　　這就是我所謂「大善勝惡」的意思。克勝惡事，就是最大的善。不論是在天上抑人間，最大的善就是對惡的克勝；所以，惡原來是大善的必要條件，正如苦是大樂的必要條件一樣。怎樣克勝惡？以愛心擁抱或轉化惡事，在苦難中創造意義。例如愛你有缺陷的孩子；例如不共戴天的仇家，相逢一笑泯恩仇；在毫無意義的苦難之中勇敢奮鬥。錢鍾書說過，魔鬼的長相不一定要頭頂尖角，背拖尾巴。很多時候，魔鬼會化身為美麗的女郎，甚至是高貴的理想；同理，天使也可以化身為你身上的一顆膿瘡，又或者你生命裏的一樁悲劇。在看起來荒謬絕倫的處境裏，也許就潛藏最深刻的意義。正是在毫無意義的受苦裏，我們看見了人類自由最圓滿的彰顯。在痛苦中，在與我的人格缺陷搏鬥的過程裏，我找到了存活的實感，那是痛苦，而不是悅樂，給予我生命的重量。這樣說來，悅樂不過是人生的休假，痛苦才是人生的事業。

　　基於這個大善勝惡的理由，我們就有理由相信，因為人間是一個鍛鍊靈魂成長的場所，苦難在人間的存在實在是必要的。因為沒有了苦難，靈魂就無法在人間成就巨大的善；所以，當研究死後生命的邁克・牛頓（M. Newton）討論到苦難存在的理由之

時，他有這樣的報導：

> 當我問我的受訪者，為甚麼一個充滿愛心的神會
> 容許人間有苦難的時候，他們的答案出奇地一致。他們
> 回答說，我們靈魂的創造者，故意把那終極的平安放在
> 遙不可及的地方，這樣我們才會努力奮鬥。（Newton,
> 1995, p.274）

我必須強調，邁克·牛頓的研究結果不一定就能準確反映生前死後的世界。（關於邁克·牛頓的研究，詳見本書第三章第五節「遙計他生」，頁146-150）但是這樣的主張，在神學上看來也很說得過去。

但是，心思細密的讀者馬上會想到這個論點裏有一個困難。如果苦難就是巨大價值的必要條件，那麼，當我們傷害別人的時候，豈非就在做著偉大的事情嗎？我越是無故無理傷害別人，這個人越是痛苦，我就越是給予了這個人一個大好的機會成就一個巨大的價值；但是，這個結論不是很荒謬嗎？

我也想過這個問題。我們要解答這個問題，關鍵在於搞清楚，誰有這個給人苦難的資格？

人生有痛苦，但是有意義。要在痛苦中成就意義，就得奮鬥。這場奮鬥之所以可能，源於兩個但是；這兩個但是，我們在上一章討論過，這裏我們重引一次：

> 人生實在就是一場奮鬥。這場奮鬥，始於兩個但
> 是。第一，人生而有苦，但是，我們卻生而具備克勝痛

苦的力量；第二，我們克勝苦難的力量、勇氣和自由都是
有限的，但是，我們卻可以在修行的過程裏，無止境地提
升我們的自由和勇氣。人生的奮鬥，就是要提升勇氣，克
服痛苦。

　　我們雖然有許多的不自由，但是我們卻恒常地具備
重奪自由的自由；我們的世界雖然有很多痛苦，但是我
們卻同時具備克勝痛苦的力量；我們有罪，但是我們卻
始終是價值的動物，而不是罪的奴隸。除非我們自甘為奴。

　　我們和上帝有一個重要的分別：我們是上帝所造的。上帝給
我們一個有苦有罪的世界，但是祂同時給予我們克勝苦罪所需的
自由與力量。因為祂同時給了我們解答，所以祂有條件給我們難
題。我們沒有，情形就和學校一樣。並不是因為老師有權給學生
收發家課，以及懲罰不聽話的學生，學生也就能有樣學樣，越俎
代庖去行使老師的職權。

五　演化巨輪

　　我們的時代認為，在科學的鐵蹄下，我們的宇宙已經容不下
一個上帝了。我們曾經以為宇宙有一個設計者，但事實不然，我
們的宇宙是從虛無之中爆出來的。上帝也沒有創造人類，人類是
從單細胞生物演化出來的，而單細胞生物是從無生命的粒子演變
出來的。即使上帝能從大爆炸的火焰之中死裏逃生，演化的巨輪
一樣會把祂輾成肉醬。

　　這一點很有趣。有關宇宙的大爆炸，我們在下面再談。現在，我們先來看看「演化」和「創造」這對歡喜冤家。

　　很多人相信，進化和上帝是不相容的。例如普羅文（W. Province）就指出，如果達爾文的演化論是正確的話，那就有五個必然的含義：1.沒有證據證明有神；2.死後沒有生命；3.沒有絕對的是非標準；4.生活沒有真正意義；5.人沒有自由意志。（詹腓力，1994，頁89-90）可是，也有人不同意；事實上，連羅馬教廷也都已宣稱，演化論與基督教的教義相容。在基督教／天主教界，甚至有所謂「演化神學」。（方舟子，1997，頁21）

　　即便如此，在演化論者和創造論者之間，仍然有一股強大的張力。理由很簡單：如果萬物都是由演化而來，而演化又純粹是一個自然的過程，那麼在這個自然的過程之上，加上一個超自然的上帝，就算在邏輯上沒有自相矛盾，還是使上帝顯得很多餘。這始終是有神論者不很樂意見到的。

　　自從達爾文發表《物種起源》（*On the Origin of Species by Means of Natural Selection, or the Preservation of Favoured Races in the Struggle for Life*）之後，演化論很快便征服了知識界。演化論者宣稱，這是因為演化理論具有強大的解釋能力，能夠解釋大量的生物現象，而且其解釋要比創造論合理。以下是一些常用的例子：

　　1. 比較解剖學使我們認識到許多生物體都有一些看來是退化了的器官。例如鯨尾部有不起作用的後肢骨，在某些蛇類之中也找到盆骨和股骨的殘餘。在人類身上，同樣可以找到這些看似演化的痕跡，例如尾骨、耳肌、闌尾、瞬膜（第三眼瞼），以及人類胚胎裏的鰓裂，都於人類完全無用，而且似乎是從我們的動物

祖先遺傳下來的特徵。（方舟子，1997，頁26）

2. 許多的物種，都只能在某些特定的地區找到。演化論者認為，上帝沒理由要「在這小小的角落才炫耀他的創造才能。」（方舟子，1997，頁27）

3. 有許多生物的器官設計，有明顯不合理的地方，如果這些生物是由聰明的上帝創造出來的話，這些器官就應該設計得聰明些。比如人類的眼睛：人類眼睛的感光層是視網膜，視網膜收集到影像訊號，要透過視覺神經送到大腦；可是，很不合理地，視覺神經的位置居然在視網膜的正面，也就是它的感光層的表面，而不是在不感光的背面。這樣的結果是：第一，視覺神經層阻礙了視網膜擷取光線；第二，視覺神經必須從視網膜的正面穿越到視網膜的背面，才能將影像訊息送到大腦。結果，為了讓位給這個輸出口，視網膜就不得已的穿了一個洞，形成了眼睛的盲點。（Williams, 1996, p.10）

圖一　眼睛的不合理設計

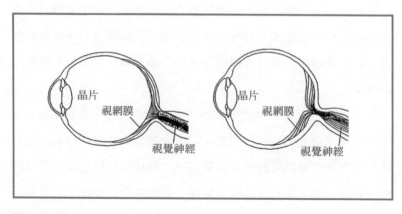

（周苑瑩繪）

聽起來，覺得合情合理，是不是？

如果真是那樣合情合理，演化論就應該橫掃生物學界了；但是，對於演化論，很多人還是有所保留。對於很多人來說（包括我自己），要由單細胞發展出今日這樣複雜的物種畢竟是太難了。例如：演化論者告訴我們，有性繁殖的出現是演化史上的一件大事，因為有性繁殖大大增加了物種的多樣性；但是，有性繁殖於我而言，正是單純演化最不可能完成的使命──至少於高級物種而言是如此。以動物的有性繁殖為例，想想要演化出一件陽具本就不是一件易事。到陽具演化成功了，如果沒有陰道，又或是有陰道但陽具沒有跟這陰道遇上，這件陽具依然是完全無用的。想想，一件陽具和一個陰道，同一時間，在同一地區形成，並且這隻雄性的動物和這隻雌性的動物遇上並交合了，並且生產出下一代──這是多困難的事情？

儘管演化論在學界一度佔盡上風，近年卻招來了越來越多的反對聲音。一九九六年，生化學家貝希（M. Behe）發表了得獎作品《達爾文的黑匣子》（*Darwin' Black Box*），向演化論投下了一枚重量級的炸彈。貝希論證道，單純的自然演化無法解釋生物界之中一個重要而普遍的現象，他稱這個現象為「無法降低的複雜性」。（貝希，1998，頁260）

既然上面提到了眼睛，我們就繼續用眼睛的例子。早在貝希之前，希欽（F. Hitching）就已經論證道，像眼睛這樣的器官，是不可能透過自然演化而產生的。雖然希欽還沒有用上「無法降低的複雜性」這樣的字眼，但是意思和貝希是完全相通的：

很顯然，這個小東西出了問題──比如角膜失

靈，瞳孔不能擴張，晶體不透光或者視焦出了問題——
就不能形成可視的影像。眼睛是通過總體而發揮作用
的，如果有一個環節出了問題，其整體功能就無法發
揮。（貝希，1998，頁43）

這有甚麼問題呢？問題可大了。要知道，演化是憑藉基因突
變來進行的。每一個基因突變所造成的變化都是很小，而且絕大
部分情況下都是有害的。要發生一次無害（別說有益）的基因突
變，讓突變的結果傳下去，那是很少有的事。因此，一個複雜的
器官要一次過，透過大規模的基因突變來形成，是完全不可能的
事情。這樣的突變，本身就是一個神跡。

因為眼睛的結構那麼複雜，它不可能是一次突變就能產生的
東西。這就出問題了。如果有眼睛的生物是從沒眼睛的生物那裏
進化而來，而眼睛的形成又需要無數次的小型突變的話，那麼眼
睛根本就不可能藉演化而形成；理由是，由於眼睛的複雜性是不
能降低的。因此，所有在眼睛充分形成之前的雛形都是無用的，
也因此，它們都不能在物競天擇的過程裏流傳下去。

演化論者對此有反駁嗎？有的。道金斯（R. Dawkins）就很
生動地描述了一幅眼睛漸變演化的圖畫：

有些單細胞的動物體表有感光點，點後面有光感色
素構成的「屏幕」。這個屏幕攔截（接收）從某個方向
射入的光線，動物因此對於光源方位有了「認知」。多
細胞動物中，各種不同類型的蠕蟲類軟體動物都有類似
的構造，但是含有光感色素的細胞位於體表的一個小淺

杯中。這種構造利於偵測光線的方向，因為每個細胞都
有感光死角，於是可以分工。從處於一平面上的一小群
感光細胞，演化成一個淺杯，再演化成深杯，每一步無
論多小，都能改進視覺。現在，要是你手邊已有一個很
深的「眼杯」，只要將周緣翻出，就成為一個沒有晶狀
體的針孔相機了……有了眼杯之後，在針孔上覆蓋一層物
質，只要性質有一點像晶狀體，都能改善影像……

（道金斯，2002，頁123-124）

　　成功了，可不是？貝希叫道：「且慢。」道金斯企圖將眼睛
的演化過程分割為許多個小變化；可是，這些小變化真的是小變
化嗎？道金斯提到感光點，又提到感光點周圍形成的淺杯。這些
改變看來很微小；事實上，每一個這一類的改變都是一個巨變。
以道金斯所說的淺杯為例：這個淺杯的形成，需要有一組蛋白來
促使細胞生長，另一組蛋白控制其他細胞的結構。「如果沒有這
些結構複雜的蛋白，細胞就會像肥皂泡一樣無限生長。」這個微
妙的平衡如何一步一步形成？道金斯沒有交代（貝希，1998，頁
44）；所以，貝希批評說，演化論者在解釋物種的變演過程時，
時常犯同一個毛病，就是只要編個故事，就以為自己在做科學證
明。（貝希，1998，頁275）貝希強調，數學是科學家不能缺少
的工具。要證明某個演化過程實際上可能，科學家必須提供可靠
的數據（貝希，1998，頁113）；但是，演化論者沒有這樣做。
數學家烏蘭（D. S. Ulam）就斷言，眼睛的進化不可能由累積小
突變而來，因為小突變的步驟太多，而時限又太短。（詹腓力，
1994，頁56）用這個觀點看高級物種的有性繁殖，尤其使人覺得

有性繁殖的不可思議：個別的性器官像眼一樣，本就具有不可降低的複雜性，要兩個這樣複雜的性器官（一陰一陽）同時形成並遇上，豈不是天方夜譚嗎？

　　回頭說眼睛。貝希沒有再在眼睛的問題上深究下去，而是轉向了一系列其他的例子；其中一個例子是動物血液裏的血凝機制。此機制泛見於動物界，要是我們用道金斯的方式來處理，可能只說一句「然後動物的血液形成了凝血的機制，保障了物種不會因為外傷而流血不止致死」，就交代過去了；可是，貝希指出，建立這個看起來簡單不過的血凝機制，實際上就是一個巨型的化學工程；更重要的是，這個化學工程，具有不可降低的複雜性。

　　這個工程的的內容，可以簡述如下：首先，血凝塊包含著二十多個互相依賴的蛋白質，這些蛋白質互相作用，任何一個出了差池，血凝塊就無法形成；第二，血凝塊的形成，需要另外數十個蛋白質所結成的團隊來協調。這個協調工作有四個重要的指標；指標一：在有需要的時候，並且只在有需要的時候，啟動血凝的程序；指標二，血凝的過程必須夠迅速，才能保住生物體的生命；指標三，血凝塊必須足夠覆蓋傷口，否則就不能達成止血的功能；指標四，血凝塊不能超過傷口的範圍的面積，否則就會阻塞血液流通，反而殺死生物體。貝希指出，這個工程需要數十個蛋白彼此緊密合作，任何一個失效，整個血凝機制就會崩潰。

　　貝希不是說科學離不開數學嗎？那麼，貝希自己的數據在哪裏？

　　這個工程，能夠以漸變演化的方式產生嗎？貝希參考了現存最完整的漸變學說，將其中建議的演化歷程整理為十六個步驟。他只抽取了其中一個步驟（組織纖維白酶原激活素〔TPA〕的形

成），來計算其發生的概率。要透過隨機的方式組成TPA，其概率是10^{18}分之一。10^{18}分之一的機會有多渺茫呢？貝希舉例說：「如果愛爾蘭抽彩賭博中贏的概率的十分之一的十八次冪，平均需要大約一百億年才會有人（總體中的任何一個人，而不是具體某個人）在抽彩中中獎。」（貝希，1998，頁111-112）十六個步驟，只一個就如此渺茫。

　　貝希的論證並不是沒有受到還擊的。著名遺傳科學家柯林斯（F. Collins）反駁說，貝希所舉的例子實在都能用漸進的演化來解釋。有趣的是，柯林斯自己也是有神論者，他並不因這些論證不成功而推翻上帝的存在。他和貝希的分別，僅在於他不相信生物的演化過程需要上帝的介入而已。但無論如何，他畢竟提出了反駁。他說，血液機制能否透過自然演化而形成，關鍵的問題是：機制之中，那幾十個緊密合作的蛋白，究竟有無所謂的「內在關聯」？如果有的話，那麼它們的合作就不再是盲目機率的產物。情況有點像朋友的相遇，要一對朋友在餐館偶然相遇當然是很困難的事；但是，如果雙方是一早約定的，那相遇就容易得多了；同理，這幾十個參加凝血活動的蛋白，原來在胺基酸的層面早就彼此連繫了。因此，要漸變演化出一個血凝機制，也就沒有貝希所想像的那麼渺茫。（柯林斯，2007，頁207）

　　瞧，辯論就是這樣，總是你贏一個回合，我贏一個回合，很少有一面倒的；但是，不是一面倒，不等於沒有高下之分。如果我們停在這裏，辯論的贏家一定就是自然演化論者無疑。

　　可是，等一等。我們不是一直在談論眼睛嗎？柯林斯對眼睛有甚麼話說？答案是沒有！或者準確些說，他說的話，不外就是把道金斯的話重述一次。（柯林斯，2007，頁209）道金斯對眼

睛形成過程的解釋有甚麼缺點，貝希一早就指出了，但柯林斯依然只能重複道金斯的說話。

這在科學家中是一個很常見的現象，我們在本書第三章（見頁113-150）反覆看到：當他們用現有的科學理論解釋到一個現象或幾個現象的時候，他們就很快地結論說，現有的科學能解釋所有現象。當他們打破了血凝機制的黑匣子之時，他們就結論說，所有演化論中的黑匣子都是可以打破的；但是，簡單如眼睛的形成，演化論者還停留在編故事的層次；此外，還有諸如有性繁殖之類的問題。達爾文理論裏的黑匣子還多著呢。

但是，柯林斯並沒有因此否定上帝，因為他自己手上就有一個不可破解的黑匣子。他指出，地球至今的壽命為四十五點五億年，前四十億年都沒有生命；然而，就在接下來的一點五億年之後，地球上就出現了許多類型的微型生物。他說：「現在任何假設都無法解釋地球上的前生物（prebiotic）環境如何在一點五億年的光景裏孕育出生命。」（柯林斯，2007，頁107-108）聚合體和熱力學專家布雷德利（W. L. Bradley）指出：「假如你把整個宇宙所有的碳都拿來放在地球表面上，讓它用盡快的速度進行化學反應，再給它十億年的時間，在這個時間內創造一個有機能的蛋白質分子的機會，將是10的後面加六十個零分之一。」（史特博，2003，頁100）留心，這裏說的不過是一個蛋白分子，還遠遠不是一個活物。這些機會渺茫的演化程式，就是藏在達爾文和道金斯的動人演化故事裏面的無數黑匣子。

那麼，像鯨的盆骨和遮蓋感光表層的視覺神經，又該作何解釋？這裏我們用不著請教生物學家，就有一個很簡單的答案：它們的確有可能就是演化的產物；事實上，演化與設計，本來就不

是相容的事情。重要的不是有沒有演化，而是演化是否僅僅是個偶然的自然現象。既然在生物化學的世界裏，有些現象是自然演化所難以解釋的，那麼，智慧的設計就不再是多餘的假設。如此而已。

如果上帝逃得過進化巨輪的輾壓，那麼大爆炸的火焰又如何？

大爆炸理論趕走上帝，這本來是個很奇怪的論調。照理說，大爆炸理論倒應算是上帝的好朋友。在大爆炸理論之前，科學家並不相信宇宙有一個起點。他們相信宇宙是自有永有的。他們認為只有這樣才能解釋，宇宙為甚麼不需要一個創造者；相反，是有神論者才相信宇宙有起點（貝希，1998，頁293）；可是，既然大爆炸理論已經成了共識，無神論的科學家又開始相信，宇宙的大爆炸可以取代上帝，作為宇宙的起點。那麼我們就來看看，大爆炸理論究竟能否將上帝炸死。

六　首因論證

一位著名的科學家（也有說是羅素）一次就天文學做了一個演講。他描述了地球怎樣圍繞著太陽旋轉，太陽又怎樣圍繞著一團稱為「銀河系」的星團中心旋轉。講座結束後，後座一位小個子的老太太站起來說：「你說的都是垃圾。世界是一個大的平面，擱在巨龜背上。」科學家自負地微笑反問：「烏龜站在甚麼上面？」「年輕人，你真聰明，」老太太答：「但是，烏龜下面無止境地不外就是烏龜。」（Hawking, 1990, p.1）

其實，老太太還可以給出另一個答案。她可以說：烏龜並不站在甚麼上面。祂是一隻超龜（superturtle）。

有趣的是，在有神論者之間，大爆炸理論激活了兩個歷史悠久的有神論證，第一個是首因論證，第二個是設計論證。現在我們先來看看首因論證。

所謂「首因論證」，大意是說，凡事都得有個原因，把這些原因一直往前推，你最後總得停在某處，這個某處，就是上帝。

反對者立刻會說：如果凡事都有原因，那上帝也得有個原因——那上帝就不是最初的創造者了。

首因論者答：不，上帝不是一般的存有。祂是超有（transcendental being），自有永有的超級存有。（記得老太太的超龜嗎？）

反對者會立刻會追問，為甚麼宇宙不可以是這個自有永有的超有？

原因本來很簡單。因為我們知道，宇宙中的事物，並不是自有永有的。每件事物都由其他事物產生，其他事物又再由另一些其他的事物產生。說宇宙自有永有，等於說宇宙裏有無限多的（不同的）烏龜。這在邏輯上好像不是沒有可能。這聽來有點怪怪的；但是，邏輯上，不是沒有這個可能。

直至大爆炸理論的提出。大爆炸理論說，宇宙誕生於一百至一百五十億年前的一次大爆炸。因此，烏龜的數目是有限的。

這一次，輪到有神論者來追問了：那麼，在最後一隻烏龜下面的，又是甚麼？

這樣的辯論是不可能有結果的。因為辯論雙方手上拿著的，都是一模一樣的武器：

表六　首因論證的遊戲

有神論的遊戲		無神論的遊戲	
問：	世界從何而來？	問：	世界從何而來？
答：	從大爆炸而來。	答：	從神而來。
問：	大爆炸從何而來？	問：	神從何而來？
答：	不需答案。	答：	不需答案。
反駁：	既然如此，上帝的存在也不需原因。	反駁：	既然如此，大爆炸也不需原因。

　　那麼，我們能從這個遊戲中走出來嗎？當然可以。既然這個辯論遊戲分不出勝負，我們就玩別的遊戲好了。

　　讓我們回到我們的日常經驗來。我們說凡事都有原因，原來只是一個簡化的講法，而非絕對的真理。在我們日常經驗裏，有一個明顯的例外，就是所謂的「自由意志」。自由意志的抉擇有沒有原因？有些哲學家會說，有，但和一般的因果關係不同。自由意志裏的原因，我們稱為「自因」（self-cause）。甚麼是自因？自因即是自己就是自己的原因。自由意志是典型的自因，上帝也是自因。

　　這樣，當我們說，宇宙的形成和存在需要一個原因時，我們就有一個特定的意思。我們來參考神學家克萊格（W. L. Craig）的分析。他問：假如你聽到一聲巨響，問我，哪來的巨響？我答：「沒事，只是一個沒有由來的聲音。」你相信嗎？你當然不會相信。如果是這樣的話，那麼，當你問大爆炸有甚麼原因，而我卻說沒有原因之時，那是同樣地不可信的。（史特博，2003，頁77）可是，如果這不是一個聲響，而是一個意志，事情就很不

同了。我一向愛發脾氣，忽然決心戒掉。你問，你不是一向都知道發脾氣不好的嗎？為甚麼從前不戒，現在來戒？我答，沒有原因，這是我自由意志的決定。你不會不服氣。

加入了自由意志的考慮，整個首因論證就變得有趣得多了。

照我們日常的經驗，在這個世界裏的事情，大約可以分為兩類：精神的和物理的。物理的事件，照我們所知，一定有一個先在原因。與物理事件不同，精神的事件可以有先在的原因，也可以是自因（即自由意志）。現在問題是，宇宙的大爆炸究竟是一件物理事件，還是精神事件？如果它是物理事件，那麼，按我們對物理事件的認識，我們當然可以問它的原因是甚麼；如果它是精神事件，我們就會說，這個創造宇宙的精神，不管它是甚麼，也不管它和以色列人有沒有交情，把它叫上帝，也真的差不很多了。

我們上面的推論，假定了大爆炸是一個純物理的現象，所以不能是自因。故此，大爆炸背後應該有一個精神的原因，我們結論說，這個精神的成因，可以稱之為「神」；可是，我們能不能換一個假設呢？要是大爆炸不是一個純物理的現象，而是（至少同時是）一個精神現象，那麼，大爆炸不就可以是自因了嗎？

這就有趣了，擺在我們面前有兩個選擇：第一，宇宙是一個物理現象，它有一個原因，我們稱這個原因為「神」；第二，宇宙不是（至少不只是）一個物理的存有，而是（至少同時是）一個精神的存有；或許，宇宙就是神。無論我們選擇哪一個答案，我們都要對目前的主流世界觀發動革命。我在這兩個世界觀之中選擇了第一個。我自己也說不清理由；也許，在心底深處，我其實是不關心這兩個世界觀的差別。這一點，我們且按下不表。

七　設計論證

　　首因論證就談到這裏，接下來談設計論證。保羅曾經說：「自從造天地以來，神的永能和神性是明明可知的，雖是眼不能見，但藉著所造之物，就可以曉得，叫人無可推諉。」（羅馬書1:20）這是最早的設計論證宣言：從宇宙的設計，我們就知道世上有神。一千多年後，佩利為這個論證添上了生動的細節，至今仍然廣為流傳：

> 　　穿越叢林時，假設我在地上發現了一塊手錶，假設我用腳踩住一塊石頭，自問石頭怎會到我腳下，答案也許是，已知的任意對立物（楊按：對立物實即物件）一直存在，而不是任何意願的產物。人們或許很容易看出這一答案的荒謬性。但假設我在地上發現了一塊手錶，那麼問題變成了手錶怎麼會碰巧在地上？我頭腦中幾乎不可能再現剛才的答案。因為手錶不會一直在地上。……那就是說們在審視手錶時，能看出無法在石塊中發現的特點──手錶是由幾個部件構成的，並且其組合是為了完成某種功能的。……一旦人們對手錶觀察並理解其工作原理，結論就必然會出現──手錶一定有它的製作人……（貝希，頁254）

　　傳統的設計論證常常以一個問句的方式表達：如果宇宙沒有一個設計者，它能像我們所見的宇宙那樣精妙嗎？這個論證的困難是：宇宙精妙與否，很可能是見仁見智的事。有人看見地球繞

著太陽旋轉，已經覺得精妙無比，有人卻會覺得那是再也普通不過的事情。對很多人來說，這個手錶的類比具有強大的直覺力量，今日在教會裏仍然有很多人在引用；可是，直覺的力量有一個重要缺陷：要麼你感覺到它，要麼你感覺不到。要是你覺得手錶類比具有強大的直覺力量，但你的辯論對手感覺不到，你就束手無策；而事實上，的確就有許多無神論者，對於這個類比無動於中。

在上一節，我們談到，在生物體裏有很多的結構，不能以純粹的自然演化來解釋。因此我們論斷，生命是智慧設計的產物。當然，我們很容易會想把這個設計者稱為「神」。當然，我們也可以說，宇宙就是一個智慧的有機體，它就是這個智慧的設計者。容我再說一次，我無意排斥這個智慧宇宙的模型。無論如何，這個神造宇宙或智慧宇宙的模型，在大爆炸理論的細節之中得到了相當有力的支持。

自從大爆炸理論誕生以來，許多科學家逐漸發現，要從虛無之中爆出一個宇宙來，原來遠遠比想像中困難。以下是其中幾個比較簡單的例子：

1. 萬有引力大約是電磁力的10^{39}分之一。如果萬有引力稍稍增加到電磁力10^{33}分之一，星球的大小將只及現有大小的十億分之一，燃燒速度快一百萬倍，星系就無法形成。

2. 核子的弱核力為地心吸力的10^{28}倍，如果弱核力稍稍弱一些，宇宙間所有的氫都將轉變為氦（例如，將不可能有水）。

3. 強核力如果再強一些（只要再強百分之二），將讓質子無法形成——也就是會得到一個沒有原子的宇宙；反之，減少百分之五，將讓我們的宇宙沒有星球。

4. 如果質子及中子間的質量差異（約電子質量的兩倍），並

非如此精確，那麼，所有的中子都將變成質子，或是質子變成中子。此時，就沒有我們現在所知的化學，更遑論生命。（葛林，2003，頁56-57）

5. 在一顆恒星形成的初期，要獲得適合的條件，使行星和生命得以形成，其可能性是10的一萬萬億次方分之一。（史特博，2003，頁78）

6. 要隨機產生一個充滿星體的宇宙，其概率為10的一百萬億億億次方分之一。（Davis, 1990, p.169）

由這些數據可以推出甚麼結論？上述引文的作者眾口一詞地指出：1. 宇宙各種事物配合得如此天衣無縫，證明宇宙有個設計者；同時2. 這些天衣無縫的配合正好是生命存在的必要條件，因此宇宙是為了讓生命存在而設計的。

這樣聽起來，設計論證好像很有說服力了；但是，仍然有人對論證提出反駁。一個反駁是這樣的：也許有很多——無限地多——個宇宙，那麼，在這無限多的宇宙之中，碰巧有一個爆出一個適合人類形成的秩序來，那也並不稀奇——不管那是多麼難。

有科學上的理由相信，有多於一個宇宙嗎？在量子力學的世界裏，多個宇宙在某程度上是獲得經驗支持的；但是，這裏出現的多個宇宙，是同一個宇宙發展出來的不同分支。因此，這些宇宙都具有相同的規律；可是，這裏的多宇宙，並不能提供大量不同規律的世界，讓我們現有的規律在這些世界裏面「碰巧」出現。

另一個多宇宙的觀念來自黑洞的理論。按施睦鄰（L. Smolin）的黑洞理論，黑洞是新宇宙誕生的地方，以及連繫母宇宙和子宇宙的管道。這些新宇宙不一定具有和我們宇宙相同的規律，是故多宇宙之中的巧合看來是有希望了；但有趣的是，黑洞

多由死去的星體造成，這些黑洞衍生的子宇宙並不會產生許多子宇宙。若黑洞非由死去的星體造成，那麼，這些黑洞後面的子宇宙也是會和母宇宙具有相同的規律。因此，這個模型同樣不能提供眾多不同的宇宙，讓精密設計的宇宙從中「碰巧」出現。（Davis, 1992, pp.221-222）

　　現有的證據並不支持說，有許多宇宙並存著，而這些宇宙各有不同的規律。既然如此，多宇宙假設就要面臨一個很根本的困難：它背叛了大爆炸理論的原意。無論大爆炸理論的原意是甚麼，它總是一套科學理論。所謂「科學理論」，是指那些能透過經驗觀察來證明（驗證或印證）的理論。而多宇宙的理論卻是不能透過經驗來證明的：這許多其他的宇宙，都在我們的宇宙之外。因此，我們根本不可能觀察它們。要相信它們，我們唯有倚靠信仰。原先他們以為，我們不需要信仰（對上帝的信仰），也能解釋這個世界的存在；可是，現在去掉了一個上帝的信仰，我們倒要補上對無限多個宇宙的信仰，方能解釋世界，這是否比信仰上帝科學些，倒真是個疑問。（葛林，2003，頁88-89）

　　即使撇開以上的困難不談，設計論者手上還有一張皇牌。不論是演化論、大爆炸理論，還是多宇宙論，說到底就是要說明，為甚麼宇宙的秩序和生命的存在不需要用上帝來解釋。為了去除上帝的因素，他們費盡心力，要把宇宙內部的條件描述成為足夠形成一個有秩序和生命的世界；但是，令人困惑的，正正是這個保證本身。如果只有一個宇宙，而這個宇宙的自然律居然精密配合到能夠形成秩序和生命，這固然是一個奇跡；如果有許多個宇宙，多到足夠讓生命「碰巧」在其中一個出現，這同樣是一個奇跡。兩者都需要解釋。

　　這就把我們帶回首因論證。在上文所說的遊戲中，誰爭取到最後發問權的，就勝出比賽。與首因論證不一樣的是：在首因論證的辯論中，雙方都任意地把問題停在自己要停的地方；但是，設計論證卻不然。若宇宙秩序和生命的形成顯示它是智慧的產物，那麼，就只有兩個可能性：要麼宇宙是有智慧的，要麼它的創造者是有智慧的。無論追問是否停在這裏，設計論者都能勝出這場比賽。設計論者不會介意他的對手追問：宇宙需要一個創造者，那麼，上帝是否也需要創造者？設計論者答：「如果上帝需要一個創造者，那麼，這個超級上帝就比上帝更具智慧。這樣，宇宙就是超級上帝的超級智慧的間接產物。若上帝不需一個創造者，宇宙就是上帝的智慧的產物。無論如何，宇宙總是智慧的產物。」

　　但是，設計論證真的證明了神存在嗎？為甚麼宇宙的設計者一定是神？

　　讓我們用基督教的神為例，來回答這個問題。究竟甚麼是「基督教的神」呢？是不是先有一個「基督教的神」；然後，又有一個「設計者的神」；然後，我們跑去看看兩個神是否同一個呢？好像有一個楊國榮，同時又有一個偷了你的錢包的小偷；然後，你去看看楊國榮和小偷是不是同一人一樣？

　　在楊國榮的例子中，「楊國榮」是專有名詞（proper name），（一般意見認為）並不需要由他所擁有的屬性來界定。我們可以想像楊國榮失去了他所有的屬性，他仍是（一個很不同的）楊國榮；或者，我們可以採取一個溫和些的立場說，楊國榮失去了他部分的屬性，他仍舊是楊國榮。因此，加給楊國榮一個「小偷」的屬性，或者減去這個屬性，楊國榮都還是楊國榮；所以，當我們問楊國榮是不是那個小偷，這個問題是有意思（make sense）的。

　　可是，「上帝」這個詞的意思不很一樣。我們不很確定它是否一個專有名詞。它也許是個專有名詞，阿伯拉罕可以指著那個一天到晚和他談天的傢伙說：這就是上帝。這樣理解起來，「那傢伙」是不是「設計者的神」，當然也是個可以問的問題。

　　可是，我們也可以用另一個方式理解上帝，像〈約翰福音〉所說的：太初有道，道就是神。這樣理解起來，我們可以說，設計者一定就是新約所講的神。這時，問「新約的神」是不是「設計者的神」，就不很有意思了。

　　這樣，剩下來的問題不是新約聖經的神是不是設計者的神，而是基督教對這個設計者的神的理解有多準確了。

八　倫理論證

　　不是有一個苦罪問題一直困擾著信徒嗎？苦罪問題是這樣的：如果上帝存在，甚為麼世上有苦難和邪惡？可是，為甚麼我們不反過來問：如果上帝不存在，為甚麼世上有這麼多的正直和良善？

　　倫理論證的大概內容是：如果上帝不存在，我們就無法解釋何以世上有道德。這個論證有一個很重要的弱點：誰說這個世界真的有道德呢？也許正如虛無主義者所說，世事本無所謂錯，也本無所謂對，道德根本是一場集體的幻覺？

　　即使你不是虛無主義者，你一樣可以反對這個論證。你可以像那些無神論的倫理實在論者那樣，肯定道德價值是因為世界有善有惡，但善惡不依上帝而存在。這有甚麼不可能？難道沒有了

一個全能的賞善罰惡者，善惡就不存在嗎？善不賞，惡不罰，就不是善惡嗎？

可是，倫理論證還有另一個細緻些的版本：如果人不是上帝所造，人不應具有他現在所具有的道德品質。這樣講起來，倫理論證就頗有一點設計論證的味道了。

我在這裏所講的「道德品質」並不限於說人有良知（當然這個意思是包括在內的）。在《上帝：科學的證據——理性社會的信仰復興》（*God The Evidence The Reconciliation of faith and Reason in a Pastseculan World*）一書之中，葛林（P.Glynn）引述了許多有趣的研究結果：

1. 不上教堂的人自殺的概率比經常上教堂的人高四倍。

2. 越是相信宗教的人，越是不會濫用藥物；同樣，越是相信宗教，越是不會酗酒。

3. 越是相信宗教的人，越是沒有憂鬱的問題，也具有越高的抗壓能力。

4. 越是相信宗教的人，越是不會離婚。具強烈宗教信仰的婦女，婚姻更幸福，對性生活也更滿意（楊按：以後聽見性解放的論調要當心別上當了）。

5. 有強烈宗教信仰的人，說自己「非常幸福」的比例，大概是沒有宗教信仰者的兩倍。

6. 一九八九年一個大型調查，檢查了二百五十個流行病研究，發現信教與健康呈正向的關連。（葛林，2003，頁136-138）

接著，談近年精神醫學的發展。一九三〇年代，精神分析學大師榮格（C. Jung）說：「在我的後半生所遇到的病人中，……沒有人的問題最後不訴諸宗教對生命的啟發。我們可以很安心

地這麼說：每個人之所以苦惱，是因為喪失了某個時期的生活宗教賦予這些追隨者的啟示，沒有恢復宗教觀的人，均未曾痊癒過。」（葛林，2003，頁199）

一九七〇年代，派克（S. Peck）的名著《心靈地圖》（*The Road Less Traveled*）指出修養、犧牲精神、愛心等等，都是人的幸福的要素；此外，諸如佛蘭克、羅傑斯（C. Rogers）和馬斯洛（A. Maslow）等大師，也發現精神價值和對人生意義的信仰，是幸福所不能或缺的成份。（葛林，2003，頁119-120）研究也顯示，定期禱告的人比較幸福——而且，如果禱告是要和上帝建立關係，它就能增進幸福，否則對幸福有害無益。（葛林，2003，頁140-141）

葛林的評語是：「如果這只是一種『生存策略』或防衛機制，它還真是特別複雜哩。」（葛林，2003，頁149）葛林因此推論，人是為了實現價值而被造的，而非偶然的進化產物。（葛林，2003，頁135）這和證明上帝存在或許還有一步之遙，但對有神論者來說，已經夠令人鼓舞了。

九　復活論證

我的宗教思考，一直就是在基督教的背景下進行的。所以，當我問「有沒有上帝」的時候，我實在都在問「有沒有基督教的上帝」。這兩個問題不是同一個問題，而我實際上重視前者遠多於後者；可是，既然我一直也在問第二個問題，在這一節，我也分享我對這個問題的看法。對基督教不感興趣的讀者，可以略過這一節。

有沒有基督教的上帝，和耶穌是否真的復活了，是兩個分不

開的問題。耶穌復活是一個神話嗎？如果你先假定了它是神話，並因此否定耶穌復活的歷史證據，那耶穌復活當然是神話；可是如果你不先這樣假定，而由歷史資料推演下來的話，恐怕就很難堅持耶穌復活是個神話了。

　　所謂的「復活論證」，是透過耶穌這個歷史人物建立起來的。這個論證分析起來比較迂迴，大致上為兩個問題的答案：1. 真有耶穌這個人嗎？2. 耶穌真是上帝的兒子嗎？而兩個問題的共同核心，當然是福音書的可信性。對此，勃魯伯格（C. Bloomberg）有相當詳盡的分析。

　　首先，有關耶穌的生平的記載，當然以新約幾卷福音書最為詳盡。而福音書之中，〈馬太福音〉、〈路加福音〉、〈約翰福音〉都成書於公元第一個世紀期間。當時，許多與耶穌同時的人都還活著。因此，可以推斷福音書大約是可信的。

　　更關鍵的是，有關耶穌復活的記載。相關的記載最早見於保羅所寫的〈哥林多前書〉，該封信件寫成之時距耶穌受死之日不會超過五年。（史特博，2002，頁29）信中指出，耶穌當時已經向使徒和五百多個信徒顯現過，而這些人在保羅寫信時大半都仍在生。因此，耶穌復活說是在有數百名目擊證人支持的情況下被提出來的。這樣的證人群體，若在法庭作供，應該很有威力。

　　這樣，唯一相信耶穌沒有受死並復活的理由，就是這些人都在說謊。要這些人集合起來說謊只有一個可能，就是他們是一個利益群體；可是，事實卻是這些人說謊對他們不但毫無好處，他們且要冒生命的危險來見證耶穌的復活。如果他們沒有真切的證據，知道耶穌真的已經復活，為甚麼要這樣做？

　　「不，」你也許會說，「他們說謊也許出於一個非理性的理

由。他們不是為了利益而說謊，而是因他們都生活在一個幻象之中。他們深信耶穌已經復活，所以眾口一詞地指證耶穌復活。可是，他們實在卻沒有親眼看見耶穌復活。」這個講法之所以還說得通，是因為我們有時確會為了維護自己既有的信念，而不自覺地扭曲眼前事實的真相；問題是，這些信徒並非一貫地相信耶穌是上帝的兒子，保羅是顯著的例子，他在信主之前是個逼害基督徒的人；另一個重要的例子，是耶穌的親弟弟雅各一直因為耶穌自稱為「神的兒子」而以兄長為恥；可是，這些人都在耶穌死後不久成為宣揚耶穌復活的中堅分子，這又該如何解釋？

　　那麼，會不會是四福音的作者，為了某些團體利益而杜撰出耶穌復活的故事呢？答案是不可能。聖經的福音書的作者都沒有從寫福音書得到任何利益。別忘記，耶穌是當時兩面不討好的人物，羅馬政府和猶太人都不喜歡他。耶穌的十二個使徒之中，除了猶大因為出賣耶穌而自盡，剩下來的十一個，有十個是被逼害致死的。（史特博，2002，頁37）

十　宗教經驗論證

　　最後一個論證，是宗教經驗論證。這個論證很簡單，我分明經驗到上帝的作為，那上帝當然就存在了。克萊格承認，獨立來看，這個論證是比較弱的；可是，在前四個論證的基礎上，這個論證就不容忽視了。

　　這個論證，是一個非論證的論證。它說的大約是：我就是知道上帝存在，根本無需論證。克萊格說：

　　　　　在體驗上帝這一點上，憑「正當的基本信念」信神
　　　是合理的。我自己就有過這樣的體驗。我十六歲時，上帝
　　　進入我的生命，其後三十多年，我日日年年和祂同行，在
　　　我的體驗中是個活生生的現實。（史特博，2003，頁84）

　　如果我們不同情理解克萊格的觀點，這個講法簡直就是廢
話：一個精神分裂的病人，也會覺得他自己就是個活生生的玉皇
大帝；可是，如果我們換個角度思考他的講法，我們就會發現，
他的講法並不如表面看來那麼荒謬。

　　我們可以從一個很有趣的問題說起。在思想方法裏，有一
個詞語，叫「無窮後退」。它的意思是這樣的：每個論證都有它
的前提和結論。為了證明結論，我們就提出一組前提來支持它；
可是，誰知道這組前提是不是真的呢？為了證明這組前提的真實
性，我們又得為每個前提提出論證。然後可就糟了：我們本來有
一個可疑的結論，現在來了一組可疑的前提，接下來還有更多組
（支持前提的）可疑前提，它們還要再生出更多更多可疑前提。
真是疑又生惑，惑又生疑，疑疑惑惑，無窮盡也。

　　林語堂在《從異教徒到基督徒》裏說了一個故事，很能說明這
個問題的出路。他想像一個西方的哲學家和一個中國的讀書人在討
論現象和本體的問題：哲學家指著一隻香蕉說：「你看這隻香蕉，
它的顏色、氣味、形狀，都不過是你的感官經驗的內容而已。真正
的香蕉是在感官現象以外的本體，而這個本體究竟如何，是你所
不能知道的。」讀書人說：「我怎麼不知道，它就是很香甜的一
隻香蕉。」哲學家說：「中國佬，你好像不很懂甚麼叫哲學。」
讀書人說：「對，我不懂哲學。現在，我可以吃香蕉了沒有？」

　　這個故事具有非常豐富的含意。在這裏，我要說明的只是其中一點：所有知識都有它的起始點。當我們到達了起始點，還要問起始點之前是甚麼，就是不懂得學問的藝術了。

　　「你怎麼知道世界存在？」所有哲學系一年級生都給問過笛卡兒（R. Descartes）所提出的著名問題。同學們往往會大吃一驚，想不到世間居然有此一問。然後他們嘻嘻笑說：「厲害，我們的確不知道世界存在。」這時，他們聽到了不知道存在不存在的下課鐘聲，這些一年級生嘻嘻哈哈地收拾不知道存在不存在的書本，跑到不知存在不存在的飯堂，買了不知存在不存在的午飯，張開不知存在不存在的嘴巴大嚼起來。在這些學生之中，有一個儒者，忽然開腔了：「你們這些傻瓜們，這麼個所謂『哲學思辨』，不是玩弄光景是甚麼？」

　　儒者說，只要我們靜下來，就能默識天理。我們人生裏有很多的體驗，都是不能證明的；然而，我們能不能因此就說，這些體驗就比不上那些能論證的事物那樣真實的呢？正如聶格爾所投訴的：對不起，我無法證明痛苦是件壞事，因為所有前提都比這個結論可疑。我們在自己的每個抉擇裏體驗到自己的自由意志，我們在山林裏看見了鳥語花香，我們在嬰孩的身上看見了生命的奇妙：這一切，要證明嗎？能證明嗎？

　　說宗教經驗是知識的起始點，就是承認這是辯論的極限。要是我不能憑此說服你，我們就在此分道揚鑣好了；然而，我知道「不能說服你，不是我的錯」是一個沒有論證的論證。一方面，我們在承認辯論極限的時候，變相放棄了論證；另一方面，我們對反對者提出了質疑：你這樣逼問公平嗎？為甚麼你要懷疑我的宗教經驗？這個質疑，又帶有論證的力量。

　　反對者可能會說：經驗當然可以成為證據；但是，不見得每個人都有相同的宗教經驗。我們怎樣衡量這些不同的經驗誰可信誰不可信？

　　克萊格回答說，當基督徒的宗教經驗備受質疑的時候，他們要做的是在信者與不信者之間找出共同的基礎，以邏輯或實證的理據來檢視自己的信仰。（史特博，2003，頁84）這樣說好像變相承認了，宗教經驗本身不能成為神存在的證據，而必須回到前面四個論證裏去。但這個回答也可有更豐富的意思：對我來說，真相的理據並不在別的地方。它就在經驗的一貫性之中。我們之所以知道做夢不真實，是因為我們一覺醒來，夢中所見的事物就消失得無影無蹤；我們之所以知道精神病者不是玉皇大帝，是因為他畢竟也時常前言不對後語（要是他每件事情都做得有條有理，有情有義，說不定還在我們面前展示一下超自然的力量，我們就會開始懷疑會不會真有玉皇大帝了）。宗教經驗可信的程度，在乎它和我們生活的其他經驗是否融貫一致；它自己內部又是否融貫一致。如果我們從歷史和科學的角度，發現宗教所啟示的世界和經驗世界之間的親和關係，那麼，信仰神就比不信神更合理。這就是我對神存在的問題的立場。

　　再者，也許宗教經驗之間的差異並不如你們想像的大。你看，耶穌在傳道前在曠野禁食；釋迦在悟道前在菩提樹下靜修，穆罕默德也在山中靜修之時得到真主的啟示。如果我們相信把儒家對天理或天道的信仰也當做宗教，那麼，儒家的默識天理也可以理解為先靜修後得道的經驗。說不定甘地是對的：一個人走到他自己的宗教心靈裏，他也就到達其他宗教的心靈。（葛林，2003，頁252）

十一　信仰與理性

　　大學時，沈宣仁老師告訴我們一個故事。據說，中古時代的修院，奉亞里士多德為不可挑戰的權威。一次，教師向修士講授亞里士多德的生物學時，說：「根據亞里士多德，馬應該有若干隻牙齒。」一位修士不服氣，自己找來一隻馬，數數牠牙齒的數量，結果發現與亞里士多德所講的不相符。他和教師對質，教師答：「如果數字不相符，那就是這隻馬錯了。」

　　整場神存在的辯論，看起來是一場宗教與科學的辯論；可是，它實際上是一場宗教與宗教的辯論。號稱「科學的陣營」，卻際上具有非常強烈的宗教性格；其宗教的性格，很可能比宗教的陣營還要強，至少不比宗教的陣營弱。

　　有一個有關達爾文的故事，非常有趣而生動地說明了達爾文自己的宗教性格。一位和他同時期的物理學家威廉・湯姆遜，用熱力學的方法計算地球的歷史，結論指地球的年齡大約是一億歲，而其中適合生物生存的時期不會超過二千萬年。這樣短的歷史，不會足夠讓物種演化成為今天的樣子。當時，達爾文回答：「我確信有一天，世界將被發現比湯姆遜所計算而得的還要古老。」（方舟子，1997，頁41）

　　達爾文並沒有錯，今日科學界的共識是，地球的年齡大約是四十多億歲，比湯姆遜計算的結果年老得多（當然，按「演化巨輪」和「設計論證」兩節的數據，這四十多億歲的年紀依然不足夠讓物種進化成為今天的樣子）；問題是，當達爾文這樣回答時，他表達的不是科學家的理性，而是宗教徒的虔誠：對自然演化論的虔誠信仰。要是他真的站在科學立場說話，他就應該說：

「按目前有的證據來看，演化論是錯的。將來有其他證據的話，則又另當別論。」但他不是這樣說。他說的是，雖然現在的證據和我的理論有衝突，但是錯的是證據而不是我的理論。虔誠當然不一定錯；但是，虔誠不是科學。達爾文的態度，和修院教師的態度，完全一致。

類似的言論，遍佈於無神論科學家的言論裏。在和哥連斯的對話裏，在被問及宇宙之間幾個重要的常數為何能精密地相互配合時，道金斯答道：「最終，我們會找到一個統一的理論，將這些常數鎖在一起，就像圓周的值和直徑的值鎖在一起一樣。」又是一個虔誠的信仰，相信科學最終能提供的一個無神論的答案。

更有趣的是，道金斯甚至說：「只要一相信神跡，那麼你就不但抵觸了科學事實，而且也抵觸了科學的精神。」（van Biema, 2006, pp.37-38）又一個修院教師。如果經驗告訴我們世上有神跡，那就是經驗錯了。無神論是不會錯的，因為無神論就是科學；換言之，要知道神是否存在，不用去考察經驗的證據。只要想想科學二字的定義，就知道神不存在。[47]當然，我們可以問，那麼有沒有一些東西，是既不科學但又可信的呢？

讀過哲學史的朋友，聽到道金斯的說話，很難不想起辯神學

---

[47]　　這裏必須為道金斯說一句公道話，他並不是一個死硬派的無神論者。在上述對話的末段，他抗議哥連斯誤把他當做一個心胸窄的人。他說，對於宇宙終極的真相，他事實上抱持非常開放的態度。他認為，如果宇宙真有一個神，這個神應該比現存宗教所描述的更為偉大。（van Biema, 2006, p.41）他的這一番宣言本身又可以引發許多有趣的討論，不過篇幅所限，我們也只能停在這裏。

裏的本體論證：因為上帝是完美的，而一個不存在的上帝就不是一個完美的上帝，故上帝存在；換言之，要知道上帝是否存在，不用去考察經驗的證據。只要明白「上帝」二字的定義，就知道上帝存在。「科學」二字推論出上帝不存在，「上帝」二字推論出上帝存在，誰對誰錯？

真有這樣便宜的事嗎？對，有些東西，的確不用考察事實就知道它存在，例如「一」這個數；有些東西的確不用考察事實就知道它不存在，像三角形的圓。上帝屬於這兩類的事物的其中一類嗎？

撇開這兩個論證的具體內容分析不談，無論我們怎樣定義科學，有一點是確定的，科學其中核心的精神就是尊重經驗。現在道金斯說，不用做甚麼考察了，反正神一定不存在。這個論證很可能是很有趣的形而上學的討論材料，但它一定不是科學。這些科學家們，聲稱「科學排除了上帝」；然而，他們最終排除上帝的理由，其實都不是科學的。

西方從文藝復興的時代開始，就走上了一條世俗化的道路，也是一條漸次拒絕超越存有、拒絕上帝的路。他們之所以走上這條路，有很複雜的歷史成因，這裏我們無法詳細探討。我只是想指出，任何觀點都可以形成信仰，任何信仰都可能變成迷信。相信上帝是信仰，有變成迷信的危險。相信沒有上帝也一樣。在我們這個時代，也許相信沒有上帝會時髦些；但是，迷信的危險，並不比信神的時代小。問題不在信甚麼，而在能否因應證據來調整自己的立場。

談了這麼久，用的都是理性的辯論；但是，信仰果真是（或者應該是）純粹的理性問題嗎？我的老師劉述先先生說，宗教信

仰的選擇，往往是一個所謂「生命情調」的抉擇。選擇相信神，
和選擇不信，你的生命情調就不一樣了，正如珊迪在〈我與太陽
對坐〉裏所揭示的一樣。（見本章第一節，頁392-395）內子曾
經對我說：「為甚麼相信道成肉身？是不是因為我確知真有其
事？不。是因為這個故事太美了。」你可能會覺得內子很天真。
但是，我知道她不是；再者，就算是天真，很天真地相信這個醜
惡的世界裏有真正的美，難道不也有值得欣賞的地方嗎？

　　事實上，許多無神論者往往有意無意地流露出對神的厭惡或
恐懼。聶格爾自己就承認有這個恐懼：

> 　　我是出於自己的經驗才這樣說的，我自己就有這
> 樣的恐懼：我希望無神論是真的。在我認識的人士當
> 中，其中有些最有智慧和學識的人居然是宗教徒，這個
> 事實使我感到很不安。我不是相信沒有神，並且理所當
> 然地希望自己的觀點正確。我純粹就是希望沒有神！
> （Nagel, 1997, p.130）

　　聶格爾的坦白是可敬的。他的剖白顯然逼使我們（包括有
神論者和無神論者）反省一個問題：無神論者常常批評有神論者
說，上帝不過是信徒主觀願望投射的產物而已；可是，焉知道不
會反過來，其實是無神論者主觀投射了一個沒有神的世界？

附錄

附錄一　小白的樂樂棒

　　有一隻老鼠，不知名字，白色，無以名之，姑名為「小白」。認識小白之時，小白已經歸天，我只能從資訊紀錄片之中一睹小白生前的風采。該紀錄片的主題是介紹一種名為「多巴胺」的大腦分泌物之奇效。原來，此種分泌物主宰哺乳動物之快感，只要大腦一分泌此物，哺乳動物自然樂不可支，可說是快活過神仙。

　　在紀錄片之中，小白身陷囹圄，頭插二支電極，電極連接牠的牢房之中一條小棒，只要小白按一下這條小棒，牠的大腦就會釋出多巴胺。片中所見，小白跑去把小棒按了一下，然後滿足地跑開；可是，跑不了兩步，就若有所思的回頭，猶疑一下，又回去按那棒子。節目的旁白說，只要接上了電極，小白就等於判了死刑。小白會不吃飯、不睡覺、不造愛，日思夜想，心中就只有那支多巴胺棒子。牠會一直按那支棒子，直至牠死去。

　　我很想知道，小白究竟幸福不幸福，哪怕牠只是一隻老鼠。

　　不知道從哪時起，我們身邊的人都奔走相告：如果你覺得開心的話，你就去做吧。我們爺爺可不是這樣告訴我們爹的。爺爺說，要誠實，要勤懇，要有責任感。是不是我們的爺爺不愛我們的爹？我時常很同情我爹媽的整整一代人。他們小時候，很單純地孝敬父母。他們以為，到年老的時候，也會得到相同的孝敬。他們彎著腰哺育我們，可是一直起腰來，卻看見整個世界變了天。

　　還是那個問題：究竟小白幸福不幸福？一隻給判了死刑的老鼠，死於快樂的多巴胺毒癮。在無止境的快樂之中，沒有尋

索，沒有追求，沒有奮鬥。多巴胺下死，做鼠也風流，對嗎？如果快樂就是人生一切問題的答案，那麼，小白就是我們所有人的榜樣。我們也許和小白相去不很遠，我們的孩子打電玩，廢寢忘餐；我們的女孩瘦身，不能自拔。如果人就是欲望的動物，那麼，理應是：想打電玩的人，只要能打電玩就幸福了；想瘦身的人，能瘦身就幸福了；可是，我們甚至不認為小白是幸福的。

快樂和吃苦是相對的，不快樂，就是吃苦。把小白從籠牢放出去，牠會為自己的食物張羅，牠會尋找自己的配偶。求之不得，輾轉反側，牠就會吃苦頭；可是，存在心理分析大師雅隆說，人是意義的動物。意義的闕如，乃是一切焦慮和不滿的源頭。錢穆甚至說，痛苦是人類所有向上提升的動力來源。錢大師把話說得極端，但我明白他的意思。在痛苦之中，我們得到的是一個奮鬥的機遇。奮鬥，就是意義的開端。當一個人找到了自己的生命的意義，那就是無怨、無悔、無憾。這個時候，我實在看不出人生還有甚麼不可解的問題。生命沒有因此變得輕易，然而，畢竟可解。

附錄二　文化與讀書

　　自古以來，中國以讀書為提升文化及道德修養的重要法門。這一點說來也不難理解，符號是文化的靈魂，書籍是符號的載體；因此，書籍自然是文化的有效承載工具。而古人不是叫我們隨便抓起一本書就看，而是要多讀聖賢書。這一點同樣不難理解。讀書有薰陶之功。多讀聖賢書，必亦感染聖人氣質；相反，多讀刺激氣性的作品，則亦必沾染多欲的習性。這是很難論證的一個事實，卻是我個人真實經驗的反映。

　　那麼，該讀甚麼書？

　　如果是從前，一定有人教你讀經。儒家有儒家的經，基督教有基督教的經，佛教有佛教的經。這幾個傳統，都相信讀經是提升個人修養的不二法門。

　　放在今日，我們又該怎樣選擇？我們且由佛教的觀念說起。按佛教的體會，痛苦和不幸源於一念之偏執。我們無法接納發生在我們身上的不如意事，以致我們不但痛苦，而且為我們的痛苦所傷。因此，若提升文化素養是為了活得幸福，就得選擇那些教我們擴濶胸襟的書。

　　這個擴闊胸襟的主題，必須要補充一個重要的注腳。天下間心胸最窄的人，都不會承認自己心胸狹窄。作者亦然。要知道一本書能不能幫助你擴闊胸襟，不能看它裏面有沒有寬恕、包容一類的口號。我們得看另一些東西。

　　另一方面，正如我們提到，價值虛無本身就是一種苦。因此，心胸廣闊並不等於不能做價值判斷。

　　那麼，要找一本擴闊胸襟的書，要怎樣找？

最簡單的方法，是由名門正派的經典入手。像習武，練九陰白骨爪會不會走火入魔很難說，練太極拳卻總不會練壞人。像我們常引的儒家、佛家、基督教的經典，基本上讀不壞人。當然，有些人讀這些典籍能夠抓住精粹，有些人只能得其一偏。這些得其一偏的人，可以相當討人厭；但是，本來很好的人，因為讀了這些東西變成大壞蛋的，我基本上沒有見過。

讀者中一定有人反駁說：「儒家不也出了許多主張君要臣死臣不得不死的邪魔外道嗎？基督教不也出了火燒異教徒的暴行嗎？」我的看法是，這些人不是因為讀了經典而壞起來；事實上，儒家沒有一本經典講過「君要臣死臣不得不死」這樣的話。而一個真讀懂耶穌所講的八福的人，也很難想像他怎能做出火燒異教徒這樣的暴行來。

無論如何，盲信「名門正派」始終不是最好的做法。如果你不想太受門派的拘束，又或者，如果你想另外掌握一些法門，幫助你去區別得其精粹者和得其一偏者，那麼，我有幾點很個人的心得，可以和你分享。

第一，謙虛。如果一本書不能幫助你虛己，這本書就不能幫助你準備與苦難的抗爭。

佛家說，有無明就有執著，有執就有痛苦。在所有的執著之中，又以我執為最大的執著：我一定要勝過別人，我一定要享福，我一定要打倒我的敵人，數不清的我我我。執著既是痛苦之源，我執就是痛苦最主要的來源；反過來說，我執一去，我在克勝苦難的戰事上就能佔得上風。這一點在儒家、道家、基督教也得到不同程度的和應。八福裏的第一福就說：「虛心的人有福了，因為天國是他們的。」（〈馬太福音〉5：3）老子說：「上善若水。水善利萬物

而不爭，處眾人之所惡，故幾於道。」（《老子・第八》）儒經《尚書》也說：「滿招損，謙受益。」（〈大禹謨〉）

　　留心，謙虛不等於沒有原則；相反，不論是儒家抑或基督教，都要求我們堅守基本的道德原則。沒有原則的人，不是道德君子，而是孔子所憎厭的鄉愿；[1]而事實上，正如我們在第二章的分析所得，抹掉了道德和價值原則，人生也不可能幸福。怎樣才是真正的謙虛？當然就是既能恪守原則，又能虛心學習他人長處，又是一對相反相成的陰陽。這一點很難三言兩語解釋清楚，只能留待讀者自己慢慢體會。

　　第二，和平。和諧是一切價值的終極體現（詳見本書第二章及第六章），也是幸福的要素。沒有內心的和平，就不可能有幸福。當然，人生不免有衝突，尋求沒有衝突的和平是不可能的。因此，追求和諧，就是尋求有效的化解衝突之道；是故一本書如不教導你如何和別人和解，只教導你誰人是大壞蛋，誰人該死，並且教導你怎樣打敗和懲誡這些大壞蛋，就無益於精神境界的提升。這一類書，只能助長你的仇恨和怨毒，使你在（自以為是的）義憤裏坐困愁城。這一類書，一旦塑造了你的氣質，容我說得決絕些，你的生命就完蛋了。

　　讀好書可以幫助我們擴闊胸襟，進而克勝苦難。所謂好書，大約就是那些能幫助你學習謙虛與和平的作品。這是我個人一個小小的心得，懇請讀者們細意參詳。

---

[1]　　所謂「鄉愿」，即是那些為了取悅眾人而「同乎流俗，合乎污世」的人。（《孟子・盡心下》）詳見楊伯峻（2002，頁 186）。

附錄三　論同性戀與同性婚姻

同性戀者爭取和異性戀者相同的權利，從普遍人權的觀點看，這一點我們很難反對。可是問題是，甚麼是權利？

同性戀的討論，我認為應該分開三個不同範圍來討論。第一，同性戀；第二，同性性行為；第三，同性戀運動。

先講同性戀。同性戀道德嗎？我的看法和自由派一樣，同性戀的道德價值，取決於同性戀者之間的愛情質素。愛情撇開了性行為就（主要）是精神活動，不因生理結構而改變其價值。

再談同性性行為，它和愛情不同，性行為是肉體的活動，生理結構當然是一個相關的考慮因素。同性戀者的性行為之中，包含了許多對異性性行為的模仿，例如：肛交、人造陽具（可以縛在腰間，方便女性模仿與男性性交的動作），諸如此類。這種模仿，反映異性的性行為才是常規。更有甚者，肛交有損身體（下詳），這是社會反對男同性戀的一個重要原因，也解釋了社會為何對女同性戀者一向比較寬容。處理同性性行為的問題，既要處理其中的道德問題，也要考慮社會對違反常規或不道德之事的寬容。

至於同性戀運動，它的目的，一句話，就是要社會把同性戀與異性戀看齊。同性可結婚、借肚生孩子、領養小朋友。這是整個家庭制度的改變。這是整個社會之事，我們必須由家庭制度的功能來考慮。我們不但要考慮家庭制度，還得考慮家庭制度周邊的一系列社會因素，例如性規範之類，做一個通盤的考慮，才可作出結論。

有幾個論點，是同志組織的必爭之地：

1. 同性戀是天生的。他們認為，只要在這一點取勝，同性戀

並非罪惡的立場就能確立。

2. 同性戀人之間並沒有男女角色的分工。他們認為，這樣別人就不能堅持同性戀只是異性戀的次級代替品，同性戀與異性戀方能平起平坐。

3. 同性戀者並不比異性戀者濫交。

4. （男）同性戀者並不比異性戀者喜歡肛交。

5. 同性性活動並不比異性性活動更容易傳染愛滋。

6. 男女並無先天的差異。所以，同性戀者當父母並不比異性戀者遜色。

很不幸地，這些論點基本上可說無一站得住腳。同性戀的支持者且慢生氣，我遲些會為同性戀者講一些好說話。同性戀的話題太敏感了，正反雙方都容易動氣。我現在正在踩鋼線，請大家原諒我的囉嗦。

我們先處理上面的第一個論點：同性戀是先天的。對於這一點，我們可以提出三點回應。

首先，我們真正的討論焦點是同性性行為而非同性戀。即使同性戀的傾向是先天的，也不表示同性的性行為是先天的；相反，只要是自願的行為，都是人的後天選擇的結果。正如我先天地貪心，不等如我可以理直氣壯的偷東西。

第二，同性戀是先天之說，和同志組織自己的講法根本有矛盾。同志組織將人的性傾向分為三類：異性戀者、雙性戀者、同性戀者。既然有先天的雙性戀者，當這些雙性戀者選擇以同性為伴侶之時，他們就是後天地選擇同性的性行為。因此，至少對於這一群人來說，「同性戀」天生之說，就不能成為將同性性行為合理化的理由。

　　第三，如果同性戀真是天生的，那麼，應該所有同卵雙胞的兄弟或姊妹就都同是同性戀或同是異性戀，但事實並非如此。根據庇利（Biley）和皮萊德（Pillard）的調查，發現許多同性戀者的同卵雙生兄弟並非同性戀者（五十六個樣本之中佔了二十七個）。妙在這個研究號稱證明了同性戀為先天之說。研究尚有其他問題，這裏不贅，但至少說明了同性戀先天之說的證據簡直是穿鑿附會的。（詳見潘國森《透視同性戀》）

　　關於第二個論點，我手上沒有數據；可是，由我個人和朋友以至學生的觀察所得，似乎都證明同性戀者大多有男女角色的分工。要注意的是，這些觀察並不單單來自反對同性戀的朋友，也包括支持同性戀朋友，同時也包括前線社工。因此，說同性戀者並沒有男女角色的分別一點，至少是可以存疑的。

　　我們且可進一步指出，整個同性戀運動本身根本就是在向模仿異性戀的方向發展。他們要求有結婚的權利，要求收養小孩子，處處都以異性戀者的社會角色為爭取的目標。說同性戀不是模仿異性戀，根本不能成立。

　　關於第三個論點，同性戀和濫交有沒有關係？一九九九年，邁克（R. T. Michael）等人發表報告，發現同性戀者和異性戀者的濫交情況大有差異。異性戀者一生平均有四個性伴，這可算不得少了；可是，同性戀者平均居然多達五十個。現代人越來越少從一而終，即使是這樣，在異性戀者之間，仍有百分之二十六的人一生只有一個性伴；百分之五十六在人生的不同階段有不同的伴侶，但任何時段都只有一個性伴。兩類合計，百分比達百分之八十二。可是在同性戀者之間，這兩類人合計的比率不及百分之二（詳見潘國森《解析同性戀》）。這一點和儒家「男女有別」

的觀念密切相關，希望將來能另文探討，在此不贅。

關於第四個論點，一般認為男同性戀者多半以肛交形式進行性行為，對此，同志組織堅決否認。周華山且拿出一大套數據，證明肛交在男同性戀者之間並不普遍；可是，如果認真分析，就會發現在他的樣本之中有八成的男同性戀者有進行肛交。（詳見潘國森《解析同性戀》）這個數字，與前幾天中文大學公佈的研究結果相若。（香港《明報》，2004年10月20日）這樣，男同性戀者肛交不普遍之說，實在不可能成立。

關於第五個論點，愛滋病在人類之間流傳的早期，同性戀被公認為愛滋病的高危群體；可是，經過同志組織的大力宣傳，今日一般人都相信同性戀與愛滋病無關，真正傳播愛滋病的是「不安全」的性行為。

我們先讓數據說說話。根據二〇〇〇年九月的數字，因異性性接觸感染愛滋病有八百五十四宗，因同性性接觸感染的數字是二百九十三宗，比例約為三比一。（香港《明報》，2002年12月8日）

同志組織堅持，同性戀者並非愛滋病高危群體，因為異性戀者的感染數字比同性戀者高（同志組織列出數據比例為八點五比一，與上面字出入甚大，這一點，我們在下面再處理）；可是，是否高危不由實際數字決定，而是由感染的比率決定。如果我們相信同志組織的講法，同性戀者佔人口比例十分之一，那麼異性戀者與同性戀者的比例該為九比一。算起來，同性戀者感染率是異性者的三倍。許多外國的調查顯示，同性戀者的比例並沒有十分之一那麼多，大概應在百分之二到百分之四之間。最近，國內的調查也顯示，廣州男性之中同性戀者佔了百分之四。按這些數

據，同性戀者和異性戀者的感染率差距更大。即使以八點五比一的感染數字來推算，若同性戀者佔人口百分之四，其感染率依然高於異性戀者的感染率，約莫是四與一之比。

男同性戀者較容易染上愛滋，這一點很容易理解：男同性戀者較其他人多進行肛交，而肛交較其他性行為容易傳染愛滋。愛滋病主要透過血液接觸傳染，而且肛交比其他方式的性交容易造成損傷，因此風險也自然較大。至於肛交之所以容易造成損傷，是因為：1.肛門肌肉的結構不適合迎入外物；2.大腸內壁的表皮較陰道脆弱；3.大腸內部欠缺天然的潤滑劑。因此，使用避孕套與否固然是感染愛滋與否的其中一個因素，但不能否認，肛交也是傳播愛滋病的成因之一。

肛交除了易於傳染愛滋，還會導致許多其他傷害，包括乙型肝炎、急性肛裂、菌血病等、賈第鞭毛蟲病、變形蟲病等等，不能盡錄。（參見潘國森《透視同性戀》、Jeffery Satinover, *Homosexuality and the politics of truth*）

最後，說第六個論點，兩性先天的差異。兩性身體結構的先天差異是不可爭議的事實；問題是，兩性在心靈心理質素上也有先天的差異嗎？如果兩性的心理質素沒有先天的差異，那麼，異性戀人（或雙親）所能發揮的功能，同性戀人或雙親不也一樣能發揮嗎？

首先，說兩性心理質素沒有先天的差異，固然很符合講求兩性平等的時代的口味，可是許多研究都顯示事實並非如此。較為近期的例子是二○○三年九月八日《時代》週刊的報導，有研究發現指男性較擅長解決實際問題，女性較擅長解決感性問題。按此，男女性之間本來就有一個先天的分工；另外，著名社會學家溥彬諾（David Popenoe）羅列大量研究數據，說明父親在家庭之中的

功用，遠遠超過只是提供「多一位成年人」。沒有父親的孩子，在各方面的表現都比有父親的孩子差，即使加入另一位成年的照顧者（例如祖母），都不能取代父親原有的功能。（詳見*Life without father*）可惜我暫時沒有找到研究母親的獨特地位的材料，但是我們似乎很可以假設，反過來，父親也很難取代母親的角色。

再者，從常理推斷，要說男女身體不同而心理相若，恐怕也是大不可能之事。溥彬諾舉例說，無論夫婦如何平等，如果半夜有人敲門，到樓下去開門的，絕大部分依然會是男人。那就表示，因著身體結構的差異，就自然有了角色上的差異。在這個基礎上，我們可以很自然的加上一點：因為角色的差異，就有了心理上的差異。為甚麼勇氣對男子而言會成為一個重要的品質？因為他的身體要求他必須擁有這樣的品質。女性體能上處於弱勢，加上月經和懷孕等獨特的經驗，卻又造就她們的敏感，使她們成為天生的守護對象。這樣說來，男女角色的分工，就不能單純歸因為社會（父權）的建構。

接下來，談同性婚姻。一般同性戀運動的參與者都主張同性戀為個人取向，故不應受干預；可是，不承認同性婚姻，並不是對同性戀行為的干預。婚姻所帶來的利益——諸如已婚人士免稅額之類，並不是人的基本權利，而是社會給予已婚人士的優惠。我們向已婚人士提供優惠，當然是因為我們要鼓勵人們結婚，並鼓勵他們好好維繫自己的婚姻。為甚麼要鼓勵婚姻呢？那當然是因為婚姻有一些正面的社會功能。

所以，要論證同性婚姻也應得到相同的優惠，不能由基本權利入手，而必須由婚姻的功能入手。由於婚姻的本質就是由個體聯合建立家庭。因此，要討論婚姻的社會功能，就等於要討論家

庭的社會功能。

　　家庭有何社會功能呢？在傳統家庭價值的支援下，家庭至少有兩個最典型的社會功能：第一，家庭是一個為其成員提供無條件關顧的人際關係單位；第二，家庭保證所有生育活動都在恰當的家庭關係之中進行，從而令所有生育活動都在一個有合理人際關係保障的場合進行。從這個角度檢視同性戀，我們就會發現，同性婚姻可以發揮第一項功能，而基本上與第二項功能無涉；所以，社會以不同的標準看待異性與同性之婚姻，並不構成歧視和壓逼。

　　社會應否把同性婚姻和異性婚姻同等看待，關鍵在於同性婚姻的家庭是否和異性婚姻的家庭同樣健康。兩性先天的差異並不單單是生理上的，也是心理上的。這樣說來，父母的模範角色就無法由同性的雙親取代。這顯然支持異性婚姻家庭較為平衡健康的傳統信念。

　　我說過我要為同性戀者說幾句好說話，現在要兌現諾言了。我不是說同性戀者的結合完全不能受到社會的認可。和至愛的人結合並獲得社會一定程度的認同與保障，是個體幸福的重要成份。社會或可以某種折衷的方式和名義來對同性戀關係予以認可。但全面的婚姻地位，則並不可行。認可同性伴侶關係的前提是保護傳統婚姻和家庭的角色和價值不受動搖。認可同性伴侶關係的制度，必須與婚姻制度有明確而清晰的分別。像在中國舊社會裏，同性戀關係往往在結義金蘭或誼兄誼弟的名義掩飾下得到維繫。同性戀者只求自己的一片天空，絲毫沒有想到要衝擊異性婚制。而社會人士一般也樂於默認他們的關係。這就是中國人的和諧藝術：尚辭讓，去爭奪，有情，有敬，有節，大家都海闊天空。

　　同性戀和異性戀是有分別的，兩性之間也有天然的角色分

工。必須同時承認這兩點，我們才能在照顧同性戀者的同時，保護傳統婚姻和家庭制度，使其得以繼續發揮其應有的社會功能。

2004.10.22

後記：本文最初由我和朋友在網上的討論整理而成，算是初步整理了我對同性戀和一系列相關問題的看法，但距嚴謹和完全整體的討論相去尚遠。我一直有心寫一篇文章來討論有關同性戀的各項議題，現在看來，要成事只好等待續了；又，我說同性性行為和愛滋病之間有正向關連，不出所料，近年的數字正好證實了我的講法。踏入二千年以後，隨著社會對同性性行為的接受程度提高，男同性戀者的愛滋感染比率一直有增無減（相關報導可參考香港《明報》2006年6月1日，2007年6月15日，2007年7月11日；香港《文匯報》2008年10月15日）。拒絕承認責任是很容易的，避免承擔惡果卻很難；另外，對於兩性角色的先天差異、傳統婚姻制度的價值，以及同性婚姻對婚姻價值的危害，以下三本書有相當詳盡的探討，很值得有興趣的讀者參考：

Blankenbhorn, D. (2007) *The Future of Marriage*. New York: Encounter Books.

Rhoads, S.E. (2004) *Taking Sex Differences Seriously*. San Francisco: Encounter Books.

Stanton, G.T. (1997) *Why Marriage Matters*. Colorado Springs, CO: Pinon Press.

附錄四　　異性婚制霸權對談 [2]

對談者：楊問道、童志權、孔尚仁

童：異性婚制不過是個霸權，能有甚麼好處？

孔：霸權是個充滿貶義的字眼，不要亂用。要稱一物為霸權，你得先提出有力的證據，證明這件東西是邪惡的。如果沒有證據的話，你就犯了著色的謬誤。

童：還要甚麼證據？異性戀的婚制壓迫同志，不是很明顯嗎？

孔：我不否認同性戀者有時會受到壓迫。當有人指著一個同性戀者罵「死基佬」，這當然是壓迫。但這關異性婚制甚麼事？

童：一對異性戀者可以堂而皇之的結婚，同性戀者不可以，這還不算壓迫？

孔：一個十八歲的人可以堂而皇之投票，一個十七歲零三百六十四日的人不可以投票，這又算不算壓迫？

童：這怎能相提並論？為了保證只有成熟的人才能投票，我們只能把投票權限在成人的範圍。

孔（笑）：你這不是成年人的霸權是甚麼？誰敢說成年就一定成熟？再說，誰來決定多少歲才叫成年？為甚麼十八歲就叫成年，十七歲零三百六十四日就叫未成年？

童：但我們總得劃一條界線呀！

---

[2]　　　節錄及修訂自楊國榮（2008e）

孔：你知道我們總得劃界線就好了。異性婚姻就是一條制約性行為最方便而清晰的界線。「天地合而萬物生，陰陽接而變化起。」（《荀子・天論》）中國古來婚姻和生育都是連在一起談的。婚姻的目的是延綿家族的命脈，因此同性婚姻是不合婚姻本義的。

童（大笑）：婚姻延綿家族的命脈，這樣過時的觀點真虧你說得出！

孔：你且先不要取笑我。現代人說，古人的觀點過時是很容易的，但我們不能假定，現代人一定比古人高明。假定現代人一定高明，也是一種霸權。現代人家族觀念薄弱，當然不了解延續家族命脈的價值；可是，我們可以換個角度看這個問題：婚姻的其中一個功能是延續社會的命脈。我們現在不是在為人口老化而擔憂嗎？延續社會命脈不能說不重要了吧？

童：你的思想真是一團糟。是生育活動延續社會的命脈，不是婚姻延續社會的命脈。

孔：婚姻和生育的關係，你且聽我詳細道來嘛。現在我們先按你的說法，用生育延續社會命脈來做我們推論的起點。生育一詞，由生與育二字構成。你覺得這二字連用，有理由嗎？

童：生是生產，育是培育，應該分開的呀。

孔：你要認真想想你的講法：生產和培育的後果可以是災難性的。不過我又一次姑且聽你的，那麼，我們現在只談生產（這個詞有點怪怪的），不談培育。我們如何生產下一代？

童：生產的方法可多著啦，可以造愛，可以靠人工生育。

孔：如果要靠造愛來生孩子，是由甚麼人來造愛？男男嗎？男女嗎？抑或女女？

童：是靠男女造愛不錯。

孔：很好。這就說明了為甚麼婚姻是為異性而設，而非為同性而設。你記得，儒家是透過禮的眼光看世界的。所謂「禮」，就是合理的常規。世上的行為，由這個框架看，可以分為四類；第一類行為：既是常規，也應該是常規；第二類行為：不是常規，但應該是常規；第三類行為：是常規，但不應該是常規；第四類行為：既非常規，也不應該是常規。婚姻的目的，就是要為性活動設定一個常規。因為性行為是生產後代的途徑，所以性行為以男女的性行為為常規，所以我們要求性行為雙方之間有責任，所以以婚儀作為確認責任的手續和儀式，然後才進行性行為。

從這個角度看，同性戀和婚姻實在扯不上關係。同性之間的性行為事實上不是常規（它是少數）；同時，因為性行為是生產後代的途徑，所以性行為應以男女的性行為為常規，而同性戀不應是常規。所有的制度都有一個界定常規行為的功用，婚姻也不例外。同性戀既屬第四類，就和婚姻無關。這是婚姻制度的本質使然，和壓迫無關。

童：原來你說來說去，還不過是說生育那一套。這沒有新意嘛！大家都知道，很多異性戀者也選擇不生育；再者，不孕的夫婦也和同性戀者一樣不能生育。難道這些人也不准結婚嗎？

孔：這就牽涉到禮的默契義了。記得我們談過投票合法年齡的問題嗎？沒有人能保證十七歲的人心智一定不成熟，也沒有人能保證十八歲的人一定成熟。如果說因為不孕的夫妻也可以結婚，就該讓同性戀者結婚，那麼，我們也可以說，因為十八歲也有不成熟的，所以我們該讓所有不成熟的人（任何年紀）投票了！

童：好。姑且承認異性婚制有它存在的理由；但是，你說默契之禮就是在本質無法提供界線，可社會又需要劃定界線的時候發生作用的；問題是，這條線該怎麼劃？

孔：我們不是說禮要因人情而制的嗎？既要因人情而制，我們就得看，在生活裏有沒有一些比較自然的界線；再用投票年齡的例子，不論你把成年的界線劃在十八歲、二十一歲，甚至三十歲，都是很自然的；但是，如果你把界線劃在十七歲零三個月六天又十二點四個小時，這就很不自然了。自然不自然，多少有些偶然的因素。你用唐曆來計算年齡，和用西曆來計算年齡，就會得出不同的自然界線；可是，回到日常生活裏，因應著行之有效的常規，我們還是可以分出，哪些界線自然些，哪些界線比較不自然。

童：那你就是說，性別是比較自然的界線。

孔：對。不讓不生孩子的夫妻結婚根本就是不可行的。要是真有這條法例，所有的夫妻都會自稱要生孩子。結果生不生當然還是他們自己的事，這就使法律成為笑柄了。不讓不孕的夫妻結婚，在理論上合理些，但實踐上更荒謬：一對健康正常的夫妻，婚後因交通意外去生育力，要不要他們離婚？一對夫妻婚前檢查沒有檢出有問題，日後才發現其中一方有問題，要不要宣佈婚姻無效？你看，古代婚制就是因為太重視女性實際的生育能力，才有把無子的妻子休掉的苛禮。

童：但這還是對同性戀者不公平呀！

孔：這真是擊中了問題的核心。十七歲不能投票，對一個成熟的十七歲少年也是不公平的。世事太複雜了，人與人互相比較的變數太多了，沒有一個禮制能對中國十三億人都公平，也沒有

一條規矩能對全球六十億人都公平。

童：但我們至少可以問，可以公平些嗎？

孔：當然可以。不過，我們要弄清楚，究竟該問的是「可不可以公平些」，還是「可不可以再公平些」。

童：這兩個問題有甚麼分別？

孔：問可不可以公平些，就暗示現在不公平；問可不可以再公平些，就是承認現在已經相當公平了。尋求再公平些的做法，只是想精益求精。

童：這個分別重要嗎？

孔：非常重要。分清楚這兩個問題，我們就能緩和社會的分化。如果同志組織不把異性婚制視為對他們的歧視，而是一個合理但尚有改進空間的制度，他們和保守派就不會那麼水火不容。

童：那麼你是說，我們應該問的，是可不可以再公平些，而不是可不可以公平些了？

孔：正是。

童：這樣，你能不能簡單地說一句，你是否認為同性戀是否不道德？

孔：我想懇求你容許我迴避這個問題。記得我們說過嗎？道德有撕裂人的副作用。在辯論雙方勢成水火之時，道德判斷只能火上加油。我只想停在這一點之上：同性戀既非常規，也不應是常規。因此，不能讓同性戀成為禮的一部分。在此之上，再多說一句就要壞事。我最關心的，並不是同性戀的對錯，而是社會需要怎樣的常規。我希望你能接受這個前提，那樣，在為同性戀者爭取權益之時，你的力度就會溫和些，少些衝擊現行的婚姻制度；反過來，我也希望同性戀的反對者，對同性戀者多些通融。

這個通融的觀念很重要。通融不是不分是非，在通融的時候，我們知道甚麼合理，甚麼不合理；甚麼是常規，甚麼不是。不像今日一般人所講的寬容，彷彿一有常規常理就不寬容了（其實寬容的意思本來也不是這樣的）。我希望我的建議，能夠為同性戀的支持者和反對者創造一個良性對話的空間。對我來說，這一點比起斷定同性戀道德與否，來得重要得多。

童：你算是在做和事老了？把同性戀排拒在常規之外，就是把同性戀邊緣化。

孔：對。但我期望那是一種柔性的邊緣化。天下之大，一定會有人在中心，有人在邊緣。問題不是有沒有人在邊緣，而是這裏的人能不能活得幸福和有尊嚴；所以，我們要靈活地應用禮的觀念，在講禮之餘又講權變。[3]禮和權的價值相輔相成的。有禮無權，就會流於僵化；有權無禮就會陷入失序。禮與權二者，缺一不可。

童：加入了權變的考慮之後，就可以承認同性戀非不道德了？

孔：更準確的講法是，不能簡單地說它不道德。天下間的事情，要多複雜有多複雜。我們不能說，一件事要麼很邪惡，要麼一點問題都沒有。

在反對同性戀的理由之中，有些是我們必須進一步探討的。

---

[3]　　淳于髡曰：「男女授受不親，禮與？」孟子曰：「禮也。」曰：「嫂溺則援之以手乎？」曰：「嫂溺不援，是豺狼也。男女授受不親，禮也；嫂溺援之以手者，權也。」（《孟子・離婁上》）

例如：男女之間有沒有天然的角色分工？同性戀和濫交之間是否有因果上的關聯？它和愛滋病的傳播有無關係？某些特定的性交方式（主要指肛交）和同性戀有無關係？同性戀是不是可逆轉的先天傾向？這些都是很重要的課題，學者的看法分歧很大，對我們的道德判斷也起關鍵的作用。為免把問題無限複雜化，我今天想避開這些問題，仍然集中處理同性戀與婚姻制度之間的關係。單從這一點看，社會有很好的理由不把同性戀當做一件中性的事情；但是，這並不表示同性戀很邪惡。

在儒家公羊學派裏面，有所謂「實與文不與」的說法。那就是說，有些東西，我們可以默許他們的存在；但是，卻不能將之當做正常的行為。我認為同性戀正是這一類的行為。說同性戀是道德的，變相就承認了同性戀的常規地位，那又正好和我們上面所說的：同性戀既非常規，也不應是常規，有所衝突。

童：為甚麼？在實與之外還要文不與，不是有點自欺欺人嗎？

孔：不是。比方說，教授規定了學生要在某天之前提交論文，一位學生遲了一天，氣急敗懷的跑來把文章交到老師手上。這時如果教授發現學生並不是因為疏懶而是有其他的困難，一般都會網開一面予以通融。但這只通融而已，並不是說提交文章的原有期限取消了。這個通融，就是實與而文不與。

童：我明白了。實與文不與，不拒絕同性戀的存在，但卻拒絕讓它成為常規。

孔：對。這就和當代新儒家對離婚的態度一樣。《易‧序卦傳》說：「夫婦之道不可以不久也」，可見離婚是違禮的。但是

這不妨礙當代新儒家容許離婚。但是正如唐君毅所說的，即使我們容許離婚，離婚依然是變道。常道是長久的婚姻，我們仍得守護這個常道。

　　童：等一等，我看見你的思路裏面有漏洞。一件事情是不是常規，要看你怎樣描述它。假定長久的婚姻的確是美好的，那麼，離婚無疑是變道。但是如果不空泛地說離婚，而是說明在某種特定的條件下離婚，這個離婚就不一定屬於變道了。只要我們所附加的條件是合理的，離婚不就變成常道了嗎？同理，我們不說同性戀是常道，但說每人按自己的先天傾向來選擇性伴侶，難道不就是常道嗎？

　　孔：這要看你的常道是甚麼意思了。常道也有不同的層次，有常道中的常道，有變道中的常道。具有同性戀傾向的人進行同性的性行為固然可以說是常道，但那也是變道中的常道，和常道中的常道不能混為一談。正如你可以說，病中沒有食欲，對於病者來說是正常的。但這是病中的正常，而不是正常的正常。之所以可以實與，是因為它是變中之常；之所以要文不與，是因為它畢竟只是變中之常。

　　童：就著同性戀是否常道的問題，我還想提最後一個反駁：現在既然有了生育科技，生育就不用再依賴異性之間的性行為。因此，同性戀與異性戀之間，根本就不必再有常與變的區分了。

　　孔：將生育與性行為切斷關係是不可能的，除非人類有一天永久地喪失了自然生育的能力；事實上，如果人能自然生育，沒有甚麼理由要把生育的活動交託給科技。因此，在生育面前，同性和異性的性行為始終具有不同的意義。

　　童：那你不還是鞏固一元的性論述嗎？

孔：信不信由你，儒家其實是承認價值的多元性的。當孔子說：「吾黨之直者異於是」的時候，（《論語‧子路》）就已經承認這個道德價值不能變成死的規條。同一個價值在陌生人和兒子的身上是要有不同的體現的；可是，承認價值的多元，不等於承認多元的價值，尤其不等於承認多元是個無條件的價值。如果全世界的人都贊同要保護環境，我們不會說，為了打破一元的環境論述，就要有人出來鼓吹破壞環境；問題是，一個秩序合理與否。當一元的秩序合理之時，我們就要一元；多元的秩序合理之時，我們就要多元。

楊：那麼，孔先生你對反性傾向歧視法有甚麼看法？

孔：反性傾向歧視法，不論其具體內容如何，都反映了後現代社會（甚麼叫「後現代社會」就不能在此詳述了）一個很嚴重的問題。我稱之為「後現代思考斷層的幽靈」。後現代社會從啟蒙運動所開創的現代精神那裏繼承了自由的觀念，並且由此發展出道德中立的原則。所謂「道德中立原則」，就是指社會不能將任何的價值強加於其成員。這樣的所謂「中立」究竟是否可能？是否可取？當然是個疑問；可是，更重要的問題還在後頭：在後現代社會裏，人們開始不安於中立，轉過來把中立轉化為審判。反性傾向歧視法正是最明顯的例子。支持者先由價值中立的前提論證同性戀的正當性，然後以同性戀的正當性為前提，將打壓異見者（即是反同性戀的人士）加以合理化；事實是，這兩個階段的推論，各有自己的前提（第一個階段假設了價值中立，社會不能以任何價值強加於其成員；第二個階段假定社會為了公義，必需禁止某些價值的傳播和實踐），而這兩個前提卻是彼此不相容的。稱之為斷層，是因為它是一個在理性推論之中無法踰越的鴻

溝；稱之為「幽靈」，是因為它無處不在，而人們卻又視而不見。

　　所以，當這些人宣稱要顛覆建制之時，他們也在建立自己的建制。當這人宣稱要推翻壓逼者之時，他們也就成了壓逼者。這樣的事情，在歷史上不斷重複出現。革命家當權後，往往就成了獨裁者。要避免後現代社會形成新的獨裁，我們就必須時刻警覺這個幽靈。

　　……

跋：新生

我們是在二○○八年七月二十九日得悉楊過患病的。是的，我們總是稱他「楊過」，也說不清是因為「國榮」的「國」跟「過」音近，還是因為他那少年輕狂的身影一直沉澱在記憶裏。知道消息後，我們到了一家精緻的餐館，他說要吃一頓好的，好平順這翻天覆地的日子。腎科醫生說，幾個月，用標靶藥的話，通常可以延長三分一的時間。腫瘤科醫生說：一兩年吧，也可以更長。我們點了菜，他拿起筆，在紙上記下了這些：

1. 愚公沙龍對談錄
2. 訊號山公園
3. 情愛生死
4. 天路日記
5. 過碟
6. 裝修靜得房
7. 儒墨中西濃縮版
8. 通識中國哲學
9. 青紅皂白

　　在歸家的路上，我說好像發了一場噩夢。他微微笑了說，我的感覺剛好相反，我倒覺得，我們才剛從夢中醒來。是的，無常是人生的真相。他在八月八日寫了知道消息後的第一篇日記，題目是「新生」。

　　《顯魅與和樂》，標誌著這個「新生」，而那個晚上的字條，便是推動成書的心靈力量。《顯魅與和樂》主要是由字條上的第三項「情愛生死」和第七項「儒墨中西」組合重寫而成的。「情愛生死」和「儒墨中西」原是兩個獨立而相連的寫作計劃，「情愛生死」談愛情哲學和生死學（後易名「情愛生生」，取其生生不息之意），「儒墨中西」則為儒、墨兩家學說跟西方自由主義的對話。兩個書稿一個重情、一個重理，並行寫作經年，各已完成部分章節。楊過在病中翻閱舊稿，拿起藍原子筆就伏在床上修訂，手改稿字跡密密麻麻的。

　　他有天跟我說，想把《情愛生生》和《儒墨中西》兩書重組，合寫為《顯魅與和樂》，那是二○○九年三月三日。「和樂」好，還是「和合」好呢，他問。我說，當然是「和樂」，內涵較豐富，帶著融和的喜樂——除非你有意用和合石的意象。笑說過了，楊過立刻動工，寫了約一小時。兩日後，他把寫作的總時數增加到二至三小時。那段日子他的病情反覆，寫得了書，便忘了練氣功；寫得投入，竟是連東西也不願吃。病人的生活原應是悠閒而且規律的，但他卻為寫作的熱情燒灼著。寫作的飛揚混集著嘔吐、白髮和死亡的陰影。我從前無法想像病人竟是那樣的忙——吃中藥和西藥之間要有時間的分隔，服藥之前要吃東西。每日吃兩次中藥兩次西藥。最好兩小時吃一次東西，吃東西後不宜練功。一天的流程要盡早開始，否則一切無法在二十四小時內

完成。楊過在暴烈的四月總以寫作開始一天，斷續的寫，累了睡過後再寫，每天的總寫作時數可以是四至五小時──不吃東西是練仙嗎？練仙也得練功呀。血壓和生活節奏的紊亂伴隨著書頁的漸厚，到了七月底，初稿便完成了。

完成了初稿，楊過便嘗試把上述字條中第一項「愚公沙龍對談錄」的點滴加入修訂稿內。「愚公沙龍」是他為香港理工大學通識中心主持的討論組，主要從應用倫理的角度討論現代人生活的種種面向，每月第一個星期六聚會，成員包括理大的師生和各院校的朋友。他在二〇〇二年創辦了「愚公沙龍」的網上討論區，於是課前課後、週末週日的討論都得以文字的方式在網上流傳。「愚公沙龍對談錄」，是一個把人的交流和互動記錄下來的心願。楊過說，我寫東西，總是在和人對話。

楊過要談的太多了，手追不上腦，他總說。打字太慢、寫字更慢，時間總不夠。他還有很多要說，打開電腦檔，待出版的書稿尚有《父親日記：一個學者的父親札記》、《咫尺天下：全球化時代的文化省思》和哲學小品《迷城有悟》等等。上述字條中的第四項「天路日記」，後來融入了《父親日記》。楊過病後，仍不忘在日記裏和女兒談「吃苦」、「讀書」、「寡味」和「淡泊」。字條上跟靜得有關的，另外還有第五和第六項。「過碟」，是把攝錄機裏的影片錄成光碟（生活總這樣忙，記憶來不及妥存，遺失了攝錄機怎辦？要掌握科技呀，後來我用了硬碟備份，備了許多份）；要裝修房間，是因為女兒長大了，要有合用的家具。前者是記憶的整理，後者是對未來的期盼。

至於字條的第二項「訊號山公園」，是重訪訊號山公園的意思。他總說，好難，你才答應做我的女朋友，那天，在訊號山

公園。是的，我說，我也想不到，生活匆促，我們重訪訊號山公園，竟是二十一年後了。拍拖結婚多少年，竟不曾回來。二〇〇九年的情人節，我們終於回到訂情的地方。一切又都回來了。我在二〇一〇年八月二日按他土葬的遺願，在華人基督教墳場選了墓地。買地是最緊張的，土地緊張呀，也沒留意，買地的日子和二十年後續期的日子，便是我們的拍拖紀念日。情愛生生。

感謝香港中華書局黎耀強先生和香港三聯書店姚永康先生的協助，《通識中國哲學》和《青紅皂白：從社會倫理到倫理社會》分別在二〇〇八年九月和十月得以再版，令字條上的心願得圓。特別感謝姚先生玉成本書的出版，他拿著本書的清樣趕到浸信會醫院的早上，陽光是那樣的好。已是七月的二十九日了，我們將要告別今年的炎夏。在燦爛的陽光裏，不好流淚，我只有感謝。感謝所有關心和愛護楊過的親友，感謝你們的同行相伴和鼓勵。感謝香港三聯書店因應作者的情況，特別提前處理本書的印務。感謝好友劉銘德先生和鄧偉森先生幫忙統籌本書的校對，學妹張婉雯女士，以及學生梁機因、梁若愚、林凱嘉、羅嘉麗、陳志強、文浩楷和陳學嵐諸君協助校閱文稿。好友俞天承先生和陳漢強先生協助出版事務，一併致謝。三聯全人在八月初為本書日夜趕工，協助校對的朋友在八月七至八日間通宵達旦工作，以令本書得以在楊過的安息禮拜前出版，感激至深。楊過在病中艱苦成書，粗疏之處在所難免，還望讀者見諒和包涵。

何杏楓

二〇一〇年八月八日

參考書目

英文部分

1. Adorno, T. W. and M. Horkheimer (2000) The Culture industry: enlightenment as mass deception. In J. B. Schor and D. B. Holt, (Eds.), *The Consumer society reader* (pp. 3-19). New York: the New Press.

2. Atwater, P. M. H. (1992) Is there a hell? Surprising observations about the near-death experience. *Journal of near-death studies*, 10(3). Retrieved from http://www.cinemind.com/atwater/hell.html.

3. Atwater, P. M. H. (1996) What is not being said about the near-death experience, In L.W. Bailey and J. Yates (Eds.), *The Near death experience: a reader* (pp. 233-243). New York: Routledge.

4. Atwater, P. M. H. (2005) Near death experience in hell. *Mind power news*. http://www.mindpowernews.com/NearDeathInHell.htm.

5. Baumeister, R.F. and M. R. Leary (1995) The Need to belong: desire for interpersonal attachments as a fundamental human motivation. *Psychological bulletin*, 117(3), 479-529.

6. Begley, S (2007) The Ghost we think we see. *Newsweek*, CL(9), 56.

7. Bell, D. A. (2006) *Beyond liberal democracy*. Princeton: Princeton University Press.

8. Berlin, I. (1969) *Two concepts of liberty*. In *Four essays on liberty* (pp.118-172). Oxford: Oxford University Press.

9. Blankenhorn, D. (2007) *The Future of marriage*. New York: Encounter Books.

10. Brainy History: (n.d.) May 29, 1849 in History. Retrieved Nov 5, 2009, from http://www.brainyhistory.com/events/1849/may_29_1849_52346. html.

11. Butler, C. (2002) *Postmodernism: a very short introduction*. Oxford: Oxford University Press.

12. Carirer, E. (1992) *An Essay on man*. New Haven: Yale University Press.

13. David Ray Griffin, (1997) *Parapsychology, Philosophy, and Spirituality*. New York: State University of New York Press.

14. Davis, P. C. W. (1990) *Other worlds*. Penguin Books.

15. Davis, P. C. W. (1992) *The Mind of God*. New York: Simon and Schuster.

16. Derrida, J. (1991) Letter to a Japanese fiend. In P. Kamuf (Ed.), *A Derrida reader: between the blinds* (pp. 270-276). New York: Columbia University Press.

17. Erber, R. and & M. Erber. (2001). *Intimate relationships: issues, theories, and research*. Boston: Allyn & Bacon.

18. Etzioni, A. (1997) *The New golden rule*. New York: Basic Books.

19. Fingarette, H. (1972) *Confucius: the secular as sacred*. Long Grove, Illinois: Waveland.

20. Foucalt, M. (1995) *Discipline and punish: the birth of the prison*. (A. Sheridan, Trans.) New York: Vintage Books.

21. Frankl, V. E. (1984) *Man's search for meaning*. New York: Washington Square Books.

22. Fromm, E. (1989) *The Art of loving*. New York: Harper and Row Publishers.

23. Gallagher, M. (How) does marriage protect child well-being? In R. P.

George and J. E. Elshtain (Eds.) *The Meaning of marriage* (pp. 197-212). Dallas: Spence Publishing.

24. Greyson, B. and Bush, N. E. (1996) Distressing near-death experience. In Bailey, L. W. and Yates, J. (Eds.) *The Near death experience: a reader* (pp. 207-230). New York: Routledge.

25. Griffin, D. R. (1997) *Parapsychology, philosophy, and spirituality: a postmodern exploration*. New York: State University of New York Press.

26. Hardin, G. (1994) Living of a lifeboat. In White, J. E. (Ed.), *Contemporary moral Problems* (pp. 285-297). Minneapolis/St. Paul: West Publishing.

27. Hawking, S. (1990) *A Brief history of time*. New York: Bantam Books.

28. Hume, D. (1978) *A Treatise of human nature*. Oxford: Oxford University Press.

29. Hymowitz, K. S. (2006) *Marriage and caste in America*. Chicago: Ivan R. Dee.

30. Jansen, K. (1996) Neuroscience, Ketamine, and the Near-Death Experience. In Bailey, L. W. and Yates, J. (Eds.) *The Near death experience: a reader* (pp. 267-282). New York: Routledge.

31. Kant, I. (1964) *Groundwork of the metaphysics of morals* (H. Paton, Trans.) New York: Harper & Row.

32. Kluckhon, C. and Kelly, W. H. (1945) The Concept of culture. In Linton, R. (Ed.), *The Science of man in the world crisis* (pp. 78-106). New York : Octagon Books.

33. Kluger, J., Sharples, T., and Silver, A. (2007) What makes us moral? *Time Asia*, 170(23), 28-33.

34. Love, P. (2001) *The Truth about love*. New York: Simon & Schuster.

35. Martin, G (n.d.). Power corrupts; absolute power corrupts absolutely. Retrieved Oct 28, 2009, from http://www.phrases.org.uk/meanings/

288200.html.

36. Mill, J. (1985) On Liberty. In M. Warnock (Ed.) *Utilitarianism*. UK: Fontana.

37. Moody, R. (1996) The Experience of almost dying. In L. W. Bailey and J. Yates (Eds.) *The Near death experience: a reader*. New York: Routledge.

38. Moody, R. (2001) *Life after life*. New York: HarperSanFrancisco.

39. Nagel, T. (1987) *What does it all mean*? New York: Oxford University Press.

40. Nagel, T. (1997) *The Last word*. New York: Oxford University Press.

41. Oliwenstein, L. (2008) "Marry Me." *Time Asia*, February 4, 33-35.

42. Parry, S. (2007, November 9). Police fitness test axed after sexism claim. *South China Morning Post*, City 1.

43. Peck, M. S. (1978) *The Road less traveled*. New York: Simon & Schuster.

44. Perry, T. L. (n.d.) Family values, race, feminism and public policy. Retrived from http://www.scu.edu/ethics/publications/other/lawreview/familyvalues.html.

45. Pinker, S. (2007) The Mystery of consciousness. *Time Asia*, 169(5), 36-44.

46. Plantinga, A. C. (1977) *God, freedom, and evil*. New York: William B. Eerdmans Publishing.

47. Popenoe, D. (1996) *Life without father*. New York: Martin Kessler Books: The Free Press.

48. Pupils told how not to behave. (2001, July 20) *BBC News*. Retrieved from http://news.bbc.co.uk/2/hi/uk_news/education/1448725.stm.

49. Rawls, J. (1972) *A Theory of justice*. Oxford: Oxford University Press.

50. Rawls, J. (1996) *Political liberalism*. New York: Columbia University Press.

51. Rhoads, S.E. (2004) *Taking sex differences seriously*. San Francisco:

Encounter Books.

52. Sandel, M. (1998) *Liberalism and the limits of justice*. Cambridge: Cambridge University Press.

53. Satinover, J. (1996) *Homosexuality and the politics of truth*. Grand Rapids, MI: Hamewith Books.

54. Schelling, T. C. (1980) *The Strategy of conflict*. Cambridge MA: Harvard University Press.

55. Sex degrees of separation. (2009, September 23) *Asiaone health*. Retrieved October 31, 2009, from http://www.asiaone.com/Health/News/Story/A1Story20090923-169570.html.

56. Stanton, G. T. (1997) *Why marriage matters*. Colorado Springs, CO: Pinon Press.

57. van Biema, D. (2006) God vs. science. *Time*, November 13, 168(20), 34-41.

58. Weber, M. (1958) *The Protestant ethic and the spirit of capitalism* (T. Parsons, Trans.) New York: Scribner.

59. White House working group on the family, (1986) *The Family: preserving America's future. A Report to the President from the White House working group on the family.*

60. Willaims, G. C. (1996) *Plan and purpose in nature*. London: Weidenfeld and Nicolson.

61. Wilson, J. Q. (1999) Marriage, evolution, and the enlightenment. Retrieved March 25, 2008, from http://www.aei.org/publications/pubID.10370,filter.all/pub_detail.asp.

62. Wilson, J. Q. (2002) *The Marriage problem: how culture has weakened families*. New York: HarperCollins Publishers.

中文部分

1. 乙武洋匡：（1999）《五體不滿足》，劉子倩譯，台北：圓神出版社。

2. 丁思毅、朱家德：〈抗議《公教報》刊文反同志婚姻合法化，同志闖天主教堂接吻〉（2003年8月18日），香港：《明報》，頁A06。

3. 〈三成半女大學生憂攝灶罅〉（2006年2月18日），香港：《明報》，頁A17。

4. 〈女應徵者稱海關性別歧視〉（2005年5月31日），香港：《蘋果日報》，頁A11。

5. 〈中三至中七生11%早嘗禁果〉（2007年11月24日），香港：《明報》，頁A08。

6. 丹尼爾‧貝爾：（1989）《資本主義文化矛盾》，趙一凡等譯，北京：三聯書店。

7. 丹尼爾‧高曼：（1996）《EQ》，張美惠譯，台北：時報文化出版企業股份有限公司。

8. 方舟子：（1997）《進化新解說》，香港：天地圖書有限公司。

9. 王陽明：（1997）《王陽明全集》，吳光等編校，上海：上海古籍出版社。

10. 牛銘實：（2005）《中國歷代鄉約》，北京：中國社會出版社。

11. 〈囚犯投票權修例需時高院准暫緩執行判令〉（2009年3月12日），《新報》，頁A5。

12. 史特博：（2002）《重審耶穌》，李伯明譯，香港：海天書樓。

13. 史特博：（2003）《為何說不》，李伯明譯，香港：海天書樓。

14. 卡繆：（1984）《薛西弗斯的神話》，張漢良譯，台灣：志文出版社。

15. 石元康：（1989）《洛爾斯》，台灣：東大圖書公司。

16. 〈白宮啤酒騷息種族風波〉（2009年8月1日），香港：《香港商報》，頁B9。

17. 朱熹集註：（1993）《四書白話句解》，香港：風華出版事業有限公司。

18. 〈百萬人染椰菜花病毒〉（2000年8月2日），香港：《明報》，頁A03。

19. 佛洛依德：（1997）《精神分析引論、精神分析新論》，葉頌壽譯，台北：志文出版社。

20. 余英時：（2004）《朱熹的歷史世界：宋代士大夫政治文化的研究》（全二冊），北京：三聯書店。

21. 余錦賢：〈毓民明天草泥馬〉（2009年3月31日），香港：《信報財經新聞》。

22. 吳森：（1975）〈情與中國文化〉，中國文化學會編：《望道便驚天地寬——中國文化講座錄》，頁87-95，香港：新亞研究所。

23. 李安宅：（1931）《儀禮與禮記之社會學研究》，北平：商務印書館。

24. 貝希著（1998）《達爾文的黑匣子》，邢錫範等譯，北京：中央編譯出版社。

25. 周永新：〈不結婚、不組織家庭的死結〉（2006年11月2日），香港：《信報財經新聞》，頁12。

26. 周華山：(2001)《無父無父的國度？》，北京：光明日報出版社。

27.〈性解放四十年〉（2003年6月7日），香港：《信報財經新聞》，頁7。

28. 林耕新：（2003）〈生命不死的見證〉，依品凡：《重新活回來》，頁5-8，台北：遠流出版業有限公司。

29. 芬格萊特：（2002）《孔子：即凡而聖》，彭國翔、張華譯，南京：江蘇人民出版社。

30. 邵家臻：（2008）〈審淫審〉，香港：《明報月刊》，43(12)，頁122。

31. 阿特伯恩、史特加：（2003）《好男人性戰實錄》，謝健國譯，香港：天道書樓。

32. 姚漢榮：（1992）《中國古代文化制度簡史》，上海：學林出版社。

33. 姚儀敏：（2004）〈周代「主婚」與「媒妁」禮俗考〉，台北：《復興崗學報》，第82期，頁415-438。

34. 柏拉圖：（2003）《柏拉圖全集》，卷1-5，台北：左岸文化。

35. 柯林斯著：（2007）《上帝的語言》，林宏濤譯，台北：啟示出版。

36.〈美4小學生當眾性交〉（2007年4月5日），香港：《明報》，頁A28。

37.〈美國四分一少女患性病〉（2008年3月13日），香港：《大公報》，頁A22。

38. 約瑟夫・奈（2005）《軟力量》，吳曉輝、錢程譯，北京：東方出版社。

39. 胡適：（2008）《中國哲學史大綱》，台北：商務印書館。

40. 香港性文化學會：（出版年不詳）〈逆向歧視苦主──金基斯博

士的故事〉，提取自http://www.sexculture.org.hk/ChrisKempling/index.php。

41. 唐君毅：（1979）《中國文化之精神價值》，台北：正中書局。

42. 唐君毅：（1988）《人文精神之重建》，台北：學生書局。

43. 唐君毅：（1973）《青年與學問》，台北：三民書局。

44. 徐祥民：（2004）《文化基礎與道路選擇：法治國家建設的深層思考》，北京：法律出版社。

45. 〈泰婦突操英語亡魂上身？〉（2005年1月8日），香港：《明報》，頁A22。

46. 索弗里：（2006）《甘地與印度》，香港：三聯書店。

47. 索甲仁波切：（1996）《西藏生死書》，鄭振煌譯，台北：張老師文化事業股份有限公司。

48. 梁漱溟：（1987）《中國文化要義》，香港：三聯書店。

49. 第十四世達賴喇嘛：（1996）《慈悲》，葉文可譯，新店：立緒文化事業有限公司。

50. 許為天：〈重新檢視學校性教育的方向〉（2008年2月23日），香港：《信報財經新聞》。

51. 許國賢：（1997）《倫理政治學》，台北：揚智文化。

52. 陳特：（1975）〈儒家哲學在現代的意義〉，中國文化學會編：《望道便驚天地寬——中國文化講座錄》，頁163-165，香港：新亞研究所。

53. 麥克馬洪：（2007）《幸福的歷史》，陳信宏譯，台北：究竟出版社。

54. 彭林：（2006）〈周代禮樂思想〉，張豈之編：《中國思想文化史》，頁31-84，北京：高等教育出版社。

55. 彭林：（2008）《儒家禮樂文明講演錄》，桂林：廣西師範大學出版社。

56. 游靜：〈我們集體謀殺了陳冠希？〉（2008年3月2日），香港：《明報》，頁5。

57. 程顥、程頤：（2000）《二程遺書》，上海：上海古籍出版社。

58. 費孝通：（1991）《鄉土中國》，香港：三聯書店。

59. 辜鴻銘：（2006）〈東西文明的差異〉，丁偉編：《中國民族性》，頁326-327，西安：陝西師範大學出版社。

60. 馮可立：〈保護家庭價值運動〉（2009年2月17日），香港：《信報財經新聞》，頁8。

61. 黃家樑：〈新一代性開放，未婚生子誰埋單？〉（2009年3月18日），香港：《文匯報》，頁A23。

62. 塔克：（2008）《當你的小孩想起前世》，林群華譯，台北：人本自然文化。

63. 楊天宇：（1997）《禮記譯注》上、下冊，上海：上海古籍出版社。

64. 楊伯峻：（2002）《論語譯註》，香港：中華書局。

65. 楊志剛：（2000）《中國禮儀制度研究》，上海：華東師範大學出版社。

66. 楊國榮：（2008a）〈文教興國——儒家與現代社會〉，楊國榮、溫帶維：《通識中國哲學》，頁35-51，香港：中華書局。

67. 楊國榮：（2008b）〈前言一〉，楊國榮、溫帶維：《通識中國哲學》，頁i-vi，香港：中華書局。

68. 楊國榮：（2008c）〈兼愛社會——墨家與現代社會〉，楊國榮、溫帶維：《通識中國哲學》，頁117-132，香港：中華書局。

69. 楊國榮：（2008d）〈論孟子的德性之樂〉，楊國榮、溫帶維編：《中華文明與自主之道》，頁99-118，香港，匯智出版社。

70. 楊國榮：（2008e）〈關於電台鼓吹同性戀的爭議〉，楊國榮、溫帶維：《通識中國哲學》，頁246-261，香港：中華書局。

71. 葛林：（2003）《上帝科學的證據》，郭杰和譯，台北：智庫。

72. 詹腓力：（1994）《審判達爾文》，錢錕等譯，加州：中信出版社。

73. 道金斯：（2002）《盲眼的鐘錶匠》，王道還譯，台北：天下遠見。

74. 熊公哲註譯：（1984）《荀子今註今譯》，台北：商務印書館。

75. 熊秉元：〈尋找真實世界裏的自由〉（2007年3月31日），香港：《信報財經新聞》，頁23。

76. 趙梅：（2000）〈美國反文化運動探源〉，《美國研究》，第1期，2009年8月8日下載自http://ias.cass.cn/show/show_mgyj.asp?id=285&table=mgyj。

77. 劉長林、李雲飛、李迅：（2009），〈禮儀之邦〉，許潔主編：《中華文化讀本》，頁253-314，上海：上海人民出版社。

78. 劉澤華：（1998）〈先秦禮論初探〉，陳其泰等編：《二十世紀中國禮學研究論集》，頁73-91，北京：學苑出版社。

79. 審裁處指引1997年版本，淫褻及不雅物品管制條例，香港法例第390章第10條（2007）。

80. 潘國森：（2000）《解析同性戀》，香港：次文化堂。

81. 潘國森：（2001）《透視同性戀》，香港：次文化堂。

82. 潘曉梅、嚴育新（2004）：《情愛簡史》，北京：中國社會科學出版社。

83. 蔣慶：（2004）《生命信仰與王道政治》，台北：養正堂文化。

84. 魯易斯：（1998）《四種愛》，梁永安譯，台北：立緒文化。

85. 龍雅可：（1999）《假如我死時，你不在我身旁》，陳富琴譯，台北：張老師文化事業股份有限公司。

86. 戴華山：（出版年不詳）《語意學》，學術出版社，（出版地不詳）

87. 〈穗規範公務員禮儀〉（2009年5月24日），香港：《文匯報》，頁C01。

88. 謝美琳、伍詠詩、譚蕙芸、羅永聰：〈法例歧視男同志裁違憲〉（2005年8月25日），香港：《明報》，頁A2。

89. 羅伯特·佛蘭克：（2000）《奢華狂潮》，席玉蘋譯，台北：智庫文化。

90. 羅林斯：（1991）《死──怎麼回事》，橄欖翻譯小組譯，台北：橄欖基金會。

91. 關啟文：（2007）《基督教倫理與自由世俗社會》，香港：天道書樓。

92. 〈25%初中生接受「以錢換性」〉（2009年2月23日），香港：《文匯報》，頁A21。

93. Ring, K. and Valarino, E.：（2001）《穿透生死迷思》，李傳龍、李雅寧譯，台北：遠流文化股份有限公司。

本書關鍵詞

人生哲學　生死學　儒家　倫理學　社會政治哲學

責任編輯　姚永康

書籍設計　鍾文君　陳嬋君

圖片攝影　姚永康

校　　對　梅沛鈴

書　　名　顯魅與和樂：對生命意義的逆流探索（修訂本）

著　　者　楊國榮

出　　版　三聯書店（香港）有限公司

　　　　　香港北角英皇道 499 號北角工業大廈 20 樓

　　　　　Joint Publishing (H.K.) Co., Ltd.

　　　　　20/F., North Point Industrial Building,

　　　　　499 King's Road, North Point, Hong Kong

發　　行　香港聯合書刊物流有限公司

　　　　　香港新界大埔汀麗路 36 號 3 字樓

印　　刷　美雅印刷製本有限公司

　　　　　香港九龍觀塘榮業街 6 號 4 樓 A 室

版　　次　2010 年 8 月香港第一版第一次印刷

　　　　　2016 年 6 月香港修訂本第一次印刷

規　　格　特 16 開（152mm×228mm）480 面

國際書號　ISBN 978-962-04-3842-4